亞里斯多德

分析學前編

論證法之分析

呂穆迪◎譯述

臺灣商務印書館

重印好書，知識共享

「雲五文庫」出版源起

商務印書館創立一百多年，臺灣商務印書館在台成立也有六十多年，出版無數的好書，相信許多讀者朋友都是與臺灣商務印書館一起長大的。

由於我們不斷地推出知識性、學術性、文學性、生活性的新書，以致許多絕版好書沒有機會再與讀者見面，我們對需要這些好書的讀者深感愧歉。

近年來出版市場雖然競爭日益劇烈，閱讀的人口日漸減少，但是，臺灣商務基於「出版好書、匡輔教育」的傳統理念，我們從二〇〇八年起推動臺灣商務的文化復興運動，重新整理絕版的好書，要作好服務讀者的工作。

二〇〇八年首先重印「文淵閣本四庫全書」，獲得社會熱烈的響應。我們決定有計畫的將絕版好書重新整理，以目前流行的二十五開本，採取事前預約，用隨需印刷方式推出「雲五文庫」，讓一小部分有需求的讀者，也能得到他們詢問已久的絕版好書。

臺灣商務印書館過去在創館元老王雲五先生的主持下，主編了許多大部頭的叢書，包括「萬有文庫」、「四部叢刊」、「基本國學叢書」、「漢譯世界名著」、「罕傳善本叢書」、「人人文庫」等，還有許多沒有列入叢書的好書。今後這些好書，將逐一編選納入「雲五文庫」，再冠上原有叢書的名稱，例如「雲五文庫萬有叢書」、「雲五文庫國學叢書」等。

過去流行三十二開本、或是四十開本的口袋書，今後只要稍加放大，就可成為二十五開本的叢書，字體放大也比較符合視力保健的要求。原來出版的十六開本，仍將予以保留，以維持版面的美觀。

二〇〇九年八月十四日是王雲五先生以九十二歲高齡逝世三十週年紀念日。為了紀念王雲五先生主持商務印書館、推動文化與教育的貢獻，這套重編的叢書，訂名為「雲五文庫」，即日起陸續推出。如果您曾經等待商務曾經出版過的某一本書，現在卻買不到了，請您告訴我們，臺灣商務不惜工本要為您量身訂作。這樣的作法，為的是要感謝您的支援，讓您可以買到絕版多年的好書。讓我們為重讀好書一起來努力吧。

臺灣商務印書館董事長王學哲

總編輯方鵬程謹序

二〇〇八年十二月十二日

要旨與價值簡介

用類譜內賓主關係的理則，明辨宇宙萬有的物類，領悟心中自然呈現的理性知識體系；進而回心省察，分析其構造要素、形式及方法；揭曉於世，供人用為工具和指南，俾能格物窮理，通達物類實體之本然，及物本性必然而有的性理、能力與功效。簡要說來，這就是本書的要旨和價值所在。其中，科學體系之邏輯，史或譽之為「質料邏輯」之初型。

宇宙以**類譜**為間架。同類之下，分異種。異種以上，合同類。品彙森羅，庶類實繁；然則正位定性，秩序井然：高級以下有中級，中級以下有低級。最高物類，**十範疇**；範疇以上，有**超類**。最低類分成最低種。**最低種下，分個體**。個體因性理相同而屬同種：種同而數異。異種因類性相同而屬同類。公類之下，異種矛盾，判分惟二：決定於種別特徵之有無。（卷一，章七，二二，二九。卷二，章五）。

個體有私名，種有種名，類有類名，超類有大公名，種別（特徵）有**種別名**。**類名合種別名而成種名之定義：表示物性之本體**。例如「人是理性動物」。「動物是有知覺的生物」。（詳見《前編》類譜）。最高類名各範疇有名理無定義，各有各自的原理。超類大公名，通指各範疇的萬類，申明萬類公理。（卷一，章三二。卷二，章四—十。參閱《範疇集》及《形上學》卷四）

根據公理和原理，嚴守**論法與論式**，把握種名本體之定義，推演物性之實然與必然：直證其本體，明證其必然，反證其不能不然；假設其實況，辯證其或然。真知不在知或然，而在知必然，故在知本體。法在明證：或理證，或事證；由歸納，而演繹。（卷一、章一，四，六，十三—十四，十八，二六，三〇）。

論證法是公名。明證法是殊稱：表示論證法中特殊的一種。

非明證必然者，不足為科學之知識。科學之問題，在問某某本科定理之中辭。中辭指原因。原因是本體。定理可證始可知，是明證而得的結論。某科之最高原理，屬本科；最高公理屬百科，皆非本科之可證，但可知而信守以為確據：充任明證無上的最高前提。公理、原理不證自明：可知不可證。各級中辭和前提，依類譜排成系統，至下至上，皆有止底：上溯下推，不能永無止境。凡是中辭，既是物本體定義之要素，皆乃本體之賓辭：系統品級上下，故亦非無窮極。是乃自然而必然；否則，因果無始終，則事物不成；原委無端底，則言論無謂；賓辭無盡數，則理念無確指；名理、定義、論句，皆變為不可能。（卷一，章九—十，十五，十九—二三。卷二，章二）。

分析上述明證法所得科學體系形式構造各要素：可知不同對象，相對於人心知識有不同能力。知有形的個體事物，用器官覺識。知明證的結論，用理智。大公名理，至高類名、種名，觸物即明；超類的大公名，及大公原理，也是名理一得，原理立現，不待推證。例如：「整體大於其零星」，自然而明，不待教於人師，不需證於推論；惟在靈智光明，人心所同；猶如日月經天，有目俱見；舉目視而不見者，非因日光本體不明，惟因目光薄弱，莫敢仰視，視之乃被眩惑，極有所見，反如瞑無所見；又不意萬物可睹，皆有賴於日光也。惟靈智在躬：有若神明：能知萬物之所以明，而直見其實理、廓然大公，悟其自然而然、不能不然的必然性！物有個體，有定理，有定義與公理。我有覺識，有理智，有靈智與其聰明。是以物我妙合，而有科學知識之體系。（卷一，章二八，三一，三三—三四。卷二，章一）。

體系研究之對象及觀點，任學者自出心裁，隨意選擇；時代與地區，傳習不同；英俊輩出，各有所見。深淺精粗，參差不齊。分判之關鍵，追究根柢，惟在科學方法之賞識，及其運用之精練。學術百科，縱橫萬變，史證其有可易與不易。可易者，內容之選擇，觀點之轉移，智見之深淺；不易者，科學明證法之理則，體系結構之規模：察其要領，自有亞理以來，古今無殊，務需借鏡於本編。邏輯形式之理則：如工具，如道路，行者迴異，正路惟一。正路可修明，不可改易；改易則方向迷失，或流竄荒谷，將無目的可達矣！（參閱《前編》卷首）。

形式規範，理則不易；虛靈無礙，無往不適；百科古今，共同遵守。例如某科原理之內容，或有時代之互異；但**原理之所以為原理，是其本科可知可取而不可證的前提，乃是其不變的邏輯本質**。任何專科，宜知原理之選擇，關係本科整體之成敗；故不可墨守成章，但應隨事類妙理之透徹，而求體系之圓通；故謀原理公式之新訂，促成本科學識之日新。一人不逮，群策群勵。一世不足，累世圖之。

亞理遺著，評價不一。舉凡排斥者，率皆憾其所選事類陳舊，內容粗淺；或罪其學派餘緒，頑固保守；但未有否認本編「**明證法**、**科學體系**、**形式理則**」之常新也。有亞理之才具、興趣，與環境，始有亞理本編之創見與創作。標榜古今，為學術方法之先導；觀摩比較，足知其書：詞簡明而理通暢，有得於人心之所同；富饒啟示作用，誠為不朽的極上品。讀者靈慧，見一知十，人十己百，神會心得之妙悟，將遠勝於紙墨之所載。古哲史料，至極珍貴；尚希來聖，知所開採。譯述殷勤，繼繼承承，勉為透光之邃道；懇祝吾漢語文化，智性發揚；為真理之前途，別開洞天！

呂穆迪　敬書

聲明

每章題目，章內分段，字旁小圈標點，圓括弧內字句，皆不見於原文，乃譯者自加，為能申說原義。

上欄外數字，例如「七一左五」，指柏林，柏克爾標準版，希臘原文，「七一頁，左欄，第五行」，餘者仿此。

目錄

卷下

卷上

第一章 論句、名辭、論法

首先說明討論什麼、研究什麼？——討論明證法，研究明證法的知識。為此，應先確定論句是什麼？名辭是什麼？論法是什麼？那樣論法完善？那樣不完善？還需說明論句全稱肯定，說：「此在彼全類」；或特稱否定，說：「此不在彼全類」；都有什麼指義？並且需要說明賓辭的賓稱作用，一是全稱肯定，一是全稱否定，各有什麼意義？

論句——論句是論斷某某如何，或不如何的一句話；舉出賓辭，形容主辭，或肯定，或否定。論句分三種：或全稱，或特稱，或無限定。所謂全稱，便是：或肯定說：「此在彼類全部」；或否定說：「此不在彼類任何部分」。特稱論句，說「此在、或不在彼類某部」；或說：「不在其全部」。所謂無限定，就是說：「此在彼，或不在彼」；不說明是在彼類「全部與否」。例如說：「同一學科，研究互相衝突的事體」。或是說：「福樂不是善良」。

論句，又有「明證論句」，和「辯證論句」的分別。設有矛盾兩端，明證句，抉擇一端，明確無疑。辯證論句，辯論兩端，不確擇一端。但兩種論句構成的論法，在形式上、沒有分別：都是在前提裡採取賓辭，形容主辭，或肯定，或否定，從而引出結論。同樣，論證句，即是普通任何論句，也是這樣純以肯定或否定構成論證法。明證句，果如真實，是從前提明確承認的原理中，證出結論。辯證句，疑問辯論，兼顧矛盾兩端，從貌似真實、或眾人意見認為近真的前提，引出近真的結論。關於此點，《辯證法》中已有討論。明證句和辯證句，都是論證句：都可以組成「論證法」。如此說來，論句是什麼？論證句、明證句、辯證句，三者彼此有什麼分別？下面將另有詳細討論。上文所定，暫可滿足目前的需要。(一)

名辭——所謂名辭乃是論句的構成分子，分析論句，即可分析出來：一是賓辭，一是主辭。賓辭形容主辭。有時加用構辭，有時省去不用。構辭合構賓主二辭，構成論句。肯定句的構辭，用「是」或「在」；否定句構辭，用「不是」或「不在」等類字樣。

「論法」就是「論證法」。一段話前面採用某些論句作前提，後面必然隨著推演出另一論句作結論。這樣的一段話是一段議論，叫作「論法」。所謂「隨著推演」，就是說，前提是結論所以成立的理由。理由既在，結論不得不隨之產生。關係自然。議論時，「必然相隨」等字樣，不需贅陳於言表。

所謂「完善論法」，乃是結論緊隨前提，關係明顯，不需換式證明。「不完善論法」，前提和結論，關係必然，但不明顯，需要另加一個，或數個論句來補充證明。新加的論句，是原有名辭推演必生的結果，不是原有的前提，也不是它們的結論：只是它們的換式說明。

所謂全稱肯定，或說「此在彼類全部」，或說「此形容彼所指全體」，兩種說法，意義相同。

(一)「形容某辭所指全體」，即是說「形容某類每一主體」，一無例外。全稱否定，是否定某類全部，及每個主體，同樣一無例外。(二)

第二章　無態論句、換位法

25左1 論句分有態、無態。「無態」純說「某在某」。「有態」分兩種。「必然論句」說「某必在某」。「可能論句」說「某能在某（不必在某）」。以上共三種，指義不同，各自又分肯定和否定。此外，加分全稱、特稱(三)和無限定。無態全稱，否定者，主辭賓辭必可換位，兩相調換，互作賓辭。例如假設「無一福樂是善良」則必是「無一善良是福樂」。肯定者也是必可換位，但需換成特稱，不得換成全稱。例如既說「凡是福樂都是善良」，則必可說「有某善良是福樂」。特稱肯定者，必可換位，仍得特稱。既說「有某善良是福樂」則必是「有某福樂是善良」。特稱否定者，不是必可換位。假設「人不在某動物」，不見得必是「動物不在某人」。(四)用符號理證如下：

首先假設「甲乙兩辭構成全稱否定論句」，如說「甲不在任何乙」，則必是「乙不在任何甲」。假設乙在某甲，例如在丙，則原句「甲不在任何乙」不復真實，因為有丙是某乙。(五)甲如在每乙，則乙在某甲。否則乙不在任何甲，則甲不在任何乙。原句卻是甲在每乙。(六)

特稱論句換位，證法同上：甲如在某乙，則乙必在某甲。假設乙不在任何甲，則甲也不復在任何乙。(七)甲如不在某乙，不必定乙不在某甲。例如乙代表動物，甲代表人。人固不在每動物。動物卻在每人。(八)

第三章　有態論句、換位法

必然論句，換位法同上。全稱否定者，換位，仍得全稱否定。肯定者，換位則成特稱。因為
30 甲若必不在任何乙，則乙必不在任何甲。假設乙能在某甲，則甲也能在某乙。㈨但是甲若必在每
乙或某乙，則乙也是必在某甲；因為假設乙不必在某甲，則甲不復必在某乙。㈩特稱否定者，不
35 換位，理由同如前章。

40 可能論句——可能二字，有許多意義。凡是「必然」、「不必然」、和「非不可能」，都可
25右 1 說是「可能」。在這一切意義下，肯定者都用上述同樣方式換位，因為甲若能在每乙或某乙，則
乙也能在某甲。假設乙不能在任何甲，則甲不復能在任何乙。此點前面已有證明。

否定的可能論句，是「能不論句」，用「能不」二字。換位方法不同。凡是「必不在」，和
5 「不必在」都可說是「能不在」。在這兩種意義下，可以換位，方式同前。例如說「人能不是
馬」，或說「白能不在任何衣服」，前者真實，因為人不能是馬，「馬必不能在人」。後者也真
實，因為「白不必在衣服」。㈡此類論句換位法相同。既說馬能不在任何人，則必說人也能不在
10 任何馬。同樣既說白能不在任何衣服，則必說衣服也能不在任何白物。因為假設必在某白物，則

必須說白也必在某衣。證明見前。特稱否定論句同此。另一方面，凡是「屢次發生」，和「物性天生如何」，也都可以說「可能如何」。這是「可能」二字的定義。在這種定義下，全稱否定論句不換位。特稱論句換位。將來討論「可能論法」時，即可證明此點。目下只需看清以下數點：全稱和特稱否定的可能論句，用「能不在任何物」和「能不在某物」等類字樣，在形式上是肯定句。因「能」字的位置和作用，和構辭「是」字或「在」字相同。加用構辭「是」字的一切論句，都是肯定論句。例如「某某是不好」，「是不白」，或簡單說「某某是」。（否定辭不加在構辭「是」字上面，便構不成否定論句的形式）。㈢關於此點，今後另有詳論。無論如何，它們的換位法，和肯定論句相同。㈢

第四章 天法論式

前數章說明了種種定義。本章已可進一步討論，凡是「論證法」，都是由什麼要素構成？何時有效？怎樣有效？先研討「論證法」，後研討「明證法」。論證法是一個總類公名，範圍比較
25右30 寬廣。凡是明證法，都是論證法。凡是論證法，不都是明證法。（**論證法此後簡稱論法**）。

每有三個名辭，互相聯繫，尾辭屬於中辭範圍，中辭屬於或不屬於首辭範圍，則首尾兩辭關
35 係顯明，必定構成完善的論法。㈣所謂中辭，就是一個名辭，位居中間，它屬於另一名辭範圍，
又有另一名辭，屬於它的範圍。首尾兩端，一辭是尾辭，屬於另一名辭範圍。一辭是首辭，是另
一辭之所歸屬，它範圍以內包括尾辭。設令甲作賓辭「稱指」每乙，乙作賓辭稱指每丙，則甲必
40 作賓辭，全稱每丙。甲乙丙便是首中尾三辭。「全稱定律」如此，前者已有說明。同樣，設令甲
26左1 不稱指任何乙，乙卻全稱每丙，則甲全不在任何丙。這是「無稱定律」所使然。㈤但是假設三辭
5 首在每中，中卻不在任何尾，則首尾不連，構不成結論。根據上面三辭互在的實情，首既能在每
尾，又能全不在任何尾，既生不出特稱的必然結論，又構不成全稱的必然結論；故此生不出任何
結論，所以論法的形式無效。舉例：動物，人、馬三辭，結論全稱肯定。動物、人、石三辭，結

論全稱否定：但論式相同，即是三辭的關係及排列的格式相同。㈥26左10「首」不在任何「中」，中不在任何「尾」。三辭關係如此時，也是論式無效。例如：學識、線、醫學，結論肯定。學識、線、單位、或點，結論否定。㈦諸如上述，可以明見，在此論法中，三辭聯繫構成全稱論句時，論式何時有效，何時無效。有效時，三辭關係必如上文。三辭關係，果如上文時，論式必有效。

在此同一論法，兩前提一全稱、一特稱時，假設一名辭舉出全部，一名辭舉出一部分，聯繫和自己不同的名辭，全部者，聯繫大辭，或肯定或否定；定部分者，聯繫小辭，只是肯定：必是完善論式。全部者聯繫小辭時，或三辭關係不合於這個論式時，不能有結論。㈧所謂**大辭，就是範圍內包括中辭的名辭：即其賓辭**。所謂小辭，**就是中辭下面範圍以內的名辭**，即其主辭。設令大前提全稱肯定：甲在每乙。小前提特稱肯定、乙在某丙。全稱肯定的意義和定律，仍如前者所述，則（論式完善），結論必定是特稱肯定：甲在某丙。設令大前提全稱否定：即是說：甲不在任何乙。小前提仍是特稱肯定：乙在某丙。則論式完善，結論必定是特稱否定，即是：甲不在某丙。㈨全稱否定的意義及定律見前。同樣，假設小前提是一無限定論句，只要是肯定，則論式完善，和小前提特稱時沒有分別。㈩

但是，假設舉出全部的名辭，聯繫小辭，或肯定，或否定；舉出部分的名辭，聯繫大辭或肯定或否定，既是特稱或無限定，則無結論。例如：大前提特稱肯定，或否定，即是甲在某乙，或不在。小前提全稱肯定：乙在每丙。具體名辭舉例：善良、資質聰明，大前提肯定。善良、資質

愚昧，大前提否定。（二一）

還有以下這些論式：假設小前提全稱否定，即是：乙不在任何丙。大前提特稱，或肯定：甲在某乙；或否定：甲不在某乙，或說：甲不在每乙。論式如此，也都是無效。名辭舉例：白、馬、鵝、白、馬、烏鴉。甲乙無限定時，例同。（二二）

26右 聯繫大辭的名辭，標明全稱副辭，或肯定，或否定。聯繫小辭的名辭，標明特稱，否定。論式如此也是無效。小辭無限定時，同樣無效。例如大前提：甲在每乙。小前提：乙不在某丙，或不在每丙。中辭不在某小辭。首辭既能「隨」每小辭，又能不「隨」任何小辭。（二三）設令三辭是動物，人，白。又令人作賓辭所不稱指的白物，是鵝和雪。動物作賓辭，可稱指每一隻鵝，卻不能稱指任何片雪。足見論式無效，（二四）又設令大前提，甲不在任何乙，小前提乙不在某丙，名辭例如：無靈、人、白。同時，設令、不能用「人」作賓辭的白物，是鵝和雪。「無靈」是每片雪的賓辭，但不是任何一隻鵝的賓辭。（二五）

進一步說：「乙不在某丙」，是一無限定的論句。前提能是「乙不在任何丙」，也能是「不在每丙」，直接推演的結論常真：即是乙不在某丙」。（二六）假設擇取三名辭，互相聯繫起來，乙不在任何丙，甲在每乙，則構不成有效論式。前面已經討論了這一點。從此看來，可以明見，名辭關係如此，論式無效。果能有效，則上面所擇三辭，也能有結論。實際卻不能。設令全稱論句，是一否定論句，論式無效，證法相同。（二七）

假設兩前提都是特稱，或都肯定，或都否定，或一肯定，一否定，或一無限定，一有限定，

或都無限定，無論如何，論式總是無效。公共辭例：動物、白、馬，動物、白、石。(二八)

從上述一切，可以明見，在此論法內，特稱論式，果如有效，三辭聯繫，必須符合上述的規格。否則，永不會有效。這一論法內，一切有效論式都是完善論式，因為前提與結論，關係明顯。(二九)一切問題的答案，都可用這個論法證明。它可證明全稱肯定、否定，和特稱肯定、否定的結論；就是說：既能證明「某在每某」，又能證明「某不在任何某」，也能證明「某在某」，還能證明「某不在某」。論法如此，我名之曰：**第一論法**。(三〇)（譯名**天**法）。

第五章　地法論式

26右35 同某在此某每一個，不在彼某任何一個，或是說對兩某之一，在每一個，對其二，不在任何一個。三方形勢如此，我叫它作第二論法。(廿一)（譯名「地法」）這個論法中，兩辭共有的賓辭，作中辭。中辭（所稱指）的兩個主辭，作（首尾或大小）兩端辭。向上仰承中辭，距離切近的那個名辭，叫作大辭。距離較遠的那一個，叫作小辭。中辭位置，在兩辭外面，並且是佔第一位。(廿二)

27左1 此第二論法沒有任何完善論式，只有幾個有效論式，有全稱的，也有不全稱的。中辭在一端每個，不在另一端任何一個，不論否定者是那一端。形勢如此時，則是有效的全稱（否定）論式。格式固定，違者無效，設令丑作賓辭，不稱任何寅，卻在每午。否定論句換位，寅不在任何丑，丑依前提，仍在每午，則寅不在任何午，證已見前。(廿三)換一式，設令大前提全稱肯定：丑在每寅；小前提全稱否定；即是說：丑不在任何午。結論則是：寅不在任何午。因為丑既不在任何午，則午也不在任何丑。丑卻在每寅。故午不在任何寅。此乃第一論法的重現。(廿四)否定論句換位，則是寅不在任何午，恰與本處論式相同。用「反證法」，也可證明上面諸論式之有效（否認其結論，必陷於自相矛盾：即是違反已承認了的前提）。其結論不可否認，故有效。(廿五)

從此可以明見，名辭關係如此，則產生有效論式，但不是完善論式，因為它的結論，不只證
27左20 自本論法的前提，並且需要用其他論法來補充。（用補證法）。(三六)
但是假設丑作賓辭，稱指每寅，並稱指每午，兩前提都是全稱肯定，則論式無效。名辭舉
例：實體、動物、人，結論肯定。實體、動物、數目，結論否定，實體二字是中辭。(三七)兩前提都
是全稱否定，丑作賓辭，既不稱任何寅，又不稱任何午，論式仍是無效。辭例：線、動物、人，
結論肯定。線、動物、石，結論否定。(三八)由此看來，可以明見，全稱的有效論式，必須排列三
25 辭，遵照章首舉出的定格。違犯定格，生不出必然的結論。
另一方面，假設中辭全稱兩辭之一，全稱大辭，或肯定或否定，特稱小辭，並和全稱者，是
30 非相反（即是全稱者如是否定，特稱者應是肯定。全稱者如是肯定，特稱者需是否定），如此，
則論式有效，必定產生特稱否定的結論。證明如下：假設大前提全稱否定，丑不在任何寅，小前
35 提特稱肯定：丑在某午。結論必是：寅不在某午。全稱否定論句換位：寅不在任何丑，依原有的
前提，丑仍在某午，作小前提，則結論是：寅不在某午：此乃第一論法的論式。(三九)換一論式：假
設丑在每寅而不在某午。（即是大前提全稱肯定，小前提特稱否定），則結論必是：寅不在某
27右1 午。證用反證法：假設寅在每午，丑賓稱每寅，如故；則丑必在每午。原有的前提，卻是丑不在
某午。(四〇)加換一式，設令丑在每寅，不在每午，結論必是寅不在每午。（和上面論式辭異實同。
所異者只是「某每」兩字。意義實無分別）。證明同上。(四一)
5 假設小前提全稱肯定，大前提特稱否定：即是丑賓稱每午，不賓稱某寅；則論式無效。辭

例：動物、實體、烏鴉；動物、白，烏鴉。㊷小前提全稱否定，大前提特稱肯定，即是丑不在任何午，卻在某寅時，也是沒有結論：辭例：動物、實體、單位，結論肯定；動物、實體、知識，結論否定。㊸

上面說明了，兩前提，一全稱、一特稱，肯定、否定，彼此相反時，論式何時有效，何時無效。兩前提形式相同時，即是同是否定或同是肯定時，總不會構成有效論式。設令兩者同是否定時，中辭全稱大辭：例如：丑不在任何寅，也不在某午。則寅既能在每午，又能不在任何午。**辭例**：黑、雪、動物，結論否定。為肯定結論沒有**辭例**可取：假設丑既在某午又不在某午。因為假設寅在每午而丑不在任何寅，則丑不在任何午。原有的前提卻是丑在某午。㊹既無名辭實例可取，故需從特稱否定論句的「無限定性」裡，尋找證明的理由：假設丑不在任何午，則丑不在某午，也是真實。丑不在任何午時，論式既是無效，足見丑不在某午時，論式仍是無效。㊺

換式，設令兩前提都是肯定全稱，前提的位置同上。例如丑在每寅又在某午。結論寅既能在每午又能不在任何午。辭例：白雪、石；雪不在任何石。㊻為全稱肯定的結論，無辭例可取。理由同上。惟可證自論句的無限定。但如中辭全稱小辭，即是丑不在任何午，又不在某寅，大前提特稱否定，小前提全稱否定，結論：寅既能在每午又能不在任何午；自相衝突，故此無效。辭例：白、動物、烏鴉，結論全稱肯定。白、石、烏鴉，結論全稱否定。㊼假設兩前提都是肯定：否定結論的辭例：白、動物、雪。肯定結論的辭例：白、動物、鵝。㊽

從此可以明見，同性前提，一全稱、一特稱，總不會產生有效論式。此外，假設兩前提都是特稱，即是中辭在兩端某個，或不在，或一端在，一端不在，或是兩端都不在，或有限定，或無限定：或無論如何，論式都是無效。公共的辭例：白、動物、人，結論肯定。白、動物，無靈，結論否定。(四九)

28左1 由上述一切觀之，可以明見：名辭相互聯繫，遵守本章論法及論式，則必然有效。本論法有效的論式，必定是：名辭聯繫，遵守本章定式。顯然的，本論法所有一切論式，是不完善論式：都需另加一些理由補充其前提，或引申其名辭必有的涵義和賓主關係，或假設其他理由，例如證自「無限定」等等。並且用這第二論法，構不成肯定論式，不能證明肯定的結論，所有論式和結論都是否定的；有些是全稱，有些是特稱。（這個論法的譯名，叫作地法）。

第六章　人法論式

假設兩某在於同一某，一在其每一個，一不在其任何一個，或同在其每一個，或同不在其任何個。形勢如此，我叫它作第三論法。(五四)（譯名人法）。在此論法中，兩辭作賓辭，共同稱指的主辭，叫作中辭。兩個賓辭是首尾兩端辭，首端的大辭是距離中辭較遠的那一個。尾端的小辭距離中辭較近。中辭放在兩端辭外蕊，佔最末後的位置。(五五)（這個論法的譯名叫作人法）。

此第三論法，也是構不成完善論式。只有些有效論式，名辭聯繫中辭，或標明全部，或標明不全部、標明全部，說：辰和巳同在每午，大小前提都是全稱肯定，辰是大辭，巳是小辭，午是中辭，結論必是：特稱肯定：辰在某巳。證自換位法：全稱肯定論句換位，得：午在某辰，作小前提，原句巳在每午，仍留如故，改作大前提，則結論必是辰在某巳：此乃第一論法的一個完善論式。(五六)此外，還可證自「反證法」（見前），也可證自「指解法」。指出實例，解釋前提證明結論：既說辰巳兩者同在每午，則舉出許多午中的一個，例如寅，指明辰巳並在此寅，足見辰在某巳。(五七)

還有一論式，兩前提都是全稱，一肯定一否定：例如小前提肯定大前提否定，巳在每午，辰

28左30 不在任何午，結論是必然的，即是：辰不在某巳。證法同上，用換位法，巳午前提顛倒，作小前
提，即得。也可證自「反證法」，前者已用於數處。(卅四)但是假設小前提否定，大前提肯定，巳不
在任何午，辰在每午，則論式無效。證自名辭實例：動物、馬、人，結論肯定；動物、無靈、
35 人，結論否定。(卅五)兩辭不稱指任何午時，兩前提都是全稱否定，也是論式無效，辭例：動物、
馬、無靈，結論肯定；人、馬、無靈，結論否定。「無靈」是中辭。

從此可以明見，在此第三論法，名辭聯繫，表明全稱時，論式何時有效，何是無效。名辭相
28右1 聯，都是肯定時，論式有效，結論是兩端名辭，彼此互在某部。都是否定時，論式無效。一肯
定，一否定時，大辭否定，其餘一個肯定，論式有效，結論是：一端不在另一端某部，肯定否
定，位置顛倒，則論式無效。

5 如果聯繫中辭，一辭表明全部，一辭表明部分，兩者都肯定，必定產生有效論式，不論兩者
之中那一個是全稱。(卅六)設令巳在每午，辰卻在某午，則辰必在某巳。證明用換位法肯定論句換
10 位：午在某辰。如此新論式是：巳在每午，午在某辰，則巳在某辰，故此辰在某巳。(卅七)再換一論
式：如果巳在某午，辰在每午，則辰必在某巳。證法同上。也可證自「反證」和「指解」兩法，
15 同上。(卅八)但如一前提肯定，一前提否定，肯定者全稱，小前提肯定時，則論式有效。設令巳在每
午，辰不在每午則辰必不在某巳。證以反證法：假設辰在每巳，同時巳在每午，則辰在每午，但
20 辰不在某午。(卅九)不用反證法，只用「指解」或「例證」法，也可以證明：即舉出某午確是辰之所
不在。(四十)另一方面，大辭肯定時，論式無效：例如：辰在每午，巳不在某午。名辭例證：有靈、

人、動物，結論肯定。(六一)為否定結論，無辭例可取：因為前提裡的假設是巳在某午，又不在（另）某午。假設辰在每午，巳在某午，則辰在某巳。違反原有的目的；辰不在任何巳。(六二)既無辭例可取，故需證自「無限定」，此證法已屢用於前文：巳不在某午，原因有兩個，背後的涵義也有兩個，一是巳不在某午，一是巳不在任何午。巳不在任何午時，論式無效，前者已有證明，從此可以明見，本處巳不在某午，論式也是無效。(六三)

但是假設否定者全稱，大辭（論句）否定，小辭肯定時，論式有效：大前提辰不在任何午，全稱否定，小前提巳在某午，特稱肯定，則結論必是特稱否定：辰不在某巳。證明用換位法：巳午論句換位而成午巳，則得第一論法。(六四)但小辭否定時，論式無效：證自辭例：動物、人、野，結論肯定。動物、知識、野；結論否定。野字是中辭。(六五)

29右

兩辭都用否定時（或都是全稱，見前），或一全稱一特稱（不論那一個全稱或特稱），論式都是無效。小辭聯繫中辭，全稱時無效：辭例足資證明，如下：動物、知識、野；動物、人、野。(六六)大辭全稱時，辭例：烏鴉、雪、白，結論否定；(六七)為肯定結論，無辭例可取。巳在某午，同時又不在（另）某午。假設辰在每巳，巳在某午，則辰在某午。依原定的條件，辰應不在任何午。既無辭例可取以資證明，故需證自「無限定」，方法如前。(六八)

兩辭都舉出某一部分，即是在中辭所指某部，或不在其某部（兩前提都是特稱），或一在，一不在，或一在某部，一不在全部，或有限定，或無限定；論式總不會有效。公共辭例：動物、人、白；動物、無靈、白。(六九)

總結全章，可以明見，在此第三論法，論式何時有效，何時無效。名辭聯繫，合乎所述定
15 式，則必定產生有效論式。凡是有效論式其名辭的聯繫，必定遵守本章定式。顯然的，本論法所有一切，都是不完善論式。（需要另加一些理由，補充而完善之）還有一點，就是本論法，推證不出全稱的結論，否定者無有，肯定者也無有。

（附錄：物法論式：即是第四論法的論式，請參看註一九〇後面的圖表）。

第七章 三種論法合觀

合觀一總論法，可以明見以下數點：

29右20 一、論式無效時，兩前提都肯定，或都否定，完全產生不出任何必然的結論。

二、論式本來無效，但兩前提一肯定一否定，否定者全稱，常能（變式）產生結論，用小辭（作賓辭和首辭），聯繫大辭：例如大前提甲在每乙，或某乙，小前提乙不在任何丙。（直指結論「丙不是甲」，無效），但前提大小互相調換位置，則必定產生一有效的結論：某甲不是丙：即是說丙不在某甲。第一論法如此，其餘各論法，也都是如此：用換位法，常能將此類無效論式，變成有效。㈦

三、用無限定論句代替特稱肯定論句，構成的論式，結論相同。一總論法都是如此。

四、凡是不完善論式，都需用第一論法補充自己：證實自己結論的必然；或用「直證法」，或用「反證法」。兩者都用第一論法。「直證法」補充原有前提，用換位法，都是換成第一論法。反證法證明異議是謬論，即是不可能，果如（固執謬論），以謬論為前提，構成論式（必推證出相反原有前提的結論：論式的構造及反證的步驟），都是第一論法。例如在最後一論法中，兩前提全稱肯定：甲乙同在每丙，則結論是甲在某乙。反證法證明如下：假設甲不在任何乙，以此為前提，加上原有的前提：乙在每丙，則結論必是甲不在任何丙。（此乃第一論法）然而原有的前提是：甲在每丙。第三論法反證時如此，其餘論法及諸論式，同是如此。(七)

29右 五、還有一點，顯而易見：所有一切論式，都可「改歸」第一論法的全稱論式。第二論法的論式，都是用它們來補充證實，不是都用同樣的方法。全稱論式，用換位法否定論句換位，即得。特稱論式兩個，每一個都用反證法，故用第一論法。第一論法，用自己所有的特稱論式，自己證實自己，論式本身完善，但同時也能用第二論法，補足其證明，即是用方才用的反證法：例如甲在每乙，乙在某丙，則甲在某丙。假設甲不在任何丙，同時又在每乙，則乙不在任何丙。此一反證法，是用了第二論法。(十二)為證明上述的肯定論式，方法可以如此。為證明否定（的特稱論式），方法相同。因為甲不在任何乙，乙在某丙，則甲不在某丙。反證：假設甲在每內，同時不在任何乙，則乙不復在任何丙。此乃第二論法。(十三)如此說來，既然「中間論法」、一切論式，都能改歸第一論法、全稱論式。第一論法特稱論式，又都能改歸「第二論法」，即「中間論法」，顯然的，第一論法的特稱論式，都能如此改歸第一論法的全稱論式。

六、第三論法，全稱論式，為補充證實自己，直接用那些第一論法的全稱論式。第三論法的特稱論式，補充自證，用第一論法的特稱論式。這些特稱論式，既能改歸全稱論式，則第三論法的特稱論式也能如此。從此可以明見：所有一切論式，都能「約盡」，即是全都改歸第一論法的全稱論式。（約盡或改歸是推演的反面：推演而來，改歸回去，一往一返：都有同樣的作用：即

是推理證實）。(七四)

七、最後總結：論式雖多，不出兩類：一肯定一否定。肯定證明「某在某」，否定證明「某不在某」，各論式如何構造，始能有效，眾論式，或在同一論法之內，或在不同論法之間，彼此如何互相關聯，（至今可謂）討論完畢了。(七五)

第八章　必然論式

29右30 「在」、「必在」、「能在」、三者，各自意義不同。許多在固在，非必在。有些既非必在，又非全然不在，但是能在。顯然三者構成的論式，各自不同，名辭聯繫，構成的前提不同，有些論式的前提用「必在」，有些用「在」，有些用「能在」。

論式，用「必在」，或用「在」，大致相同：兩方名辭的佈置相同，或肯定，或否定，或有
30左1 效，或無效。分別只是一方加用「必」或「必不」。否定時，換位法相同。全稱（特稱）的意義（和其定律），相同如常：即是「某某屬於某全體範圍內」，「某某賓稱某類每一個」。為證實論式有效，兩方所用的換位法相同。只有「中間論法」（即第二論法），一前提全稱肯定，一前提特稱否定時，和第三論法全稱前提肯定，特稱前提否定時，證明方法不同。用「必」字的時候，（不能用反證法）只可用「指解法」，指出主辭所指某部，是兩賓辭所不在，並根據這個實例，（解釋前提的真義）證實結論的必然。對於指出的實例，結論既是必然，則對於原有名辭所指「某個」，也是必然：因為實例所指「某個」，正是原辭所指「某個」。論式（用「必」字，或不用「必」字），在構造上，仍各自遵守適當的論法。（和前數章所述相同）(六)

第九章　天法、必然與無態、配合論式

30左15 （必然論句是用「必」字的論句。無態論句，不用「必」或「能」之類的態辭）。有時論式
只有一個前提，是必然論句，也可證出必然結論，不是隨便那一個前提，只要大前提用「必」字
就可。例如大前提，是必然論句，或肯定說：甲必在乙，或否定說：甲必不在乙。小前提是無態
20 論句，只是肯定，或全稱或特稱：說：乙在丙。兩前提如此，結論則是：甲必在丙或必不在丙。
因為既說：甲必在每乙，或必不在任何乙，又說丙是乙中的某部分或某個，顯然的結論是甲必在
25 丙(七七)或必不在丙。(七八)但是假設甲乙不是必然論句，乙丙是必然論句，結論則不是必然論句，假設
結論是必然論句，第一、第三兩論法則能結論說：甲必在某乙。這是錯誤的。乙能是本性如此，
30 無一能是甲之所在。(七九)觀察名辭，也可明見，結論不是必然。例如甲是運動，乙是動物，丙是
人。人必是動物。動物不必定運動。人也不必定運動。甲乙否定時，也是如此。證法相同。(八十)
35 特稱論式中，全稱前提必然，則結論必然；特稱前提必然，則結論不必然。全稱前提儘可是
40 肯定或否定。先設令，全稱前提必然：甲必在每乙，乙在某丙，不用態辭。必然的結論是甲必在
30右1 某丙；因為丙在乙下，是乙中之一，甲又必在每乙。(八一)論式否定時，也是如此，(八二)證法相同。特

30右5 稱前提必然時，（全稱前提不必然）結論不必然：因為無一結論不可能，正如全稱論式一樣。(八三)
否定論式，也是如此。辭例：運動、人、白。(八四)

第十章 地法、必然與無態、配合論式

第二論法，否定前提必然，則結論必然；肯定的前提必然，結論不必然。先看否定結論：例如大前提：甲不能在任何乙，（即是必不在乙）但是小前提不用任何態辭，只說：甲在丙，（則結論必是：乙不能在丙）。證自換位法：否定論句換位：乙不能在任何甲，甲既在每丙則乙不能在任何丙，因為丙在甲下，屬於甲類之一。（此乃第一論法）[六五]中辭聯繫丙，否定時，情形相同。甲若不能在任何丙，則換位必得丙不能在任何甲，甲卻在每乙，故丙不能在任何乙，此乃第一論法的重現。可見乙也不能在丙。換位即得，同上。[六六]

肯定的前提必然，則結論不必然。設令甲必在每乙，而不在任何丙，只是否定而無態辭。否定者換位，即得第一論法。在第一論法，大前提否定而不必然，則結論不必然，前者已有證明。[六七]故此本處結論，也不得是必然，假設結論必然，則丙必不在某甲。因為乙如必不在任何丙，則（換位）丙必不在任何乙。但是甲既必在每乙，則（換位）乙必在某甲，足見丙必不在某甲。但前提原有的甲，[六八]無妨個個都能有丙在。指出名辭的實例解釋其賓主關係，也可以證明其結論不是純粹必然，但有一些條件的限制。例如甲是動物，乙是人，丙是白，構成同式的論句作前提。

動物能不在任何白，人也就能不在任何白，但不是必不在。可能新生一白人。不過在「動物不在任何白」的時期中，人確是不在任何白。可見在此時期中和條件下，結論是必然的。不是純粹必然。(八九)

31左 特稱論式同上。前提全稱否定而必然，則結論必然。前提或全稱肯定，或特稱否定，**必然時**，結論則不必然。先看全稱否定前提**必然時**，甲不能在任何乙，但在某丙。換位得乙不而在任何甲。甲卻在某丙。故乙必不在某丙。(九〇)現在回頭看全稱肯定的前提必然時，設令乙辭聯繫中辭，構成肯定的前提，甲既必在每乙，同時不在某丙。顯然結論是乙不在某丙，但不是必不在。辭例證明，和全稱論式相同。否定論句，特稱必然，作前提，結論也不得是必然論句。用同樣辭例證明。(九一)

第十一章　人法、必然與無態、配合論式

在最末後的論法內，兩名辭、聯繫中辭，都表明全稱，兩論句都肯定，任憑那一句是必然論句，則結論也是必然論句。如果一前提否定，一前提肯定，否定者必然，則結論必然。肯定者必然，結論不必然。

先看兩前提都肯定，設令甲乙並在每丙。甲丙必然。（結論甲必在某乙）因為乙在每丙，換位則丙在某乙，全稱肯定句換位得特稱肯定。如此，假設甲必在每丙，同時丙是某乙，則甲必在某乙。這是必然的。因為乙在丙下面，是丙類的一個。此乃第一論法。(六二)另一方面假設乙丙必然，結論也必然，證法相同。用換位法得丙在某甲，乙既必在每丙，則必在某甲。(六三)

回頭看甲丙否定，乙丙肯定，否定者必然。論式如此時，換位，丙在某乙，甲既必不在任何丙，則甲必也不在某乙：因為乙在丙下，是丙中之一。(六四)但如肯定者必然，則結論不必然。設令乙丙肯定而必然。甲丙否定不用必字。肯定者換位，得「丙必在某乙」。甲既不在任何丙、丙卻在某乙，則甲不在某乙，但不是必不在。因為否定前提不必然，則結論不得是必然。第一論法已有證明。(六五)此外，用名辭舉例也能證明此點。設令甲是「好」，乙是「動物」。丙是「馬」。好

能不在任何馬。動物卻必在每馬。同時不是凡是動物，必無一好，因為可能個個都好。(96)假設這
31右10 是不可能的，請另取辭例如下：即是把「好」字換成「醒寤」，或「睡覺」：一切動物，同時個
個都睡覺，或醒寤，不是不可能的。(97)

上文說明了，諸名辭聯繫中辭，表明「全部」時，(98)結論何時必然。現在假設兩前提都是肯
15 定，一全稱，一特稱，全稱者必然時，則結論必然。證法同前，用特稱肯定句換位法。乙如必在
每丙，甲又在丙下面，則乙必在某甲上面。假設乙在每甲，則甲在某乙，是必然的。證自換位
10 法。(99)甲丙全稱必然時，同上，因為乙在丙下。(100)但是特稱前提必然時，結論不得是必然。設令
乙丙特稱而必然，甲在每丙而不必然，乙丙換位得第一論法。全稱前提非必然，特稱前提必然。
25 論式如亞，結論不得是必然。第一論法如此，足證本論法也是如此。(101)用名辭舉例也可明證此
30 點。假設甲是醒寤，乙是二足、丙是動物。乙必在某丙，甲可能在丙，則甲在乙不是必然。因為
「二足者」睡覺或醒覺，不是必然的。(102)假設甲丙特稱而必然，結論同上，證明相同，用同樣的
35 辭例。(103)但如假設名辭中，一肯定，一否定，否定者，全稱而必然，則結論必然。因為甲如不能
在任何丙上，乙在某丙上，則甲必不在某乙上。(104)肯定前提必然，或全稱，或特稱；則結論不是
40 必然。同樣，否定前提必然而特稱，則結論也不得是必然。其餘證法同上，(105)辭例證明如下：為
32左1 全稱肯定前提必然時，用「醒寤、動物、人」三辭，人作中辭。特稱肯定必然時，用「醒寤、動
物、白」（因為動物必在某白上面，醒寤可能不在任何白上面，足見醒寤也不是必定不在某動物
5 上面）。特稱否定前提必然時，用「二足、運動、動物」三辭。動物作中辭。(106)

第十二章　必然與無態、配合總論

總結上述可以明見以下數點：

一、除非兩前提，肯定某在某，不會有結論，肯定某在某。二、即便只有任何一個前提必
32左10 然，則結論能是必然。三、在兩方面，不論論式是肯定或否定，至少需有一個前提，和結論同
性。（這就是說：如果結論是無態論句，至少一個前提是無態論句。如果結論是必然論句，至少
15 一個前提需是必然論句）。四、從此可以明見：除非前提裡，有必然論句，或無態論句，結論不
會是必然論句，或無態論句。五、關於必然論式，如何構成，和無態論式，有什麼分別，上文所
論，大致可謂充足了。

第十三章　或然論式

此後，由本章起討論「可能論式」：何時有結論，怎樣有結論，為什麼一些理由，有那樣的結論。

所謂「能」、「可能」，或「某事可能」，真義是說：「某事不必是如何，既已是如何，仍如何與否，全無不可能」。「可能」不是必然，也不是必不然，不是不可能，也不是不能不然，即：不是「非如何不可」。日常說：「必然者，故可能」：說的是「必然事的（非不）可能」。

32左 本章所說「可能」，是「非必然事的可能」。兩種「可能」，名同而實異。「可能」的真義既是「非不可能，又非必然」。明證於「論句，肯定，否定，對立，推演法」㈣：「不是可能在」、「不能在」、「必不在」三句話的意義，彼此相同，互相推引追隨。另一方面：和上三句對立的論句，也有三個就是：「可能在」、「不是不可能在」、「不是必不在」。這三句話也是意義相同相隨：因為對於每句，一有肯定，或否定，同時對於三個必同樣肯定，或否定。既說「某事可能」，必是說「某事不是必然」，同時，「既說某事不是必然，必是說某是可能」。「可能」不**是必然，也不是必不然：而是「能有能無，能是能不是，是非兩可」**：即是：「或然」。㈥

如此說來，凡是「可能論句」，都兼指是非兩端。兩端對立，可以互換。不是說矛盾兩端，肯定和否定，可以互換，而是說，凡是肯定性的態辭「能」或「可能」等類字句作賓句，都可以形容是非對立的兩個主句。即是，既說：「可能某在」，則是同時說：「可能某不在」。既說：「可能在每某」，則是說：「可能不在任何某」，也是說：「可能不在每某」。既說「可能在某」，則是說：「可能不在某」。其餘實例尚多，情形相同。理由明顯：因為「可能」既「不是『必然』，『不必然者』，又有時『能不然』，自然的結論是如果可能甲在乙，則也可能不32右在」。「能在每乙」，也「能不在每乙」。全稱論句如上，特稱論句同上，證法相同。上述此類論句都是肯定，不是否定。態辭「能」字，或「可能」之類，在論句內的位置與作用，和構辭「是」字、或「在」字相同。前者已曾論及。（「甲能在乙」和「甲能不在乙」都是肯定態句，因為態辭「能」上，沒有「不」字）。(四八)

說完了上述的種種定義，還需注意以下數點：「可能」，或「能」，在語言裡有兩種意義：一是「多次發生」，但和「必然發生」不同。例如：人許多變得頭髮蒼白，或發育，或衰老、病亡，或發生其他自然界慣有的一些事件。（此類人生自然慣有事件的必然，不是永恒持續的必然，只限於人生存期間那些事件的必然，不過是人生存期間所慣有，不真是必有，或常有，而是多次有，故此好像是「難免的必有」：並是有限期的難免必有）；實是自然現象通常的可能：是有限定的可能。第二是無限定的可能：就是可能如此，也可能不如此。例如某動物、能行走，它行走時，地下能發生地震，或其他偶然能發生的任何事件。這些事件的發生與否，全是偶然，沒有物性自然方面的抉擇。以上兩種「可能」，都形容是非對立的主句，並且兩者可以互換，不過

方式互有分別：一是物性自然如此，能如此，不必如此。有許多人能不長成頭髮蒼白。一是無限
定：事能如此，也能如彼，完全模稜兩可：無適無莫。前者可以叫作「適然的可能」。後者是
「偶然可能」，或漠然可能：即是「或然可能」。
32右20 無限定的「或然論句」，構不成明證論法，不會推證出真確的知識，因為中辭可以證出是非
兩可的結論，無力確定一方。物性適然的可能論句，能產生明證性的論法和知識。人間的言談議
論，及學術的研究，幾乎都是討論這一類的可能事件。關於前一類（完全偶然）的可能事件，固
然也可能用論法證出結論，但非通常學術本務之所追求。對於這些問題，今後，在下文，將另有
25 詳細的分析和說明。目下，暫且只討論「可能論句」，何時構成何樣的論式。（有些史家認為本
段是後代人的竄補，回看註一〇九、末尾）。
「此能在彼」，這樣的可能論句有兩種不同的意義可取：一是「彼之所在處，此可能在」。
一是「彼所能在處，此也可能在」。（因為「甲作賓辭，可能形容乙所形容的某主辭，有同樣以
30 下兩種意義：一是「甲能賓稱乙所賓稱的主辭」、一是「甲能賓稱乙所能賓稱的主辭」）。同時
需知：「甲能在乙所稱指的主體」，和「甲能在每乙」，這兩句話的意義相同。顯然，「甲能在
每乙」這句話有兩個意思。目下先說：假設乙能賓稱丙所賓稱的主辭，同時，甲能賓稱乙所賓稱
35 的主辭，各名辭關係如此時，所構成的是什麼論法，又是什麼樣的論式。因為，如此時，前提採
取的兩個論句，都是用態辭「能」字的論句。㊂另一方面，假設只說「甲能在乙之所在」，則兩
個前提中，只有一個是「可能論句」，其餘的一個是無態論句。兩個前提形式不同。故此，研究
可能論式，先從兩前提態辭相同的論式開始，和前者討論其他有態論式時，遵循相同的次序。

第十四章　天法、或然論式

右40 甲能在每乙，乙能在每丙，則甲能在每內：論式完善，明證於定義。「能在每某」的定義本
33左1 來就是如此。前文方已論及。同樣假設，甲能不在任何乙，乙卻能在每丙，則甲能不在任何丙。因為「甲能不在乙之所能在」，即是遍指了乙所能在的每處，（即是每個主體）無一例外，定義原是如此。㈢

但是，甲能在每乙，乙卻能不在任何丙，前提如此，不能構成任何論式。用「是非兩可調換法」，將原有前提乙丙，換成肯定，則得一有效論式，同上。因，乙既能不在任何丙，則也能在每丙，（此點，前者已有說明）故此，乙如能在每丙，甲又能在每乙，則所得論式有效，和上文相同。㈢同樣，如用同一調換法，調換兩個前提，例如說：甲能不在任何乙，同時說乙能不在任何丙，則論式不能成立。將它們調換，去掉「不」字，則論式有效，同上。從此，可以明見小前提能字下，加用不字，或兩前提都在「能」字下，加用「不」字時，則構不成有效論式。即便構成論式，也是不完善論式：因為它除非用「可能兩端調換法」，證不出必然的結論。㈢

兩前提，一全稱，一特稱，大前提全稱，如此，則論式完善，因為甲如能在每乙，乙又在某

33左25 丙，則甲能在某丙。明證於「全稱可能」(24)的定義：「能在每某」的定義本是如此，見前。換一
論式：假設甲能不在任何乙，乙卻能在某丙，前提如此，則必然的結論是甲能不在某丙。證明同
上。(25)但是假設特稱前提否定，全稱前提肯定，論句排列，位置同前，即是說：甲能在每乙，乙
30 卻能不在某丙，前提如此，生不出顯明的結論。用「可能性的是非兩端互換法」，乙丙換成肯
定，說：乙能在某丙，則結論同前，論式有效，證於章首。(26)
35 大前提特稱，小前提全稱，或兩者都肯定，或兩者都否定，或兩者形式不同，即是一肯定，
一否定，或兩者都是無限定論句，或兩者都是特稱，以上這各種配合，都構不成有效論式，因為
40 乙的範圍能比甲更寬廣，乙不是和主辭廣狹相等的賓辭。這在本處全非不可能。假設乙寬於甲，
33右1 除甲以外，還包括丙。甲則能不在丙，又不能不在丙。既能不在每丙，又不能不在任何丙。既能
5 不在某丙又不能不在某丙。原因就是：用「能」字的論句是非兩可，兩端可以矛盾對換，也就是
因為乙能在的主體比甲多。名辭實例也明證此點：例如動物、白、人。首辭必「在」尾辭。又
10 如：動物、白、衣。首辭不能在尾辭。足見，結論裡面，時而首不能「在」尾，時而首必「在」
尾。明證這樣的論式，不能產生任何結論。(27)因為凡是論式，共分三種：或無態，或必然，或可
能。本處的論式不得有無態和必然的結論。這是顯明的。因為自相矛盾：自相消除：否定消除肯
15 定，肯定消除否定。論到「可能論句」作結論，在這裡，也是不可能的：因為方才證明了，這樣
的論式，既產生「首必在每尾」，又能產生「首不能在任何尾」的結論。結論如此，不能是「可
能論句」。因為用必字的論句是必然論句，不是「可能論句」；並且「用不能」兩字的論句就是

用「必不」的必然論句。「不能」乃是「必不」的意思。既是必然論句，就不是「可能論句」。詳見前文。㈥

總結前文，可以明見：名辭互相聯繫，標明全稱，兩前提都是可能論句，在第一論法，常構成有效論式，有些論式肯定，有些卻是否定；此外需知：肯定時，論式完善；否定時，論式不完善。「可能」的事物，依前者說明的定義，不可包含在「必然」的事物之類中。似此種種要點，有時眾人昧而不察。

第十五章　天法、或然與無態、配合論式

33右25 倘若兩前提，一無態，一或然（可能），大前提或然時，則論式都完善有效，結論都是或然論句，用態辭「能」字，全符合前已說明的「能」字定義。㈨小前提或然時，論式（有效），但30 都不完善。論式中所有的否定結論，不符合「能」字本義，而是說：某必不在任何某，或必不在每某。既是必不在，故此也是說能不在，這裡的能字是由必字推演而來，不是真正的「或然」。35 符號舉例：設令，甲能在每乙，乙在每丙，丙既在乙下，甲又能在每乙，顯然的結論是甲能在每40 丙，論式完善。甲乙論句否定，乙丙肯定，前者或然，後者無態，則論式完善、結論或然否定，34左1 說：甲能不在任何丙。顯然的，小前提無態時，則論式完善。換式，大前提無態時，為證明其結論有效，需用反證法，同時可見其論式不完善，因為不能證自它固有的前提。㈢

15 在此處，先需說明：**假設有甲必有乙，則甲若可能，乙必可能。這是一個定理**，可以反證如下：設令甲代表某物可能，乙代表某物不可能。這是不可能的。因為，可能有的事物，可能實有10 時，即變為實有。不可能的事物，是不能有的，既是不能有，則不會變為實有。如此說來，假設甲是可能而同時乙卻不可能，則必致甲能變為實有而無乙。**實有變化時，甲乙關係是如何，則變**

成實有時，也是如何。有變化的事物，既已變成了實有時，則現實實有。「可能」與「不可能」，34左在前提和結論取義相同，前後需要一貫，不但在變化的事件上，而且在斷定真理和肯定是非的論句裡，凡可能二字所有其他各種說法中，甲乙關係相同，無時例外。此外還需注意，說「有甲則有乙」的意思，不是既說「有某甲」，則應結論說：「必有乙」。只承認一個論句，說「有某甲」，推論不出任何必要的結論，至少需要有兩個論句，（被承認）作前提，例如說兩個前提依照前者說明的格式，構成論法，始能有必然的結論。因為假設丙在丁上，丁又在己上，則丙必然是在己上。如果兩個前提（的假設），都是可能，則結論也必是可能。如此說來，**假設用甲代表兩個前提，乙代表結論，如說有甲則有乙，不但是甲必然時，則乙必然，而且也是甲可能時，則乙也可能。**㈢

證明了上述的這個定理，即可明見前提假設是錯誤，但不是不可能；則結論隨之俱生，也是錯誤，但不是不可能。例如甲是錯誤，但不是不可能；既然有甲則有乙；則甲乙同性，乙也必是錯誤，但不是不可能。因為方才證明了，既然有甲則有乙，甲如果是可能，乙則也是可能。前提既已說定了，甲是可能，（不是不可能）則乙必然也是可能。假設乙是不可能，（乙既是甲下同類之一）則同是甲，故同一事物，同時是可能又是不可能。（這顯然是不可能）。

上述諸點既已定義明確，設令大前提甲在每乙，不用態辭，乙卻能在每丙作小前提，是一或然論句，即可能論句。結論必是甲能在每丙，也是用「能」字的一個可能論句。反證如下：假設甲不能在每丙，乙在每丙如前，這雖然是錯誤，但不是不可能；那麼，合結全論，則是既然甲不

能在丙，乙卻在每丙，故此甲不能在每乙，此乃第三論法的一個有效論式。（正是和原有的大前
34右 提互相衝突），但是設令甲能在每乙，仍如原議，則必然的結論隨著必是一「可能論句」：即是「甲能在每丙」，前提論句錯誤，但不是不可能，「乙在每丙」，（加上「甲」不能在每丙）則推論出上面不可能的結論，足證「甲不能在每丙」是錯誤，並且是不可能的。另一方面，也可以用第一論法反證本題論式如下：假設乙在每丙，甲又能在每乙，則甲能在每丙，原有的前提卻是甲不能在每丙。㈢

（討論至此，需要注意一點）：全稱論句，論定「某在每某」，它的指義，是純正絕對、普遍常真的，不受時間上的限制：就是說沒有此一時彼一時的分別。我們構成論式時，所用的全稱論句都是如此，否則，有了時間的限制，則論式失效。現時即便有效，將來有時，仍要失效，例如：「人在每個有運動的物體」，無妨有時是真的。即是假設有一個時期，除人以外，沒有任何其他能運動的物體。當此時期，前面那句話，便是真的。改換另一個時期，人以外有了別的動物，例如有了馬，則那句話不能仍舊真實，因為「運動能在每馬」，「人卻不能在任何馬」。故人不復在每個能運動的物體。另加名辭的實例證明如下：假設用「動物」作首辭，「運動」作中辭，「人」作尾辭，前提兩論句仍排列成同樣的論式，所得的結論應是必然的，不得是可能的論句，即：應是用必字的論句，不得是只用「能」字，因為人必然是動物，從此可以明證；全稱論句，意義純粹，普遍常真，不受時間的區分或偏限。㈣

另有一論式如下：設令甲乙是一全稱否定論句，並且用它作前提，即是說甲不在任何乙，同

時另一前提卻說：乙能在每丙。兩前提如此，則必然的結論是：甲能不在任何丙。假設說：甲不能不在任何丙，同時說乙在每丙如前（參看註一二〇），則結論必是甲在某乙。此乃第二論法的一個有效論式。但是它的結論是不可能的。故此仍存原論：即是說甲能不在任何丙。因為採取了，與此不合的錯誤論句，作前提，則發生出不可能的結論。(二四)如此證實了原有的結論以後，需知這個結論所用的「能」字，不是根據它本有的定義，而是因為「能不」是「不必」的賓辭。「不必者，故能不」。它是「不能不」的矛盾論句，明見於方才錯誤的假設。反證論法，在方才是用原論的矛盾句作前提。因為它的意思是說：甲必在某丙。（足見原論的「能不」是「不必」，並是屬於「必不」總類中的）。

此外，用名辭舉出實例，也可明證上面的結論，雖然有「可能論句」的外表，用了「能」字，但沒有「能」字本義所指的實質。設令甲是烏鴉，乙代表靈智，丙代表人。固然是甲不在任何乙：因為有靈智的實體，無一是烏鴉。但是乙卻能在每丙，因為靈智（動作及本能）能在每人。同時甲必不在任何丙。從此可見結論不（真）是「或然論句」；但也不常是用必字的論句：例如甲是「運動」，乙是知識，丙是人。構成論式如下：甲不在任何乙。乙能在每丙，結論不是必然論句，因為不是「必無一人運動」，卻可只是「不必某人運動」。從此可以明見：這裡的結論是說：「某在每某，不是必然的」。尚需採用更適當的名辭證明此點。(二五)

換一論式：假設小前提用否定的可能論句，大前提肯定，則得不到任何結論。小前提可能的矛盾兩端，互換以後，則論式有效，如前。例如甲在每乙，乙可能不在任何丙，前提如此，推論

35左10 不出任何必然的結論。乙丙是非兩端調換，改成肯定，說：乙能在每丙，則產生結論同前。名辭排列的位置相同。㊱同樣，兩前提都是否定，假設甲乙否定，即是甲不在乙，乙丙卻指明「能不
15 在任何」，前提如此，生不出任何必真的結論。可能論句矛盾兩端調換，則論式有效。試令甲不在任何乙，乙卻能不在任何丙。用這些前提，證不出任何必然的結論。但如小前提改成乙能在每丙，這個論句是真實的。大前提甲乙關係如故，論式遂變為有效，同前。㊲但如假設小前提說：乙不在每丙，不說它能不在，無論大前提甲乙是否定或是肯定，都得不到任何有效的論式，公共的實例：白、動物、雪三辭，結論「必在」。白、動物、松脂（或瀝青），結論「小能在」。㊳
25 諸如上述，明顯名辭關係標明全稱，構成論句，作前提，一無態，一可能，並且小前提是「可能論句」時，常得有效論式，或得自固有前提自身，或得自「可能論句矛盾兩端的調換」。
30 何時得到，為什麼原因得到，本章均已說明了。㊴

再進一步（討論另一些論式）：假設一前提全稱，一前提特稱，大前提全稱，並用態辭「能」字，或否定，或肯定；特稱者肯定，而不用態辭，則所得論式完善，和全稱論式相同，證法同
35 前。㊵但如大前提全稱而無態辭，不用「能」字，其餘一前提特稱，而用「能」字。兩前提，或
40 都否定，或都肯定；或一否定，一肯定；所得論式都是（有效的）不完善論式，有些證自反證
35右1 法，有些證自「可能的矛盾兩端互換法」，同前。㊶此外大前提全稱時，不用態辭，或肯定，或否定，小前提特稱否定，並用「能」字，用「可能論句矛盾兩端對換法」，可得一有效論式。例如說：甲在，或不在每乙，作大前提，乙能不在某丙，作小前提用「對換法」，改成「乙能在某

丙」，則得一可能論句作結論。(三二)但如小前提特稱否定而無態，則無結論。名辭實例證明如下：白、動物，雪，結論肯定。白、動物、松脂（或瀝青），結論否定。證自小前提的無限定。(三三)

但如全稱論句，聯繫小辭；特稱論句，聯繫大辭，兩者之中，不論那一個，是否定，或肯定，或可能，或無態，都構不成任何有效論式。如果兩前提都是特稱或無限定論句，或同是可能論句，或同是無態，或一是無態，一是可能；都證不出結論，理由同上。辭例如下：動物、白、人，結論必然肯定，動物、白、衣服，結論否定可能，即是說「不能在」。(三四)

總結全章，明顯的：全稱論句作大前提時，常產生有效論式。小前提全稱時，總不會有任何結論。

第十六章　天法、或然與必然、配合論式

兩前提，一必然，一或然，名辭關係同於前章，小前提必然，則結論完善。名辭關係都是肯定，或全稱，或不全稱，則結論或然而非必然。前提一肯定一否定，肯定者必然，則結論或然否定，而非無態。但如否定者必然，則結論有兩個：一是或然否定，一是無態否定，前提或全稱或不全稱。結論中的「能」字意義尚需決定，方法同前。這一切論式的結論都不會是「必不在」的論句。「不必在」和「必不在」，意義兩不相同。

從此可見，諸名辭肯定時，生不出必然結論。這是顯明的。設令甲必在每乙，乙能在每丙，論式有效而不完善，結論是甲能在每丙。證法同前，理由顯明，另有一論式如下：甲能在每乙，乙卻必在每丙，結論甲能在每丙。論句或然而非無態，論式完善而非不完善。結論直接充足，證明於固有的前提。㉟

倘若兩前提形式不同，設令否定的前提是必然論句，例如甲不能（即是必不）在任何乙，乙卻能在每丙，則必然的結論是：甲不在任何丙。（反證如下）：假設甲在每丙或某丙同時不能在任何乙，如故；依換位法，乙也不能在任何甲，則結論是乙不能在任何丙，或不能在每丙。因為

方才說了：甲在每丙或某丙，乙又不在任何甲。則結論必須如此。原有的小前提卻是乙能在每丙。㊱

既有無態的否定結論，便能同時有可能的否定結論，這是顯而易見的。㊲

再看另一些論式：假設肯定者是一否定論句：甲能不在任何乙，乙卻必在每丙。論式完善，結論不是無態否定而是或然否定，（即是說：可能不在）：因為大前提是一或然否定論句。證明不得用反證法：假設用反證法，既然說甲在某丙，又說甲能不在任何乙，如故。論式如此，推證不出不可能的結論。但如小前提否定，用態辭能字，則用是非對換法，同前，可得有效論式；如果不用能字，則無結論。兩前提否定，小前提不用能字，論式也是無效。名辭例證同前：白、動物、雪，結論肯定。白、動物、松脂（瀝青），結論否定。㊳

特稱論式，情形同前。大前提否定而必然，則結論否定而無態。例如：甲不能在任何乙，乙卻能在某丙，則結論必是：甲不在某丙。假設甲在每丙，同時不能在任何乙如故，則乙也不能在任何甲。故此，甲如在每丙，則乙不能在任何丙。原有的前提卻是乙能在某丙。㊴

論式否定，特稱前提肯定而必然，或論式肯定，全稱前提肯定而必然，則結論不是無態。例如乙丙，或甲乙，肯定而必然。證法同前。㊵如果小前提全稱而或然，或肯定或否定，同時大前提特稱而必然，則論式無效。名辭例證：動物、白、人，結論「必在」。「動物」、白、衣服，結論「不能在」。㈣全稱前提必然，特稱前提或然，全稱者否定時，（論式無效），名辭例證：動物、白、烏鴉，結論肯定。動物、白、松膠，結論否定。全稱者肯定時，（論式也是無效），

名辭例證：動物、白、鵝，結論肯定。動物、白、雪，結論否定。㈣

兩前提都是無限定，或都是特稱，則論式如此，也是無效。公共名辭例證：動物、白、人，結論肯定。動物、白、無靈，結論否定。因為「動物在每白」，和「白在某無靈」，同時是必然，又是不可能。或然論式，無效同上，名辭例證相同。㈣

從此可以明見：名辭關係相同，構成論式，或無態，或必然，有時有結論，有時無結論，惟需注意如下：否定的前提無態，則結論或然。否定的前提必然，則結論有兩個，一是否定而無態，一是或然否定。顯然，這些論式不是完善的，都需要用前面說過的諸論法來加以補充證實。

第十七章　地法、或然論式

第二論法，兩前提都或然，或肯定，或否定，或全稱，或特稱，都證不出任何結論。一前提無態，一前提或然，肯定者無態時，永無結論。否定者全稱而無態時，則常有結論。一前提必然，一前提或然時，情形相同。這些結論中「能」字有什麼意義，決定方法見前。(圖)

首先需指明，或然否定論句，（賓辭主辭）不得換位。例如甲能不在任何乙，不必定可以換位說：乙也能不在任何甲。反證此說如下：假設換位說：乙能不在任何甲，則用矛盾對換法，可以換成乙能在每甲，或在某甲。但這是錯誤的。因為「此某能在每彼」，不必是「彼某能在每此」。故此否定的或然論句，賓主不得換位。對於可能論句，矛盾對換法，是將肯定換成否定，將衝突和矛盾的兩端，互相調換。（主要是調換否定辭：即是「是非調換」）。

況且，「甲能不在任何乙」時，無妨「乙必不在某甲」，例如「白能不在任何人」，因為「白也能在每人」。換位說：「人也或然能不在任何白」，則（此說）不合真理。因為人必不在許多白物。「必然（不在）」不是「或然能在能不在」。

還有一點，就是反證法，不足以證明可能的否定論句賓主能換位。試用反證法推論看一看：

假設「乙能不在任何甲」是錯誤的，則「乙不能不在任何甲」是真實的。因為兩者一肯定一否定，兩相矛盾，一錯則一真是必然的。果如此，則「乙必在某甲」是真的。為此，甲也必在某乙
37左 （特稱肯定必然論句常可如此換位）。但「甲必在某乙」，乃是不可能的。因為用「乙能不在任何甲」作出發點，推演不出，「乙必在某甲」的結論來。說：「不能不在任何主體」，有兩種意思：一是說：既是必在某主體，則不能不在任何一主體，或此或彼。一是說：既是必不在某主體，故「不是或能不在任何主體」。說：「乙必不在某甲」，同時說：「乙能不在每甲」，則不真。猶如，說「某必在某主體」，全沒有「某能在每個主體」的意思。如果有人主張：既是丙不（是或然可）能在每丁，故此「丙必不在某丁」，他的主張和前提都是錯誤的。因為丙在每丁是一事實，惟因它必在某丁，故此我們說「它不或然可能在每丁」（就是說：它在每丁，不都是或然能在能不在）。如此說來，和「甲能在每乙」，是非對立的論句有兩個：一是「甲必不在某乙」，一是「甲必在某乙」。和「甲能不在任何乙」對立的論句，也有兩個，同上。㊺

如此說來，依照「能在（即是「或然可能在可能不在」）的原有定義，可以明見，「這樣的或然肯定，和或然否定的對面」，不但有特稱的必然否定：「必不在某」；而且還有特稱的必然肯定：「必在某」。認清了這一點，便知反證法，證不出不可能的結論。足見其論式無效。同時可以明見或然的否定論句賓辭主辭不得換位。

證明了上面的這一點，現在研究各種論式。假設前提是「甲能不在任何乙」，「甲卻能在每丙」，用換位法證明不出此論式有效來。因為方才已經證明了這樣的論句，不得換位。不但如

此，而且用反證法也不能證明它有效。因為假設乙能在每丙，（甲能不在任何乙如故），推演不出錯誤的結論來。理由是因為甲本來就能在每丙，也能不在任何丙。總體說來：即便推出結論，只能得一或然論句（因為兩前提無一是無態論句）。既是一或然論句，則必是一肯定論句，或是

37右

一否定論句。但無論肯定或否定，都不中用。假設結論肯定，舉出名辭實例，適足證出否定的結論，即是乙不能在丙。假設結論否定，名辭的實例卻證出必然肯定的結論，即是乙必在丙。設令甲代表白，乙代表人，丙代表馬。甲，即是白，能在其一每個，卻能不在其二的任何一個。並且「乙又能在丙，又能不在丙」，需是結論。顯然乙能在丙是不對的，因為沒有任何一個馬能是人。同時「乙能不在丙」，也是不可能的。因為必無任何馬是人。這是必然的。既是必然不可能，便不是「或然的能是能不是」。足見生不出結論。(四六)

假設大前提否定，和前面論式小前提調換一下，或假設兩前提都肯定，或都否定；論式無效，辭例證明同上。或假設一前提全稱，一前提特稱，或兩前提都特稱，或無限定，或無論怎樣配合兩個前提，構成其他任何論式，都是無效。常可用前面相同的名辭實例證明。總結本章，顯然的，兩前提如果都是或然論句，則生不出任何有效論式。(四七)

第十八章　地法、或然與無態、配合論式

37右20 假設一前提無態，一前提或然，無態者肯定，或然者否定，無論全稱或特稱，總是無結論。
25 證法同上，辭例亦同。㊽但如或然者肯定，無態者否定，則論式有效：例如甲不在任何乙，卻能
在每丙，否定句換位，得乙不在任何甲，同時甲既能在每丙，則結論是乙能不在任何丙。此乃第
一論法。㊾否定論句聯繫丙，作小前提時，情形相同。㊿
30 倘如兩前提都是否定，一指「不在」，一指「能不在」，直接不生任何必然的結論，繞道於
「是非對換法」，則得一結論：乙能不在任何丙。證法同前，復得第一論法。(五一)倘如兩前提都肯
35 定，則論式無效。辭例證明如下：健康、動物、人，結論肯定（說「在」）。健康、馬、人，結
論否定（說「不在」）。(五二)
40 特稱論式，情形同上。肯定者無態，或全稱，或特稱，論式都無效。(五三)（證法同前，辭例亦
38左1 同）。否定者無態，用換位法，論式有效，同前。(五四)再調換一下：假設兩前提都否定，並且否定
5 者全稱而無態，直接無結論，「是非對換」後，論式生效，如前。但如否定者無態而特稱，無論
10 其餘一前提肯定或否定，都無結論。(五五)兩前提都是無限定論句，或肯定，或否定，或特稱，也是
都無結論，證明同前，辭例亦同。(五六)

第十九章 地法、或然與必然、配合論式

兩前提，一指必然，一指或然，否定句必然，則有兩個結論：不但結論說「或能不在」，而且還說「不在」，即是無態否定。但肯定句必然時，則無結論。例如甲必不在任何乙，卻能在每丙。否定句換位得乙（必）不在任何甲，甲能在每丙如故，此乃第一論法的復生，結論是乙能不在任何丙。同時顯然的結論也是：乙不在任何丙。反證如下：假設乙在某丙，同時甲不能在任何乙，如故，則甲不復能在某丙。原有的前提，卻是中能在每丙。小前提否定時（聯繫丙），情形相同，證法也相同。[37]

再者，肯定句必然，餘者或然，即是說：甲或能不在任何乙，但必在每丙。名辭關係如此，則證不出任何結論：因為有時乙必不在丙。例如甲是白，乙是人，丙是鵝。白必在鵝，而能不在任何人，並且人必不在任何鵝。顯然這個結論不是或然論句。因為必然不是或然。但它也不能有必然結論。因為必然結論需要兩個前提都是必然論句，或只少否定的前提是必然論句。此外，上述論式的結論能是乙在丙：無妨丙在乙下；甲能在每乙，卻必在每丙，則乙在丙。辭例：丙是醒寤，乙是動物，甲是運動。運動必在醒寤，能在每個動物。故此，凡是醒寤者都是動物。以上論

式的結論是肯定而無態。顯然不能有無態否定的結論。同時也不得有和前面對立或矛盾的（肯
38右5 定）結論。故此，不得有任何結論。(五八)

肯定論句（作大前提，否定者作小前提，如此）調換以後，仍無結論，同上；證法相同。(五九)

假設兩前提，形式相同。並且同是否定論句，或然否定者，是非對換，常得結論，如前。例
10 如：甲必不在乙，卻或能不在丙，賓主調換則大前提乙（必）不在甲；「是非調換」，則小前提
甲能在每丙：遂生第一論法。並且小前提聯繫丙，否定時，也是如此。(六〇)

15 但如兩前提都是肯定，則無結論。顯然不能有否定結論，無普通否定，也無必然否定，因為
20 前提裡，沒有否定論句，既無普通否定，也無必然否定。同時也不得有或然的否定論句，因為乙
必不在丙。例如甲是白，乙代表鵝，丙是人。（鵝必不在人）也得不到對立的肯定結論，因為方
才證明了，乙必不在丙。故此，無論什麼結論，都得不到。(六一)

25 結論特稱的論式，情形同上。否定句全稱而必然，常得兩個結論：一或然否定，一無態否
定。證明用調。換法(六二)肯定句全稱而必然時，永無結論。證法和全稱論式同，辭例亦同。(六三)

30 兩前提都是肯定時，也是永無結論，證明同上。(六四)但如兩前提都是否定，全稱者，必然直接
無結論，用「是非對換法」，得結論如前。(六五)

35 假設兩前提無限定或特稱，則無結論。證明同上，辭例相同。(六六)

40 總結全章，可以明見：前提全稱否定者必然時，常得結論，不但只得或然否定，而且還同時
39左1 得無態否定的結論。但如全稱肯定者，是必然論句時，永無結論。論式有效，或無效，名辭的關

係，及排列形式，在必然論式如何，在無態論式也是如何：前後相同。同時可以明見：本論法所有一切論式，都是不完善論式，需要用前面說過的各種論法加以補足證實。

第二十章　人法或然論式

最後論法（即第三論法）：兩前提或然，或一前提或然（一前提無態），都有結論。並且是或然論句。但如（一前提或然），一前提必然，同時是肯定，則結論不是必然，也不是無態（而是或然）；但如必然者是否定，則結論否定而無態，如前。在這些結論中，「能」字的意義，和前提中的「能」字相同，定義如前。

先使兩前提都是或然論句：甲和乙都能在每丙。全稱肯定，賓主換位，得特稱論句：乙既能在每丙，則丙能在某乙。如此說去：甲能在每丙，丙能在某乙，則甲能在某乙。生第一論法。(七七)另一方面，假設甲能不在任何丙，乙卻能在每丙，必然的結論是甲能不在某乙。因為換位即得第一論法。假設兩前提都是否定，自身直接無結論；(七八)用是非對換法，可得結論如前。因為甲乙都能不在任何丙，任何一句是非轉換，再加上賓主換位法，則復得第一論法。(七九)

假設一前提全稱，一前提特稱，論式有效或無效，名辭排列的形式和無態論式相同。例如：甲能在每丙，乙能在某丙。特稱肯定者賓主換位，則得第一論法。因為：甲既能在每丙，丙又能在某乙，則甲能在某乙。小前提乙丙全稱時，也是如此。甲丙否定，乙丙肯定時，也是一樣，用

換位法，即得第一論法。(十六)

39右 假設兩前提都否定，一全稱，一特稱，自身直接無結論，用調換法，得結論如前。兩前提都是無限定，或都是特稱，則論式無效。因為結論自相矛盾：甲（必）不在任何乙，又（必）在每乙。名辭例證：動物、人、白，結論肯定。馬、人、白、結論否定。白作中辭。(十七)

第二十一章　人法、或然與無態、配合論式

39右10 兩前提，一無態，一或然，結論或然而非無態。名辭排列形式相同，如前，則論式有效。先
試用肯定論句：甲在每丙，乙能在每丙。乙丙換位（丙能在某乙），則得第一論法：結論甲能在
15 某乙。第一論法，有一前提或然，則結論或然見前。同樣，乙丙無態，甲丙或然，同時甲丙否
20 定，乙丙肯定，兩者任何一個無態，每次結論都是或然。證法仍用第一論法：任何一前提或然，
25 則結論或然，詳證見前。(二二)但如小前提或然否定，或兩前提都否定，自身直接無結論；用是非對
換法，有結論如前。(二三)

一前提全稱，一前提特稱，兩者都肯定或全稱者否定，特稱者肯定，諸論式構造同上，都是
30 用第一論法來補充證實，顯然其結論是或然而非無態。(二四)但如全稱者肯定，特稱者否定，論式有
35 效，證自反證法；試令乙在每丙，甲能不在某丙，必然的結論是甲能不在某乙。假設甲必在每
乙，乙在每丙如故，則甲必在每丙。前者已有證明。但原有的前提卻是甲能不在某丙。(二五)

40左1 兩前提都無限定，或都特稱，則論式無效。證法和全稱論式同。並用同樣的名辭實例。(二六)

第二十二章　人法、或然與必然、配合式論

兩前提，一必然，一或然，都肯定，則常得結論或然。一肯定，一否定，肯定者必然，則結論或然否定。否定者必然，則結論有兩個：一是或然否定，一是無態否定。本論法無必然論句作結論，和其他論法同。

先試令名辭都是肯定。甲必在每丙，乙能在每丙。既說甲必在每丙、丙又能在某乙，則甲也能在某乙。結論或然而非無態。第一論法理應如此，乙丙必然，甲丙或然，結論相同，證法相同。㊆

換一式：一前提肯定，一前提否定，肯定者必然。即是甲能不在任何丙，乙卻必在每丙，復得第一論法，否定前提或然。顯然其結論也得是或然。因為第一論法，論式如此時，則結論或然。但如否定的前提必然，則結論孿生：一或然特稱否定，一無態（特稱）否定。試令甲必不在丙，乙能在每丙。乙丙肯定句換位，則得第一論法，否定的前提必然。如此則直接推演，可得結論兩個：即是甲能不在某丙（用能字），同時甲不在某丙（省去能字）。故此甲也不在某乙，這是必然的。㊇但如小前提否定，而或然用是非對換法，則有結論，如前。㊈假設它是必然，則論

式無效：因為它的結論自相矛盾：甲必在每乙，同時又必不在任何乙。名辭實例證明如下：人作中辭：睡覺、睡馬、人：結論是全稱肯定：睡馬必都睡覺。睡覺、醒馬、人，結論全稱否定：醒馬必都不睡覺。(八〇)

兩辭聯繫中辭，分別構成兩個論句，作前提，一全稱，一特稱，論式如此，有無效果，同前。兩者都肯定，則結論或然，而非無態。(八一)但如一否定，一肯定，並且肯定者必然，則結論也是或然，同上。反之，否定者必然，則結論否定而無態。名辭關係，全稱與否，論式有效，證法相同：都需用第一論法補充證實。結果，兩方相同，這是必然的。(八二)另一方面，小前提否定而全稱，又是一或然論句，用是非對換法，則論式有效，可以證出結論。反之，小前提如是必然論句，則論式無效，證法和全稱論式相同，並用同樣的辭例。(八三)

顯然，在此論法，論式何時有效，怎樣有效。它的一切論式顯然都是不完善論式。都用第一論法來補充證明。

第二十三章　各種論法與天法、總論

綜如前文所述，顯然，各論法的論式都是用第一論法的全稱論式補充證明，並且都能改歸這些論式。凡是論式絕對無不如此。將來證明了凡是論式都是用以上這幾個論法之一所構成，便能明見方才所說，絕對真確。

凡是明證論法和論式，都證明結論，或肯定說「在」，或否定說「不在」。結論是全稱，或特稱。論法是（真理的）**明證法**，或「假設的推證法」。反證法（直證對方的結論不可，反過來斷定己方原論的確實），是「假設推證法」中的一種。下文先討論**明證法**。說明了它是如何以後，便可看清反證法如何，並能看清一切用假設的推證，總體說來，都是如何。

論證法，如需證明甲作乙的賓辭，是肯定，說「在」；或否定，說「不在」；必須（在前提裡）說定某是某的賓辭。假設前提裡說定了的，也是甲賓稱乙，（和欲證的論句同是一個），那就是「結論無理自證」（等於自證無理）。㈣假設甲賓稱丙，丙不賓稱任何某。也無任何另一某賓稱它，同時，無任何某賓稱甲（如此甲乙丙三辭，連貫不起來），則構不成任何論式。㈤從那樣的前提裡，雖然說定了「某賓稱某」，但是生不出任何必然的結論。為此，還需在前提裡加上

另一論句（俾能連貫三辭）。(六六)

現在如果前提裡說定：甲賓稱另某，即是甲在另某上面，或是說定：另某賓稱甲，在甲上 40 面，或說另某在丙上面，賓稱丙：如此，固然無妨構成論式，但是對於乙還是證不出什麼結論 41左 1 來。(六七)又假設丙聯繫另某。此另某聯繫彼另某，彼另某又聯繫其他另某，系統雖長，但不聯繫乙，如此，關於乙，便連結不出任何結論來。(六八)總體說來，前提裡不舉出中間某某來，便永不會產生任何結論說：此另某在另某上面，賓稱它。中間某某對於兩者都有一些賓辭的關係，放在前提裡，始能指明它兩者彼此的關係。(六九)絕對的說：凡是結論都需生自前提。論「此某如何」的結論，生自論「此某如何」的前提。論「乙如何」的論句，不能對於乙無所肯定，或否定；即是無所予，或無所奪（予之，則「加在它上面」，奪之，則去其所不宜有）。結論斷定甲對乙關係如何的論式，在前提裡不得不說明兩者和共同相關的某某有什麼關係，不可只說明兩者各自私有的賓辭，或肯定如何或否定不如何。故此前提裡必須舉出兩者共同關聯的中辭，將各名辭間的賓辭關係貫串起來，證出結論，說明此對彼關係如何。既然必須採用首尾兩辭共同相關的中辭，三者賓主的關係能有三種形式：一是甲在丙上面，作丙的賓辭，丙在乙上面，作乙的賓辭。（簡言之，甲在丙上，丙在乙上）。二是丙在甲乙兩者上面，作兩者共有的賓辭。三是甲乙兩者，並在丙的上面，作丙的賓辭。（換言之，丙在甲乙兩者的下面，作兩者共有的主辭）。這三種形式便是前文所說的三種論法。(七〇)顯然所有一切論式，構成時，必須採用三看之一，作自己的規範。遵守其規格，否則無效。上述三辭關係的條理，是三種論法最基本的規格。甲乙相關的中辭能有許多，但不論有多少，基本的規格不變。論法相同。

如此說來，顯然，凡是明證法的論式，都分別遵守上述三種論法。明證法如此。反證法也是如此。理由如下：凡是反證法都是用明證法，證明對方的錯誤，在前提裡，假設對方的意見作出發點，推證出一個不可能的結論，舉出它和原有的前提適相衝突。例如說：對角線和邊線不同分。假設同分，則奇偶兩數相等。此乃不可能，故對角線和邊線不同分。奇偶兩數相等，是用明證法證出的結論，用對方的意見作前提和出發點。對角線和邊線不同分，是反證法證實的結論，因為對方的矛盾結論，引至不可通的絕路。可見反證法是用明證法從對方的意見證出錯誤的結論。轉而反證原有的結論真實（矛盾兩方，彼錯則此真）。方才說了，凡是明證論式都分別遵守三種論法的規格。從此可見：反證論法也顯然是遵守同樣的這些規格，無疑。㈢其他一切用假設的推證法，也都是如此：因為它們都是用明證法證出新結論，證自新前提（對方的意見，和原有的結論矛盾，用作新前提），代替一個舊前提。新結論錯誤，故新前提錯誤。如此，原論真實，
41右 遂被證明，乃是證自和對方同意的前提，或其他假設。果然真是如此，足見凡是明證法，及所有一切論式，都不得不在構成時，遵守上述的三種論法。證明了此點，便可進一步，明白看到，為什麼，凡是論式，都受第一論法的補充證實，並且都能改歸第一論法的全稱論式（都可改證）。

第二十四章　論式的質與量

凡是論法，至少有一個名辭肯定，並有一個全稱。無一全稱，則論式無效，或得不到結論，或無關本題，或前提無理。試令「音樂是正當的娛樂」作應證明的結論。前提裡大原則只說：41右「娛樂是正當的」，不標明全稱，則論式無效。假設它只說「有某一種娛樂是正當的」，同時假設它不是音樂的娛樂，則「無關原題」，與應證明的結論沒有關係。假設那「某一種娛樂正是音樂的娛樂」，則前提無理。因為它和結論沒有分別（等於說：音樂的娛樂正當，故此音樂的娛樂正當）。從《幾何學》上，舉一個例，更能說明此點，例如「等邊角底線上的對角相等」。為證明這個結論，畫一圓周，甲乙兩直線交叉，經過中心引至圓周四角：甲乙丙丁。然後如果只說平角甲丙和平角乙丁相等，而不說明「凡是半圓都是彼此（度數）相等」，則無以證明兩平角相等。如果（前提裡），只說弧線對角丙丁相等，或只說平線對角己戊相等，而不說明「凡是等數減等數，餘數相等」，便都是沒有全稱論句作前提，故此論式無效，或與原題無關，或等於前提裡沒有說出理由；都無力證明結論。(九二)

如此說來，顯然，每一論式都必須有全稱前提。全稱的結論，需要證自兩個全稱前提，否則結論不會是全稱。特稱結論的前提，兩個可以都是全稱，或不都是全稱，只少一個全稱。這就是說：結論全稱，則兩前提必須都是全稱；（反過去說）：兩前提都全稱，結論卻不必定全稱，能不是全稱。同時可以明見，凡是論式都必須有一個前提和結論性質相同。這不但是說：兩者同是肯定或否定而且是說：兩者同是「必然」，「或然」或「無態」。此外，也需兼顧其他各種賓辭的性質、形式等等。結論是如何，前提至少有一個也是如何。

總結全論，簡單說來：論式何時有效，何時無效；有效時，何時完善，何時不完善；凡是有效論式，名辭互相聯繫，必須依照本文所述論法的格式：為什麼不得不如此：綜觀前文，便可明見。

第二十五章　論式成分的定額比例

每個明證法只用名辭三個，不需再多。多則同一結論，證自不止一個論式，即是許多論式，
41右40 不是一個了。例如結論戊，證自甲乙兩前提，又證自丙丁，或是證自甲乙（又證自甲丙），又證
41左1 自乙丙。（因為每兩個名辭之間，能有許多中辭）果如此，則論式是許多，不是一個。又例如甲
乙兩論句，每一個分別證自一論式，甲證自丁己，乙證自庚辛，或是一個證自歸納法，一個證自
演繹法（即是論法），如此這裡的論式有許多，因為證出了許多結論即是甲乙戊三者。假設只是
一個論式，而不是好幾個，例如結論戊，證自甲乙，同一結論不能生自三個以上的許多名辭。試
令結論戊，證自甲乙丙丁四個前提和四個中辭。這些中辭彼此必須發生「整體和部分」間的關係
（即是全稱的賓主關係）。因為前者已經證明了，所有各論式的構造必須如此。那麼，試令甲和
乙發生這樣的關係（構成兩個前提），則必證出某一結論。或是戊，或丙丁兩者之一，或其他另
某一個。假設是戊，則論式只有甲乙兩個名辭（構成的兩個前提）。假設丙丁彼此發生了「整體
與部分」的關係（也構成兩個前提），則也必證出一個結論，或是戊，或是甲乙兩者之一，或某
另一個。假設是戊或甲乙之一，則論式不是一個。同一結論，證自許多中辭，或論法，不是不可

能的，方才說過了。假設結論是和以上無關的另某論句，則是有許多論式，各自分立，彼此沒有連貫。另一方面，假設丙和丁不發生上述的賓主關係，不足以構成軀式，將它們放在前提裡，是沒有意義的，(九三)除非是為在歸納法裡，枚舉實例，(九四)或為（從遠處展開議論，先步步列舉許多前提，暫且）隱藏結論，(九五)或為其他類此目的（在結論前說出許多前提）。

他方面，假設從甲乙生出的結論不是戊，而是另某論句。並且從丙丁生出的結論，或是甲乙之一，或是另外某個；如此，論式是許多，不止是一個，並且都不證明原題，因為原題是戊，不是任何其他。最後，假設從丙丁生不出任何結論，則前提採用丙丁，是沒有意義的，並且所構成的論式不會證明原題。(九六)從此可見，凡是明證法，和每一論式，都是只用三個名辭。這是顯然的。（三個名辭，構成三個論句，兩個前提，一個結論。因此明證法，或普通任何論證法，在中文，也譯作「三段論法」就是「三句論法」，或「三辭論法」）。

證明了以上這一點，便可看清如何每一論式，或結論，只需要證自兩個前提，不需要前提再多。（因為三個名辭，（構成）兩個前提）除非額外加取許多前提，為補充證實（不完善論式的）結論，本書前者已有詳論。果然如此，可以明見：凡是立意論證的「言論」，證明其首要結論的前提，必定常是雙數，否則，那段「言論」不能是允當的三段論法，或根本論式無效，或前提多於所需，有失於贅詞蕪語。(九七)（所謂首要結論，乃是最後結論，因為以前的結論，如有許多，例如補證論式，或附加論式，或聯證論法，對於最後結論說，都是前提。並且這是必然的）。

42右1 如此說來，只就首要前提，觀察各個論式，可知**前提數偶，名辭數奇。名辭比前提多一個。**

結論僅是前提的半數。(九八)

42右 論式，如果是「補證論法」，或「聯證論法」（下文簡稱補證法或聯證法，或更簡稱補證或聯證），聯證用許多中辭聯合起來，或上下一貫，或分別排列，證明最後的結論。例如甲乙（關係如何），證自丙丁兩個中辭，都是許多論式合證某結論，依數目計算，名辭數目仍比前提多一個。**奇偶比例，變化無常，惟常相反：前提數奇，則名辭數偶，前提數偶，則名辭數奇，反之亦然。結論的總數，同級相加，不是前提的半數，而是比前提只少一個，但各級一切結論，合算的總數，遠遠多於前提和名辭。**(九九)

方才說：名辭數目比前提多一個，因為增加中辭，或加在賓主兩辭的中間（如第一論法），或加在兩辭外面（或在上，作賓辭，如第二論法，或在下，作主辭，如第三論法），所構成的前提，常比名辭少一個。每個前提是一個論句，論句有多少，前提也有多少，每加一個中辭，必定隨著加添一個論句。故此，名辭和前提數目一同增加，常是奇偶相反：因為基本的數目是「名辭數奇，前提數偶」，雙方逐一遞增，奇者增一成偶，偶者加一為奇，如此，奇偶反覆，定律必然。每添一中辭，添在那一級，便在本級產生一新前提和一新結論，在本級以外，又和各上級已有的每個前提，產生每級結論，如此，諸級中辭有多少，新結論也便有多少。（只有最新的中辭，不入於任何結論）。不拘中辭加在那一級，（或加在那裡，即是或加在賓主兩辭的中間，或加在它們外面），結果是一樣。例如給「甲乙丙」三辭，加添一新中辭丁。則（除本級新結論丙乙），還產生高級新結論丙甲。（再加上高級原有的結論丁甲）。如此增加，每級如此。最後諸級結論總數，遠遠多於名辭，又遠遠多於前提。

第二十六章　論題可證的難易

既已明瞭論法各論式都證明什麼，每個論法能證出什麼樣的結論，每樣的結論每論法能證出42右30多少，便也能看清那樣的論題（即是需要證明的論句），難以證明，那樣的論題卻容易證明。論法論式較多的論題容易證明。較少者，則較難。為證明全稱肯定論題，只有第一論法一個論式可用。全稱否定論題，卻有第一論法一個論式，和第二論法兩個論式，來作證明。特稱肯定論題，可以證自第一論法，一個論式，第三論法，三個論式。特稱否定論題，可以證自各種論法：第一43左1論法有一個論式；第二個論法有兩個，第三個論法有三個，都可證明它。從此看來，顯然的，全稱肯定論題，最為難證而易駁。比較特稱論句容易駁倒得多。有兩種論句可以駁倒它：一是全稱否定，和它大相衝突；一是特稱否定，和它適相矛盾。全稱否定論題，可以證自兩個論法，較易；特稱否定者，卻能證自三個論法，更易：如此多方面和全稱肯定論題相敵。故此說，它難證而易駁。全稱否定論題，也是兩面受敵，一面是全稱肯定，大相衝突，一面是特稱肯定，相與矛盾。特稱肯定，可以證自兩個論法。特稱論題易證難駁：為證明它，有三個論法，每個論法又有一個、或數個論式。但為駁倒它，只有一個辦法可用即是證明它的矛盾論句，即是全稱肯定或否定：都是比較它難證。

總而言之：不可不知：駁倒時，凡是論句都能彼此駁倒；全稱駁倒特稱，特稱駁倒全稱；但證明時，不能彼此證明，全稱可以證明特稱，反之則不可：特稱的論句無力證明全稱的結論。同
43左15 時可以明見：**破壞容易，建設難**。即是**駁倒容易，證明難**。

回觀前數章的討論，每個論式如何構成，用多少名辭和論句，它們彼此發生什麼關係，構成什麼樣的論式，每個論法，證明什麼樣的論題，什麼樣的論題證自多數論法，什麼樣的證自少數：這些問題都有了明白的答案。

第二十七章　中辭尋找法、總論

43左20 本章開始討論「尋找中辭的方法」。中辭說明理由。為證明某一論題，怎樣（常能議論橫生），論法論式，常能豐富便給？用什麼方法採取證明各個論題所需要的種種理由？研究論證法，不可只以觀察論式構造為已足，還需學習構成論式的技能，實行證明論題。

凡是「指物名辭」都是表示實有界的物體。依此指義而論，有些名辭，不真作任何另一名辭的全稱賓辭。例如人名：高某，賈某；個體物品；覺性可知的形界事物的個例，有覺性的個體生物等等。凡是這樣的個體，都不會作真正的全稱賓辭。卻只會作主辭。是名辭表示實有界的事事物物，都能作個體私名的賓辭。例如「人」和「動物」，可以作上面所說高某或賈某的賓辭：說：高某是人，或賈某是動物，或某某有覺性的個體生物是動物等等。有些名辭，表示實有事物，但只會作賓辭，不會作主辭。依物類高下前後的次序，沒有更高的名辭站在它們的前面，或上面，給它們作賓辭。還有些名辭，對下可作賓辭，對上可作主辭，例如「人」，對下，是高某或賈某的賓辭：高某在人下面，即是說：高某是人。對上，人是動物的主辭：人在動物下面，屬於動物之類。即是人是動物。

方才說有些名辭，表示實有的事物，不會作任何其他「指物名辭」自然的賓辭。這是顯明的，理由如下：實際上，形體界有覺性，及覺性可知的個體物品或事件，可以說每一個的本性，都是天然如此，不作任何他物的賓辭，除非是作不自然的賓辭。自然的賓辭天然如此。不自然的賓辭，是偶然，不是天然本體的必然。例如說，「那裡的白物是蘇克」，「那裡走過來的是賈某」，句法不自然，事件是偶然，不是出於主辭所指的本性本體。（反之，如說「人是動物」，動物是人本體自然的賓辭。說「那某動物是人」，人不是動物本體自然的賓辭）。如此，名辭高廣低狹的品級，上下都有極止，下面最低止於個體。上面一層比一層高遠寬廣，也有止境，本人關於此點另有詳論。⑩暫且只需認準以下三點：最高賓辭以上再無更高賓辭。最高賓辭指示最高物類，只作賓辭，不作主辭，如作主辭，並加以賓辭，只是出於人的意見，不是根據物的本體，不能證以明證法（因為沒有中辭）。這是第一點。第二點：個體名辭只會作主辭，不會作賓辭。一切比較高廣的名辭都可作個體名辭的賓辭。方才說過了。第三點：最高賓辭和最低主辭之間，有中級許多類名、種名。這些中級名辭，各依所佔品級，對上，作主辭，對下作賓辭。大致說去，論理、推證，或學問思辨，最主要是討論這些中級名辭所指的物體和事件。這是第三點。

根據上述一切，為證明每個論題，選擇大小前提應用以下這個方法：步驟有四：第一步，首先指定主辭所指的主體，確定它的種名定義和必有的種種特性。第二步，指明主辭必有的種種賓辭。第三步，看清作主辭的這個名辭，必有的種種主辭：即是看看它還必定給多少其他名辭作賓辭。第四步：指定主辭不能有的種種賓辭。此外不需加第五步：即是不必考察主辭的名辭必不能有的種種主辭。這是不需要的，因為「否定前提可以換位」（賓主可以調換）。第五步和第四步，互相包含，彼此相等。惟需注意分辨賓辭當中，那些屬於主辭所指本體的定義，那些是它必有的特性，那些兩者都不是，那些只是它可有可無的附性，或偶然遇到的情況，並且還需要分辨主辭有某賓辭，是根據人的意見，或是根據物本體的實況。最後這一種賓辭，數目越多，越能迅速證出結論；它們越切近物本體的實況，證明力便越強大：它們的理由越明確無疑。依同理，察尋賓辭時，務要擇取全稱賓辭，只選擇特稱賓辨不夠。全稱賓辭是主辭所指全類每物的賓辭。例如「動物」不但是特指某某人的賓辭，而是全稱每個人的賓辭。這樣的全稱賓辭是必須的，因為沒有全稱論句，構不成有效論式。無限定論句，作前提，不能明白確定它是否全稱。有限定論句，特稱全稱，界限固定，明確無疑。為了上述的同樣理由，在「主辭的主辭」當中（即是在第三步），選擇時，也應選擇足以構成全稱論句的主辭。但是需知賓辭就是「隨辭」（因為它隨從主辭。同時主辭就是「引辭」，因為它引導賓辭，引領它，帶領它。賓主關係便是「引隨關係」：「主引賓隨」）。在全稱論句裡，只可是每主引某賓，某賓隨每主，不得必定常常是每賓隨每主，或每主引每賓。例如說：「每人是動物」。這句話的意思是說「每個人（既然是人），則是某種動物中的某個」，不得是說：「每個人，既是人，則是每種動物的每一個」。因為說「凡是人，個個都是動物」的意思，不是「每個人是天下的每個動物」。同樣也不得說：「音樂的知識是各種學科的每個知識」，只可說：「每個音樂的知識都是知識」。全稱副詞，可以加到主辭上，不可加到賓辭上，吾人言談造句，自然如此。在賓主兩辭上面，都標明全稱副辭，不但是無益，而且是不可能（包含許多自相矛盾的成分）。例如說：「每個人是每個動物」，或說「正義是每個善行」。都是辭理悖謬的。故此說：全稱副辭，「每個」，或「凡是」之類，只可加在隨辭所隨的名辭上面，即是加到「引辭」上面（引辭就是主辭）。

主辭即是「下置辭」。置放在賓辭下面。賓辭是「上置辭」，位置在主辭上面。主辭在下推
43右25 引賓辭。於是賓辭在上隨從主辭。下置辭某某包括在上置辭某某下面，兩辭關係確定。果然如此時，為那個下置辭擇尋種種「隨辭」與「非隨辭」，不需要選取它那上置辭以上所有更高的「隨辭」與「非隨辭」。因為上置辭全稱下置辭。上置辭的上置辭是下置辭的上置辭。最低近的上置辭包括較高遠的各級上置辭。選取了低近，則不需分別選取高遠。例如動物是人的隨辭。人是動物的引辭，動物的隨辭，是人的隨辭，個個如此。肯定時如此，否定時也是如此：因為「隨辭的隨辭必是其引辭的隨辭」，猶如說：「賓辭的賓辭必是其主辭的賓辭」。肯定時如此，否定時，
30 亦然。關於每個主辭，需要選取它本種特有的隨辭。每一「種」，除類名隨辭以外，有自己本種固有的種種隨辭。同一的公類之下，有許多種，各自不同，各有各特殊的本體和附性：即是各有各特殊的賓辭或隨辭。種有賓辭切近，類有賓辭迂遠。選擇賓辭，應以切近為先。(三)

依同理，引辭的引辭是其隨辭的引辭。例如「人」的每個引辭，是「動物」的引辭。「動物」既是「人」的「隨辭」，隨從「人」，則必然隨從人所隨從的每個引辭，及每級引辭。引辭的品級，即是主辭的品級，也有低狹切近和高廣迂遠的區分，選擇時，即應選擇切近，不可捨近求遠。

35

賓辭和主辭，有「常有」、「屢有」之分。常有賓辭常隨某主辭，是此某主辭所常有。屢有賓辭是某主辭所屢有，雖然不是常有。屢有賓辭和主辭，構成屢真的前提和論式，證出屢真的結論：給屢真的論題，推證出屢真的決議。有時全稱，有時特稱。每一論式，前提如何，結論也必定如何。（或常真，或屢真，或全稱或特稱等等）選擇主辭賓辭時，也需要選擇屢真，不只選擇常真。(三六)

此外，有些名辭，是（某結論或論題中）賓主兩辭所共有的賓辭。選擇中辭時，這樣的名辭，不可取。因為用它們構不成有效論式。原因是為什麼？後有明論。(三七)

第二十八章　中辭尋找法、分論（一）

43右40 欲證某全稱肯定結論：說「某某賓辭全稱某主辭所指的全類每個主體」，即應對於賓辭，考察它所能有的種種主辭（包括在它範圍內，作它的下置辭）？然後，對於主辭，考察它所能有的賓辭，受它的推引，作它的隨辭。上下兩排名辭，有相同者，它即是賓辭的主辭，同時是主辭的
44左1 賓辭。即是（第一論法全稱肯定結論所需有的）中辭。㈢欲證某特稱肯定結論，說：「某隨某」，不說「某隨每個」……。即應考察結論賓主二辭所能共有的引辭：兩排引辭中，相同的一個就是。它必是首尾兩辭共同全稱的主辭（或是換位，在小前提作賓辭，特稱某尾辭），它乃是第三論法，特稱肯定結論所需有的中辭（或是第一論法同樣結論的前提中辭）。為證明全稱否定的結論，說「某物不在某類任何物」，或說「無任何某是某」，即應察尋尾辭必有的隨辭，和首辭不能收容的「寓在辭」，即是首辭所不能有的賓辭。或翻轉過去說：察尋尾辭，作主辭，必不能有的「寓在辭」，和首辭（必有或能有）的隨辭。（或換位，用尾辭在小前提，作肯定句的主辭，大前提首辭作全稱否定句的賓辭），如此首尾兩排賓辭或名辭當中，相同的那一些，便是第一或第二論法全稱否定論式所需要的中辭，為證明特稱否定結論：「有某些或某個，不是如何」，需

要在尾辭方面，察尋它所有的種種隨辭，在首辭方面察尋它所不能收容的「寓在辭」（或譯作「降臨辭」：從高下降，光臨於主辭：給它作賓辭）。兩方面許多名辭中，有相同的，必是中辭，構成否定前提：說「它不在某」（即是構成第二論法否定的特稱論式，大前提換位，改成第一論法）。

用以下的符號重加解釋，上述每項將更是明顯易見：

設令乙代表甲的隨辭。丙代表甲的引辭。丁代表那些不能「在」甲的賓辭。然後再用己代表戊所有的賓辭，庚代表戊的主辭。辛代表戊不能有的賓辭。如此兩方名辭，分成丙己兩排，假設有某名辭，兩方相同，則甲必在每戊，因為己在每戊，甲在每丙（丙己相同，則甲在每己），作前提，故此結論是甲在每戊。（廿四）假設丙庚相同，則甲必在某戊。因為甲隨每丙，戊隨每庚（即是戊隨每丙）。（廿五）假設己丁相同，則用補證法證出「甲不在任何戊的結論：因為否定論句換位，己丁又相同，甲不在任何己，己卻在每戊，故得：甲不在任何戊。（廿六）再假設乙辛相同則甲不在任何戊：因為乙在每甲，卻不在任何戊：因為乙辛相同，辛不在任何戊，故乙不在任何戊。故此甲也不在任何戊（廿七）。假設丁庚相同，則甲不在某戊：因為甲既不在丁，故不在庚。庚卻在戊下，故甲不在某戊。假設乙庚相同，「換位」，則得有效論式：戊在每甲。原因是乙在每甲，戊在每乙（因為乙庚相同）。肯定全稱論句，「換位」而成特稱肯定。甲不必在每戊，卻必在某戊。（廿八）

凡是有效論式的結論都有賓主兩辭。論證論題，就應在它兩方面，考察各自能有的隨辭和引辭。首宜考察第一級名辭和普遍名辭。例如對於戊，與其只察己，不如察癸己，對於甲，與其只

44右 察丙，不如察癸丙，假設甲在癸己，則也在己和戊。假設不在癸，仍能在某己。關於同一名辭所隨的引辭，（主辭），考察時，也用同樣的方法。果隨第一級諸辭，必也隨下級諸辭。如不隨前者，仍可隨後者某個。(二九)

凡是有效論式，其結論都是證自上述（三個）論法。因此顯然，察尋中辭，也是根據這些論法所用的三個名辭和兩個前提。方才證明了癸己相同，則甲在每戊。癸己作中辭。甲戊作賓主兩端辭。此乃第一論法，(三〇)丙庚相同，則甲在某戊，庚作中辭，此乃第三論法。(三一)丁己相同，甲則不在任何戊，此乃第二論法，換位則得第一論法。(三二)否定論句換位，得甲不在任何己，但己在每戊，故甲不在任何戊：正是第一論法，但如丁不在任何甲，卻在每戊，則甲不在任何戊：此乃第二論法，丁庚相同，則甲不在某戊。因為甲不在任何庚，戊卻在每庚，故甲不在某戊。此係第三論法。(三三)

討論至此，顯然，凡是（有效）論式，都是成自上述（三個）論法。不可選取諸辭共有的賓辭。選取以後，構不成任何有效論式：既完全證不出肯定結論，又證不出否定結論。為證明否定結論，兩前提需是一肯定一否定。肯定者說「在」（或是），否定者說「不在」。（或「不是」）。故中辭不得是首尾兩辭共有的隨辭）。(三四)

同時顯然，其餘選取方法，都不足以構成有效論式，兩辭共有的隨辭相同者，不可取。甲所隨的引辭，和不能「在」戊的賓辭，相同者，不可取。兩辭都不能有的賓辭，相同者，也是都不可取：因為都構不成有效論式。用符號舉例逐條說明如下：兩辭共有的隨辭乙己相同（作中辭，兩次作賓辭），所構成的論式是第二論法，兩前提，都是肯定。故無效。㉟甲所隨的引辭和不能「在」戊的賓辭，即是丙辛相同，則構成第一論法，兩前提否定，故無效。㊱兩辭都不能有的賓辭，丁辛相同時（作中辭），兩前提都是否定，或在第一論法，或在第二論法，都構不成任何有效論式。㊲

還有一點也是顯明易見的：在所考察的名辭當中，只應選取那些名辭相同，不應選取那些名辭不相同，或互相衝突的。第一因為選取某名辭的目的，是用它作中辭。前提裡兩次用它，每次所指意義，必須相同，不可互異。第二因為所選名辭互相衝突，或不能同在於一個主體，即便能構成有效論式，每次都可改歸上述的定式，例如乙己相反，不能並存於同一主體。用它們作中辭，證出甲不在任何戊的結論，理由不是因為乙己二辭，卻是因為上述的定式：乙既在每甲，卻不在任何戊，故此乙和某辛相同，這是必然的，㊳又例如乙庚不能並存同一主體，結論是甲不在某戊：因為乙在每甲，但不在某戊。此乃第二論法。故此，乙必是和某辛相同。「乙庚不能並存」的意思和「乙同於某辛」，完全沒有分別。因為辛的原意便是一個符號，泛指不能屬於戊的一切賓辭」。㊴

從此看來，顯然的。選取了互相衝突的名辭，它們自身構不成任何有效論式。因為，乙己互相衝突時，乙和某辛必是相同：論式有效的原因是在此、非在彼。沒有看到乙辛相同的人，竟然想另尋途徑，以證其結論的必然。殊不知「論法」以外，沒有其他途徑。

第二十九章　中辭尋找法、分論（二）

43左25 反證論法和明證論法，有同樣的論式，都是由兩辭所有的隨辭和引辭所構成，因此，察尋中
辭的方法，也是兩者相同，因為同一結論，證自反證和明證兩法，所用的名辭相同。例如結論甲
30 不在任何戊：反證如下：假設甲在某戊，作小前提，大前提乙在每甲如故，則結論是乙在某戊。
原有前提卻是乙不在任何戊。再例如結論原是甲在某戊，現欲反證，則步驟如下：假設甲不在任
何戊，午卻在每庚，則甲不在任何庚。原有前提卻是甲在每庚。為證明其他論題，反證步驟都是
40 加此。㈢反證論法，也是用兩辭的隨辭和引辭，常是如此，它的一切論式，都是如此。

此外，為證明每一論題，或用明證法，或用反證法，所用名辭既是相同，則察尋中辭的方法
40 也是相同。例如甲不在任何戊，反證說：假設甲在某戊，則乙也能在某戊。此乃不可能。假設乙
45右1 不在任何戊卻在每甲，則顯然甲不在任何戊。（即是明證論式）不但是反證法的結論可以證自明
證法，並且明證法已經證實的結論，甲不在任何戊，如果有人還假定甲在某戊，就仍可給他用反
5 證法，證明甲不在任何戊。其餘諸例，也都是如此。因為不論什麼論式，必須採用共同的中辭。
這個中辭一方面和原有的首尾兩辭不同，一方面構成錯誤論式的結論。將它改成矛盾論句作前

提，原有的另一前提保留如故，則構成明證論式，所用名辭相同。明證論法採用的前提，兩個都是真實論句。反證論法的前提中，一個是錯誤的。明證和反證兩法的分別，就是在此。

將來討論反證論法時，上文一切即更顯明白。暫且僅需認清，如願明證或反證，即應考察（兩者共用的）同樣名辭。在其餘假定論法，例如抉擇論法，或品定論法，察尋中辭，是察尋抉擇的名辭所有的賓辭主辭，不是察尋假言句中豫定的名辭如何。察尋的方法（和明證論法），相同。但需考察，並分辨，《假言論法》有多少種。㈢（《假言論法》，就是「豫定論法」，也叫作「設證論法」，或「抉擇論法」，以與實證論法或定言論法有別）。

凡是論題，個個都能證自上述論法。除上述種種論法以外，還有一種論法，也可證明一些論題。例如：**考察特稱論句，用假定的某原理，證明出全稱的許多結論（此即歸納性的論證法）**。例如丙庚相同，前提裡肯定戊只在庚（而不在其他），甲故在每戊。（因為甲在每丙，假設丙庚相同，故甲在每庚，庚又在每戊，故甲在每戊）。又例如丁庚相同，戊只作庚的賓辭（只有庚是戊，凡是庚都是戊）。故此甲不在任何戊（因為甲不在任何丁，故不在任何庚，凡庚都是戊，故甲不在任何戊）。從此看來，顯然應考察這樣的論證方法，察尋其所需要的中辭。㈢（由特稱論句推證全稱的結論）。

論到「必然」和「或然」兩種論法，情況相同。它們和無態論法所用名辭相同，名辭排列的格式相同。故此，察尋中辭的方法也是相同。惟需注意，在用「「能」字的論式裡，前提不但應採用「或然肯定論」句，還（有時）應採用「或然否定論句」。前者證明了，或然的否定或肯定

45右35 論句都能構成有效論式（用或然兩端是非調換法）。其他一切論法，賓稱的類型，種種不同，但
其論式相同，尋察中辭的方法也就相同。

總結上文，可以明見不但凡是論式構成時，都能採用上述的途徑，並且不能有別的途徑可以
40 採用。已經證明了，凡是論式，其構造，都是遵守上述某論法的規格。凡是論法，除非用兩辭各
46左1 有的隨辭和引辭，便無法構成論式。前提諸論句的構成，及中辭的採取，都是從這些名辭中選
擇。除這些名辭以外，用了別的名辭，構不成有效論式。㈢

第三十章　哲學、科學、或藝術內的中辭尋找法

46左 論式眾多，途徑相同，哲學如此，百科皆然。技藝學術，無不如此。討論每一事物，必須考察其賓辭主辭。廣採博引，多多益善；從中選擇三辭，推證結論，時駁，時證，明辨是非。真確結論，證自真確前提。描寫事物生存之實況。近真的前提，產生近真的結論，說明意見或臆度所及之大概。

以上，依普遍的基本形式，說明了前提論句，如何構成，如何察尋。如何不需詳察所有一切賓辭。肯定，否定，結論不同，所需名辭不同。全稱，特稱，或否定，或肯定，也是各有所需，惟應依其所需，考察少數固定名辭。事物各自有別，所選名辭，自當互異。談仁論智，辭理不得相同。各類事物，原理眾多，都是前提，全仰給於經驗。例如天文學的原理，得自天文學的經驗。天象眾多，選擇充足，據以推證，遂得結論，明確無疑。其餘技藝學術，門類繁多，各個無不如此。凡論每類事物，前提選辭適當，結論自會明確。果能詳察遍舉，諸事諸物，實況如何，一無遺漏，凡有證明者，即可發現其理由，構成論式，予以證明。凡不能有證明者，則能明白解釋（知其何以不證自明）。

選擇前提，方法如何，上文所述，泛指綱領。《辯證法》一書中，已有詳論。

第三十一章　評柏拉圖派的分類法

「分類法」是上述（論證）方法的一小部分。這是不難明見的。因為分類法，宛似一個病弱
46左35 的論證法，它不但要求承認尚欠證明的結論，並且結論所得，常用上級高廣的名辭作主辭（下級
的小辭作賓辭）。主張用分類法的人，都沒有看到這一點，並且用力勸說，使人認為分類法有能
力證明實體和物之所是，果是何物。[三]為此，分類家用分類法，即便能得結論，有所證明，但是
40 既不明瞭所證必有的理由，又不知同樣結論可以證自本書上述的論法。凡是明證論法，如應推證
46右1 肯定的結論，所根據的中辭（理由），範圍必須小於首辭，不能作首辭的全稱賓辭。分類法的必
須條件，正是與此相反。因為它在前提裡，採用的中辭，是首辭的全稱賓辭。舉例說明如下：設
5 令甲代表動物，乙代表「有死」，丙代表「不死」，丁代表「人」。目的是擇定人的定義。分類
法的議論程序如下：

大前提：凡是動物或有死或不死。即是：凡是甲，都是或乙或丙。

小前提：人是動物。即是甲在丁（丁是甲）。分類家常如此決定小前提。

結　論：凡是丁，都或是乙，或是丙。即是說：凡是人都是或有死，或不死。

這個結論是必然的。但是「人有死」，是原來應證明的結論，分類法無力證其必然，只是要求。無理的要求是要挾：是分類法必犯的通病。再舉一個例如下：甲代表「有死的動物」，乙代表「有足」，丙代表「無足」，丁代表「人」。分類法逐步推論如左：

大前提：凡是甲都是或乙或丙，即是說：凡是有死的動物都是或有足或無足。形式與前例相同。

小前提：甲在丁上：（每丁是甲）即是說：凡是人都是有死的動物（甲，在丁）。分類法議程的第二步，常作如此的抉擇，選定一方。

結　論：凡是人都是或有足，或無足。即是凡是丁都是或乙或丙。

論到事實上，「人有足」，原應證明，尚未證明，只是無理要求。

以上兩例，是分類議論常遵循的論式。它所採用的中辭甲，常是其餘諸名辭，乙丙丁的全稱賓辭。它將所應證明的主體，和其種別等名辭，用來作為結論首尾的兩端辭（丁是尾辭，乙或丙是種別，作首辭。首尾即是賓主）。最後，關於「人是如何」，或所研究的任何某主體是如何，沒有任何明確的定論。因為從始至終，只走分類法那一途，沒有理會到還有別的途徑能證明出很多結論。果如上述，顯然，分類論法證不出否定結論，證不出附性、特性，各是如何，證不出類性如何，關於不知是否如何的事體或物體，也不會證明確是如何，或不是如何。例如：是否對角線和邊線能用同樣的除數除盡。現有矛盾兩端，不會證實一端。因為：

大前提：凡是一線有長度，與他線相較，都是或有通約比例數，或是沒有。

小前提：凡是對角線都有長度。

結　論：凡是對角線必定都是或有通約比例數，或是沒有。即是能或不能用同數除盡。

假設它沒有通約比例數。此乃原應證明，尚未證明的結論。足見上面的論法，不能證明這樣的結論。它的途徑本身如此，不能證出（決定一方的）結論。符號舉例：

大前提：甲在每乙。

小前提：乙在每丙。

結　論：甲（必）在每丙。

46右35 甲代表「或有通約比例數，或是沒有」。乙代表長線。丙代表對角線。

如此說來，顯然，這樣的推究方法，不適合尋找理證的需要。為達到它自己認為最能達到的主要目的，它沒有用處。

總結前文，可以明見：凡是明證論法，在構造上都有什麼名辭和論句；名辭排列，有什麼論
40 式；關於每個論題，應到那些名辭當中去察尋中辭。

第三十二章 議程換式法

47左1 本章開始討論議程換式法。前面研究了議程應有的論法、論式和步驟，及中辭的尋找方法，
5 現在，即應依照原有計畫，完成本書的工作，討論如何將已有材料整理起來，不但是將（散漫
的）議論，納入上述諸論法的論式，並且將已成的某論式，改換成另一論式：如此，許多論式彼
此調換，證明同一的結論彼此符合，前後一貫，足以增加議論的圓滿和明透。真理的結論，證自
許多論式，前後一貫，是必備的特徵。換式的目的正是在此。

10 首先（討論如何將散漫的議論納入論式的規格。材料充足，議論已成，論式規格未備），初
步先考察兩個前提何在。前提論句成自名辭，猶如「合體」成自「部分」。部分小於整體。分析
15 物體，從大處開始，進行較易。前提既得，分辨全稱特稱，兩者如不全備，即應添補缺漏。人間
議論，或筆談，或面議，有時，舉出全稱前提而省略其所包含（的小前提），有時舉出前提而省
10 略前提所根據的更高前提，或提出理由不適當的請求，或問題。然後，考察那個前提枝蕪辭費，
那個前提緊要而被遺漏。於是刪去枝蕪，添補漏洞，兩個前提全備，始能納入上述論式的規格，
25 否則，不能。前提失當，有些不難看出，有些隱埋不顯，不易察覺，貌似前提有理，結論必然，

例如說：

大前提：所毀非實體，實體必未毀。

小前提：部分既毀，實體必已毀。

結　論：實體之部分，個個是實體。

以上論式的結論，是一必然的結論。但此結論不是證自論式內所舉出的前提。真正的前提沒
47左30 有提出來。又例如：假設有人在，必有動物在：

大前提：假設有人在，必有某動物在。

小前提：假設有某動物在，必有某實體在。

結　論：假設有人在，必有某實體在。

以上的議論自身，前提有理，結論必然，不足以稱為是論證法（三段論法），因為它和論法的格式不合：不算真是明證法。（參看註二二一）

35 觀察此類實例，可見必然結論和明證結論不全相同。必然結論四字的範圍比較寬廣。凡是明證結論都是必然結論，凡是必然結論，不都是明證結論。有些不是，因為有些不是證自明證法的論式。如因必然結論生自其適當的前提，即說凡是必然結論，都是明證結論，乃是魚目混珠了。（明證結論是定言的三辭論式必生的結論，定言判斷有所證明。上面所舉諸例，都是純粹的，完全的《假言論法》，證出了三個假設論句間的必然關係，對於每個名辭所指的實際內容，絲毫沒有證明什麼：故不是以名辭實義為基礎的定言論證）。

為此，每遇必然的理論，不可立即強迫它納入明證法的論式。但應逐步進行，先擇取兩個前提，然後分析前提所有的名辭。兩個前提共有的那一個名辭是中辭。一切論法的論式，必在兩個
47右1 前提都用中辭（中辭的位置不同，故論法不同）：

第一論法：中辭作一次賓辭，作一次主辭：作賓辭肯定，作主辭或肯定或否定。

第二論法：中辭兩次作賓辭，一肯定，一否定。

第三論法：中辭兩次作主辭，或常肯定，或一肯定，一否定。(三五)

每個論法的中辭，常佔它固定的位置。前提有時不是全稱論句。中辭的定義和位置不變。如此說來，一段言論，如無一名辭，重說了數次，便顯然構不成論式，因為前提裡還沒有舉出中辭。既知每個論法證明什麼論題，那個論法的結論全稱，那個特稱，顯然無需考察所有一切論法，惟需考察每個論題（應有或能有）的適當論法。如遇某些結論可以證自許多論法，觀察中辭位置，便可辨認論法。

第三十三章　前提需全稱

47右15　不但必然結論的議程往往被誤認為明證論法，有如上述，而且有時三辭俱在，論式酷似，仍非真實明證論法，故需注意，免陷錯誤。例如：

甲賓稱乙，

乙賓稱丙，

甲賓稱丙。

論式如此，固明似有效，實際卻不但無效，甚至連必然結論都推證不出來。試令甲代表「常在」，乙代表「靈智思想中的亞里東先生」，丙代表（隔壁將死的）「亞里東先生」。甲真在乙，乙真是甲。因為靈智思想中的亞里東先生，真是常在永在的。乙也真在丙：因為丙真是乙，（隔壁）亞里東真是某靈智思想中的亞里東。結論應是甲在丙，即是說（隔壁）亞里東常在。這個結論卻不是真的。因為（隔壁）亞里東不是常在的，而是有死的：論式中名辭關係如此，證不出結論。大前提甲乙，需是全稱。但（隔壁）亞里東既然有死，大前提如說，思想中的亞里東，每個都常在（常生），是錯誤的。論式無效的原因在此。

又例如：丙代表：「米克勞先生」。乙代表「音樂家米克勞」。甲代表「明日能死」。乙真是丙的賓辭。因為米克勞先生真是音樂家米克勞。甲也真是乙的賓辭：因為音樂家米克勞真是明日能死。但是結論甲賓稱丙，卻是錯誤的。理由同上，因為大前提不是全稱真實論句。「凡是音樂家米克勞明日都要死」，這句話不是真的。用它作前提，故無結論。

從此看來：「此在彼」，和「此在每彼」，相差甚微，不過一「每」字，但內容迴異。混而不分，是上述諸例錯誤的原因。（「此在彼」是單稱論句，或特稱論句，或無限定論句。在作用上，無限定論句等於特稱論句。「此在每彼」，是全稱論句）。

第三十四章　名辭的指物與指性

48左1 名辭有指物和指性的分別。（一具體，一抽象）議論中，混而不分，遣辭屬意，不得其當，致使結論錯誤。例如：

甲代表健康，乙代表疾病，丙代表人

大前提：甲不能在任何乙：健康不能在任何疾病。

小前提：疾病能在每人：乙能在每丙。

結　論：甲不能在任何丙。健康不能在任何人：無人能是健康的。

上面，大小前提都真實，結論，有些人認為合理，其實，顯然錯誤。原因是遣辭屬意、未能上下一貫。前提裡採用了指性名辭（結論卻用了指物名辭），故結論無效。用指物名辭在前提裡，代替了指性名辭。全論式中所用名辭，一律都是指物名辭。不說「健康」和「疾病」，卻說：「健康人」，和「病人」。大前提改成：「凡是病人都不能是健康人」，則不再是普遍常真的全稱論句（作不得大前提），因為有時病人可以恢復健康。此大前提不可取，則結論無由生。除非是用或然否定論句作結論。這不是不可能。因為人人都可能不健康。

同樣錯誤，可發生在第二論法：

一、健康不能在任何疾病。

二、健康能在每人。

三、疾病不能在任何人。

第三論法，用以上同樣名辭，結論不得是可能論句，是則必錯。健康和疾病，猶如知識和愚昧，以及其他一切衝突的事物（依其抽象的字義），都能歸屬於同一主體，在於同一主體，但不能彼此相屬或互在。這種情況和本書前者舉出的原理，不相符合。原理說：能在同一主體者，也能彼此互在。（全稱定律）。

在以上種種論式，顯然，所有錯誤都是生自名辭（指義作用）的訓解，有失允當。指性（指情況）指物，沒有分辨清楚。換用指物名辭，不用指性名辭，則錯誤無由生。從此可以明見這些前提，都需採用指物名辭表示性情的主體，不可用指性名辭表示物的性情，或情況。名辭（意義）的運用，也應如此。

第三十五章　名辭與話語

48左30 許多辭理，不能常用一個名辭說盡。往往需用許多話，無專名辭來代替。這樣的言論不容易納入論式的規格。勉強為之，就能陷於錯誤。誤認沒有中辭，結論可直接推證出來。例如甲代表「兩直角」，乙代表三角，丙代表等邊角。論式如下：

一、甲在每乙。

二、乙在每丙。

三、甲在每丙。

35 用乙作中辭。但甲在每乙的中辭不是其他任何一個名辭。甲在每乙，可以證明，證自三角本體的定義，凡是三角都在本體裡，包括兩直角。顯然，採用中辭時，不常有表示某物的簡單名辭可取：故此，有時需採用一段話，有如前例。

第三十六章　直說與屈折

48左40 論式中三個名辭，首辭、中辭、尾辭。首在中，中在尾。有時（三者範圍相等），可以互為
48右1 賓主，彼此相在。（不相等時，或三者各不相等，則首在中，中在尾，一個比較一個更為狹窄，次序不可顛倒（兩兩相較），狹者是主辭，廣者是賓辭。同廣同狹者，則互為賓主。又有時，三個名辭，兩個相等，一個和其餘不相等，或較廣或較狹。故此，中辭和首辭的關係，不常同於它和尾辭的關係。肯定論式如此，否定論式也是如此。

賓辭關係或作用，是稱謂主辭，表示某某事物在於主體，屬於主體或適合主體。賓辭關係，用構辭「是」字表達出來，分許多形式，相當於「是」字有許多不同的用法，說「某物是如何」，和說「某物真是如何」，前後意思一樣，但用法都有許多。例如甲代表「是一個學科」。乙代表「某類主體上互相衝突的一切」。說「甲在乙」，或「乙是甲」，不是說：「某類……相衝突的一切是一個學科」，卻是說：「研究某類……相衝突的一切，是一個學科（的工作）」。在這裡「乙是甲」，或「甲在乙」的真義，就是如此。（論法中構辭，構合三辭，構成三辭論式，表達賓主關係。希臘文、中文，用「是」，「在」，或其他名辭；或用在言表，或意在言外。構辭的

指義，分許多，格據賓主關係形式的不同。文法上，句法的構造表達構辭作用，說明賓主關係，有時用「直說方法」，有時用「屈折方法」。茲有數種情況，舉例分析如下）：

48右 一、有時，首辭賓稱中辭，中辭卻不賓稱第三辭（即是尾辭）。例如：

大前提：哲學是一種學術。

小前提：哲學（是）知善惡（的）。

結　論：有一種學術知善惡。

比較三辭：哲學，學術，（知）善惡。誠然，凡是哲學，都是學術。但不是凡是學術都是哲學。中辭「哲學」，不賓稱尾辭「學術」。

二、有時，中辭賓稱尾辭，首辭不賓稱中辭。例如：

大前提：「凡是同類主體的品性和它許多情況，雖然這些情況互相衝突，仍是都屬於一個學科研究的範圍」。

小前提：「善惡是倫理類主體的品性，和情況也是互相衝突的。」

結論：「善惡屬於一個學科（即倫理學）的研究範圍」。

比較三辭：中辭「互相衝突」，賓稱尾辭「善惡」，可以直說：「善惡（是）互相衝突（的）」。但首辭「學科」，不賓稱中辭「互相衝突」，即是不可直說：「互相衝突（的情況，個個，或雙雙）都是學科」。只好用屈折說法，說「互相衝突（的情況……），屬於一個學科（的研究範圍）」。

三、有時，首辭既不賓稱中辭，中辭也不賓稱尾辭，但首辭對於尾辭，有時賓稱，又時不賓稱。例如：

大前提：每個學科研究一類事物。

小前提：有某學科研究善惡。

結　論：善惡屬於同類（即倫理之類）。

比較三辭：首辭「類」（同類，或一類），不賓稱中辭「學科」，不得直說：「學科是類」。中辭「學科」也不賓稱尾辭「善惡」，不可直說：「學科是善惡」。但首辭「類」（同類，一類），可以賓稱尾辭「善惡」，因為可以直說：「善惡是一類（即是倫理之類）」，和說：「善惡屬於一類」，說法有「直說」、「屈折」的分別，一說「是」，一說「屬於」，不但意思相同，而且兩個說法可以互相代替，惟於此句可以如此。前兩句不可。足見首辭「賓稱」尾辭，其餘名辭之配合，都「不賓稱」。（詳察全文，足見：「賓稱」是用直說方法，說「某是某」，即是說「某某是某某的賓辭」。「不賓稱」是不可用直說法說出某某是某某，但只能用屈折說法，說出名辭間的賓主關係：在本章，「賓稱」和「不賓稱」的意義就是如此）。

否定論式，情形相同。「甲不在乙」的賓主關係，不常可直說：「乙不是甲」。往往需用屈折說法，說「乙不是甲之所有」，或說：「乙不屬於甲」，「乙無所有於甲」，「乙不是為甲」，「乙不利於甲」；或其他屈折語法（樣式甚多）。舉例如下：

大前提，屈折：「（實有界）沒有變動的變動」，或是說：「沒有產生的產生」。（變動或產生的始因和效果不是變動或產生）。

小前提，屈折：「（實有界）有喜樂的產生。」（產生的效果是喜樂）。

結論，直說：「喜樂不是產生」。

再舉一例：

大前提，屈折：喜笑徵驗於符號（面色）。

小前提：屈折：符號：不徵驗於符號。

結論，直說：喜笑不是符號。

還有別的許多實例，都是如此，討論問題，前提用屈折說法，結論否定，用直稱說法，說出賓主類名間的關係。

再舉一例，如下：

大前提，屈折：「對於天主，無時機吉凶可分。因為天主全無（物品或勞作經營的）需要」。

小前提，屈折：「對於天主，有季節，必分時序」。

結論，直說：「時機不是季節」。

三個名辭：時機，季節，天主。兩個前提都用「屈折說法」。結論用了「直稱說法」。

48右40 絕對說來，一切論式，分析名辭關係，都需根據句法的種種變化：有的直說，有的屈折。分
49左1 析論式，單舉名辭，用直說語法，直指「人」、「善惡」、「衝突的兩端」等等。解釋論句，則
應注意屈折說法：例如：「甲同於乙」，「甲乙相等」，「甲是乙的兩倍」；「甲攻擊乙」，

「甲看見乙」，和直說「甲是乙」，意義不同。例如「人是動物」，和「人看見動物」，意思大有分別。但都是表示「人和動物」發生的關係。此外，論句眾多，各有各屈折的語法。（註：本章要義：希臘文名辭語尾屈折。變化，分五座：名座，和的，與，至，從四座。用名座和「是」或「不是」等字樣的論句，是直說句法。用其他「辭座」，加用介詞、動詞，或名辭等等時，不直說「某是某」，便是屈折語法分析論式，解釋前提，都應注意到這一些。中文名辭，沒有「辭座」的屈折，但仍有句法的屈折。也是分析論式時所應注意的）。

第三十七章　本體賓辭與附性賓辭

「此在彼」，和「此真賓稱彼」，或「彼真可說是此」，或「彼者，此也」，或「彼者，實此之謂也」，等等類此句法都是說：「彼是此」；指彼和此，依生存實況，所有的賓主關係。形式眾多，意義隨處不同，多如宇宙萬物（名辭賓稱關係）的總類。總類（有十），叫作十範疇。各類名辭有些是絕對賓辭，也叫作「本體賓辭」，形容事物的本體；有些是狀況賓辭，形容本體附有的狀態和情況；也叫作「附性賓辭」。名辭或賓辭，有些是單純的，有些是組合的。「此不
49左10 在彼」，之類的句法，表示否定的賓主關係·即是說：「彼不是此」。分類同上。這些賓辭的種類，都有詳加考察和分析的需要。(兲)

第三十八章　叮嚀句

論句有時需要反覆叮嚀，重申主辭（或名辭），標明重點，指出它有某賓辭（或主辭）的理由。這是叮嚀句的任務。論式內（在希臘文），叮嚀句位置在首辭後面，不在中辭後面。例如假設某論式證明以下這個結論：「正義是某學科（即倫理學）研究的材料。因為正義是一種美德」。
49左15（在中文，叮嚀句能放在句首：「就正義是道德而論，正義是某學科研究的材料，試用甲代表「某學科研究的材料」。乙代表道德。丙代表「就正義的本體（是道德）而論，正義……」）如此構成論式如下：

大前提：甲在乙（乙是甲）：道德是某學科研究的材料。

小前提：乙在丙（丙是乙）：就正義的本體（是一美德）而論，正義是一道德。

結　論：甲在丙（丙是甲）：就正義的本體是一美德而論，正義是某學科研究的材料。

大前提真實，因為乙真是甲：道德，就其本體而論，確實是某學科研究的材料。小前提也真實，因為正義，就其本體而論，確實是一種道德。大小前提都真實，如此分析，則見結論必然。「就某某本體是如何而論」是叮嚀句。

49左20 但如將叮嚀句附加到乙上面，即是附加到中辭「道德」上面，構成論式，分析起來，得不到真實的結論：

大前提：甲賓稱乙，真實，同上。

小前提：乙賓稱丙，卻不真實：「依道德的本體而論，正義是道德」：這句話是錯誤的。因為它的意思是說：「正義是道德，因為正義是道德的本體」。等於說：「道德的本體是正義」。這是錯誤的，並且非理智所能懂曉（小前提，因此，是「丙賓稱乙」，不是「乙賓稱丙」：是第二論法；兩前提肯定，論式無效，證不出結論）。

同樣假設應證明的結論是：

一、健康，就其本體是福利而論，是某學科研究的材料。或是：

二、獨角馬，就其本體是虛構而論，是某學科（即神話學）研究的材料。或是：

三、人，就其本體既是覺性知識可知的：

故此也是形體而論，乃是有死有壞的。或在其他任何類似的結論，或實例，叮嚀句必須附加到尾辭後面，在句首；（希拉文加到首辭後面，在句末）叮嚀短句「就……本體是……而論」，叫作「助辭」，即是副助賓辭，加註要點的意思。

加用助辭，和不加用助辭，論式不同。名辭排列的形式不同。不加用助辭，論式簡單，結論絕對，不加條件或限制。加用助辭，論式比較複雜，結論用助辭或叮嚀短句，指出本體上、附性上，或任何情況上的條件或限制（叮嚀句也叫作重申句，重申已用某辭，指出條件或限制）。例如，兩個論式，一證「善可知」，一證「善可知以某類事的知識」。前者結論絕對，前提論式簡單，中辭用「事物」或「物體」絕無限制的大公名，後者結論有限制，中辭也有限制，用「某類事物」的類名。結論裡加用助辭，重申善字。設令甲代表某類事物之知識。乙代表某類事物。丙代表善。構成論式如下：

大前提：甲賓稱乙：某類事物可知以某類事物之知識。

小前提：乙賓稱丙：善是某類事物。

結　論：甲賓稱丙：善，就其是善而論，可知以某類事物之知識。

大前提真實，因為每類事物，可知以該類事物之專科知識（例如說：倫理類的事物可知以倫
35 理學的知識）。小前提也真實，因為丙代表的善是某類事物（例如倫理類的事物）。故此，結論也真實：甲賓稱丙。顯然，「善，就其本體是善而言（既屬於倫理事物之類），可知以倫理學之知識」。所謂「某類事物」四字，便是表示「有某特性的一類事物」。專就實體而論「某類物體」，表示某某「類名」或「特性名」所指的某類實體。

另一方面，假設用「事物」二字泛指任何物體或事體，絕對廣泛，全無限制，（在前提裡）作中辭，並在大前提裡代替「某類事物」四字作主辭。構成論式，證出的結論，不是「善，就其本體是善而言，可見知以知識」，而是「善，就其本體也是事物而言，是可知的」。試令甲代表
49右1 事物泛泛的知識：（大公名「物」字，所指物體之知識，即形上學或本體論），乙代表大公名「物體」（或「事物」），泛指任何物體和事體）。丙仍代表善。論式顯明如下：

大前提：甲賓稱乙：凡是物體都可知（以本體論）。
小前提：乙賓稱丙：善是物體（非純無）。
結　論：甲賓稱丙：善，就其本體是一物體，（非純無），而言，可知（以本體論之知識）。
從此看來，顯然，特稱某類的論式，採用名辭，應當守此章所舉出的格式。（叮嚀句，限制首辭範圍，故有特稱作用，依同理，不可附加於中辭。中辭特稱，（第一論法），論式無效）。

第三十九章　選擇名辭和論句

辭句意義相同時，可以互相代替，選擇的原則是，或用名辭代替名辭，或用論句代替論句，
49右5 或將名辭與論句，互相代替，常應盡力選取名辭代替論句。名辭比論句容易排列，並且容易訓
解。例如：「『假定』不是『意想』的類名（賓辭）」是一句話。「『意想』不是『假定』」也
是一句話。這兩句話的意義，就其所指的實情而論，完全沒有分別。兩者所指的事實，相同。都
是說：「意想」是一類，「假定」是一類。兩類不相包含。第二句比第一句簡明。那麼，即應選
取「意想」和「假定」兩個名辭，代替論句（按論式的規格），排列起來。（賓辭在上，居首
位，主辭在下，居末位：「假定——（不在）——意想」。漢文：「假定者，非意想也」）。

第四十章　冠　詞

49右10

「某甲是乙」，和「某甲是此某乙」，意思不相同。目的欲證前證後，「此」字應用與否，務需審慎裁奪，並且（前提和結論）需要前後一貫。例如「娛樂是佳趣」，和「娛樂是此佳趣」，意思不相同，一例如此，餘可類推。（譯者註：本章討論「區指辭」和論式的關係。「區指辭」也叫作「冠詞」。希臘文冠詞和中文「此」、「彼」、「這」、「那」等「指示詞」相近似。但中文無真正冠詞，其意義常以「指示詞」、「形容詞」，或「上下文」表示出來）。

第四十一章　無限定論句

49右 「乙在丙，甲在每丙」和「乙在每丙，甲在每丙」兩句話，實際的意思不同。「乙在丙」，無妨是「乙在某丙，但不是每丙都在」。例如乙代表美，丙代表白。假設美在某白，則可說真是「美在白」，但不必說「美在每白」。例如，假設：有論式如下：

大前提：甲在乙（不在每乙）。

小前提：乙在丙（或某丙，或每丙）。

結　論：甲在丙：不是必然：故無效。

結論無效，因大前提應是「甲在每乙」，而實際不是。小前提，或全稱或特稱，都證不出任何必然的結論：「甲在每丙」，不對。「甲在某丙」甚至也不對。都無效：都非前提所能必有的結論。又如：

大前提：甲在乙，不在每乙，同前。

小前提：甲在丙，不在每丙，但必在某丙。

結　論：乙在丙：無效。

另一方面，假設：

大前提：甲在乙下每一主體：真在每乙。

小前提：乙在每丙，真實。

結　論：甲在每丙：真實，並且必然。

但是假設：

大前提：乙在每丁，甲在丁，不必每在丁。

小前提：乙在每丙（甲在丁故在乙）。

結　論：無效。無理由甲或丁必在丙。

明察三辭足見：「甲賓稱乙所賓稱的每個主辭丙」，即是「甲在乙所在的每個主體丙」，意思是說：不論乙所賓稱的主辭有多少，甲都一一賓稱，作每一個的賓辭。如此，乙如賓稱每丙，甲亦如之。乙如不賓稱每丙，甲則不必賓稱每丙。「甲在每乙所在的主體丙」和「甲在每乙所在的每個主體丙」兩句話，意思不相同。前者分析成論式，無效。後者是一最完善的論式。（辭例：前者：能笑、人、形體。後者：形體、動物、人）。(三)

49右35 論式有效無效，各有標準圖型，原因不在圖型，惟在義理，猶如《幾何學》作圖，畫一線形，說明線長一尺，無寬無厚，只有長短屈直之理，雖然實際所畫之線，不是全長一尺，也絕非無寬無厚，仍有益於講習。同樣，論式的標準圖型是它有效無效的符驗，不是它有效無效的根據。真實根據全在義理。義理眾多，大原則只有一條（即是「零整定律」。化整為零，零是部

分，聚零為整，整是整體。整體包含部分，部分小於整體。類名指全體，作賓辭，全稱種名。種
名指部分，作類名的主辭）。㈢名辭或論句有全稱與特稱。猶如形體有整體與部分。不先明瞭名
50左1 辭間「零整定律」所指的關係，便不會推理證明結論。論式及其圖型便無由而生。利用圖型，猶
如利用覺性的知識。（眼見有形的圖畫，神悟無形的原理）。結論證明，證自原理，不是證自圖
型。惟其合理與否，可以圖型驗之，非無圖型不足以證之。**圖型是排列三辭，在空間，呈現的格
式**。

第四十二章　選擇論式或論法捷徑

50左5 同一議論，能證出許多結論，不必只證自同一論法。論法有三，各證不同結論。分析議論，
10 納入論式，即應注意此點。先知論題，察其形式，即可擇定所需的適當論法與論式。不必諸法諸式，全部逐一考驗。

第四十三章　定義貴簡明

論式選辭，簡明為貴。名辭含義理。義理有定義。定義需用許多名辭，但中心要點不過一兩字。選擇時，即應選這一兩字，旨在刪繁從簡。例如：「水是飲料」，解釋之則是：「水是可喝的液體」。主要名辭只有兩個：「水——可喝」。其餘儘可省略。辭句繁複，易生錯亂。

50左15

第四十四章　假言論法：設證法、駁證法

假言論法，不用明證法的論式，證明結論，只用共同認可的某項條件，假定它作前提，從而證出結論的必然。例如：

大前提：假定說：如果沒有主體能有互相衝突的情況，便不會有一學科專究互相衝突的情況。
小前提：認可假定的條件，說：誠然沒有主體能有互相衝突的情況。
結　論：故此，不會有一學科專究互相衝突的情況。

補證上面小前提認可的論句，用明證法的論式，並用例證法，證明如下：

大前提：同一主體不能同時健康又同時害病。
小前提：健康和害病是互相衝突的情況。
結　論：同一主體不能有互相衝突的情況。

以上的證明，是明證法，只是證明了「同一主體沒有互相衝突的情況」。原有的結論「沒有學科，研究互相衝突的情況」，不是明證法的結論，而只是承認了大前提的假設，必須承認的後果。小前提的補證，既然無疑是一明證論法，故可納入論式的規格。它前面的「假言論法」，不

能納入論式的規格。因為它的結論不是證自三辭以賓主關係構成的前提論句，而是證自「承認了條件，則必承認其後果」的必然性。（條件引於前，效果隨於後。前句是「引句」，說出假定的條件。後句是「隨句」，指出必隨之而生的效果。承認了「引句」，必須承認「隨句」。這是定律。這個定律是「假言論法」、前提和結論關係所依憑的根據。這樣的關係是：「前句後句」間的「引隨關係」，不是名辭和名辭間的賓主關係）。為此理由，假言論法不能納入明證法論式的規格（因為這樣的論式規格、只是代表三辭間的賓主關係。那麼，「假言論法」，既然不能納入論式），吾人就不可強求其所不能了。(二九)

「假言論法」（也叫作「假設論法」），大前提常是用「設令條件如何如何，則隨之而生的後果必是如何如何」等等類此語法。足見它的實質是「設令論法」，又簡單可以叫作「設證法」，和「論證法」、「明證法」、「辯證法」、「駁證法」等等不相同）。

「駁證法」，就是「反證法」。它是「設證法」的一種，屬於「設證法」之類，不屬於明證法，或其他證法之類。為此，駁證法也是無法分析名辭而納入論式的規格。駁證法的議程分兩段，一是「反駁」。一是「設證」。「反駁」是用明證法證明錯誤的結論是不可能的。「設證」是用「設證法」證明真實結論的必然：是駁證法的主要目的和本質。「反駁」只是「設證」裡面，小前提的補證。如此說來，在駁證法內（和設證法有類同之點），「反駁」那一段，可以分析名辭關係，納入論式的規格。設證那一段（包括駁證法的主要結論和議程），無法因分析而納入論式。(三〇)

駁證法和設證法的異點——普通設證法（大前提）必須舉出引句和隨句，說明條件及後果，
50左35 小前提認可引句說了的條件，表示同意它。同時用明證法補證小前提之必然。例如：

大前提：假定：如果有主體有相反的情況，便有學科專究相反的情況。

小前提：認可，有主體能有相反的情況。補證（從略）……

結　論：有學科專究……

但是駁證法，只要補證裡面，反駁時，用明證法，從錯誤的論句，證出了不可能的結論。這個結論的荒謬是如此顯明，智者無不立刻（承認其錯誤，並承認其前提之錯誤，同時）承認和它矛盾的原有論句真實；不需要再費手續舉出設證的大小前提，聲明共同認可的引句隨句，即條件和後果等等。例如：甲設令：對角線和邊線同分，則奇數和偶數相等。（乙：奇偶不相等。丙：故此，對角線和邊線不同分。從甲，經乙，到丙，是一直接議程，不是普通設證法所用的間接議程。駁證法結論的直接顯明，是它和普通設證法不同的特點）。㈢

40 還有許多種「設證法」，從假定的條件（根據前句後句的引隨關係），推論出許多必然的結
50右1 論。需要另加考察和詳明的解釋。分辨它們彼此間的區別，都是在什麼地方；它們的構造形式有
多少。將來另作詳論。目下，總結全文，惟需認清此類論法，不能納入三段論法的論式。本章說
明了為什麼原因不能。（參考註二三一，及附錄第五）。

第四十五章　論式的換式法

50右 凡是能證自許多論法的論題，既已證自某一論法，則能用「換式法」，證自另某論法。換式法即是換式改證法。例如第一論法否定論式，換式改成第二論法，仍證明同樣的結論。第二論法的否定論式也可以改證於第一論法：不是每個都可以，至少有幾個可以。詳考下文，即可明見：

第一論法否定論式：全稱：

（大，代表大前提。小，代表小前提。結，代表結論。原文無此形式，譯者加之，以便達意）：

大：甲不在任何乙：無乙是甲

小：乙在每丙：每丙是乙

結：甲不在任何丙：無丙是甲

大前提換位，即改成第二論法：全稱：

大：乙不在任何甲：無甲是乙

小：乙在每丙：每丙是乙

結：甲不在任何丙：無丙是甲

50右 以上小前提全稱，結論可以改證。如果小前提是特稱，改證法相同。第一論法特稱否定論式如下：

大：甲不在任何乙：無乙是甲

小：乙在某丙：某丙是乙

結：甲不在某丙：某丙非甲

大前提換位，即得第二論法，特稱否定論式：（試看如下：

大：乙不在任何甲：無甲是乙

小：乙在某丙：某丙是乙

結：甲不在某丙：某丙非甲）。

第二論法全稱論式，都能換式，改成第一論法；特稱論式，只有（大前提全稱否定的那）一個可以。試看如下：

第二論法，第一全稱論式：

大：甲不在任何乙：無乙是甲

小：甲在每丙：每丙是甲

結：乙不在任何丙：無丙是乙

將上面全稱否定前提，賓主換位，即得第一論法，如下：

25

大：乙不在任何甲：無甲是乙
小：甲在每丙：每丙是甲
結：乙不在任何丙：無丙是乙：有效。

但是假設乙前提肯定，丙前提否定，都是全稱如前，肯定者作大前提，即是第二論法第二全稱論式：換式時，必須用丙作首辭：

大：甲在每乙：每乙是甲
小：甲不在任何丙：無丙是甲
結：乙不在任何丙：無丙是乙

以上小前提賓主換位。兩前提大小換位，結論賓主換位，即得第一論法：

第一步小前提賓主換位：

大：甲在每乙：每乙是甲
小：丙不在任何甲：無甲是丙
結：乙不在任何丙：無丙是乙

以上論式，仍非第一論法，故需再進一步：兩前提大小換位，如下：

大：丙不在任何甲：無甲是丙
小：甲在每乙：每乙是甲
結：丙不在任何乙：無乙是丙（等於說：乙不在任何丙：無丙是乙）。

以上論式是第一論法（的論式），但所得結論不是原來的「乙不在任何丙」。故此作第三步，工作：將結論的賓主換位，「丙不在任何乙」，遂改作「乙不在任何丙」。因為全稱否定論句賓主可以換位。

第二論法，論式特稱，大前提否定時，可以改成第一論法，即是說：可以改證。（改成第一論法的目的和效用，是用第一論法的完善論式，補充證明其他論法的不完善論式。故此可以簡稱「改證」，是狹義的改證。廣泛說，任何一論法改成任何另一論法，都有改證的意思。都叫作「改證」。本章所論主要是廣義的改證）。第二論法，論式特稱，大前提肯定時（小前提特稱，必是否定），不能改證。因為小前提不能換位（強行換位），也是構不成有效的論式。分別舉例，大前提否定時，如下：

大：甲不在任何乙：無乙是甲

小：甲在某丙：某丙是甲

結：乙不在某丙：某丙非乙

以上大前提換位，即得第一論法：

大：乙不在任何甲：無甲是乙

小：甲在某丙：某丙是甲

結：乙不在某丙：某丙非乙

第二論法，大前提否定，如下：

50右30

大：甲在每乙：每乙是甲

小：甲不在某丙：某丙非甲

結：乙不在某丙：某丙非乙

以上小前提，特稱否定，不能換位，勉強賓主換位（論句偶爾有時真），新得論式常無效。小前提賓主換位如下：

大：甲在每乙：每乙是（某）甲

小：丙不在某甲：某甲非丙

結：乙不在某丙。某丙非乙：無效

以上論式，無效。前提大小換位，或大前提賓主換位，都得不到有效論式：前提大小換位如下：

大：丙不在某甲：某甲非丙

小：甲在每乙：每乙是（某）甲

結：丙不在某乙：某乙非丙：無效

或大前提賓主換位如下：

大：乙在某甲：某甲是乙

小：甲不在某丙：某丙非甲

結：乙不在某丙：某丙非乙：無效

或將以上論式，前提大小換位：

大：甲不在某丙：某丙非甲

小：乙在某甲：某甲是乙

結：丙不在某乙：某乙非丙：無效

第三論法諸論式，不都能改成第一論法，但第一論法卻都能改成第三論法（小前提換位即

50右35 得）。例如：第一論法：

大：甲在每乙：每乙是甲

小：乙在某丙：某丙是乙

結：甲在某丙：某丙是甲

以上小前提賓主換位，即成第三論法：

大：甲在每乙：每乙是甲：如故。

小：丙在某乙：某乙是丙：換位。

結：甲在某丙：某丙是甲：有效。

如此，第一論法，肯定論式（特稱或全稱），都能改成第三論法。否定論式，也是如此。用同樣的方法：小前提特稱肯定，賓主換位即得：例如第一論法：否定特稱論式：

大：甲不在任何乙：無乙是甲

小：乙在某丙：某丙是乙

結：甲不在某丙：某丙非甲

以上小前提肯定，賓主換位，如下：

大：甲不在任何乙：無乙是甲：如故。

小：丙在某乙：某乙是丙：換位。

結：甲不在某丙：某丙非甲：有效。

51左 第三論法只有一個論式，即是否定前提特稱時，不得改成第一論法，其餘都可。逐一分析，舉例試改如下：

論式一：

大：甲在每丙：每丙是甲

小：乙在每丙：每丙是乙

結：甲在某乙：某乙是甲：改證如下：

大：甲在每丙：每丙是甲：如故

小：丙在某乙：某乙是丙：換位

結：甲在某乙：某乙是甲：有效。

論式二：小前提特稱肯定：

大：甲在每丙：每丙是甲

小：乙在某丙：某丙是乙

結：甲在某乙：某乙是甲：改證如一：
大：甲在每丙：每丙是甲：如故，
小：丙在某乙：某乙是丙：換位，
結：甲在某乙：某乙是甲：有效。

51左10 論式三：大前提肯定特稱：

大：甲在某丙：某丙是甲
小：乙在每丙：每丙是乙
結：甲在某乙：某乙是甲：改證如下：
大：丙在某甲：某甲是丙：換位。
小：乙在每丙：每丙是乙：如故
結：甲在某乙：某乙是甲：再改證如下：
大：乙在每丙：每丙是乙
小：丙在某甲：某甲是丙｝大小前提換位
結：乙在某甲：某甲是乙：再換位，故甲在某乙：某乙是甲：有效。

論式四：全稱否定，大前提否定：

大：甲不在任何丙：無丙是甲
小：乙在每丙：每丙是乙

結：甲不在某乙：某乙非甲：改式：

大：甲不在任何丙：無丙是甲

小：丙在某乙：某乙是丙

結：甲不在某乙：某乙非甲：有效。

論式五：大前提否定，小前提特稱：改證法相同，小前提賓主換位，即得：如下：

大：甲不在任何丙：無丙是甲

小：乙在某丙：某丙是乙

結：甲不在某乙：某乙非甲，改證：

大：甲不在任何丙：無丙是甲：如故。

小：丙在某乙：某乙是丙：換位。

結：甲不在某乙：某乙非甲：有效。

論式五：否定的前提特稱，無法分析（無法改成第一論法，特稱否定不能換位。全稱肯定換位變成特稱肯定：大小前提，都是特稱則論式無效）：試看如下：

大：甲不在某丙：某丙非甲

小：乙在每丙：每丙是乙

結：甲不在某乙：某乙非甲：改式：

大：甲不在某丙：某丙非甲

小：某丙在某乙：某乙是丙

結：甲不在某乙：某乙非甲：無效。

回觀上述，可以明見：為達到諸論法互相換式改證的目的，小前提必須可以賓主換位，（必
51左25 須是肯定論句，或全稱或特稱；或是全稱否定論句，不得是特稱否定）。每次換式改證，常是需
要小前提的賓主換位。

第二論法（特稱論式兩個），只有一個論式可以改成第三論法。其餘不可：

其一：

大：甲不在任何乙：每乙非甲

小：甲在某丙：某丙是甲

結：乙不在某丙：某丙非乙：改證：

大：乙不在任何甲：每甲非乙：換位。

小：丙在某甲：某甲是丙：換位。

30 結：乙不在某丙：某丙非乙：有效。

其二：

大：甲在每乙：每乙是甲

小：甲不在某丙：某丙非甲

結：乙不在某丙：某丙非乙：換式：

大：乙在某甲：某甲是乙：換位。

小：丙不在某甲：某甲非丙：無效。

結：乙不在某丙：某丙非乙：無效。

第三論法，全稱的前提否定時，常能改成第二論法（兩前提賓主換位即得）。有效：

大：甲不在任何丙：每丙非甲

小：乙在每某丙　某每丙是乙

結：甲不在某乙：某乙非甲：改成：

大：丙不在任何甲：每甲非丙

小：丙在某乙：某乙是內

結：甲不在某乙：某乙非甲：有效。

第三論法，特稱前提否定時，改成第二論法，不能有效：因為特稱否定論句，無法換位。

從此可見：二三兩論法，不能相改的論式，也不能改成第一論法。凡能改成第一論法的，都可用反證法加以證明。其餘不能。

總結前文，顯然明見：各論法可以彼此改換論式，交相互證，並知改證時都用什麼方法。㈢

51右1 特註：本章各論式內，一切「是」字句法，例如「某丙**是**甲」，「某丙**非**甲」之類，不屬於原文，都是譯者填加於「在」字句法下面，為便利讀者。以下各章仿此。

第四十六章　有限否定和無限肯定的對立

「某物不是白的」，和「某物（東西），是不白的（物件）」，意思不相同。議論時，或推證，或反駁，不可不慎加明辨。否定字，用法不同，位置不同，則否定句意義不同。否定字，用
51右10 在何處，關係重要。「某物是白的」和「某物不是白的」；比較「某物是白的」和「某物是不白的」，兩兩對立，前後相關，但兩對的關係不同。「某物不是白的」，是「某物是白的」的否定。所談的主體，是同一物體，一方說「它是白的」；一方說「它不是白的」。「某物（東西）是不白的（物件）」，不是「某物是白的」的矛盾：就是說不是它的否定。理由是什麼？解釋如下：

它們彼此的關係，彷彿是「某人能行走」和「某人能不行走」，兩句間的關係。「某物是白的」和「某物是不白的」：關係正是如此。

「某人知善」和「某人是『知善者』」兩句話，辭異實同。「某人能行走」，和「某人是能行走者」，兩句話，也是辭異實同。另一方面，「某人不能行走」和「某人不是能行走者」兩句話，也是辭異實同：它們是前兩句的否定。

假設「某人不是能行走者」，和「某人是能不行走者」兩句話，意思相同；它們便能同時，形容同一主體：同時都是真的。（因為，同一人同時能行走，也能不行走；同時是知善者，也是知不善者）。但是，肯定和否定兩相矛盾時，形容同一主體，不能同時都是真的。為此理由，同樣，「某人是不好的」和「某人不是好的」兩句話；彼此的關係，和「某人不知善」及「某人知不善」，兩句的關係不相同。因為它們前後兩對，比例相同，前一對，既然彼此不同，後一對，也必是彼此不同。「某物是不同等（不平滑）」、和「某物不是同等（平滑）」，也是兩句話意思不相同。前一句，有一個固定的主體：即是不平滑的物體，（粗糙的物體）。後一句沒有任何主體。為此理由，凡是一物，必是「或是平滑（是同等）或不是平滑（不是同等）」（矛盾分萬物）；不必是「或是平滑（是同等）或『是不平滑』（粗糙）」。這就是說：「是平滑」和「是不平滑」，彼此不是互相矛盾。「是平滑」和「不是平滑」是互相矛盾。

再換一例，「某處有不白的木料」和「某處沒有白木料」意思不相同。「有不白的木料」、和「沒有白木料」兩句話，不能同時形容同一主體：因為如果說有木料不白，便是肯定了，確實是有木料；但如說「沒有白木料」，不一定說「實有木料」（可能是說任何木料都全沒有）。從此看來，顯然，「某人是不好的」這句話，不是「某人是好的」的矛盾。

關於同一主體，兩個矛盾的論句，一肯定，一否定，不能同時是真的，也不能同時都是假的：必定是一真則一假；一假則一真：否定者不真時，肯定者必定在某一定限度下是真的。就是為此理由，「是不好的」的否定，是「不是不好的」；不應是「是好的」。㈢

討論至此，試用符號，將上述各種論句對立的情形排列起來（作圖？），詳示如下：

甲代表「某人是好的」：（有限肯定）

乙代表「某人不是好的」：（有限否定、上句的矛盾）

丙代表「某人是不好的」：（無限肯定）

丁代表「某人不是不好的」、（無限否定）。（排列時）丙的位置是在乙下面。丁的位置是在甲下面，作甲的隨句。（註二三三、內八號、圖表、可供參考，並和六至八號內，諸圖、互相比較）。

在任何同一主體，或只有甲在，或只有乙在；不能是甲乙同在，也不能是甲乙同不在；或只有丙在，或只有丁在；不能有丁丙同在；也不能是丁丙同不在。（矛盾分萬物，是一個公律）但丙所在的主體，每個必有乙在。因為例如：既說：

丙：「某物是不白的」；則必說：

乙：「某物不是白的」。丙引，乙隨。丙真，乙真，因為同一主體不能同時「是白的」，又「是不白的」；也不能同時「是木而不白」，又「是白木」。為此：肯定句不真，則否定句必真。但是反說，則不然：因為乙之所在，不常有丙在：例如，完全不是木的東西，也不會「是木而不白」；就是說：「也不會是不白的木」。（丙引則乙隨，乙不隨則丙不引；但如乙引則丙不必隨：引隨律，必然如此）。

現在翻轉回去看甲所在的主體，個個都有丁在：因為在此主體，或有丙在，或有丁在；不能同時兼有，也不能同時兼無。既然它不能同時是「不白的東西」，又「是白的」；所以甲既不是丙，則必是丁。足證甲丁之間，有引隨關係：甲引則丁隨：因為，論同一主體，說「它是白的」，如果真實；則說「它不是不白」，也是真實的。但是，丁句真時，甲句不常真。理由同上：就是因為例如：對於完全不是木的東西、甲句便不是真實的：甲句說：「它是白木」。根本不是木的東西，怎能又是白木呢？但它能「不是不白木」。故此，上面的理由，足證：丁真時，甲卻不常真。

說到這裡，顯然的，甲丙不能同在於任何同一主體。乙丁卻能同在於某個同一主體。（甲丙互相衝突，乙丁只是互相偏差。參看註二三三、內六至八、三號圖表）

「殘缺名辭」和「完善名辭」，互相對立，和上面諸論句的關係，形式相同。試用甲代表「某物是同等的（平滑的）」；乙代表「某物不是同等的」；丙代表「某是不同等的（粗糙的）」；丁代表「某物不是不同等的」。（參看註二三三、內九號）

主辭是多數時，同一賓辭，肯定、否定、互相對立的關係，及否定句的用法；為斷定每句的真假，用同樣的規律和圖表，和上文所述主辭是單數時，情形全沒兩樣。「某類主體，全部是白的」，和「某類主體，個個是白的」兩句話，意思完全相同。用它們去形容同類主體時，兩句話都是真實的：衝突的方面，「某類主體，全都是不白的東西」，或「某類主體，個個是不白的東西」，都是假的。（甲真，則丙假、甲丙衝突。參看註二三三、內十號，圖表）

同樣「凡是動物都是白的」，這句話的否定不是「凡是動物，都是不白的東西」。（因為兩

52左30 個（甲、丙）同時都是假的）。它的否定應是：「凡是動物不都是白的」；等於說：「不是凡是動物，個個是白的」；換句話說：「有些動物，不是白的」：（甲乙矛盾。參看註二三三、內十號圖表）。

那麼，「某物是不白的東西」，和「某物不是白的」，兩句話意思不相同。前句是無限肯定；後句是「有限否定」。兩句不同的理由何在，回觀上文，就可看得明白。（註二三三、內六至十、各圖表中的丙乙兩句）。

35 既然如此，即可明見，丙乙兩類論句的證明方法，及所應用的論式，互不相同。例如：「凡是動物都不是白的」，或「能不是白的」（證明此類論句真實時，用全稱否定論式）。又例如：「動物是不白的」（證明這句真實時，用肯定論式）。因為「真說動物是不白的」，沒有別的意思；只是說：「肯定它是不白的東西之一」：可見它是無限定的肯定句。（丙乙兩句，證法不同）

另一方面，甲丙兩句證法相同，兩者都是肯定，證自第一論法。例如「動物是白的」，和「動物是一個不白的東西」。

「『某某是如何，這句話是真實的」，和「某某是如何」，意思相同，可以彼此替換。理由如下：「『某物是白的』，這句話是真的」；（等於簡單肯定說：「某物是白的」）。它的矛盾句，不是「『某物是不白的』，這句話是真的」；而是：「『某物是白的』這句語，不是真的」。（等於簡單否定說：「某物不是白的」）。

為了上述的理由，為證明「『凡是人，都是音樂家』，這句話是真的」，或為證明「『凡是人都是不會音樂的』，這句話是真的」，用同樣的中辭「動物」，和同樣的論式，即可證明出來：小前提：「『凡是人都是動物』，是真的」。大前提：或是「『凡是動物，都是音樂家』是真的」；或是「『凡是動物，都是不會音樂的』是真的」：論式兩個，各證上面各自應證的結論，都是天法元式：是一肯定的論式。

反之，為證明「凡是人，都不是音樂家」（有限否定的全稱論句），可用本書之前已討論過的三種論法，採用其中適當的論式。但這裡適當的論式都應是否定的，無一能是肯定的。（即是各法的亨式。參看本註二三三、內十一號）。

簡單說來，每當甲乙矛盾，丙丁也矛盾，丙卻引甲而甲不引丙時；則必是：丁隨乙，而乙不
52右 隨丁；甲丁偏差；乙丙衝突。（這是對立推演的一個公式、參看本註二三二、內十二號）所謂甲乙矛盾，是說甲乙不能同在同一主體；卻是「或此或彼」，必在任何每一主體。所謂「丙甲引隨」，是說：丙引甲，甲隨丙；次序不可顛倒：不又是甲引丙，丙隨甲。所謂「甲丁偏差」，是說「甲丁能同在同一主體」。所謂「乙丙衝突」，是說「乙丙不能同在同一主體」。（回看註一，十七號對立圖及其各種定律）。

上面公式中，第一個結論是「乙丁引隨」：就是說：「乙引丁，丁隨乙；丁不引乙，乙也不隨丁」。這個結論的理由明顯；分析如下：

前提裡說了：丙丁矛盾，或丙或丁，必在任何每一主體；但也說了：「丙甲引隨」，丙引甲，甲不引丙。甲乙卻是矛盾，不能同在同一主體。從此可知，丙不能在乙所在的任何主體。故

此顯然，乙丁的關係、是引隨關係，即是丁隨乙引，不是乙隨丁引。（丙既不在乙，故丁在乙，即丁隨乙）。

第二個結論，是「甲丁偏差」，證明如下：甲隨丙引，不是丙隨甲引。丙丁矛盾，「或丙或
52右10 丁」，必在任何每一主體。丙既不常隨甲，故有時不在甲，當此之時，丁必能在甲。故丁甲能同時並在同一主體：丁甲的關係，是偏差（即是能同真，不能同假）。

第三個結論，是「乙丙衝突」：不能同在同一主體。因為甲常隨丙。（乙如能在丙，則乙能在甲，這是不可能的），因為前提裡說了，甲乙矛盾，不能同在同一主體。這個反證法，足以證明「乙丙衝突」（即是能同假，不能同真）。

方才，既乙證明了丁甲偏差，即是能同在同一主體。從此可以明見，這也是「丁隨乙引，不是乙隨丁引」的另一個理由。特別證明乙不隨丁引。（以上這幾個結論，用註二三三、內十二號的圖表及解釋去證明，便可一目了然，不似原文，這樣玄遠深奧。本處原文，所用的語法，是「超級邏輯」的術語，用慣了，不難懂，未用慣以前，頗感不易捉摸。）

15 在以上，論句對立的排列和推演中，有時發生錯誤。選擇矛盾名辭，（或論句時）選擇的不適當，是一個錯誤的原因。例如，前提說：甲乙彼此矛盾，不能同在同一主體：此之所不在處，必有彼在。又說：丙丁也是如此。同時說：凡丙之所在處，必有甲隨之俱在。由此，結論說：丁之所在，必有乙在。這便是一個錯誤的結論，（因為乙之所在，固然，必有丁在；但丁之所在，不必常有乙在。乙真，丁必真。丁真，乙卻不必真。註二三三，內十三號）。

為檢討以上同類錯誤的結論，另假設一論式如下：

前提假設	一、用己代表「甲乙」的否定：（「某物不是好的，也不是不好的」：即是代表「有限否定和無限否定」）。 二、用辛代表「丙丁」的否定：（「某物是不好的，也不是不好的」：即是代表「無限肯定和無限否定」）。 三、甲己矛盾：或此或彼必在每物：因為彼此是一肯定一否定。 四、丙辛矛盾：也是彼此，一肯定一否定。 五、丙甲引隨：丙引甲隨。
結論	六、己辛引隨。（理由是三、四、五；詳見註二三三，內十四號）

繼續推演如下：

前提	七、己乙矛盾：或此或彼、必在每物。 八、辛丁矛盾：同上。 九、己辛引隨：即是己引辛隨。
結論	十、丁乙引隨：即是丁引乙隨。（註二三三、內十四號、論式二），此即前面原有的結論。

「丁引乙隨」，是上面必然的結論，因為，既有五號的甲隨丙引，則必有十號的乙隨丁引。（註二三三、內十四號）。丁乙引隨是必然的結論：但卻是錯誤的。因為，應是乙丁引隨：即是乙引丁隨。（否則，丁引乙隨，有丁必有乙，則甲丁既是偏差，隨之，甲乙也要是偏差；不復能是矛盾了：這是不可能的：違犯了原有的假設。詳見註內十二號圖解）。

上面結論錯誤的理由，是因為前提裡必有錯誤。（前提裡說：一個論句己，有兩個矛盾句，
52右30 甲和乙，同時又說甲和乙彼此也是互相矛盾。這是不可能的。為此，前提裡，「甲己矛盾」，和「乙己矛盾」，兩句，不能都是真的；可能都是假的。實際上，已不是甲的矛盾。因為：例如「好」字的矛盾，是「不好」。但這「不好」兩字，和「既不好又不不好」七字，意思不相同。故此，「既不好又不不好」，不是「好」一字的矛盾。

丙丁兩句，情形同上。前提裡也是說：一個論句辛，有兩個矛盾句，丙和丁（同時又說：丙和丁，也是彼此互相矛盾。這是不可能的，因為一個論句，只能有一個矛盾句，不能有兩個。回看註二三三，內一號，圖解；比較註三四七同仇圖，及論式）。

卷下

第一章 結論重重的推演

52右35 所有論式分歸多少論法；基本的定格和圖型分幾種；用什麼樣的論句，用多少論句，作前提和結論；何時構成論式有效，必得結論；怎樣證明論式有效；證明時，為推論出肯定結論，應考
53左1 慮什麼；反駁時，為證明否定結論，應考慮什麼；各種論證的方法，都應怎樣研究論題，尋找證明的理由；用什麼途徑選取每個論題，在前提裡面，所需有的理由；這一切問題，本書上卷，已經講解完畢了。

然則論式當中，有些是全稱，有些是特稱。凡是全稱論式，常證出許多結論。特稱論式，肯定者，亦然；否定者，只能證出一個結論。其他一切論句，賓主兩辭，都能換位；只有特稱否定

者不能。同時，結論是用某固定的賓辭，指出確定的範圍，形容某某固定的主辭。為此種種理由，一切論式，都能證出許多結論，只有特稱否定論式例外。舉例逐一觀察如下：證明了「甲在每乙」，或「某乙」，同時是證明了「某乙在甲」。這是必然的。證明了「甲不在任何乙」，同時也是必然的證明了「乙不在任何甲」。類此第二結論，和前面原有的第一結論，不是一個結論（故此是許多）。但是證明了「甲不在某乙」，不是同時證明了必定是「乙不在某甲」，因為可能是「乙在每甲」（或不在某甲，或不在任何甲。這許多可能之中，原有的結論自身，沒有能力擇定一個）。(三四)

53左 上文所述，是全稱和特稱論式共有的原因，為此原因，它們有能力證出許多結論。現在進一步分別討論它們各自特有的原因和能力。先論全稱論式。凡是中辭或尾辭下面的各級名辭，都用同樣的論式證得同樣的首辭，只需將名辭的位置排列適當，那個當中辭，那個當主辭。例如「甲在每乙」是結論，證自中辭丙。凡是乙或丙下面的各級名辭，必定每個都可（用同樣的論式證明）有甲作賓辭。假設丁在乙類，乙在甲類，則丁也在甲類。又假設戊在丙類，丙在甲類，則戊也在甲類。肯定論式如此。否定論式亦然。以上是第一論法。(三五)第二論法略有不同。只是尾辭下面的各級名辭可用同樣論式證得同樣的首辭。例如：甲不在任何乙，而在每丙，故結論是乙不在任何丙。今如「丙下面有丁」，顯然乙不在丁。論至「乙不在中辭甲下面的各級主體」，用同樣的論式證明不出來，雖然假設「戊是在甲下面」（乙既不在任何甲），乙確是不在任何午。（此乃第一論法，不是第二論法。只用第二論法），「乙不在任何丙」是方才證明的結論，乙不在任

35

何甲是未經證明而被採用的前提（來自大前提的賓主換位，形成了第一論法）。為此理由，「乙不在任何戊」這一結論，不是證自第二論法方才舉出的論式，也不能從它原有的結論裡推演出來。(三五)

次論特稱論式。尾辭下面各級名辭（從原有論式），得不出必然的結論，（因為每個名辭構成的新論句作小前提，是特稱，舊有的小前提移作大前提，仍是特稱、構成新論式不能有效）。中辭下面各級名辭，都有必然結論，但不是證自原有論式。例如：原式：

大：甲在每乙
小：乙在某丙
結：甲在某丙

新論式的推演，先看尾辭丙下面有丁：

大：乙在某丙：某丙是乙：舊小前提，
小：丙在某/每丁：某/每丁是丙：新論句，
結：乙在某/每丁：某/每丁是乙：無效。

故此以下結論，也是無效。

大：甲在每乙：每乙是甲：原提
小：乙在某/每丁：某/每丁是乙：無效，

結：甲在每某丁：每某丁是甲：無效。

40 再看中辭乙下面如果有丁。

大：甲在每乙：每乙是甲：原提，

小：乙在某丁：某丁是乙：與丙無關。

結：甲在某丁：某丁是甲：有效。

以上結論有效，而且是必然的，但完全是一新論式，和原有的論式沒有關係。上述情況，第

53右1 一論法如此，其餘論法，也是如此。尾辭的下置辭，推演不出結論。別的那一個，（即是中辭）的下置辭，有結論，但不是證自原有論式。必須另構新論式，從未證明而被採用的新前提，證明中辭的下置辭，是首辭的下置辭。證明的方法，特稱論式和全稱論式相同。如此說來，下置辭的新結論，或是特稱論式所不能有者，全稱論式也不能有；或是全稱論式所能有者，特稱論式也能有。㊂

特註：本章內，所有用「是」字的句法例如「某丁是丙」之類，見於「丙在某丁」之類的「在」字句法下面者，都不屬於原文，乃譯者自行填加，望能便利讀者。以下各章仿此。

第二章 天法、真與假、配合論式

53右 論式採用的大小兩前提，真假配合，呈現以下這些情況，或兩前提都真，或兩者都假，或一真一假。推出的結論必然是或真或假。前提都真，生不出假結論。前提都假，卻能證出真結論，不是說明理由，而只是符合事實。說理由的論式，可以叫作「理證論式」。這樣的論式不會從兩個都假的前提，證出真實的結論。為什麼原因如此，詳論如下：

首先說「前提都真，生不出假結論」。理由明顯：假設有甲必有乙（果然如此），則無乙必無甲。同理：假設甲如何，乙必如何，果如此，則乙不如何，甲必不如何。簡言之：甲是則乙是，果如此，乙非甲必非。就是為此，甲真乙必真。否則，既說甲是乙必是，又說乙非而甲是，乃是同時說甲是又說甲非。同一甲，同時是，又同時非。自相矛盾，這是不可能的（甲代表兩前提，乙代表結論）。不要想此處甲代表一個名辭，用一個名辭作前提能推證必然的結論。因為這是不可能的。推證必然的結論，至少需有三個名辭，和（它們以適當的關係與距離，排列起來構成的）兩個前提。如此說來假設兩前提都真，結論不會假。說它假，必說同一賓辭既說「在」，同時又說「不在」。為此，方才說：甲雖然是一個字，卻是代表兩個前提的符號。根據「甲是乙必是，則乙非甲必非」的定理，「可知從論句都真實的前提，證不出錯誤的結論：用符號舉例如下：

大：甲在乙所在的每一主體：真

小：乙在丙所在的（某一／每一）主體：真

結：甲在丙所在的（某一／每一）主體：必真等於說：

大：乙之所是，個個是甲：真

小：丙之所是，（某個／某個）是乙：真

結：丙之所是，（某個／某個）是甲：必真

53右25 在上面的論式，結論必真，因為前提都真。否則，既說，甲在乙，乙在丙，又說甲在丙不真，乃是自相矛盾。肯定論式如此，否定論式亦然。(貳)

次論錯誤前提，或兩前提都錯誤，或只是一前提錯誤，都能證出真實結論。一前提錯誤時，如果是「完全錯誤」，不得是任何一個，只得是第二個（即是小前提），如果不是「完全錯誤」，

30 則能是任何一個。試令甲在全丙，但不在任何乙，乙也不在任何丙。這是可能的。例如動物不在任何石頭，石頭也不在任何人，但動物卻在每人。如此，假設用符號排成論式如下：

大：甲在每乙　　每乙是甲　　全錯

小：乙在每丙　　每丙是乙　　全錯

結：甲在每丙　每丙是甲　全真

以上論式，兩前提都是全錯，結論卻真實，並且是完全真實。事實上不是不可能的。例如方才說，用乙代表石頭，甲代表動物，丙代表人，構成同樣論式：

大：每塊石頭都是動物　全錯

小：每個人都是石頭　全錯

結：每個人都是動物　全真

上面肯定論式如此否定論式亦然。因為可能甲乙都不在任何丙，甲卻在每乙。用上面同樣的名辭，作個實例，用人作中辭。凡是石頭都不是動物，也不是人，但每個人都是動物。然後，違反著這些事實，前提裡，將「都是」說成「都不是」，將「都不是」說成「都是」。這樣的前提
54左1 雖然錯誤，證出的結論卻真實。兩前提完全錯誤時，如此。兩前提只是「部分錯誤時」，也是如此。證明相同。將方才的實例排成論式如下：

大：凡是人都不是動物　全錯

小：凡是石頭都是人　全錯

結：凡是石頭都不是動物　全真

用符號表達如下：

大：無丙是甲　每丙非甲　全錯

小：每乙是丙　每乙是丙　全錯

結：無乙是甲　每乙非甲　全真

情形改變一下。假設是一個前提，並且是第一個前提完全錯誤，即是說大前提甲乙（兩辭構54左成的論句）完全錯誤，則其結論不會真實。小前提乙丙錯誤時，卻能證出真結論。所謂「完全錯誤」，便是「大相衝突」的意思。前提裡如將「都不是」說成「都是」或將「都是」說成「都不是」（以全稱論句的錯誤，相反全稱論句的真實），便是犯了「完全錯誤」。試令甲不在任何乙，乙卻在每丙，（結論應是甲不在任何丙）。然則假設小前提乙丙真實，大前提甲乙完全錯誤，將「甲不在任何乙」，說成了「甲在每乙」，即是將「每乙都不是甲」，說成了「每乙都是甲」。結論必是「甲在每丙」。這個結論，不能真實。因為原來真實的前提既是「甲不在任何乙，乙在每丙」，結論則應是「甲不在任何丙」，才是真實。「甲在每丙」，完全錯誤。故此不會真實。(三三)

同樣，假設甲在每乙，乙在每丙（結論應是甲在每丙，是真理），不幸在論式中，前提裡，小前提乙丙真實如故，大前提卻完全錯誤，將「甲在每乙」說成了「不在任何乙」，則結論必是「甲不在任何丙」。這是完全錯誤。因為，依原有的真理，既說乙所在的每物，個個都有甲在，又說了乙在每丙，顯然在方才錯誤的論式中，大前提完全錯誤，應是全稱肯定，而是全稱否定。小前提雖然真實如故，所生出的結論不會是真實的。應是甲在每丙，而是「甲不在任何丙」。(三四)

總而言之：大前提，或全稱否定，或全稱肯定，如果是完全錯誤，小前提即便真實，結論不會是真實的。但如果不是完全錯誤，則能得真實結論。因為假設事實上甲在每丙又在某乙，乙卻在每丙，例如每個鵝都是動物。某白物是動物，每個鵝是動物。議論中，前提卻說甲在每乙，乙在每丙，大前提錯誤，但不是完全錯誤。結論是甲在每丙並且是真實的：因為凡是鵝，個個是動物，確實是真實的。㉔上面大前提肯定時，情形是如此。大前提否定時，情形相同。因為可能實際上甲在某乙，不在任何丙，乙卻在每丙。例如某白物是動物，凡是雪都不是動物，然而凡是雪都是白的。那麼議論時，前提如說甲不在任何乙，乙卻在每丙，故甲不在任何丙。大前提全稱否定，部分錯誤，結論完全真實。㉕情形再換一下：假設大前提甲乙全真，小前乙丙全錯，則結論真實。因為無妨甲在每乙，又在每丙，同時乙不在任何丙。例如同類各種，都不互作賓主。因為馬和人同屬動物一類，都是動物，但凡是人都不是馬，馬也無一是人。假設議論時，前提竟說甲在每乙，乙在每丙，（故甲在每丙）。結論真實，小前提乙丙完全錯誤。㉖大前提甲乙否定時，情形相同。實際上可能是甲既不在任何乙又不在任何丙乙也不在任何丙。例如此某類名不作另某一

54右 類種名的賓辭。動物不作音樂和醫藥的賓辭。音樂也不作醫藥的賓辭。然則議論時，前提如說甲不在任何乙，乙卻在每丙。（故甲不在任何丙）。結論真實。㉗另一情形如下：假設小前提乙丙不是全錯，只是部分錯。結論仍能真實。實際上無妨甲既在全乙，又在全丙，同時乙在某丙。例如類名可作種名的賓辭，又可作種別名的賓辭。每個人是動物，每個人又是「陸行生物」，同是，陸行生物是人，不是每個人是「陸行生物」，同是，陸行生物是人，不是每個都是，而是有些是。然則議論時前提說甲在每乙，乙在每丙，故甲在每丙，結論不錯。㉘再換一個樣式：大前提甲乙否定，情形同上，即是結論能真實。因為事實能是甲既不在任何乙，又不在任何丙，同時

54右15 乙卻在某丙。例如類名不作異類種名和種別名的賓辭。智思不是動物。「靜觀的純思」也不是動
物。但某些靜觀的純思是智思。那麼，議論時，前提如說：甲不在任何乙，乙在每丙，故甲不在
任何丙。這個結論是真實的。(三六)

論到特稱論式。或大前提全錯小前提真實，或大前提部分錯小前提真實，或大前提真實，小
20 前提部分錯誤，或兩前提都錯誤都能證出真實的結論。因為全無妨事實上甲不在任何乙而在某丙
25 同時乙也在某丙。例如無雪是動物。有某白物是雪。議論時，假設用雪作中辭，動物作首辭，前
提說甲在全乙，乙在某丙。甲乙全錯，乙丙真實，結論真實。(三七)大前提甲乙否定時，情形相同。
30 可能事實上甲在全乙，不在某丙，乙在某丙，例如動物在每人，不隨某白，人卻在某白。為此，
35 假設用人作中辭前提說甲不在任何乙，乙在某丙，（故甲不在某丙）。結論真實，大前提甲乙全
錯。(三八)大前提，如果是部分錯誤，結論仍能真實。全無妨實際甲既在某乙又在某丙，乙也在某
55左1 丙。例如「動物」在「某美」，並在「某大」，「美」也在「某大」。議論時前提如說甲在每
乙，乙在某丙（故甲在某丙）。大前提甲乙部分錯誤，小前提乙丙真實，結論也真實。(三九)上面大
5 前提肯定，如果它是否定，結論仍同樣真實。證自上面相同的辭例和論式。假設甲乙真實，乙丙
錯誤，結論還是真實。全無妨實際上甲在全乙而在某丙，乙卻不在任何丙。例如動物在每鵝，並
10 在某黑鵝卻不在任何黑。議論時，假設大前提甲在每乙，乙在某丙，（故甲在某丙），結論真
實。小前提乙丙錯誤。(四〇)甲乙人前提否定時，結論仍照樣，真實。事實上可能是甲不在任何乙，
也不在某丙，同時乙不在任何丙。例如類不賓稱異類的種，也不賓稱自己類界內各種偶有附性。

15 因為動物不在任何數目，也不在某白，數目也不在任何白。議論時，用數目作中辭，前提說甲不
20 在任何乙，乙在某丙，故甲不在某內。結論真實，大前提甲乙，真實，小前提乙丙錯誤。(三五)假設
甲乙部分錯誤，乙丙也錯誤，結論還是真實。實際全無妨甲在某乙，也在某內，乙卻不在任何
丙，例如乙丙互相衝突，同是某類物體偶有的附性或情況。議論時，假設前提甲在每乙，乙在某
25 內（故甲在某丙）結論真實。甲乙大前提否定時，仍是如此。證明用同樣的名辭和論式。兩個前
30 提都是錯誤時，還是能得真實結論。實際上可能是甲不在任何乙，卻在某丙，同時乙不在任何
丙、例如類名不賓稱異類種名，但賓稱同類各種的附性名辭。動物不作數目的賓辭。天下沒有任
35 何「數目」是動物。但有某白物是動物。任何白物都不是數目。議論時，前提如說：甲在每乙，
40 乙在某丙，（故甲在某丙），結論真實，兩前提都錯誤。甲乙大前提否定時，情形相同。無妨事
實甲在全乙，不在某丙，乙也不在任何丙。例如每隻鵝都是動物，某黑物不是動物。無一黑物是
55右1 鵝，議論時前提誤說：甲不在任何乙，乙卻在某丙，故甲不在某丙。結論真實，兩前提錯誤。(三五)

第三章　地法、真與假、配合論式

55右　第二論法用錯誤前提，常能證出真實結論，或兩前提全錯（或兩個部分錯）；或一真實一全錯，不論那一個錯；或兩個都是部分錯，或一個絕對真實，一個部分錯誤；或一個完全錯誤，一個部分真實，論式或全稱，或特稱：都能有真實的結論。㉝

假設事實上、甲不在任何乙，而在每丙，故乙不在任何丙。例如凡是石頭，無一是動物，凡是馬，個個是動物，故（凡是石頭都不是馬）。無一馬是石頭。議論時，假設兩前提和上面的事實大相衝突，一說甲在每乙，一說甲不在任何丙，（故乙不在任何丙）。兩前提完全錯誤結論真實。假設甲在每乙卻不在任何丙是事實，結論同上，因為論式相同。㉞

假設一前提全錯，一前提全真，結論也能是真實的。無妨事實上，甲既在每乙，又在每丙，乙卻不在任何丙，例如類名賓稱互不賓稱的種名，動物賓稱每馬和每人，但無人是馬，假設議論時，前提說此種每個都是動物，彼種每個都不是動物，一個全錯一個全真。結論真實，不論那個前提否定。㉟

假設一前提部分錯誤，一前提完全真實，結論仍能真實，事實可能是甲在某乙，並在每丙，乙卻不在任何丙。例如某白物是動物，每隻烏鴉都是動物。沒有一隻烏鴉是白的。議論時前提如說：甲不在任何乙而在全丙（故乙不在任何丙），甲乙前提部分錯，甲丙完全真，結論真實。小前提甲丙換成否定，結論相同。證明用同樣的名辭。[36]另一方面，假設肯定的前提，部分錯誤，否定者完全真實，結論仍是真實，因為事實無妨是甲在某乙而不在全丙，乙卻不在任何丙，例如某白物是動物，樹膠（墨汁）都不是動物。樹膠都不白。議論時前提如說甲在全乙而不在任何丙（故乙不在任何丙）。甲乙部分錯誤，甲丙全真，結論真實。[37]

兩前提都是部分錯誤，結論還能真實。因為事實能是甲在某乙並在某丙，乙卻不在任何丙，例如動物在某白又在某黑，白卻不在任何黑。議論時，前提如說甲在每乙而不在任何丙（故乙不在任何丙）。兩前提都是部分錯誤，結論卻真實。大前提改作否定，結論相同，名辭相同，足資實證。[38]

顯然，特稱論式也是如此，常能證得真實的結論。事實無妨甲在每乙，又在某丙，乙卻不在某丙，例如動物在每人，又在某白，人卻不在某白。議論時，前提如說甲不在任何乙卻在某丙（故乙不在某丙）。全稱前提全錯特稱者真實，結論也真實。[39]甲乙大前提全稱肯定時，也是如此。事實能是甲既不在任何乙又不在某丙，乙也不在某丙。例如動物不在任何無靈，也不在某白。同時無靈也不在某白。議論時前提如主張甲在每乙而不在某丙（故乙不在某丙）。甲乙大前提全稱完全錯誤，甲丙真實，結論也真實。[40]

全稱的前提真實，特稱者錯誤，也是結論仍能真實。因為無妨事實上甲既不隨任何乙，又不隨任何丙、同時乙也不在某丙、例如動物不隨任何數目，也不隨任何無靈。數目也不在某無靈。（「隨」字的意是賓稱。賓辭也叫作隨辭）、議論時前提如說甲不隨任何乙，卻隨某丙，故乙不隨某丙。結論真實，全稱前提也真實，特稱前提卻是錯誤的。(云)

56左25 全稱前提肯定時，也是一樣，即是結論仍能是真實的事實能是甲在全乙，也在全內，同時乙不隨某些丙，例如類隨種與種別。動物隨每人，並隨陸行生物的全類。人卻不隨「陸行」者的全
30 類。議論時前提如說甲在全乙，不在某丙，故乙不在某丙。全稱前提真實特稱者錯誤。結論卻真實。(云)

35 顯然兩前提都錯仍能有真實的結論。假設事實能是甲在全乙又在全丙，乙不在某丙。議論時，前提說甲不在任何乙卻在某丙（故乙不在某丙）。兩個前提都錯誤，結論真實。同樣，全稱
40 的前提肯定；特稱前提否定時也是一樣。甲能不隨任何乙，卻隨每丙，乙也不在某丙。例如動物
56右1 不隨任何知識，卻隨每人。知識不隨每人。議論時，前提如說甲在全乙，而不隨某丙（故乙不隨某丙），兩前提錯誤，結論卻真實。(亖)

第四章　人法、真與假、配合論式

56右 第三論法，錯誤前提也能有真結論。兩前提，或都全錯，或都半錯，或一全真一全錯，或一半錯，一全真，或翻轉過去，或無論怎樣變換配合，都能產生真實結論。(三四)

事實全無妨甲和乙都不在任何丙，甲卻在某丙。例如人和陸行生物都不隨任何無靈，人卻在某種「陸行生物」，即是說某種陸棲動物是人。議論時，假設前提說甲和乙都在每丙（故某乙在丙）。兩前提都是全錯，結論卻真實；一否定一肯定時，也是如此。事實可能是乙不在任何丙，甲在每丙，甲不在某乙。例如黑不在任何鵝，動物在每鵝，動物不在每黑。如此，議論時，前提如乙在每丙，甲不在任何丙，故甲不在某乙，結論真實，兩前提錯誤。

兩前提都半錯（即是部分錯誤），結論仍能真。事實全無妨甲乙都在某丙，甲在某乙，例如白與美都在某獸，白在某美。議論時，前提如說甲乙在每丙，故甲在某乙。兩前提都是半錯，結論真實，甲丙小前提否定時，也是一樣。事實無妨甲不在某丙、乙在某丙，甲不在每乙，例如白不在某獸。美在某獸。不是每個美麗的物體都有白色。如此，議論時，前提相反事實，說：甲不在任何丙，乙在每丙，故甲不在某乙、兩前提都是半錯，結論真實。

一前提全錯，一前提全真，仍是同上。事實能是甲乙隨每丙，甲不在某乙、例如動物和白都隨每鵝，同時動物不在每白。議論時，前提如相反上面的事實說：乙在全丙，甲不在全丙（故甲不在每乙），乙丙全真，甲丙全錯，結論真實。換一換情形：乙丙全錯，甲丙全真，結論仍真如上，證自同樣名辭（黑、鵝、無靈）。兩前提都肯定時，亦然，事實無妨是乙隨每丙、甲全不在丙，甲在某乙。例如動物在每鵝，黑不在任何鵝，黑在某獸，如此，議論時前提如說甲乙都在每丙（故甲在某乙），乙丙全真，甲丙全錯，結論真實。前提如是甲丙真實，結論仍真，同上。同樣名辭可用來證明。

兩前提，一個全真，一個半錯，結論仍真。事實無妨乙在每丙，甲在某丙，甲在某乙，例如「二足」在每人，美不在每人，美在某二足動物。議論時，前提如（相反上面的事實）設：甲乙都在全丙，故甲在某乙，乙丙全真，甲丙半錯結論真實。換一換情形：甲丙真實，乙丙半錯，結論仍真，用同樣名辭變換位置，即可證明。兩前提一否定，一肯定時，亦然、因為事實可能是乙在全丙，甲在某丙，名辭關係如此，則甲不在每乙。議論時，前提如說：乙在全丙，甲不在任何丙，故甲不在某乙，以上前提，否定者半錯，其餘一個全真，結論全真。再換一種情形，甲不在任何丙，乙卻在某丙時，可能甲不在某乙，前者已有證明；為此，顯然甲丙全真，乙丙半錯時，結論仍能真實：即是議論時，前提如說，甲不在任何丙，乙在每丙，（故甲不在某乙）：甲丙全真，乙丙半錯，（結論卻真實）。

論至特稱論式，顯然，錯誤前提（無論怎樣配合），常能證出真實結論。所應採用的名辭，和兩前提都全稱時相同。肯定論式用肯定名辭，否定論式用否定名辭。前提裡，將全稱否定說成全稱肯定，或將特稱說成全稱，名辭的實例全無分別。論式肯定時如此，否定時也是如此。

總結前論，顯然，結論錯誤，必是來自前提錯誤，或兩前提都錯誤，或一前提錯誤。結論真時，不需要兩前提一真或都真。前提無一真，結論仍能真，但非必然常真。原因是因為前後兩者，彼此關係如此：彼真則此必真。此不真則彼不真。此真時，彼卻不必真。此真或不真，都無力保證彼必真。（換言譯之：前提和結論，是非相關如此：彼指前提，此指結論：彼是，此必是。此非，彼必非。此是，彼能非。能非不必是。此是或非，彼不能必是。再換言譯之：前提和結論，有無相關如此（甲指前提，乙指結論）：有甲必有乙，無乙必無甲。有乙能無甲。能無不必有。乙有乙無，甲都不必有。乙有乙無，甲如都有，則前提真假，結論都真：此必陷於自相矛盾，故乃不可能）。此即實例所謂甲白則乙大，乙大丙不白，故甲白則丙不白。這是三段假言論法，它的結論是必然的，同理：甲乙兩物，有甲必有乙，無乙必無甲。甲白則乙大，乙不大，則甲必不白。但如既說甲白則乙大，又說甲不白，乙仍大，則必致結論說乙大則乙不大。因為乙如不大，甲必不白，今如甲不白則乙大，結論必是乙不大則乙大，一如前面所舉「三段假言論式」一。(三五)

第五章　天法論式的迴證法

57右20 循環互證，是用某論式的結論，及其前提之一，賓主簡單換位，推證其另一前提。例如需要
證明甲在每丙，先用了中辭乙，再證甲在乙，前提取甲在丙，丙在乙，即得。其結論就是甲在
25 乙。丙在乙，來自原用前提乙在丙之簡單換位。（即是存量換位，回看註四）如需證明乙在丙，
取原有的結論甲在丙，再取原有的另一前提甲在乙，賓主換位，換成乙在甲，如此，即得。循環
30 互證的辦法只是如此，沒有別的辦法。中辭取自原有三辭之一。否則，原辭一無採用，推證則不
循環。既用原辭之一，必須取其所餘兩者之一，不得多取。多則並取兩者，仍得舊結論，得不到
所需要的新結論。(二六)

三辭不容簡單換位時，採用一個未曾證明的論句作前提（加上舊結論作另一前提），證出新
35 結論。原有三辭（既不容簡單換位），便無法證明尾辭在中辭，或中辭在首辭。故此不得不採取
未證明的一個論句（即是強行簡單換位，從原有前提得來的新論句），作前提。（這樣的循環互
40 證法是不完善的互證法）。假設原有三辭，容許簡單換位，例如甲乙丙三辭，可以互為賓主，則
58左1 都可用簡單換位法，循環互證（沒有一個新前提是原論未曾包含的論句，這樣的證法，顯然是完

善的循環互證法）。(三七)設令已經用中辭乙，證明了甲丙，再用這個結論甲丙和舊前提乙丙，賓主換位，簡單換成丙乙，證明出新結論甲乙。同樣，再為證明乙丙，採取同一結論甲丙，作小前提，採用舊大前提甲乙，換成乙甲，作新大前提，即得。（假設上面的甲乙丙三辭，不容許如此簡單的賓主換位），則上面所得新句乙丙，和甲乙，都是未曾證明的論句，尚需分別證明。今如前提是乙在每丙，丙在每甲，則結論是乙在每甲，再如採取丙在每甲，甲在每乙，作前提，則結論必是丙在每乙。在以上兩論或中，前提丙甲是一未證論句。其餘諸句都已有證明。為此，證明了丙甲，才可說所有一切論句都得到了循環互證。假設用丙在每乙，乙在每甲作前提，並且假設這兩個論句都是原論已經證明了的，則結論必是丙在每甲。(三八)

如此看來，顯然，只是可以賓主簡單換位，互作賓主的名辭，才可以循環互證。其他名辭，需要受上文所述的限制。凡是循環互證，不論名辭能否互為賓主，都是用已證的結論作新論式的前提。即是說取丙在甲作前提，證明丙在乙，又證明乙在甲。又用這兩句作前提，證明丙在甲：故此是用了前提證明結論，又用結論轉回去，證明前提（用過的論句）。

論到論式否定時，循環互證的方法如下：試令乙在每丙，甲不在任何乙，結論是甲不在任何丙。如欲循環證明上面舊有的前提，甲不在任何乙，則新前提需是甲不在任何丙，和丙在每乙（前句是舊有的結論），後句是舊有「乙在每丙」的賓主換位。新結論則是甲不在任何乙，如所欲證。但為迴證「乙在每丙」，舊前提甲乙不應用上面的方法調換賓主（因為，乙不在任何甲，和甲不在任何乙，意思相同，完全等於是一個論句），反之，前提裡應說：乙在甲全不在的每處。（即是說：乙在每個非甲者）。令「甲不在任何丙」作小前提，「乙在每個非甲者」作大前提，前者是舊有的結論，後者是新成的論句。新結論必是乙在每丙：如所欲證。(二九)

58左35 如此看來，三辭中，每一個都曾作結論的主辭。循環互證，就是取舊有的結論，和舊有的前提之一，換位後，推證新結論，證明其餘的一個舊前提。這樣的「循環互證」就是如此「迴證」。此後「循環互證」簡稱「迴證」。

特稱論式中，全稱的前提，無法用其餘論句迴證。特稱前提卻有辦法。全稱的前提無法迴證，理由明顯。全稱論句，證自全稱前提。特稱論式的結論，必是特稱論句。此結論迴證時，作
58右1 前提，既是特稱，則全稱結論無從證出。加之，所餘的一個舊有前提，換位後，完全構不成任何有效論式，因為兩個前提論句都是特稱。(三〇)

特稱論式的特稱前提可以迴證：假設原有論式，用中辭乙證明了甲在某丙。新論式採用原有的大前提甲乙，換位而成乙在每甲，加上原有的結論，甲在某丙，則新結論是乙在某丙。乃是第一論法的有效論式，甲作中辭。(三一)

特稱否定論式內，全稱前提仍是無法迴證。理由同如上述。特稱前提可以得到迴證，用全稱否定論式內所用的否定論句換位法，即是甲不在某乙，換成「乙在甲所不在的某主體」，等於簡單說：「乙在某非甲者」。否則，論式無效，因為特稱的論句是否定的。(三二)

第六章　地法論式的廻證法

58右　第二論法，肯定前提，無法廻證，否定者可以。肯定者，無法廻證，因為兩前提不都是肯定。肯定結論證自兩個都是肯定的前提，此處廻證時，舊結論作前提，必是否定句。足見無法證出肯定的結論。否定的前提可以受到廻證。證明的方法如下：試令原有的論式：甲在每乙，而不在任何丙，結論則是乙不在任何丙。廻證甲不在任何丙，前提一是乙在每甲（從甲在每乙換位而來），一是乙不在任何丙（如舊結論）。則結論必是甲不在任何丙。此乃第二論法。乙作中辭。[33]假設舊論式甲乙否定，餘者肯定，則得第一論法，即是乙不在任何丙，丙在每甲，則乙不在任何甲，甲也不在任何乙。此處新結論乙甲，不是生自舊結論及其一前提，而是得自附加的另一論句，即甲乙，甲乙換位始成乙甲。[34]

論式如非全稱，全稱前提無法廻證。理由同前。特稱前提可以，惟需肯定論句作全稱的前提。試令甲在每乙，不在每丙，故此乙不在某丙，今欲廻證「甲不在每丙」，即是「某丙非甲」，「甲不在某丙」。大前提乙在每甲，來自原句甲乙之換位，小前提乙不在某丙，則新結論是「甲不在某丙」。如所欲廻證。[35]乙作中辭。但假設全稱前提否定，用甲乙換位，證不出丙。因為必致兩前提或一個否定，或兩個都否定，都得不到有效論式。但用全稱論式用過的方法，也可廻證「甲在某丙」，即是證自甲在乙所不在的某主體。（甲在某丙，因為「非乙者」在某丙，甲在每個「非乙者」）。㈤

第七章 人法論式的迴證法

58右40 關於第三論法，兩前提都全稱時，無迴證的可能。因為全稱論句只可證自全稱的兩個前提。
59左1 第三論法的結論常是特稱。為此，顯然用此論法無法證明其全稱的前提。但如一前提全稱，一前提特稱，有時可以迴證，有時也不可以。兩前提都肯定，小前提全稱時，可以。大前提全稱時，不可以。事實假設：甲在每丙，乙在某丙，結論甲在某乙，迴證乙在某丙，大前提丙在每甲（小前提甲在某乙），結論丙在某乙，換位乃得乙在某丙，如所欲證。迴證而得的結論，是丙在某乙，不是乙在某丙。固然丙在某乙，則乙在某丙，這是必然的。但前後兩句，不是相同的一句。明明是一說某丙在某乙，一說某乙在某丙（所指能是全不相同的某乙和某丙）。不過是，附加上「彼在此某，則此在彼某」的，特稱肯定句，換位定律，則乙在某丙是必然的。為此，它的必然性，不是來自「丙在每甲，甲在某乙」的論式和前提，而是來自附加的換位定律。足見大前提全稱時，迴證小前提（直接證明），是不可能的。㈦另一方面，小前提，假設是全稱：乙在每丙，大前提特稱甲在某丙（結論甲在某乙），迴證甲丙是可能的：只需小前提說丙在每乙，大前提說甲在某乙。因為「丙在每乙，甲在某乙」，必然甲在某丙（乙作中辭，得所欲證，證自論式自

59左20 身，不用任何其他附加的定律或理由）。(三八)

兩前提一肯定，一否定，全稱者肯定，則餘者可以迴證，假設原論說：乙在每丙，甲不在某丙，結論甲不在某乙，迴證甲不在某丙，前提說甲不在某乙，加說丙在每乙，則甲不在某丙是必
25 然的（乙作中辭）。(三九)否定者全稱時餘者不能迴證，除非依往例，前提說：「彼在此所不在的某主體」。例如原論說：如果甲不在任何丙，乙在某丙，結論甲不在某乙。迴證乙在某丙，前提應是甲不在某乙，丙不在任何甲；用無限名辭的說法，改作：「凡是非甲都是某丙，某乙是某非甲」，故「某乙是某丙」，這是必然的。換言譯之：「丙在甲所不在的某主體，甲所不在的某主
30 體在某乙，故丙在某乙」。換位則「乙在某丙」。不用這個無限名辭改式法和換位法，只是用全稱否定論句換位法，證不出欲證的特稱論句，因為無法構成有效論式。(四〇)

總結前論：顯然第一論法迴證其前提用第三和第二論法；結論肯定時，用第一，結論否定
35 時，用第三。前提需說：「彼在此所全不在的每主體」，即是：「此甲在某類每個主體，例如丙，乙卻不在任何丙。」（顯然是第三論法）(四一)第二論法全稱論式用第二和第一論法；特稱論式用第二論法和第三論法。(四二)第三論法各種論式，一律都用第三論法自己（為迴證其前提）。同
40 時，可以明見第三、第二兩論法自己不能迴證的論式，都是迴證法不能證明的，或是不完善的論式。

第八章　天法論式的廻駁法

59右 廻駁是顛倒結論的是非，構成論式，證出和前提相反的論句，即是：或相反大前提、說首辭不在中辭（不賓稱中辭），或相反小前提，說中辭不在尾辭（即是證出與原有前提是非相反的論句）。將原有的結論，是非顛倒，作前提，保留一原有的前提，合構新論式，必然產生一個論句作結論，正是和其餘一個原有的前提，是非相反：就是廻駁了那個前提。如果那個前提正當，不受駁倒，則原有的結論也是正當，不受駁倒。

顛倒是非分兩種：一是矛盾顛倒，將矛盾對立的是非兩端互相顛倒；一是衝突顛倒；將衝突對立的是非兩端互相顛倒。是非對立有這兩種分別，因而所構成的論式，也是彼此不同。審察下文即可明見。（本書所謂矛盾對立分兩種，一是「甲在每乙」和「甲不在每乙」，即是「每乙是甲」和「不是每乙是甲」之間的對立，也即是「全稱肯定」和「特稱否定」的對立；一是「甲在某乙」和「甲不在任何乙」的對立，這就是「某乙是甲」和「無乙是甲」的對立，即是「特稱肯定」和「全稱否定」之間的對立。衝突對立也分兩種，一是「甲在每乙」和「甲不在任何乙」的對立；一是「甲在某乙」和「甲不在某乙」的對立。前者是「全稱肯定與否定」的正面衝突，後者是「特稱肯定與否定」的側面衝突）。(六三)茲分別舉例詳論如下：

試令「甲賓稱丙」是用中辭乙證明了的結論。迴駁時，假設前提說：「甲不在任何丙」，而59右「在每乙」，則「乙不在任何丙」是新結論。同時，假設甲不在任何丙而乙在每丙，則甲不在每乙，全不是「甲不在任何乙」。因為第三論法不會證出全稱的結論，理由見前。總括說來，迴駁法，用是非顛倒，推不出和全稱前提，大相衝突的結論來；因為常需用第三論法：理由是兩個前提必須都用尾辭作主辭；結論不會是全稱。(六四)

否定論式，迴駁同上。假設「甲不在任何丙」是用中辭乙證明了的結論。迴駁時，說：「甲在每丙」，和原論大相衝突。又說甲不在任何乙，則結論是乙不在任何丙。另一方面，假設甲乙同在每丙，則甲在某乙，和原有的前提甲不在任何乙，正相矛盾。以上是「衝突顛倒迴駁法」。下面討論「矛盾顛倒迴駁法」：(六五)

用矛盾顛倒法，顛倒了結論的是非，所構成的新論式也是矛盾論式，並且不會是全稱論式。因為一個前提變成了特稱論句，因此結論也是特稱。假設原有的論式是一肯定論式，迴駁它的步驟如下：假設「甲不在每丙而在每乙，則乙不在每丙」（不在每丙就是不在某丙，和不在任何丙不同，前者是特稱，後者是全稱）。然後，假設甲不在每丙，乙在每丙，則甲不在每乙。否定論式迴駁同上。因為甲在某丙而不在任何乙，則乙不在某丙，不是絕對的不在任何丙，然後，假設甲在某丙，乙在每丙，仍如原提，則甲在某乙。(六六)

論到特稱論式，用矛盾顛倒法顛倒結論，兩個原有前提都可受到迴駁。但如用衝突顛倒法，

60左1 無一可以受到迴駁。因為此處的結論和全稱論式不同，已經不是因顛倒結論的是非而推翻原有的前提，反之，完全不能推翻任何前提。試令「甲賓稱某丙」是已經證明了的一個結論。迴駁時，前提說甲不在任何丙而乙在某丙，則新結論是甲不在某丙，然後假設甲不在任何丙而在每乙，則結論是乙不在任何丙。故此，兩個前提都被推翻了。(二五)但如用衝突顛倒法，則無一前提能受推翻。因為假設甲不在某丙而在每乙，則乙不在某丙。但是原有的前提沒有推翻。因為「乙不在某丙」不妨礙乙同時也在某丙。另一方面為迴駁全稱前提甲乙，完全構不成有效論式。因為假設甲不在某丙，乙卻在某丙，兩前提都特稱（不能有結論）。論式否定時，也是一樣。假設新前提是甲在每丙，兩原有前提都被推翻。如果是甲在某丙，無一前提能被推翻。證明同上。(二六)

第九章　地法論式的迴駁法

60左15 第二論法，無論如何顛倒，大前提不受衝突推翻：因為迴駁時，常用第三論法，證不出全稱結論，原因見前。小前提能用結論「是非顛倒」的同樣方法，受到推翻，這就是說：它被衝突推
20 翻或被矛盾推翻，全視結論顛倒時，是衝突顛倒或是矛盾顛倒，舉例說明如下：

試令甲在每乙，不在任何丙，結論乙不在任何丙。迴駁時前提是乙在每丙，甲在每乙如故，
25 新結論甲在每丙，此乃第一論法。但是假設乙在每丙，甲不在任何丙，甲則不在某乙，此乃第三論法，以上是衝突顛倒。(六九)如欲矛盾顛倒，不說乙在每丙，而將「乙不在任何丙」顛倒成「乙在某丙」。甲乙受迴駁同上，甲內受矛盾推翻。因為假設乙在某丙，甲不在任何丙，則甲不在某
30 乙。(七〇)再換一式，假設乙在某丙，甲在每乙，則甲在某丙。以上兩個新結論和原有前提的相對論句適相矛盾，兩前提大小換位時，迴駁法同上（即是大前提否定，小前提肯定時，迴駁法同上）。
35 (七一)特稱論式，結論衝突顛倒，不能迴駁任何前提，和第一論法相同。結論矛盾顛倒，則必迴駁每個前提。假設甲不在任何乙而在某丙，結論是乙不在某丙。迴駁時，衝突顛倒結論作新前提是乙
40 在某丙，甲不在任何乙如故，新結論則是甲不在某丙。原有前提甲在某丙並未受到推翻。因為甲

60右1 能同時既在某丙又不在某丙。(五二)換一式，假設乙在某丙，甲也是在某丙，論式無效，因為兩前提中沒有一個全稱，為此無法迴駁大前提甲乙。(五三)但如矛盾顛倒結論，則兩前提都被推翻。因為假設乙在每丙，甲不在任何乙，則甲不在任何丙。原有的前提卻是甲在某丙。換一式假設乙在每丙甲在某丙，則甲在某乙。（原提卻是甲不在任何乙）。(五四)全稱前提肯定時。迴駁之法同上。(五五)

第十章　人法論式的迴駁法

第三論法，結論衝突真倒，任何前提不受任何新論式推翻。結論如矛盾顛倒，一切論式的每（60右）個前提都受推翻。試令丙作中辭，證實了甲在某乙的結論。兩前提假設都是全稱。迴駁時，假設甲不在某乙，乙在每丙，則丙甲構不成結論。另一方面，假設兩前提不是全稱論句（即是本論法的特稱論式兩個），迴駁之法，同上，都是無效：因為結論顛倒是非以後，不是新前提兩個都是特稱，便是小前提全稱。論式如此，無論在第一或第二論法，都是無效（見前）。

但如結論是非矛盾顛倒，兩前提都受推翻。因為假設甲不在任何乙，乙在每丙，則甲不在任何丙。換一式，假設甲不在任何乙，但在每丙，則乙不在任何丙。一前提不全稱時，迴駁同上。例如甲不在任何乙，乙在某丙，則甲不在某丙。但如甲不在任何乙，而在每丙，則乙不在任何丙。

論式否定時，迴駁情形同上。設令原論證明的結論是甲不在某乙，其前提，如果是乙丙肯定，甲丙否定。原有論式如此。然後迴駁時，將以上原有的結論衝突顛倒，用作新前提，則論式無效。因為假設甲在某乙，乙在每丙，甲丙聯繫無法構成結論。假設甲在某乙而不在任何丙，乙丙聯繫也是構不成結論。故此兩前提都是迴駁不倒。但如原有結論，矛盾顛倒，則必推翻原論所有每個前提。因為假設甲在每乙，乙在每丙則甲在每丙，原論是不在任何丙。再作一論式，假設甲在每乙而不在任何丙，則乙不在任何丙。原論卻是在每丙。兩前提不都是全稱時，廻駁情形相同。甲丙變作全稱否定，餘者特稱肯定（結論特稱否定）。假設廻駁時，前提是甲在每乙，乙在 61左 某丙，則甲在某丙，原來是不在任何丙。再假設甲在每乙而不在任何丙，則乙不在任何丙。原論卻是在某丙。但如假設甲在某乙，乙在某丙，則結論無效。又假設甲在某乙而不在任何丙，也是構不成有效論式。故此前法（衝突顛倒），不能推翻任何前提。後法（矛盾顛倒）推翻一切前提。

總結前論，顯然，廻駁時，結論是非顛倒。每個論法如何構成有效論式、何時衝突、何時矛盾、推翻原有前提，都有了明白的說明，同時可以明見，第一論法，廻駁用第二和第三論法：廻駁小前提常用第二論法；廻駁大前提則用第三論法。第二論法廻駁時，用第一和第二兩個論法；廻駁小前提，常用第一論法；廻駁大前提，用第三論法。第三論法廻駁時，用第一和第二論法：廻駁大前提常用第一論法，廻駁小前提則用第二論法。

第十一章　天法論式的反證法

前面說明了什麼是廻駁，怎樣每個論法構成什麼有效論式（和無效論式）。

61左20（本章開始討論反證。先論反證和廻駁的同異。）反證論式的兩前提，一是原有結論的矛盾句，一是原有前提之一。三個論法，每個都能構成反證論式。反證和廻駁相同，只有以下這點分別：廻駁是某論式原已形成，兩前提已被採納，（於是逐句廻駁，先顛倒結論，因之以推翻前提），反證不是如此。它原無預先同意的矛盾結論。反之它所要保衛的原題能是結論，也能是顯然不證自明的真理。此外，反證和廻駁處處相同：所用名辭及（其賓主關係構成的）論式相同，選取兩前提的辦法相同。舉例逐一說明如下：

假設丙作中辭，結論是甲在每乙。反證時，前提假定說：甲不在某乙，或不在任何乙，而在每丙，此小前提真實如故，則結論必是丙不在任何乙，或不在某乙。此類結論是不可能，故此方才假定的大前提錯誤，故此它的矛盾論句，即原有的結論，真實。[三六]（足見反證的結論分兩步，第一步是反駁：即是證明錯誤的假定，作前提，產生了不可能的結論。第二步是反證，即是反而因之同時證明了前提假定的錯誤，和原論的真實。反證的效果常是如此，退一進二，一箭雙鵰）。

以上是第一論法，其餘各論法，情形相同。凡是論式，能有廻駁論式者，都有反證論式。（反證的本質必有上述的反駁和反證兩步。故反駁和反證名異而實同。所謂反證即是反駁對方的錯誤，因之證明己方的真實）。

反證的範圍總論——全稱肯定論題，用反證法，可以證自第二和第三論法，不能證自第一論法。除此以外，其餘任何一種論題，都能反證於各種論法。詳細分解如下：

試令甲不在每乙，（即是甲不在某乙），或令甲不在任何乙（和原有結論對立，或衝突或矛盾），作一前提，然後加取另一全稱論句作另一前提，或大或小不拘，即是或說丙在每甲，或說乙在每丁。如此乃得第一論法。但所得論式都是無效，或有效而無益。試之如下：假設甲不在每
61右 乙，作一前提，另一前提無論是上面那一個，都是論式無效。假設甲不在任何乙，另加的前提是乙丁，論式有效證出了結論及其前提的錯誤，但不足以證明原有結論的真實，故謂之無益。因為假設甲不在任何乙，乙在每丁，則甲不在任何丁，此乃不可能，故前提甲不在任何乙錯誤，但此全稱否定的錯誤，不足以證明全稱肯定的真實。另一方面，假設另加的前提是丙甲，生不出有效論式，和用甲不在某乙作前提時，同樣無效。故此足見，顯然，全稱肯定論題，在第一論法，無法用反證法證實。(三七)

但是全稱否定論句、特稱論句，或肯定或否定，都能證明。假定前提是甲不在任何乙，乙在每丙或某丙，結論必是甲不在任何丙，或不是每丙都有甲在。此是不可能，（因為原有的前提，「甲在每丙」，依假設的實例，是真實而顯明無疑的論句）為此以上結論是錯誤。果如是，則其

對立論句甲在某乙，必是真實無疑。(廿八)但如另一前提和甲相聯繫（即是丙在每甲），則論式無效。(廿九)假定用結論的衝突句即是甲不在某乙，也是論式無效。從此可見，顯然，前提的假定，應是結論的矛盾句。(卅)

61右20 進一步，前提假定（結論的矛盾句）是甲在某乙，另一方面真前提是丙在每甲，結論必是丙在某乙。但此乃不可能，故此，上面的假定錯誤。果如此，則（其矛盾句）甲不在任何乙真實。前提甲丙否定時，情形同上。(卅一)但如真前提聯繫（中辭）乙，則論式無效。(卅二)但如假定的前提是
25 衝突句，論式有效，結論也必是不可能，但不足以證實原論。試舉例如下：假定的前提是甲在每乙，真前提是丙在每甲，作大前提。必然的結論是丙在每乙。此固不可能，故甲在每乙錯誤，但
30 從此尚無法證實必定「甲不在某乙」，或「不在每乙」，或「不在任何乙」。同樣假設所取另一前提聯繫名辭乙，論式有效，結論也是不可能，但不足以推翻錯誤的假定（即是不足以證原論必真）。故此，前提的假定應用矛盾句。(卅三)

35 為證明「不是每乙都有甲在」，假定甲在每乙。因為甲在每乙，丙在每甲，則丙在每乙。此既不可能，故其假定是錯誤。(卅四)假設另一前提聯繫中辭乙，結果同上。(卅五)假設丙甲否定，結果也是相同。論式在此處有效。但如聯繫乙的前提，是一否定論句，則證不出任何結論。(卅六)但如假定
40 甲在某乙，不說甲不在每乙（即是不在某乙），證出的結論不是甲不在某乙，卻是甲不在任何
62左1 乙。因為前提甲在某乙，丙在每甲，故丙在某乙。此既不可能，故甲在某乙錯誤，甲不在任何乙真實。證實了此點，附帶著推翻了原有的真結論。依假設，原有的結論是「甲在某乙，同時不在

某乙」。易言之，前提的假定「某乙是甲」，沒有證出不可能的結論。因為它證出的結論是可能，乃是丙在某乙。假設它那結論是不可能的，固然，本著「假結論不來自真前提」的原則，可知其假定必錯。但話又說回去，它證出的結論不是一不可能的論句。故收不到反證原論的效果。必欲收效，惟需在前提，假定甲在每乙，不假定說甲在某乙。為證明甲不在某乙，辦法同上。「不在某乙」和「不每乙都在」相同。故證明兩者的辦法也是相同。(三七)

總結前論，顯然可見，一切反證論式，前提的假定需是原論的矛盾句，不應是它的衝突句。只有如此，才能證出必然的結論，並證實公理贊同的「是非和定律」。因為兩論句的矛對盾立，（是全面的對立，質量兩面都是對立），對於每一主體，同一賓辭，或肯定，或否定，非此必彼，證明了否定是錯，必定承認其肯定是不錯。反過去說：不主張其肯定是真，乃是承認其否定是公理之所必取。（簡言譯之：矛盾兩端，一是則一非，一非則一是）。衝突對立，完全不適合如此推斷是非的需要。因為（衝突對立是「甲不在任何乙」和「甲在每乙」的對立，只在質，不在量，只是正面對立，不是全面對立），由全稱否定是假，不足以推斷全稱肯定是真。反之，由全稱肯定是假，也不足以推斷全稱否定是真。承認了一方是錯，仍不是依公理之必然，贊同另一方是真。這是反證法前提的假定，不能採用衝突論句的理由。（大衝突者不可用，小衝突者亦然）。

第十二章　地法論式的反證法

62左 由此觀之，用第一論法能反證一切論題。只有一個例外，即是不能反證全稱肯定的的論題。用第二第三兩論法，一無例外，連全稱肯定論題，也能用反證法予以證明。

假設原論的大前提是甲在每丙，結論是甲在每乙（小前提是丙在每乙）。反證時，前提假定甲不是每乙都在，但在每丙如故，則結論是丙不在某乙。此乃不可能，因為依假設原有的小前提顯然是丙在每乙。故此，前提的假定錯誤，其矛盾句甲在每乙必然是真實的。但如前提的假定是其衝突對立的論句，論式有效，結論也是不可能，但所證非原論，因為假定甲不在任何乙而在每丙，則丙不在任何乙，此固不可能，故「甲不在任何乙」錯誤（甲在某乙，真實）。但從「不在任何乙」是錯誤，不能斷定「在每乙」就是真實。㈢

原論特稱肯定時，「甲在某乙」。反證如下：前提假定甲不在任何乙而在每丙（如故）。結論必是丙不在任何乙，此既不可能，（甲不在任何乙錯誤）故甲在某乙真實，此乃原論。但如前提假定其衝突句，「甲不在某乙」，效果同於第一論法。證不出公理必然的結論。㈢

前提假定甲在某乙而不在任何丙，結論必是丙不在某乙。原論丙在每乙，故以上的假定錯

誤。甲不在任何乙，因之，必是真實的，可以斷言。(三〇)

61右1 原論甲不是每乙都在，反證之，假定甲在每乙，而不在任何丙，結論必是丙不在任何乙，此乃不可能，故原論真實：甲不是每乙都在。(三一)

由此觀之，顯然，第二論法可以反證一切論式的結論。(三二)

第十三章　人法論式的反證法

62右5 第三論法也是和第二論法相同（能反證一切論題）。

假定甲不在某乙而丙在每乙，則甲不在某丙，此既不可能，則不在某乙錯誤，在每乙真實。但是假定甲不在任何乙，論式有效，結論也是不可能，但所證非原論。因為假定的前提如是衝突論句，則效果同前。故前提假定，應採取其矛盾論句。其目的如是證明甲在某乙，則可。因為假設甲不在任何乙而丙在某乙，則甲不是每丙都在。此既錯誤，故甲在某乙真實。㉓

原論甲不在任何乙時，反證如下：假定甲在某乙，同時另一前提是丙在每乙，結論必是甲在某丙。原論卻是甲不在任何乙，故甲在某乙錯誤（甲不在任何乙真實）。但如假定甲在每乙，則所證非原論。以上的假定，用去反證「甲不是每乙都在」，則能收效。因為假設甲在每乙，同時丙在每乙，則甲在某丙。此與原論不合，故「在每乙」錯誤，「不是每乙都在」真實（即是不在某乙）。另一方面假設甲在某乙，無效，或有效，和前面所論者相同。㉔

由此觀之，顯然，凡是反證論式，前提的假定都需採用矛盾論句。並且因此，在反證的方式和限度下，可以說肯定的論句可以證自第二論法。全稱的結論也可證自第三論法。㉕

第十四章　反證和明證的分別

62右30 反證和明證的分別如下：反證將所欲駁的論句放在前提，推論出公認的錯誤結論。明證是從公認的大小兩前提出發。也可以說明證和反證都採用兩個公認的論句作前提。但是兩者所取不同，明證所採兩個論句是論式推出結論所固有的出發點和前提。反證所採兩個論句，一個是論式原來所固有的前提，另一個卻是那個論式結論的矛盾句。明證不必須預先知道要證出的結論，也不必預先斷定它真實與否。反證者卻預先知道要證出一個不真的結論。論到此結論是肯定或否定，明證和反證，彼此沒有分別，都能證出肯定或否定的結論。

凡是明證的結論都能反證。反之亦然。凡是反證的結論也都能明證。同一結論，明證反證所
63左1 用名辭相同（所用論法論式不相同，每次的關係和程式如下）：反證如用第一論法，反駁矛盾句的錯誤，則真實的結論必明證於第二或第三論法。錯誤駁於第一，真理見於第二或第三。否定者證於第二。肯定者證於第三。反證如用第二論法，推出不可能的結論，相對的真實結論，必證於第一論法。一切論題都可明證於第一論法。反證如用第三論法，真實結論則明證於第一或第二論法。肯定者證於第一，否定者證於第二。舉例說明如下：

63左 試令「甲不在任何乙」或「甲不在某乙」是用第一論法反證而得的真實結論。反證時前提假定「甲在某乙」（作小前提，丙在每甲作大前提，結論丙在某乙，此乃不可能，故甲在某乙錯誤，甲不在任何乙真實）。原論前提卻是丙在每甲，不在任何乙。如此構成了明證和反證的論式。反證的論式，屬於第一論法。明證（原論）的論式，屬於第二論法。因為，假設丙在每甲而不在任何乙，乃是第二論法，其結論顯然是甲不在任何乙。(三六)

同樣，為反證「甲不在某乙」。前提假定甲在某乙，原論前提卻是丙在每甲而不在某乙。丙甲否定時，論法相同，都是第二論法。(三七)

換一例：反證甲在某乙，假定它不在任何乙。原論前提乙在每丙，甲在每丙，或在某丙。反證程式如此。前提既是甲乙都在每丙，乃是第三論法。其結論顯然必是甲在某乙。前提如說乙在某丙，或甲在某丙，結果同上。(三八)

第二論法反證甲在每乙。前提假定甲不在每乙（即是甲不在某乙），原論前提卻是甲在每丙，丙在每乙。反證所得如此：此乃第一論法：因為前提是甲在每丙，丙在每乙。反證甲在某乙，程式相同。假定甲不在任何乙。原論卻是甲在每丙，丙在某乙（仍是第一論法）。反證此結論之否定：即是甲不在任何乙。假定甲在某乙。原論是甲不在任何丙，丙在每乙。仍是第一論法。欲反證特稱否定結論，其論式不是全稱，但論法同上：假定甲在每乙。原論甲不在任何丙而丙在某乙。此乃第一論法。(三九)

再看第三論法。反證甲在每乙。假定甲不在每乙（即是不在某乙）。原論：丙在每乙而甲在

63右 每丙。反證所得如此，此乃第一論法。反證特稱肯定，論法同上：假定甲不在任何乙。原論丙在某乙而甲在每丙。此即第一論論法。反證否定結論。假定甲在某乙。原論丙不在任何甲而在每乙。此乃第二論法。反證不全稱的結論，論法相同：假定甲在每乙。原論丙不在任何甲而在某乙。此即第二論法。㈢

由此觀之，顯然，各種論題既可反證，又可明證；所用名辭相同。結論既已明證，反證時，用原論所用的名辭：惟需採用其結論之矛盾句作前提。運用（論句賓主，前提大小，特別是，論句是非的）換位法，構成同樣論式，立刻即得到各論式所用的論法。顯然，每個論題都證於反證和明證兩種方法。並且這兩種方法彼此不能分離（是一條理正說和反說的兩面觀）。

第十五章　前提的對立與荒謬

那樣論法，能從互相對立的前提，推證出結論，那樣論法不能，審察下文即可明見。根據語
63右25 言為標準去分別論句間的對立，共可分四種，即是：

一、甲在每乙和甲不在任何乙的對立；

二、甲在每乙和甲不在每乙。

三、甲在某乙和甲不在任何乙。

四、甲在某乙和甲不在某乙。

根據事實為標準，只分三種。因為「甲在某乙和甲不在某乙」。只是語言上面的對立。在事實的真理上面，兩個論句可以同時都是真的，故在真理上，彼此不是相反或對立。真理上互相對立的論句中，全稱論句肯定和否定的對立叫作大衝突：即是「甲在每乙和甲不在任何乙的」正面對立。例如「凡是知識都是可貴的」和「凡是知識無一是可貴的」。這兩句話的對立是大相衝突。（可同假，不能同真）。其餘的兩對，叫作矛盾。㈢

第一論法，任何論式，或肯定或否定，都不能從彼此相反或對立的前提中，證出任何結論。

肯定者不可能，因為兩前提都是肯定，不能是彼此對立。對立是肯定和否定彼此相反。否定者也不可能，因為肯定和否定的是非對立，應是向同一主辭，將同一賓辭，兩個論句，一肯定，一否定。第一論法不能如此，因為它的主辭不在兩個前提都作賓辭。反之，它的否定前提，否定中辭有某賓辭；肯定前提卻說，中辭是另某名辭的賓辭。故此兩個論句（雖然是一肯定一否定，但不能滿足同一賓辭對著同一主辭是非相反的對立條件。簡單的說），不是對立。

第二論法從對立的前提，或是矛盾對立，或是大相衝突，都能推證出結論。試令甲代表善，64左 或可貴，乙代表知識，丙也代表知識。然後假設一前提說凡是知識，個個可貴，一前提卻說：「凡是知識，無一可貴」，承認了這兩個前提，則必定結論說：「凡是知識，個個都不是知識」，用符號說明之，即是（丙和乙都代表知識：丙乙相同）：

大：甲在每乙	：	每乙是甲	：每乙是甲
小：甲不在任何丙	：	無丙是甲	：無乙是甲
結：乙不在任何丙	：	無丙是乙	：無乙是乙

換一個名辭，也是一樣：例如一前提說凡是醫學的知識，個個可貴，一前提卻說，凡是醫學的知識，無一可貴。承認了這兩個前提，必不得不結論說：「凡是醫學知識，沒有一個是醫學知識」。用符號說明之，「甲在每乙，甲不在任何乙，故乙不在任何乙」，完全同上。它結論的意思，等於說：「某某知識，不是知識」。換了名辭，並換一換論式，仍能證出結論。假設一前提說甲在每丙而不在任何乙。乙代表知識，丙代表醫學，甲代表臆度（猜想）。結論必是乙不在任

何丙。即是說「凡是醫學都不是知識」。前提裡，既承認凡是知識，都不是臆度，又承認了「凡是醫學都是臆度」，即是說：「有某知識，是臆度」，結論自然是「有某類知識，個個都不是知識」。和前一個論式，只有一點分別就是「名辭的換位」：前提肯定和否定的換位。前面的論式裡，聯繫乙的前提肯定，現在的論式裡，肯定的前提卻是聯繫了丙。乙丙換了位，大小前提的肯64左定和否定也調換了一下。但是能得結論，前後兩論式相同。再換一論式，也是一樣能得結論：就是假設第二個前提，不是全稱論句；能得結論，並有彼此相反的前提，因為中辭作賓辭，常是一前提肯定，一前提否定。㈢

從此說來，足見前提彼此相反，仍能證出結論。不是常能證出，也不是無條件的在任何情形之下都能證出。缺之不得的條件是中辭所有的兩個主辭，彼此的關係，必須或是兩者相同，共指一事一物，或有整體與部分，（即是類與種）的關係。沒有這樣的關係，便不能證出本章所談的結論。因為兩個前提無法彼此對立起來，既不大相衝突，又不互相矛盾。除了上面兩種關係，沒有別種關係可能（此類結論都是自相矛盾的荒謬結論）。

第三論法，肯定結論不會證自（兩個彼此）對立的前提，原因見於前文，同於第一論法。否定結論，可以全稱或不全稱，都可以。試令乙代表知識，丙也代表知識，甲卻代表醫學。假設一前提說「凡是醫學都是知識」，一前提說「凡是醫學都不是知識」。結論必是「某種知識（即是醫學）不是知識」。用符號標明之，即是乙在每甲，丙不在任何甲，故丙不在某乙。假設前提乙甲不是全稱，結論相同。因為既說某醫學，又說凡是醫學都不是知識（作大前提），結論仍然是

35 某種知識不是知識。從此可見，前提名辭都是全稱，兩前提便是大相衝突；如有一辭特稱，則是（兩前提）互相矛盾。

尚需注意採取對立的前提，能有兩種辦法。一是上文所舉出的實例：「凡是知識都可貴」和「凡是知識，無一可貴」是衝突的對立；「凡是知識都可貴」和「有某知識不可貴」是矛盾的對立。以上的對立形勢，平常不易逃人理會。另一個辦法是經過中間其他許多問題，或論句，推證出對立的第二方面，或是用《辯證法》裡面所討論的辦法。（卷八，章一）。

論句肯定和否定的對立有三種。因此前提兩論句對立配合有六種。論句的三種對立如下：

一、全稱肯定和全稱否定。

二、全稱肯定和特稱否定。

三、特稱肯定和全稱否定。

用符號表出之即是：

一、甲在每乙，和甲不在任何乙：盈無相對。

二、甲在每乙和甲不在某乙：盈虧對立。

三、甲在某乙和甲不在任何乙：有虧對立。

前提配合有六種，前三種如下：

一、甲在每乙和甲不在任何丙：盈無。

二、甲在每乙和甲不在某丙：盈虧。

三、甲在某乙和甲不在任何丙：有無。

64左40 後三種是前三種名辭換位，例如：

一、甲在每丙和甲不在任何乙。

二、甲在每丙和甲不在某乙。

三、甲在某丙和甲不在任何乙。

64右1 以上後三種的名辭，還可將位置調換。第二論式如此，第三論式也是如此。從此看來，什麼論法能有多少論式，用互相對立的前提證出結論，用上面的配合法，即可計算清楚。

前提相對立，結論必荒謬——前提錯誤時，顯然，能證出真結論。前者方曾論及。但前提兩者互相對立時，證不出真理的結論。因為所得的結論和事物的實情，常是大相悖謬。即是說假設某物是好，結論卻說它是不好。前提說某物是動物，結論則說它不是動物。原因是因為一方面結論生自互相矛盾或衝突的前提，一方面作主辭的兩個名辭（同是中辭的下置辭）彼此實有的關係，不是兩者彼此全無分別，兩辭完全相同，便是彼此有整體與部分的從屬關係。即是類與種的關係。（兩前提互相是非對立的論式，是荒謬的論式）。顯然，在荒謬論式中全無妨證出荒謬的結論，就是結論和前提的定理，正相矛盾。舉例說：「某數既是奇數，故此不是奇數」。因為互相對立的前提證出的結論，和事實大相衝突。為此，如果採用了那樣的前提，必得和前提定理相矛盾的結論。前提荒謬，結論必荒謬（前提錯誤，結論能真實。錯誤和荒謬不同。荒謬是自相矛盾）。㈢

還有一點需要注意，荒謬結論（出生所自）的論式，依照上面的分析，不是「一個論式」（即是說不是一個簡單的論式，它的前提不是簡單論句）。前提裡包含了自相矛盾的論句，才能產生自相矛盾的結論。結論荒謬的原因直接來自前提。前提裡說某事是不好同時又說它是好；既說凡是動物都白，又說它們都不白，再加上小前提說人是動物。（當然結論必說：人是白又是不白。以上結論荒謬，因為大前提自相矛盾）。又例如小前提是自相矛盾如下：凡是知識都是臆度。凡是醫學都是知識又都是臆度（猜想）。故此有某知識是臆度又不是臆度。結論證出所經的程式有如反駁論式，見後。由此觀之，荒謬結論，必須生自荒謬前提，或是因為前提裡包含著自相矛盾的論句，或是因為自相矛盾的結論，生自兩個論式，前提裡自相衝突。總結前面的討論：可知對立的前提，在真理上，彼此衝突（證出荒謬的結論），只可構成前面討論了的論式，除此以外，沒有別的方法（荒謬的論式，有一定的構造形式和數目）。(三)

第十六章　乞賴論式

乞賴論式——根據類名的廣泛意義，乞賴論式是無力證明結論的論式。發生時所呈現的形式
64右30 有許多：或是完全沒有構成論式，或是所用的前提比結論更難懂，或同樣難懂；或是顛倒先後，不以先知證後知，卻以後知證先知。凡是證明，都有先後的次第。用先所應知作前提，推證出後
35 所能知的結論。反之，次序顛倒，以結論證明前提，倒行逆施不能生效。但以上這些形式，無一是狹義的乞賴論式。㊂

狹義的，真正的乞賴論式是什麼？需知可知的事理或論句，分兩種。一種是本體自明的，不
40 需用其他理由或更易知的論句來證明。另一種不是本體自明的，卻需要用其他理由或論句來加以
65左1 證明。凡是原理或公理都是不證自明的。原理以下，都需要證明。證明了的理或論句，是定理。定理待證始明。原理或公理不證自明，人如採取某應證的定理或論句作前提，推證此某定理或論句自身（以甲證甲），這便是乞賴論式（就是無理乞賴的強辯）。乞賴論式的議程分兩種，一是直接要求用應證的結論作自證的（理由和）前提，一是通過其他論句，用這些論句作前提證明應證的結論，但這些論句自身，依其本性本體，需要證自那應證的結論。例如：甲證自乙，乙證自

丙，但丙本性如此，又需證自甲。如此論證，結果仍是以甲證甲。議程起於甲，以甲證丙，通過丙，以丙證乙，又轉回去，以乙證甲（復止於原有的起點甲，整轉了一周，周而復始，欲止不能，循環不停。如此，乞賴論式是論式的病態，叫作「滑輪病」，或簡稱「輪病」自轉不已，而不前行）。正如某些《幾何學》家（畫圖測量尺寸度數方圓曲直的學家），用兩線的平行，推證內錯角相等，轉回來，又用內錯角相等證明兩線平行。沒有料想到線不先平行，則兩錯角無以相等。如此反覆推證，結果等於說「每個任何論句，既說甲是甲，故此甲是甲」。如此每條理和每個論句、都成了不證自明的公理。這是不可能的。

「不明確的論式」不常是「滑輪論式」。假設有人尚不明確知道甲在丙，同樣不明確知道甲在乙，他竟要求人承認他的結論說甲在乙，他的這個論式是一不明確的論式，還不一定是無理乞賴的「滑輪病態」。不明確的論式無力證明結論。和結論同樣不明確的論句，無能力作明證法的前提，或原理。但是假設在他那論式中，乙和丙（兩個名辭）的關係是「兩者相同」，或明明是「兩者可互相換位」，或是「彼此互在」，或是「彼此有類與種」的賓主關係，那麼，他那論式便是「前提乞賴」（也可以叫作「原理乞賴」），就是無理強辯（死乞百賴，輪病發作）。因為，丙乙換位，則可用那兩前提證明甲也在乙，（也可轉回去證明甲在丙）。今如不能換位，則不能（如此輪轉）證明，不能的原因，不在論式自身。但如換位，則是用三個名辭和論句，輪轉互證，如上所述。㊱

同樣，假設前提是乙在丙，也是和（上面）甲在丙一樣不明確，此論式則是不明確論式，證不出什麼明確的結論。還不是「原理乞賴」。但如它的甲乙兩辭，或能彼此換位，或是甲能作乙的隨辭（例如類名），它便是「原理乞賴」（輪病發作）。原因同上。因為「原理乞賴」（就是原則乞賴，或前提乞賴），依我們講清了的定義，乃是用本身不明確的論句（作本身可以自明的原理）證明這同一論句自身。㉗

既然如此，就是既已認清了上面「原理乞賴」的定義是「不明確論句的自己證明自己」。便知這樣的「乞賴論式」不能生出證明的實效。「乞賴性」的證明（根本）不是證明。但是需知乞賴論式的構造必備以下這幾個要素：一是結論和前提都是不明確論句。二是（兩個）相同的賓辭形容一個主辭，或一個賓辭形容兩個相同的主辭。（所謂「一個名辭」，或主辭，或賓辭，是同名同指的名辭作中辭。所謂「兩個或數個相同的名辭」，是同名同指或異名同指的首尾兩辭，或數辭）。如此說來，第二和第三兩論法都能有「前提乞賴」的論式，或大前提乞賴，或小前提乞賴，或大小前提都乞賴。肯定的乞賴論式，只能發生在第三和第一論法。否定的乞賴論式，兩個或數個相同的名辭（作首尾兩辭），和第三名辭（即是和一個同名同指的中辭）不能相容。在否定論式內，不是兩個（或數個）前提，都能同樣發生乞賴的弊病，因為特稱否定論式的名辭，不能賓主換位。（其餘論法如此。第二論法也是如此）。㉘

最後需知，明證法能犯「前提乞賴」的病，辯證法也能犯這個病。明證法、前提裡、名辭間的賓主關係，根據（客觀的）真理；辯證法，名辭間的關係，卻是根據（主觀的）意見，（或是根據事物浮面的現象）。㉙

第十七章　排拒法

65左40 「錯誤的原因不是在此」，或「理由不對」，類此語，辯論時，習見不鮮，都是答辯用語，65右1 首要是對反證論式而發，是為排拒反證法所證出的結論。不排拒，便不發出類此語言。故此排拒是拒絕反證法的結論，和反駁不同，反駁只是抗議前提有某錯誤，排拒是駁退抗議；不接受它。為此排拒、不是排拒明證法。因為明證法的前提，沒有和原論矛盾或相反的地方。

明證法用甲乙丙三辭證出否定的結論，否定某事的時候，反對者不能否認論式的結論，是生自它的前提，即是不得說：「原因不對」。或「前提不是結論的來原」。因為，只是否定某前提，結論仍不隨之同被否定時，人始說「結論的原因不是在此」，因為，沒有那個前提，結論仍舊推演出來。這在明證法是不可能的。明證法裡，去掉了（一個）前提，因此前提而生的結論，不復能維持存在。反證法有時有某前提，它有無兩可，結論不受影響。故此答辯者，只是指著這個前提，可以說：「結論的理由不是在這裡」。為此，顯然，答辯者的排拒只是排拒反證法的前提：指明它和結論沒有連貫。

有時，反證論式，從許多中辭推出不可能的結論。但此結論和前提舉出的基本理由（即是假

65右 定），完全不相連貫，這是「前提不對」最明顯的一種形式。《辯證法》中，㊂曾經說明了這種形式的本質：它乃是用不適當的原因作原因。（原因不適當，便不足以是原因）。例如有人曾用「對角線和邊線同分」，作反證法前提的假定，計畫由此推演出采諾，「物體不能移動」的學說，並以此學說，作（反證法內，從前提的假定，所推出的）「不可能結論」。認為此既不可能，故前提的假定不對，「對角線和邊線同分」既然是不對，足證「它們不同分」必對。殊不知「物體不能移動」的結論，和「上述兩線的同分」完全沒有連貫。（就是說：那個結論全不是生自前提裡那個假定。那個結論的出生和錯誤，不足以反射前提的假定是錯誤。故其反證無效）。㊂

「反證無效」的另一形式如下：不可能的結論和前提的假定有連貫，但結論的產生，仍不是根據那個假定（而是根據它以外，其他上級，或下級的前提）。這樣論式又分兩種：一是上溯論式，一是下推論式。例如前提說：甲在乙，乙在丙，丙在丁（結論說：故此乙在丁。這明明是一個下推論式，由高廣的甲，逐級下降，降到最低狹的丁）。反證法，如果說：「乙在丁」不可能，故「甲在乙錯誤。則此反證無效」。因為「乙在丁」雖然和「甲在乙」，一系相連，但不是根據著甲在乙。去掉了「甲在乙」，其下級前提乙在丙，丙在丁，仍舊真實如故（則結論仍是乙在丁）。足見乙在丁的錯誤不是來自前提最初的假定，即是說不是來自甲在乙。故本處的反證論式無效。㊂再看上溯論式，也有時無效。例如諸級（中辭構成的）前提說：「甲在乙，戊在甲，己在戊」（甲最低，戊高於甲，己高於戊。結論是「己在甲」）。反論無效，因為去掉了「甲在乙」（仍存「戊在甲，己在戊」，則結論仍是「己在甲」），可見這個（被認為），不可能的結

論，不是來自原初的假定（即是不是來自「甲在乙」，它的錯誤不在這裡。所以論式無效：指點錯誤，不中肯綮）。(三三)

為使反證論式生效，其不可能的結論，必須和前提諸名辭發生（賓主關係，一脈相通的）連貫。惟有如此，前提的假定，才能是結論所根據的原因。試觀以下推論式的例子。它裡面的結論應是最低主辭連結諸級名辭共有的最高賓辭（應是「甲在丁」，不應是「乙在丁」），因為，假設其不可能的結論，是「甲在丁」，那麼（它必是來自甲在乙）去掉了甲，則結論之錯誤，不能再發生。（如此，反證的「下推論式」始能有效）。(三四)另一方面，反證的上溯論式，它的不可能結論應是最高賓辭連結最低的主辭。因為假設結論是已在乙，並且是不可能，那麼，去掉了乙，則其不可能結論不能再有（論式的反證乃因而發生了效力）。以上所論都是肯定的反證論式。為能生效，必須滿足上列條件。否定的論式，也是如此。(三五)

66左 由此觀之，顯然，反證法裡面的不可能結論，如不連結前提所有的名辭，則其錯誤的原因不在那個前提（論式便不會有效）。但是（連結了前提所有的名辭，仍舊不常是有效）。因為錯誤的原因，不常是在前提的假定。假設甲不在乙，而在癸，癸在丙，丙在丁。（結論甲在丁，原因不在前提的假定，甲在乙。去掉了甲在乙）。甲仍在丁如故。上溯論式，情形相同。足見，前提某某或有或無，不可能的結論仍有如故，它的原因必是不在於那個前提。

「無前提某某假定，錯誤的結論仍能發生」這句話的意思是說：「去掉了某某假定，同樣的不可能結論，仍由其餘諸前提證出」，不是說：「採用了另一前提，必能證出那個不可能結論」。

因為，同樣的結論及其錯誤，可以生自許多前提的假定。這沒有什麼與理不合之處。例如「平行

66左15 相交」是一個錯誤的結論，可以證自兩個假定：一是內角大於外角，一是三角之合，大於兩直角。（垂直線畫串兩平行線，假設，同位角內小外大，則平行線引長，必能相交。同樣，假設同位角內外兩個，大於直角，或假設三角之合大於兩直角之合，則平行線引長，都必能相交）。

第十八章　結論錯，則前提錯

理論的錯誤生自錯誤的原初前提。凡是結論都是證自兩個或許多前提。如是證自兩個前提，
66左20 必是有一個錯誤，或是兩個都錯誤。因為前個前提都真，結論不會錯。假設是證自許多前提，例如丙證自甲和乙，甲和乙證自丁戊己庚。這些上級前提必定有一個錯誤。結論的錯誤，便是因為它。因為甲和乙是證自那些前提。為此，結論及其錯誤的原因，必是那些前提中的某一個。(三六)

第十九章　防守法和問答法

辯論時，為防護自己，免受對方的攻擊，守者慎勿供出兩前提共有的名辭。攻者未聲明結論，先追究前提的理由，前提兩論句中，兩次出現的名辭，是中辭。沒有中辭，構不成論式，推不出結論。考察每論法所證明的結論，便可明知，對於每種結論，應怎樣守護中辭。守者知所欲守的結論及其論式，則不會不曉得怎樣守護所需要的中辭。(三七)

上面勸守者知所防守，即是防守中辭。今勸攻者，也應知所掩藏，卻是掩藏結論。為此，需注意兩點：第一、前提諸「補證論式」，只需提出必要的前提，不可明示結論。第二、追求或質問理由，責問對方，先問較遠的理由，問時不要遵循各級理由互相連貫的次第（免使對方察覺思路的線索）。例如應證明的結論是甲在己，有「乙丙丁戊」四級中辭。責問時，既問了是否甲在乙，再問，則不應問是否乙在丙，卻應問是否丁在己，然後再問是否乙在丙，如有別的中辭，也應這樣問去。如果論式只有一個中辭，則應從這個中辭開始。因為如此，最能向對方掩藏（欲證的）結論。

第二十章 反駁法

66右 既知怎樣排列名辭，又知何時論式有效，則能明見何時能有，何時不能有「反駁的論式」。所有（兩）前提都被承認了（都是肯定的），或在答辯時，輪流採用前提之一（即是肯定一個，否定另一個），則能構成反駁論式。名辭關係如上，或前式，或後式，都能組成有效論式。故此，如果前提之一和結論衝突，必定形成反駁論式，證出和原有結論相矛盾的新結論。反駁（的本質）不是別的，乃是推證出原論的否定。如果原有的肯定前提，全數都被否定，則不能構成反駁論式。因為前提個個否定時，論式無效，故此反駁論式也無法有結論。欲使反駁有效，必須有某有效的論式。但是既有某有效論式，不必定能有一有效的反駁論式。答辯時，前提論句無一全稱時，也是一樣，構不成有效的反駁論式。因為反駁論式和普通論式定義相同，都是論式，遵守同樣的規則。（參看本卷章八至章十、和廻駁法相比較）。

第二十一章　結論錯誤的原因

上面討論了結論的錯誤，來自名辭的佈置失當。本章討論前提裡，懂錯了意義及賓主關係，也能是結論錯誤的原因。舉例說明如下：假設同一名辭直接能有數個第一級切近的主辭。某人不知此，竟想它不能有其中的某個主辭。只知它賓稱餘者。試令「甲在乙和丙的本體」，乙丙又同在丁的本體；同時有人意中以為甲固在每乙，乙也在每丁，但不認為甲在任何丙，同時認為甲在每丁。這乃是說：他對於同一賓辭和同一主辭間的關係，同時有所知，又無所知（結論自相矛盾）。㈢又例如假設甲在乙，乙在丙，丙在丁。有人卻認為甲固在每乙，而不在任何丙。這便是他既知某賓辭形容某主辭，同時又不認為兩辭間有那樣的賓主關係（也是自相矛盾）。因為他對於同一系統內的各級賓主關係，犯了錯誤（沒有認識正確）。從此看去，難道他只能供認自己「知其是」，而故意「想它不是」嗎？實際上，在相當程度下，他知道，甲在丙，是因為有乙作中辭；猶如「部分」之（必）在「整體」。既然相當明白「知其是」，又說完全認為「它不是」：這（樣的自相矛盾）是不可能的。（詳證如下）：

先論上面舉出的第一例。在此例內，中辭不屬於同一系統。同時認為兩前提互相對立、形容每個中辭：這是不可能的。怎能想甲在每乙而不在任何丙，又想乙丙同在每丁呢？因為第一前提，或完全，或在某方面，和另一前提互相衝突。因為人如一方面承認甲在乙所在的每個主體，67左 一方面又知道乙在丁所在的主體；便是他知道甲在丁所在的主體。為此理由，轉過頭去，他如承認甲不在丙所在的任何主體（丙在每丁如故，結論：甲不在任何丁。以此為大前提，小前提乙在丁如故，結論是甲不在任何乙）。這明明是他不承認甲在乙所在的某主體。但是既想甲在每乙，又不想甲在某乙，或想甲不在乙所在的某主體，前後思想互相衝突：或是完全相衝突，或是部分相衝突。（即是說或是兩者全稱，大相衝突；或是一全稱，一特稱，互相矛盾）。前提裡，思想如此自相衝突，是不可能的。（註三三八，和三三九形式一）

然而無妨設想兩個前提形容兩個中辭，一肯定，一否定；或是設想，一方面，兩個前提形容一個中辭。另一方面，一個前提形容另一個中辭（不論是那一個，也是一方面肯定，一方面否定）。即是說：甲在每乙，乙在每丁，同時甲不在任何丙。（形式二）這裡的錯誤，是可能的，它和對於特稱論句所能發生的錯誤相類似。例如某人知道甲在乙所在的每主體（乙在每丙），故此也知甲在丙。因為如果甲在每乙，乙在每丙，則甲在每丙。但是無妨他仍舊不知實有某丙（是甲）。假設甲代表兩直角，乙代表三角，丙代表形體界的三角；能有人知道凡是三角，都是內諸角之合等於兩直角，仍舊（不知、也）不必設想形體界實有某丙。為此，他對於丙，同時有所知，又同時有所不知。說「知道凡是三角，都是內諸角之合等於兩直角」，意思不簡單。它包含全稱論句的知識，兼含特稱論句的知識。知其全稱論句，「凡是丙都是內諸角之合、等於兩直角」，同時不知其個例的特稱論句，不是（思想的）自相衝突。（註三三九形式三）。

同樣梅農書中有此學說：主張（理性推演或學習所得的）知識是（生前原有真知之）回憶。（此學說不能成立，理由同上）因為生前預知此生現遇的個例事物，乃是絕對不會有的事。吾人此生所知，只能是用歸納的方法，遍察個體事物，領悟它們所呈露的知識。知識之妙悟，好像是
67左25 回憶或追認。因為有些知識是吾人「一觸外物，立刻悟知」的。例如一知某某形象是三角，立刻便能懂得它等於兩直角。還有別的種種知識，都是如此曉悟得來。吾人運用普遍的真理，觀摩特殊的事物。無能力用每物私有的真理去認識每物。為此，我們關於特殊事物，有時能發生錯誤：
30 不是（我們的思想）自相衝突，只是知道了普遍的知識，能同時不知特殊事物的情況，並為此陷於錯誤。（全稱論句傳達普遍的知識。特稱論句傳達特殊事物的情況）。

知道了知識普遍和特殊的分別，便可明瞭前面所舉諸例，是錯誤、不是自相衝突。理由和上文相同。關於中辭的錯誤和關於結論的真知，不是（一個思想）自相衝突，兩個中辭構成兩個前提，一真一錯，也能不是（一個思想）自相衝突。完全無妨某人真知甲在每乙，也知乙在每丙，
35 但是仍舊，認為甲不在（某）丙。例如說：他真知「騾都不會生育」，他也真知「某某動物是騾」。他仍舊能想：這某某騾懷中有孕。因為除非他將兩個前提連合起來，觀察（名辭間賓主相通的關係），便看不到結論需是甲在（每）丙，或甲在此丙。合觀兩前提以後，知前提，而不知
67右1 結論，顯然是思想自欺，明明犯了錯誤。此即是知普遍的真理而不知特殊情況的錯誤。凡是覺性可知的事物，發生在覺性知識範圍以外，吾人則無法知覺到它。先前知覺過的事物也是如此。對

於它們，我們只能有普遍的知識，和特殊知識的記憶，不能有（覺性）知識的現實。知識分三種一普遍，一特殊，一現實。為此，錯誤也是分成這三種。

一人對於同一事物同時有真知又犯錯誤，只要不是一個知識自相矛盾，便絲毫沒有什麼不可能的。方才舉的例內，發生的情形正是如此。那某人，對於兩個前提，分開來說，他都一一知道，但事先沒有真確的觀察。他設想此騾有孕，他沒有現實的知識。他因此「設想」而犯的錯誤，也不是（一個知識的）自相衝突。因為（他的錯誤不是生自前提的結論），從前提生出的結論，才能是和全稱論句相衝突的錯誤。（並是一個知識陷於自相衝突）。

但是，將情形換一換，假設有人認為善的本體就是惡的本體（善惡的定義，混而為一），他必定也要認為惡的本體就是善的本體。善和惡，同時肯定是某同一主體的賓辭。試令甲代表「善的本體」，乙代表「惡的本體」，丙也代表「善的本體」。前提裡，既然認為乙丙相同，同時又認為丙就是乙。並且同樣認為乙就是甲。如此結論必是丙就是甲。猶如說：乙真是丙的賓辭，甲真是乙的賓辭，則甲必定也真是丙的賓辭。議論中的思想是如此。物本體的實況也是如此。因為假設，在生存的實況上，丙乙相同，乙甲也相同，則結論必是甲丙也相同。真確的知識範圍內，情形是如此，近真的意見中，也是如此。人如承認了那樣的前提，怎能不接受那必然的結論呢？必不接受結論，勢必承認前提的錯誤。前提裡，善惡本體不相混，則上面的結論不復生。在本體上，善惡不可相混。在偶然遇到的附性情況中，有時善惡無分。許多類此情況的發生，是（吾人）可以設想的。此類問題尚需另作詳細的檢討。（參看《形上學》卷四、章四）。

第二十二章　論式與換位

67右30 首尾兩端辭，可以賓主換位時，中辭和兩端每一名辭，必定也能賓主換位。假設甲因中辭乙而在丙，換位丙在甲所在的每主體，則乙也能和甲換位，並因中辭丙而在甲所在的每主體。同時丙乙換位卻用甲作中辭。(三〇)結論否定時，也是如此。例如乙在丙，而甲不在乙，則甲不在丙。但
35 如乙和甲換位，則丙也和甲換位。試令乙不在甲，則丙不在甲，因乙在每丙。另一方面，假設丙和乙換位，則丙也和甲換位（所得結論是乙甲換位）：因為乙的主體個個有丙，用丙作賓辭。(三一)
68左1 再換一個情形，假設丙和甲換位，則乙也和甲換位，因為乙之所在有丙在，甲之所在，丙卻不在。(三二)只是合於此例時，換位從結論出發。和肯定論式相同。除此以外，其他諸例不是如此。(三三)
5 換一情形。假設甲乙可以換位，同時丙丁也可以換位，並且甲或丙必在每物，則乙和丁彼此相關，猶如甲丙，即是：兩者之中，或此或彼，必在每物。因為乙在甲之所在，丁在丙之所在。
10 但是或甲或丙必在每物，不能甲丙同時並在每物。足見或乙或丁必在每物，也不能兩者同時並在。(三四)例如無始者無終，同時無終者無始。矛盾說去，必是有始者有終，同時是有終者有始。(三五)因為同時構成了兩個論式，必得兩個結論。(三六)再進一步，假設或甲或乙，分擇其一，必在每物，

合取其二，不能同在每物。丙丁也是如此，乃是必然的。那麼，甲丙既能換位，則乙丁也能換位。反證如下：假設乙不在丁所在的某主體。顯然那個主體裡必有甲在。但是有甲必有丙，因為甲丙可以換位（即是說：甲丙相同）。故此丙丁同時並在。這是（必然的結論，但是一）不可能（的結論）。(三七)

甲在全乙，又在全丙；此外，不賓稱任何其他主辭。同時，乙也在全丙。三辭關係如此時，甲乙必能換位（即是甲乙可以互為賓主）。因為，甲所有的賓辭，只是乙丙兩個，乙同時又是丙的賓辭。顯然，乙不但賓稱甲，而且賓稱甲所能賓稱的一切主辭：凡是甲都是乙。再換一種情形：甲乙同在全丙，丙乙能換位；三辭關係如此，則甲必在每乙，因為甲在每丙，丙乙又相同，因能換位，故甲在每乙。(三八)

反之，另換一種情形：甲乙相反，互相矛盾，但是甲優於乙。丁丙也是如此：彼此矛盾，丁優於丙。四辭關係如此時，假設甲丙優於乙丁，則甲必定是優於丁。因為甲之可取，等於乙之宜避，因為兩相矛盾，丙丁亦然，理由相同。那麼，假設甲和丁，同等可取，則乙丙相較，必是同等宜避，因為對待矛盾的兩端，心情的性質，有愛憎趣避之別，情深的程度卻是厚薄相同。恨此之情深一尺，愛彼之情則深十寸。倘果如此，甲丙和乙丁兩對相較，可取或宜避的程度，也必是雙方相同。這是必然的結論，但是不可能的。因為它違反原有的假設。依照原有的假設。甲丙那一對，比乙丁這一對，更是優良可取。故此，乙丁不能和甲丙是同等可取。(三九)

換一個情形：假設丁優於甲（比甲更可取），則乙之宜避，次於丙。小可取對小宜避，彼此矛盾對立。但是需知，大善和小惡合在一齊，比較小善和大惡合在一齊，更是可取。倘果如是，則乙丁這一對必定比甲丙那一對更為優越可取。這個結論是必然的，但是錯誤的，因為依照原有的假設，事實適非如此，為顧全原有的假設，必須保存原有的結論，即是：甲優於丁，比丁更可
68左 取（丙優於乙），乙比丙更不可取：更是可惡、可棄。(三四)

如此說來，愛人者，施惠於人，有時愛而不惠。又有人施惠於人而無愛。人如選擇之，與其
68右 受惠而無愛，不如得愛而無惠（愛情發於誠心，恩惠形於外表。誠愛的價值高於恩惠的外表）。甲代表愛，乙代表無愛。丁代表施惠，丙代表無惠。甲丙勝於丁乙，故甲勝於丁。故此（夫婦間），心情的互愛，優於形體的交媾。兩性交愛的實行，首先在乎心中發出的誠情，其次才是形體的婚媾。首要的實行，既然在乎愛情，則其目的也是在乎此。為此理由，足見形體的交媾，或完全與愛情無關，或是以領受愛情為目的。其他種種情欲和技藝，也都是如此。（討論價值，比較優劣時，都用以上舉出的論式）。(三五)

第二十三章 歸納法

68右 論式中，賓主換位時，名辭間的關係如何，比較優劣，擇定取捨時，名辭間有什麼關係，構成什麼論式。這些問題在前章已經有了明白的討論。本章討論歸納法。需知不但是辯證和明證的論式，在構造上，都遵守前面舉出的論法，而且修辭學和不論任何說服方法，不論採用什麼途徑，果欲引人信服，也都是遵守同樣的論法：因為凡吾人信從的結論，都是證自那些論法中的論式，或是證自歸納法。

歸納法，或「歸納論式」，是用首尾兩端名辭之一，證明餘者一辭和中辭的關係。例如甲丙之間，乙作中辭，用丙證明甲在乙。這樣的論法便是歸納法。(壹)試令甲代表長壽，乙代表無膽，丙代表長壽的個體，例如人馬騾。甲在丙之全類，或全數。乙也在丙之全數，即是在每丙假設乙丙可以換位，乙和丙範圍相等，乙（中辭），不大於丙（換位後），則結論必是甲在每乙。(壹)長壽在人馬騾等每一「個體」中。無膽也是如此。並且無膽的類界正和人馬騾等類個體全數的範圍相等，彼此的賓主位置可以互換。則結論必是各類每個無膽動物都長壽。因為前者已經證明了、甲乙兩者如果都在同一主體丙，兩者之一（例如乙），如能和主體丙換位，其餘一個（即是甲）

必在換位者（即是必在乙）。惟需明白，丙是所有許多類的個體，個個相聚合成的全體總數。因為歸納法是將全體總數歸結在一齊：（遍察枚舉，以得普遍的結論）。(三四)

68右30 歸納法的結論是「無中辭的論句」，也是「第一論句」（就是原理）。有中辭的論句，證自中辭，用演繹法（即本書前面所分析的天地人、三種論法）。無中辭的論句，作結論，證自「遍

35 察枚舉」，用歸納法。歸納法和演繹法有些相反的地方：因為演繹法、用中辭證明首辭賓稱第三辭。歸納法用第三辭證明首辭賓稱中辭。就事物的本性去看，演繹法用中辭證出的結論，更為明確，優於歸納法。但就吾人知識的發展程序而論：歸納法所推證的知識，更為淺顯易知。(三五)

第二十四章　例證法

68右40 例證是用某個和第三辭所指相類同的名辭作實例，證明首辭賓稱中辭。惟需先知中辭賓稱第三辭，首辭賓稱同例辭（所謂同例辭，即是和第三辭，依其所指，彼此類同的那個名辭）。例如：

甲、代表不利，作首辭。

69左1 乙、代表侵略鄰國，作中辭。

丙、代表亞典侵略戴白作第三辭。

丁、代表戴白侵略富歧作「例證辭」。

5 用以上諸名辭構成論式，證明「侵略戴白是不利的」。必須先知大前提：「凡是侵略鄰國都是不利的」。為佐證此大前提可信，採用「戴白侵略富歧是不利」作證明（論證程序分兩步）：

第一步：

大前提：侵略鄰國是不利的；　乙是甲

小前提：侵略戴白是侵略鄰國；　丙是乙

結論顯然：侵略戴白，不利。　丙是甲

69左10

第二步：顯然的：亞典侵略戴白，和戴白侵略富歧都是侵略鄰國，即是說：

1. 丙是乙

2. 丁是乙。那麼，構成論式如下：

大：丁是甲，侵略富歧未嘗有利於戴白。

小：丁是乙，侵略富歧是侵略鄰國。

結論：乙是甲：侵略鄰國，不利。

以上的結論，乙是甲，是用中辭丁證明出來。它是第一步內的大前提。為證明大前提內，中辭確實是首辭的主辭，可採用許多例證，不只限於一個。論證程序及論式的構造方法同上。（換一換次序，另譯如下：）

例證程序：

1. 已知的事實：丙丁同類：同是乙。

丙是乙：侵戴是侵鄰。

丁是乙：侵富是侵鄰。

2. 第一步：

大：丁是甲：侵富，不利。

小：丁是乙：侵富是侵鄰。

結：乙是甲：侵鄰是不利。

3.第二步：

大：乙是甲：侵鄰是不利。

小：丙是乙：侵戴是侵鄰。

結：丙是甲：侵戴是不利。

例：丁是乙：例如侵富。

分析上述程序，可見「同例辭」，丁，和「所證辭」，丙，相對所有的關係，不是「部分對全體」（例如歸納法），也不是「全體對部分」（例如演繹法），而是「部分對部分」的關係。即是丙丁兩辭同是一個名辭乙的下置辭（主辭）。其中一個是（辯論者雙方）預先共認的事實，故可引來作「例證辭」，「以此例彼」，證彼另一個（即是證明那另一個也有同樣的性情或賓辭。此處即是「以丁例丙」。丁丙同類，都是侵鄰，丁不利，故丙不利）。

例證法和歸納法不同。歸納法，遍察全類各種，枚舉個個實例，證明首辭全稱中辭。詳見前章。並且歸納法的結論只是證甲在乙，不證明甲在丙。例證法（第一步）證甲在乙，不是遍察枚舉，只援引實例一個或數個（第二步），最後的結論是證明甲在丙，將首辭和尾辭結合起來，構成欲證的定論（此處甲代表首辭，乙代表中辭，丙代表尾辭，即第三辭，丁代表例證辭）。(兲)

第二十五章　半解論式

69左20 半解論式——（「半解」就是一知半解，近似蠡測，或管窺，只見一斑，不見全豹）。半解論式分兩種。第一種是大前提「乙是甲」，明顯；小前提「丙是乙」，不明顯，但和結論相較，近真的程度，或較高，或平等。結論是「丙是甲」。舉例如下：

35 甲代表「教材」，乙代表「學科」，丙代表「道德」組成論式如下：

大：凡是學科都是教材：每乙是甲
小：凡是道德都是學科：每丙是乙
結：凡是道德都是教材：每丙是甲

比較明顯的程度，可知：

大：每乙是甲：明顯程度高
小：每丙是乙：明顯程度較低
結：每丙是甲：明顯程度同上，或稍高。

30 第二種「半解論式」：尾辭和中辭之間仍有若干中辭，但數目微小，故不明顯，但和第一種一樣，有時能證出和「真知」較近的結論。例如：丁代表「方形」，戊代表「直線形」，己代表「圓圈」，構成論式如下：

大：每戊是丁：直線形是方形，

小：每己是戊：圓形是直線形，

結：每己是丁：圓形是方形。

補證小前提，用「月形分析法」。

大：月形是直線形。

小：月形是圓形。

結：某圓形是直線形。

分析上述論式，可知己戊兩辭之間只有一個中辭，即是「月形」。依照月形分析法（黑波克拉特，喬斯人，曾有此學說），月的圓形等於直線形（即是正方形）。這個中辭引我們接近了結論的知識。雖然「月形是正方形」不是一個明顯的前提，並且月形以外，又沒有別的中辭可用，但是加用了「月形」作中辭，便證出了和知識接近的結論。缺之則不能。論式如此，一前提半明半暗，則可名之曰半解論式，條件如上。不滿足上述的條件，即是假設在第一種論式，小前提乙丙，比較結論甲丙，不更明顯，或是假設在第二種論式，中辭數目不少，則其論式，不可說是「半解」；或是小前提乙丙（在第一種論式中），如果是一個「無中辭論句」，也構不成「半解論式」，因為這些情況之下，前提中辭理由，至為明顯；或相當明顯，證出的結論，包含真確的知識。（故其論式已不可說是半明半暗，或一知半解）。(三七)

第二十六章　抗議法

一個論句反抗另一論句，叫作抗議。即是抗拒某論句而提出的論句。抗議和前提不同。因為69右抗議能是特稱論句。前提或完全不能是特稱論句，或在全稱論式內不能是。

提出抗議時，可用兩種方式，並用兩個論法。抗議的兩種方式：一是用全稱論句，叫作全稱抗議。一是用特稱論句，叫作特稱抗議。可用兩個論法，即是第一和第三論法。因為提出抗議，是提出和某原有的前提相對立的另一前提。對立的論句，或衝突，或矛盾，只能證自第一和第三論法。對於主張全稱肯定論句，抗議則抗以全稱否定，或特稱否定。全稱否定，證自第一，特稱否定證自第三論法。即是第末論法。例如：

甲代表「一個學科」

乙代表「衝突事物」

假設對方的前提是：「衝突事物屬於一學科」，抗議方式有兩種：一種是第一論式：

大：彼此反對的事物不屬於一個學科

小：衝突事物是彼此反對的事物

結：衝突事物不屬於一個學科

第二種用第三論式，例如：

大：「可知與不可知」不屬於一個學科

小：「可知與不可知」是衝突對立的

結：衝突對立的事物不屬於一個學科

以上是第三論法。丙代表「可知與不可知」，說「丙是乙」，即是說：「可知與不可知」是「衝突事物」，是對的，但說：「丙是甲」，即是說：「可知與不可知屬於一個學科」，則不對了。以上是反抗某肯定的前提。

假設對方的前提是一否定論句，抗議的方式相同。例如對方說：「衝突事物不屬於一個學科」，抗議時或說：凡是衝突事物都屬於一個學科，或說：有些衝突事物屬於一個學科，例如健康與疾病，互相衝突都屬於醫科。前者是全稱抗議，證自第一論法，後者是特稱抗議，證自第三論法。

普遍說去，凡是全稱抗議，必須針對著對方前提，諸名辭中範圍最寬廣的名辭，提出矛盾的論句。例如：

對方說：無一學科研究本科內的衝突事物。

抗議則需說：有一學科研究它本科內一切衝突的事物，即是說：一切衝突事物，都屬於一個學科（此處最寬廣的名辭是：「凡是衝突事物」。和「無任何衝突事物」。如此，所構成的論式，必是第一論法。因為前提最寬廣的名辭（方才原是主辭，在小前提卻要作賓辭），作抗議時的中辭。以上是一個普遍的規則。

69右25 另一個普遍規則如下：凡是特稱抗議，都是針對著對方前提全稱的主辭，提出矛盾的說法。例如說：「可知與不可知」不屬於一個學科。因為它們是「衝突事物」的全稱主辭。如此所構成的論式是第三論法。「可知與不可知」是中辭，並是前提的主辭。主辭和賓辭的關係是「部分屬於整體的關係」。用這樣的名辭構成前提，證出相反的論句。故此，抗議時，也是用這樣的名辭
30 作前提。這樣的名辭，彼此間的賓主關係，只能組成第一和第三論法。可見抗議時也只是用這兩個論法，證出對立的論句作結論。（第二論法證不出肯定的結論，故此，不可用第二論法）。

35 抗議用第二論法需要繁複的議論。例如假設抗議「甲在乙」，證以丙不隨乙（大前提需是「丙在每甲」）。但此（大前提）需要許多別的前提來加以補證，始能顯明。但抗議的本身不可越出範圍，尋察其他理由，或包含補證的議論，但應包含另一直接顯明的前提。為此同一理由，「診驗論式」，也只是不得用此第二論法。

70左1 關於其他許多抗議的分類，例如：由衝突對立出發的抗議，由類同的理由出發的抗議，由眾人（主觀的）意見出發的抗議等等，還有抗議特稱時，能否證自第一論法，否定的抗議能否取自第二論法等等問題，都需要考察、研究。(三六)

第二十七章　診驗法和估量法

70左 估量和診驗不同。估量，或估量而得的定論，是眾人意見公認的近真論句。眾人慣見某某事體，或物體，或情況，大多數次，是如何或不如何，每次重遇，便肯定它，要如何或不如何，這就是估量，猶如猜測或忖度。例如說「惡人者，人恒惡之。愛人者，人恒愛之」。依人之常情去忖度，大多數次，確是如此（不過也有時，能不是如此）。故此，只是屢真，不是常真，只是大概不錯，不是明確無疑。診驗不是估量。診驗的目的，是得到明確無疑的定論，和常真必真的論句；也有時只得到屢真近真的意見或估量。診驗根據符號。因符號以為憑據，而推知某物某事，過去如何，現實如何，將來如何或不如何，乃是診驗。符號能是事件，或物件。（符號的效用是徵驗，也叫作象徵。徵驗既往的事物，叫作記號、標記、遺跡或憑據。徵驗現實的符號，叫象徵，或徵候。徵驗將來，叫作朕兆，或預兆。）

「簡便論式」（是省略三段論式中任何某段的論式）；根據上文的分析，簡便論式就是用估量或診驗（為出發點或前提）的論式。㈠用符號（以作診驗）的簡便論式，分三種，視中辭在論法中所佔不同位置而定：和完全論法之分三種，數目相同。有些屬於第一論法，有些屬於第二，有些屬於第三。例如說，婦人有乳故已有孕，證自第一論法，「有乳」是中辭。甲代表「有孕」，乙代表「有乳」，丙代表婦人。「皮德古好，故智人好」，證自第三論法。甲代表「好」，乙代表「智人」，丙代表「皮德古」（丙作中辭）。甲和乙真實賓稱丙。前提取甲，而不言乙。乙為已知，故不待言喻。又例如「已分娩者，面蒼白，故此女已分娩」，證自第二論法。因為，分娩之後，面色蒼白，前後相隨，人所慣見。後既隨前，故可證之。甲代表「面色蒼白」，乙代表「分娩」。丙代表「此女」或「婦人」。(三六)

兩前提，省略其一，所生論句，只是「診驗」；一無省略，則是「論法」。例如皮氏高傲，因為貪光榮者都是性情高傲。皮氏貪光榮。又例如皮氏是好人，又是智人，故某智人是好人。如此，都成了完全論式。第一論法，結論真時，沒有相反的結論，足與對立或並存。因為是全稱句。第三論法，結論真時，能有相反句與之對立，它不是全稱論句，並且說不中主體。因為只是「皮德古是好人」，不足以證明其他許多人，凡是智人也必定都是好人。第二論法，不論結論如何，常有相反句與之對立。因為第二論法的簡略論式，永不會證出（有效的）結論（中辭沒有一次全稱）。(三七)因為「分娩者面蒼白，此女蒼白，故必分娩」，這裡結論的必然性，前提裡全無根據。如此說來，凡是診驗，都能有真理的結論，只是各論法之間有上述的種種區別。

除上述的區別方法以外，還可以根據論法間中辭的不同，而分別符號為兩種。第一論法的中辭作符號時，叫作證據（證據的功用是明證物之性體或實情。使人獲得真知。中辭的首要意義和任務正是在此）。其餘兩論法，用賓主兩端辭作中辭，此中辭作符號時，不叫作證據，仍叫作符號。（換言譯之，二三兩論法的結論，用兩端辭和中辭推證出來，叫作診驗，其中辭叫作符號。第一論法，用中辭推出的結論，或構成的論式，叫作考驗，其中辭叫作證據）：證明力較強：因為第一論法，證出的結論最真實、最明確、最能引大眾公論之贊同。㊁

第二十八章　情狀的邏輯原理

觀察人容貌，可以知人性情。天生形體的情態、狀貌、變化，種類有多少，身體和靈魂因之所遭受的變化，也便有多少。人如承認了此點，就需承認「觀面知心」的可能。㉟因為學習音
70右 樂，程度適足之後，心靈遂因之有所改變。此種改變，出於人工的修養，不是出自天然，但如果其他行動、情慾、暴怒、狂喜等類，不是出於人工，而是發自天然的本性；都是成於中形於外。同時，人如承認，每一性情有一符號，或象徵；並能認出各類物體，依其類性，所特有的性情和象徵；那麼，我們就能根據外貌的象徵，推證內心的性情。每類事物，在其最低狹的類性上，固有的性情不同，外表的象徵必定互異，與之相對。因為身體和靈魂，彼此相關，同受變化；內外相當，互為表裡。例如：獅子有勇猛的性情，便天生有強大的四肢。獅子全類之所共有如此，非他物全類之所必備。同時需知，一種性情之象徵，是此種性情所特有，因此是某類物體全類之所共有，但不專屬於此類，乃非他類之所全無。察日常言語之習慣，即可明見。同樣性情，固有於此類，兼有於他類：獅子勇猛，人也能勇猛，他類動物也能。勇猛何在，象徵俱在。一一相對。假設果然如此，並能在專有特性的動物類中，搜集代表此特性的象徵，既然每性有徵，又因有一

30 性必有一徵；那麼，我們便能（始於一類，達於眾類），根據外表的象徵，察驗內中的性情。（三四）

但如假設某類全體，具有兩個特性，例如獅子勇猛並且大方，吾人將如何辨別每個固有的象徵呢？或者假設兩個性情同見於某類某部，而不在其全部，某部有其一而無其二，同一特性，某部有之，另一部沒有，假設人類中，某人勇猛而不大方，此人外貌的象徵，也是有其一：從此可以明見，此象徵必是勇猛之象徵，此人如此，獅子代表勇猛之象徵，也必是如此。（三五）

假設中辭和首辭可以換位，範圍廣於第三辭，不能互相換位，如此觀外貌以驗性情的論式，屬於第一論法（類此「情狀」的論證法，是診驗中最有效的一種）。例如甲代表勇敢，乙代表四肢強大，丙代表獅子。乙在丙所在的每主體，並在他類。甲卻在乙所在的每主體，而不在他類，但可互相換位。（此即第一論法；並是一性一徵，恰相對照）。否則便不足證明一個象徵是代表一個特性了。（三六）

註解

註一：論句之分析與對立

一、句分五類——一論、二求、三命、四問、五呼。心有所知，發言聲明，所成的言辭或語句叫作「論句」。它傳達知識，發表思想，不在抒志抒情，專在抒意。實是「抒意句」，也叫作「聲明句」。就其邏輯性質而言，論句，即是「論說句」，判斷是非，標明定見，分辨理之真假，推證結論。專用於論說文。是邏輯研究的材料之一。邏輯的論證法，由前提推證結論，步步是用論句作構成的要素。

「求」是「求句」，或「請求句」，「命」是「命句」，或「命令句」。心有所欲，發言要求；下級要求上級，叫作請求；上級要求下級，叫作命令。請求又分懇求、央求、祈求、禱祝等，或求於人，或求於神。命令又分訓令、命人作某事、禁令、命人勿作；允諾是不命不禁，只是寬許，或答允；勸誘是勸促誘導，也附屬於命令或請求之類：都是志願句，專在表達心之所欲。是抒志的辭句、論說句抒意。志願句抒志。

「問」是「問句」，即是「疑問句」。對於某事物，心有所不知，或知之不明確，有所疑惑，於是求所欲知，藉以解疑辨惑，發言詢問，遂成疑問句。或問某事物之有無，或問其是否如何。

「呼」是號嘆。心有所感，情動於中，或欣賞絕嘆，或驚奇吶喊，或悲苦傷嘆，或憎惡怨嘆，因而發言呼嘯，即成「呼嘯句」。目的在表達自己的情感，引起旁人的同鳴共感。凡是驚嘆句都是「呼嘯句」，屬於「呼嘯句」的總類，專在抒情，簡稱「呼句」。

凡是人間語言所能有的辭句，統歸以上五類。約而盡之，只分三類：論說句抒意、志願句抒志、「呼句」或嘆句抒情。疑問句附屬於論說句，或分別附屬於以上三類。

「言為心聲」，言辭或語句的分類，以人的心理為標準。人的心理包含知識、志願，和情感三者。知識和志願是動的，情感是靜的。動有動向，知識的動向，向於心內：將外物的理，領悟在心。志願的動向，向於外物。心之所求，心內無有，故求之於外。志願有所止，止於得所求與所愛。情感是心有所感，心境的感受，積中在心內，靜而不動，或悲苦，或愉快等等。如此說來，人心有兩態，一動一靜。動有兩向，一向內，一向外。知識之動，向內。志願之動、向外。情境止於中。心之動靜情況既分三類，言是心聲，隨之也分三類、乃是理之自然。

比較三類辭句的先後，依「認識論」的看法去說，心先有所知，後有所欲與所感。一有所知，即有論說句、聲明其所知之內容，然後針對其內容如何，發出心中的志願、憎惡、悲喜等情感。為表達其志願與情感，遂有「志願句」，與「呼嘯句」的形成。邏輯的次第必是如此。生活的具體經驗，能是三者同時並發：同時得知識、發志願、動情感。心理學家，學說不一：有人主張，知識為先：先有知識，然後由知識引動志願與情感。有人卻認為志願為先：先有志願，決定注意的焦點，引人理會到與自己利害或苦樂有關的事物，因而產生知識。注意不到的事物，便非人之所能理會：即便有所知，也是「沒有理會出來」的知識：只是隱意識而已。依歷史去看，抒情言志的文學，材料豐富，勝於論說的文學。即使「抒意」、「抒志」、「抒情」的三種文學，各時代無時不有，但人理智的自覺，是漸進的發展。三種文學，三種心理，漸由渾統不分，前進於清楚分明：人文的進化，似乎便是促進理智的清醒：使理智的知識，領導人的志願和情感，共同追求客觀上、大公無私的真理：尚理崇智，不任情縱慾。邏輯，也叫作「論理學」，在古代的中國，和希臘，很長的時期，叫作《辯學》：它所研究的固有材料，是「論說」，及其理性的規則：因此，邏輯也叫作「理則學」。但這並不是說只是「論說文」，有邏輯，因為其餘「抒志，抒情」的種種言辭，甚至純粹「述事」的文學，或言談，也不是全無邏輯。不過是說，各種言辭或文學，所包含的邏輯成分，都可集中在「論說句」的邏輯內，專由理智的觀點，去加以研究：各種言辭，不論抒意、抒情、抒志，除共有的理智成分和邏輯外，又各自有特殊的邏輯，或思路。一有思路，便有形式的次第和典型；足以構成特殊的邏輯：特殊的學科。

二、工具六書與句類——綜如上述，「抒意、抒志、抒情」，三類辭句，性質不同，分歸三種不同的學科。亞里著《詩學》，研究抒情的「呼嘯句」：凡是詩詞歌賦，都離不開吟詠歌唱，猶如生物界的虎嘯猿啼。情動於中，聲發於外，都是「呼喚號叫」的「呼嘯句」。又著《演說學》，或名「雄辯學」、「修辭學」：專論抒志的志願句、演說的人，或命令，或請求，或勸誘，或訓誡，都是用「志願句」一類的辭句，動員聽眾的注意，說服人心。此外，又著《句解》，《分析學》，《辯證法》，《駁謬》，《形上學》卷四，諸書，詳細研究抒意的論說句，特應遵守的邏輯。分別略述如左：

1.《句解》，詳名《論說句的解釋》：分析論句的邏輯構造，檢討論句間的邏輯關係：特別是「有態」和「無態」的兩類論句；每類內，所有論句間，對立的關係，和互相推演的自然規則。「《句解》」可以簡單說是「論句的邏輯分析和訓解」。和語意學相類。

2.《分析學》，《前編》，上下兩卷，研究「論證法」，簡稱「論法」，詳名「三段論法」。是本處的拙譯。

3.《分析學》，《後編》，上下兩卷，研究「明證法」。明證法是「論證法」的第一種：屬於論證法的總類。詳見《前編》上卷、章一。

4.《辯證法》，八卷，專論《辯證法》，是「論證法」的第二種。

5.《駁謬》一書，研究謬誤的論法和論式，並檢討批駁的方法。

6.《形上學》，卷四，特別研究邏輯的公律。例如「矛盾律」、「自同律」、「排中律」、「排三律」，及其顛撲不破的特性之證明。

以上，前五書，加上《範疇集》，（研究物名分十總類），共是「邏輯六書」，史稱亞里《工具》，或簡名《工具》：意思是說：「邏輯」是學術百科，必備的治學工具。後代的人，認為，《形上學》，卷四，也屬於「亞里邏輯」，那麼，「亞里工具」，依歷史傳統說法，雖然只有「工具六書」；但，依實際而論，共有《邏輯七書》。此外，《詩學》，和《演說學》，雖然也是邏輯性的專書，但沒有算作《邏輯學》本部的材料：不是「亞里工具」的部分：因為它們和三段論法，距離遙遠，關係稀薄。

三、句的指義作用——凡是一句話，都能有寓義，和本義。本義分三種，因此，「句有三指」，加上寓義，便是「句有四指」。專就本義三指而論，每一句話，一指其自身的物質成分；例如說「馬是動物」，是說，「四個黑色象形字」。這是「句」的「物質指義」。二指其邏輯構造中的名理和關係，這樣的指義，是「邏輯指義」，例如說：「馬是動物」是說，「馬是種名，動物是類名，馬屬於動物之類」。三指其所代表的思想，並指其思想所認識或所形容的事物：這樣的指義作用，是「實物指義」：例如說「馬是動物」，是說「某處，實有某物，是馬，又是動物」。

總括說來：論句的物質指義，指論句的言辭自身；邏輯的指義，指邏輯的名理和關係；「實物指義」，指思想所想的實有事物。

那麼：論句的言辭、思想、名理，和實義，是四個不同的名辭：「言辭」，指論句的物質自身，有中國外國，長短大小，黑白巧拙等等分別。思想，人類相同。不同的言辭，文字，可以傳達共同的思想。思想的行動，屬於生理和心理。思想的內容，即是「意思」，或「概念」，代表事物，並且是「存在心中，為人心所思想的內容」。名理，是名辭的定義和邏輯意義。「實義」，指論句所形容的客觀事物。論句和名辭的指義作用，都有以上四種。論說句，如此；志願句，和呼嘯句，也是大同小異：各有許多不同的指義作用。注意：在邏輯裡，「句」或「論句」，指「名理」和「實義」：並指「概念」或「意思」，兼指思想的內容。因此，邏輯不是「文法」和「修辭」：它專就義理方面，研究人類相同的理則；不在「言辭」方面，研究各國互異的文法和修辭。

四、論句的構造——簡單名辭，叫作「單辭」，或一字、一音、一辭，叫作「單音辭」、「單字辭」。或多字、多音、一辭，叫作「多音辭」，「多字辭」。綴辭成句：將許多名辭連綴起來，組成辭句，又分單句、複句。複句是用「接辭」，將許多單句連接起來，構成複雜組合的語句。最簡單的單句依語法而論，至少包含名動兩辭。單辭指事物，不指時間的流逝，或先後，叫作「名辭」。指事物，又指時間的單辭，叫作動辭。只有一個名詞，一個動辭的辭句，叫作單句，例如「水流」。或「馬跑」，「流」「跑」，都是動作，有動作便有時間的流逝和先後的次第。只有名辭而無動辭，或只有動辭而無名辭，不論數目多少，都構不成辭句。許多簡單名詞組合成複雜「辭組」充任主辭和賓辭，構成辭句，也同樣有單句、複句的分別。

根據邏輯的本質去分析，每個單句至少要有賓辭、主辭，和構辭各一個。這三個單辭合成的論句，是最簡單的單句。例如「馬是動物」。馬是主辭，動物是賓辭，「是」字是「構辭」，它的任務是構成論句，就是連結賓主二辭，建立兩辭間的賓主關係，不如此，無以構成論句。「是」字包含論句，所以是論句的理由，彷彿是論句的靈魂。人只有骨肉而無靈魂，不能生活。論句只有賓主二辭而無構辭，不能成為論句。凡是論句都有構辭，有時明說，有時不明說；不明說時，暗含在動辭或形容辭內。例如「水流」、「水清」，不明明提出構辭，但構辭的意義，卻實際包含在以上每個論句中。「流」和「清」，一是動辭，一是形容辭，除本有的意義以外，放在水字下，兼任「構辭」，表示「水是在流動中的流質」。「水是清水」。在每個論句中賓辭主辭，各自所指的意義，雖然不同，但所代表的實體卻只是一個。例如方才說「水流」、「馬跑」、水和流、馬和跑四個字，各自表示不同的意義，但在實體上，「水流」代表一個實體，這個實體是水，並是流動的。這個實體既然是水，便是能流動的液體。說「馬跑」和「馬是動物」時，也是指示一個實體，或一類實體，是馬，既是馬，便是動物，並且（現實在跑路，或能）跑路。為此，邏輯的名言常說：「論句內，賓辭主辭，表示的意義不同，代表的實體相同」。這就是「構辭」，構成論句時，所發生的指義作用。

五、賓辭主辭的關係——自然的肯定論句，形容事物的實況，或說某物屬於某種，或某種屬於某類，或某物有某特性，或情況。種名類名，形容本體作賓辭時，叫作「本體賓辭」。種別名，形容本體內在的成因，和種性本體之所以然，作賓辭時，也是本體賓辭。特性名和情況名，形容本體以外，附加的狀況是「附性賓辭」。某物，依其種性本體，常有而必有的附性，足以作同種共有的特徵，叫作特性。某物偶而能有，但不常有，不必有的附性或情況，叫作偶有附性，通稱「附性」。例如說，「人是動物」、「張三是人」、「張三有理性」、「張三會笑，能言」、「張三害病」。人是種名，動物是類名，理性是種別名，都是張三的「本體賓辭」。餘如「會笑，能言，」「害病」卻是他的「附性賓辭」，不形容本體，只形容本體以外的附有情況。「會笑，能言」，指人的特性，「害病」指人偶爾能有的健康情形。這是賓辭的五個總類。詳見註二一二。

六、隨辭與引辭——賓辭也往往叫作隨辭：隨從主辭。主辭也叫作引辭，引領賓辭。引隨關係，是賓主間的邏輯關係，在漢文，往往用「則」或「必」等類的虛字代表出來。它遵守一個不易的邏輯定律，即是：「既肯定引辭，必肯定隨辭。果如否定隨辭，必也否定引辭」。反說則不然。或說「否定引辭，則必也否定隨辭，或說「肯定隨辭，則必也肯定引辭」，都是不邏輯。換言之：「有主必有賓，無賓必無主」，這是定律。反說：「無主必無賓，有賓必有主」，則不邏輯。例如說：「是人則必是動物；假設不是動物，則必不是人（因為「人是動物」）這是合乎定律的。反過去說：「既是動物，則必是人，既不是人則必不是動物」，顯然是不合邏輯，也不合事實，因為事實上，有些動物，不屬於人類。簡言之：「主引賓隨，關係必然，有主必有賓，無賓，必無主」，反說則不可。賓主兩辭間的「引隨關係」，為什麼是必然如此，為什麼不如此不可呢？仍舊根據自然的肯定論句分析一下，便可看到兩項理由：一是「部分與整體」的關係，簡稱「零整關係」；一是「種與類」的關係，即是，更廣泛地說：「特稱與全稱」的關係。（參看註一二一；及本註內號十二）。

七、類名與種名——賓主兩個名辭，意義的範圍不常相等。在全稱的肯定論句中，賓辭的範圍寬廣，主辭的範圍狹小。普通大都如此。只有少數次，兩者範圍相等，例如特性名和定義作賓辭和其主辭的種名，廣狹相等，可以互為賓主。除此兩種情形以外，都是賓主範圍，廣狹不同，主辭是種名，賓辭是類名。種名的範圍狹小，指示類名範圍中的一部分。類名所指的類界寬廣，包括許多部分，每一部分自成一種，劃分一個小領域；因此，種名所指的種界狹小。**類界包含種界，種界不能包含類界**：「**大可以含小，小不可以含大**」。同時，種界既然是類界包含的一小部分。種界以內的物體，必定也在類界以內。但是類界以內的物體，屬於甲種，不屬於乙種，如果只知其在某類，仍無以斷定它，是否在甲種，或在乙種，不在乙種，能在甲種，或能在丙丁，及其他等種。故此只知它不在乙種，無法斷定它不在類界以內。但是，假設某物全不屬於某類，既不在類界以內，則顯然，無以屬於那個類界內的某種。簡言定律如下：「**屬某種，則必屬此種上之類。不屬某類，則必不屬此類下之種**。反說則不可」。明白了這個「種與類」關係的必然，便可看到「賓主間，引隨關係」的必然。為此，如說：「**凡是人都是動物**」，意思是說：人是一類，動物是一類，人的類界狹小，動物的類界寬廣，包括人類及其他許多獸類。現有此某類實體，都是屬於人類，故此，必定也是屬於動物之類。漢文全稱肯定論句，「**凡是人，都是動物**」，兩次重說「是」

字，先說「凡是人」，後說「都是動物」，便是用「**凡是……，（則）都是……**」的虛字，**說明賓主間的引隨關係，和「種與類」的關係**，即是「**廣狹類界相含**」的必然邏輯。漢文的日常語法，和現代數理邏輯對於全稱論句的分析，巧相符合。這類虛字，具有高度的邏輯意義。亞里的邏輯，便是以此為中心砥柱。詳見註二〇〇及二〇二。

八、「整體與部分」——就物名的類界而說，類界的整個範圍是整體。類界以內所包括的許多種，每一種有固定的種界，佔一個小領域，每一個小領域，或小群體，是類界內的一部分。比較起來，簡單可說：**類是全體，種是部分**。類包括種，是以類界的寬廣，包括種界的狹小。論句說「馬是動物」，如果是「動物的類界內包括馬這一種」，這便是說「馬這一種是動物之類的一部分」。為抒意更為確明，不應說**「馬是動物」，而應說：「凡是馬，都是動物」，更詳細的肯定應說：「凡是實體，如果是馬，便是動物」**。因為邏輯和數學的公理是「**整體包括自己的部分**」，並且「自己部分的部分，必定是自己整體的部分」。換言之：「自己的部分所包括的部分，必定是自己整體所包括的部分」。馬的種界，既是動物的類界所包括的一部分。那麼，如果有些實體，是馬的種界所包括的一部分，自然必是動物之類界所包括的一部分。在「凡是馬，都是動物」的全稱肯定論句內，馬和動物的賓主關係，就是「部分和整體」間的數理關係，和種類關係。

九、「性理與性體」物名，不但指物的類界或種界，而且表示物的性體。性體是一整體，它所包含的許多性理都是部分。例如馬名，不但表示馬的種界，而且表示馬的性體：就是表示馬，所以然是馬的內在理由：表示某實體有馬的性體。又例如人名、表示人類的類界，同時指定人的性體。人的性體在人名的定義中，分析出許多內在的因素，每一個因素是人性體的一部分，例如說：「人是理性的動物，動物是有知覺的生物。生物是有生命的形體。形體是物質的實體。實體是自立的物體。物體是有生存的主體。有生存的主體不是沒有生存的虛無」。「是」字的推演法，即是定義的「上溯法」，從低種，上溯倒推，推到最高類的實體，再推到超類的物體，再推到否定生存的虛無，便推到了最高的止點，不能再往上推了。那麼，人的性體內，逐級包括全系列舉的性理。它否定無生存的虛無，肯定有生存的主體，故此，它有「物體」之理，它有自立的生存，故有「實體」之理，它有形質，故有「形體」之理，它有「生命」，故有「生物」之理，它有「知覺運動」，故有「動物」之理，它有「理性」，故此有「人」之理。「人是理性動物」，說明了人的**性體**。那麼，人的性體中，包括上述六理：「人是有生存，有自立、有形質、有生命、有知覺、有理性的主體」。這六理的綜合，構成人的性體。人名指性體，便是指這六理的綜合。前後兩相比較起來，**性體和性體所具有的性理**，有**「整體與部分的關係」**。**性體是整體，性理是部分**。說「人是動物」即是說「人的性體具有動物之性理：動物的性理，寓存在人的主體內，是人性體的一部分」。全稱肯定論句，「凡是人都是動物」的意思便是說：「凡是主體，如果它具有人性，就都有動物性。反之，假設任何主體，如果不具有動物性，便不會有人性」。用純邏輯術語說來：便是：「**種性包含類性**。**有某**種性，必有種上的類性，沒有某類性，必不會有類下的種性」，但「既知某物只有某類性，無以斷定它有無類下的某種性。只知它沒有某種性，也無法推斷它有無種上的類性」。從「性體」方面觀察，「部分與整體」的關係，正足以說明全稱肯定論句內，賓主間的邏輯關係，和從「類界」方面觀察，雖然有正看反看，豎說倒說的分別，但所得的結果相同：都是說明，在自然的全稱論句內，賓主關係是「部分與整體」

的關係，遵守「零整」關係的邏輯公理，這也是數理的基本原則：「整體大於（自己的任何）部分」。亞里不談「內包」和「外延」，但他所談的「性體」和「類界」，相當於內包和外延。許多史家、認為，「內包」和「外延」是紀元十六世紀以後創造的新名辭，然後流傳至今。

十、上辭和下辭——亞里屢將賓辭叫作上辭，主辭叫作下辭。上辭是上置辭，即是位置在上的名辭。下辭是下置辭，即是放在上辭下面的名辭。在上的名辭，類級高上，類界寬廣，性體簡單，性理數少：類界包括下辭，類性卻被包含在下辭所指性體以內。下辭所指的名理，類級低下，類界狹小，是上級類界的一部分；性體卻複雜，性理數多：性理的總數構成性體的全整，包含上級諸類的類性。如此，**類界和性體，在類級的系統上，升降觀察，大小相較，成反比例**，類界越高廣，性體越簡單，類界越低狹，性體越複雜。類界越大，性體越小，類界越小，性體越大（這個反比例，非亞里所曾明言，後人卻視為定律，不可不知）。

由此觀之，說：「人是動物」，是說：「**人在動物下面**」，同時是說：「**動物是在人上面**」。全稱肯定論句：「凡是人都是動物」，意思是說：「凡是實體，或主體，如果是在人的下面，便都是在動物的下面」，同時是說：「動物是在那每個實體或主體上面，因為動物是在每個人上面」。上下二字的關係，原來本是「**空間的幾何關係**」。轉借過來，指賓辭主辭間的邏輯關係。亞里常用這幾何關係說明賓主關係：因為乙在甲下面，乙下有丙，丙必在甲下面」，換言之「**下面的下面，是上面的下面**」。反過去說：「**上面的上面，是下面的上面**」。再換言之：「**低於低者，必低於高者**」，「**高於高者，必高於低者**」。用邏輯的語法說來：「**賓辭的賓辭是主辭的賓辭**」同時：「**主辭的主辭是賓辭的主辭**」。但賓主關係，可從許多方面觀察，一是「類與種」的關係，一是「零與整」的關係，一是「上與下」的關係，一是高與低的關係。這一切關係，各有各的邏輯系統。有關的兩方，又都有「引隨」的關係：主引賓隨。邏輯的推證演繹是以這「引隨關係」作中心。前提引於前，結論隨於後。主辭引於前，賓辭隨於後。但「**前後**」，和「**引隨**」等名辭，表示**空間的關係**，**和運動之次第間的關係**，**都涉及數理**。用以上的名辭，去解釋邏輯關係，便感覺容易明瞭。所謂前提乃是引在前面的論句，可以叫作**引句**。結論是隨在後面的論句，可以叫作**隨句**。大前提是**大引句**，小前提是**小引句**，或簡稱**大引**、**小引**。**主辭是引辭**，**賓辭是隨辭**。

十一、構辭：「是」和「在」——普通語法，多用「是」作構辭。例如說：「人是動物」，人是主辭，動物是賓辭，「是」構辭。構辭的任務，連結賓主二辭，構成論句，說明賓主間的關係。賓主間關係的許多方面，上文略已備述，惟需注意一點，凡是關係，都是關係兩方。既有兩方，便有兩方的一來一往，交互發生關係，並能從兩方互不相同的角度，觀察它兩方共有的關係。看到關係凸凹有正有反，兩個方面，語言表達關係的正面，用「豎說語法」；表達反面，用「倒說語法」。賓主關係，也有正反兩方面。那是正面或反面，不易確定。假設「人種屬於動物之類」，或「人性具有動物性」是人和動物，賓主關係的「正面觀」、「人是動物」，便是代表這個「正面觀」的豎說話法。豎說是順說，順著正面關係的狀況，自自然然，平鋪直陳的申說出來。那麼，「動物的類界，包括人的種界」，或「動物的類性寓存在人的性體以內」，算是人和動物賓主關係的反面。為表達這個關係的反面，亞里慣用一個動辭，叫作「域**博而該**」，也可以譯作「**寓普而建**」，在漢文，這是譯音兼譯義；是亞里常用的一個動辭。他用它作構辭，構成倒說語法，表達賓主關係的反面。為肯定人和動物的賓主關係，亞里不說「人是動物」，而經常說「動物域博而該人」，或說：「動物寓普而建人」，意思是說：「動物類界的領域廣博，該括人類全體」，或是說：「動物的性理，普遍寓存在人的主體以內，建立人的本體」。換言之，不說：「甲是丙」，而說：「丙域博而該甲」，或說「丙寓普而建甲」，意思相同，都是「甲是丙」的倒說語法。

「在」字構辭——希臘文「域博而該」（寓普而建），有「在」和「存在」的意思。「動物域博而該人」，是說動物的性體，寓存在人的主體，建立人的實體，使人足以生存，不但使人存在於實有之界而且也使動物存在於人，並因人既存在，則動物也存在。歷史上，各國語言翻譯「域博而該」（寓普而建），這個希臘字用了許多不同的名辭，或動辭；或將「丙域博而該甲」，譯作「丙適合甲」，或譯作「丙屬於甲」，或作「丙歸於甲」，或簡直將它翻回豎說語法去，仍說：「甲是丙」，這就是等於不翻譯原字。拉丁文習慣用「內在於」三字表達「域博而該，或寓普而建」的意思。將「丙域博而該甲」，譯作：「丙內在於甲」，和亞里原文的宗旨比較相近，至少表出了「寓普而建」的意思，但脫漏了「域博而該」的意思，原字本是一字兼含這兩個意思，而且「域博而該」的意思，表示類界領域廣博，提出賓辭對於主辭通常所有的類名賓稱作用，在以類級系統，為中堅的邏輯，比「寓普而建」的意思及作用，更為重要。仔細審讀亞里的原文，可知「域博而該」（或「寓普而建」），是代表賓主關係的真正構辭，說明賓主上下互有的自然位置：上辭在上，下辭在下。上辭博大，叫作大辭，下辭低狹，叫作小辭。在論證法內，有大辭的前提，叫作大前提，居首位；有小辭的前提叫作小前提，居次位。結論居末位。大辭、上辭、也叫首辭。小辭、下辭、也叫尾辭，或末辭。聯繫大小或首尾兩辭的第三辭，叫作中辭，首、尾，中，即上中下三辭是構成三段論法的基本名辭和要素。三個名辭間的賓主關係，都經常用「域博而該（即寓普而建）」，表達出來，用「是」字的次數甚少，可以說絕無僅有，即便有時，也是用於普通語法舉例中的次數較多，不用在專門性的術語或論法的公式中。「域博而該」是全書最突出，最精采的一個「字」，並且貫徹全書，一頁數見，為傳達賓主間的關係，發生了明確允當的分析作用。這個字非常重要，故此雖然極難翻譯，也是不得不翻譯；於是迫不得已，勉為其難，**暫選漢文「在」字，代表原字，即是代表，「是」字的倒裝**。如此說來，「在」字不是翻譯，**而只是一個「符號」，代表賓主關係「是」**字的反面，吾人通常所謂的反面，卻是理性自然的正面。亞里用「在」字代替「是」字，作構辭，傳達賓主間的「引隨關係」及其「貫通性」。凡是亞里原文用希臘字「域博而該」的地方，本書譯文一律用「在」字符號代替之。舉論式的實例，以說明如下：

在字語法	是字語法	實例
前提假設甲在每乙，	前提假設每乙是甲，	每棵樹都葉綠，
又假設乙在每丙；	又假設每丙是乙；	每棵柳都是樹；
結論則是甲在每丙。	結論則是每丙是甲。	每棵柳都葉綠。

如果，綠葉「在」每樹，樹又「在」每柳，則綠葉「在」每柳。關於論式的句法和格式，請參看註十五內第八號，第二問題。

十二、論句分全稱，特稱，和無限定——下文用「在」字作構辭，舉例分析全稱，特稱，和無限定論句的構造，指定它們分別的所在，亞里提出了以下這五個公式：

1. 全稱肯定論句，說：此在彼類全部。

2.全稱否定論句，說：此不在彼類任何部分。

3.特稱肯定論句，說：此在彼類某部分。

4.特稱否定論句，說：此不在彼類某部分。或是說：此不在彼類全部。

5.無限定論句，說「此在彼類」，或說「此不在彼類」，不指明是在彼類全部與否。參看註十五，內第十號；並參看註四。

以上五公式的意義，可用甲乙作類名的符號，代替「此」和「彼」兩字，分用「在」字和「是」字作構辭，構成上下，兩列論句，比較觀察，即可清楚明瞭：（參考附錄三歐樂圖表）：

一、甲在每乙	每乙是甲	全稱肯定
二、甲不在任何乙	無乙是甲	全稱否定
三、甲在某乙	某乙是甲	特稱肯定
四、甲不在某乙	某乙非甲	特稱否定
五、甲不在每乙	某乙非甲	（同上）
六、甲在乙	乙是甲	無限定肯定
七、甲不在乙	乙非甲	無限定否定

注意：「無限定論句」不是「無限論句」；詳見註二三三內十三號。

「全稱」的意義——上列公式一和二是全稱論句的公式，一肯定，一否定。普通用語中有許多全稱的語法，分類列舉如下，稍加分析，比較學界的意見，便可看到「全稱」的意義。

甲類、含渾籠統的全稱語法：

甲代表「健康的」，作賓辭，乙代表「人」，作主辭：數種語法如下：

用「是」字	用「在」字
1. 一總乙是甲	甲在一總乙
2. 一切乙是甲	甲在一切乙
3. 乙都是甲	甲在乙全類或全體
4. 乙全是甲	同上
5. 乙統統是甲	同上
6. 全人類都健康	健康在全人類
7. 全人類是廿億人	廿億人數在全人類
8. （其他不贅）	

乙類、精細明確的「全稱」語法，是條分縷析的枚數語法：逐一枚舉：遍稱全類，枚舉個體：

用「是」字	用「在」字
1. 凡是人，都健康（的）	健康在每人
2. 凡是乙，都是甲	甲在每乙
3. 凡是乙，每個是甲	甲在每乙
4. 凡是乙，個個是甲	同上

5. 人人健康	健康在每人
6. 凡是乙，無一非甲	甲在每乙，無一例外
7. 每乙是甲	甲在每乙
8. 乙、個個是甲	甲在每乙
9. 全人類（現有的）總數是廿億	廿億人是全人類合計的總數
10. 凡是物體，如果是人，便個個健康	健康在人所在的每個主體
11. 凡是物體，如果是人，便沒有一個不健康的	健康在人所在的每個主體，沒有一個例外。
12. 是人而非健康者，天下之所無有也。（人而不健者，無有也）。無人不健康	健康在人所在的每個主體。人在而健康不在的主體，是虛無。（是零）。
13. 是人又不健康，是沒有的（一回）事	同上
14. （還有其他，不贅）	

特稱的意義——前面第十二號所列公式內，第三和第四是特稱論句的公式；一肯定，一否定。普通用語中，有許多特稱語法，在文法的外形上，樣式不一，但在邏輯本質上，遵守同樣的公式。擇要舉例如下，以供分析，藉以指定「特稱」的意義：

甲類、含渾的特稱語法：

1.有乙是甲	甲在某乙
2.某乙是甲	甲在某乙
3.乙或（有）是甲者	甲在某乙
4.乙不全是甲	甲不在乙全部。

乙類，精確的特稱語法：

1.有些乙是甲	甲在某些乙
2.有些乙是甲	甲在某些乙
3.有數乙是甲	甲在某數乙
4.有一乙是甲	甲在某壹乙
5.某數乙是甲	甲在某數乙
6.數乙是甲	甲在（某）數乙
7.一二乙是甲	甲在某些乙
8.三兩個乙是甲	甲在某些乙
9.大多數乙是甲	甲在大多數乙
10.少數乙是甲	甲在少數乙
11.一部份乙是甲	甲在乙的一部份

全稱與特稱的比較——首先比較肯定的全稱與特稱。然後比較否定。

亞里的比較：甲在每乙，是甲在乙類全部，乙類全部是甲類的一部分。全稱肯定論句用主辭乙，指乙類的全部，用賓辭甲，指甲類的一部分，並肯定乙類全部，是甲類的一部分。如果甲在每乙，則有某甲在乙。換言之，**如果真的每乙是甲，則必定有某甲是乙，不必每甲是乙。以上是全稱肯定論句的本質**。特稱肯定論句，不但用賓辭甲指甲類的一部分，而且用主辭乙，也是指乙類的一部分。甲在某乙，如果這句話是真的，則必然的，乙在某甲也是真的。某乙是甲，則某甲是乙。如此說來：特稱肯定論句，賓主換位後，所得的新句，仍是特稱肯定。全稱肯定論句，賓主換位後所得的新句，不必仍是全稱，卻至少是特稱。這是兩者的分別所在之處。參看註四。

全稱肯定論句分析成許多部分，每部分是一個單句。每個單句用同樣的賓主二辭，指義不同，代表的物體相同。這許多單句連結起來，應用的接辭是「連接辭」，不得是「分接辭」。反之，特稱肯定論句分析而得的單句，許多彼此連結時，需用分接辭，不得用連接辭。典型的連接辭是「也」字。分接辭是「或」字。分析如下：

「每乙是甲」，是說：「乙一是甲，乙二也是甲，乙三也是甲，乙、不論有多少，也都個個是甲」。所謂全稱的意思，就是如此。

「某乙是甲」，是說：「乙一是甲，或乙二是甲，或乙三是甲，乙、不論有多少，都是或這一個是甲，或那一個是甲」。所謂特稱肯定的意思，就是如此；顯然和全稱肯定不同。一用「也」字。一用「或」字。（參考註二三一及附錄五）。

全稱論句，肯定時，能指實際存在的事物，也能指實際不存在的事物。例如說：凡是人都是理性動物，既指現實存在的人，又指古往已經死去，將來尚未出生的一種人。又例如說：「凡是龍王殿都是水晶宮」，根本全是神話，不指任何實有物。但如特稱肯定說：「有人是理性動物」，或「某人是理性動物」這些話的意思裡，暗指「實有某人存在，並是理性動物」。那麼，特稱肯定，暗含「實際存在」的意思，全稱肯定論句裡，不必定常有「存在的含義」。這就是說：「存在含義」的有無，是全稱特稱的分別。「某人如何」，是說：「有人如何」，兼指實有某人。這第二點，是現代邏輯學家多數抱持的意見。也有許多人不贊同這個意見：不贊同的理由相當明顯：如果全稱肯定不必須有「存在含義」，則特稱肯定也不必須有「存在含義」，因為特稱肯定，是全稱肯定的一部分，是全稱肯定不可不兼備的含蓄和結論。就「引隨關係」而論，全稱**肯定是引句，特稱肯定，是它不得不有的隨句**。引句引在前，隨句必隨在後。彼此不能分離。既說：「凡是龍王殿，都是水晶宮」，則隨之，必須承認「有些龍王殿是水晶宮」。不論龍王殿實際存在與否。

十三、現在比較否定的全稱與特稱，同時比較肯定與否定。全稱否定論句，用賓主兩辭各指其主體的全部。甲指甲全部。乙指乙全部。全稱肯定時，乙指乙全部，作主辭，甲作賓辭，卻不常指全部，除少數假定的例外以後，常是指一部分：令其指一部分時，論句常真。特稱肯定論句，用賓主兩辭甲乙，都是各指其主體的一部分：甲指甲一部分、乙指乙一部分，特稱否定論句，用甲作賓辭，指甲全部，用乙作主辭指乙一部分。列簡表如下：

1. 全稱肯定：每乙是甲。甲指甲某部，乙指乙全部。

2.全稱否定：無乙是甲。甲指甲全部，乙指乙全部。

3.特稱肯定：有乙是甲。甲指甲某部，乙指乙某部。

4.特稱否定：有乙非甲。甲指甲全部，乙指乙某部。（參看註十五，號十：指全部，叫作「指整」，指某部叫作「指零」）。

根據上面的構造，有人說，全稱否定論句，賓主兩辭，都可以代表不存在的事物。有人卻說：至少在亞里邏輯內，全稱否定的主辭代表實有的事物。這就是說，根據以上兩家意見，否定全稱論句，有兩種不同的含意：

1.「甲不在任何乙」，即是「無乙是甲」，乙代表的主體是「無物」，並且個個「乙不是甲」。例如：「無一馬是牛」，意思是說：「沒有這樣一個東西，同時是馬，又是牛」。故此「個個馬不是牛」。

2.「甲不在任何乙」，「無乙是甲」，是說：有某類主體，是乙，又有某類主體是甲，同時凡是乙，個個不屬於甲類：個個乙不是甲。

如此說來：「無乙是甲」，和「凡是乙都不是甲」，雖然都是全稱否定論句，但背面輝映的含意，確實有些不同。前後強調的重點不同：一個的重點在「無」，一個的重點在「有」。一個說沒有牛馬同是的東西；一個說有牛有馬，但不同是一個東西。前者，無牛無馬時，論句仍真。後句，無牛無馬時，則不復真實、至少是不全真。

特稱的肯定否定，主辭既說：「有乙」，或「某乙」，則字面直接的指示是假定實有某物是乙。同時既說「非甲」，則是說：「有物，是乙、而非甲」，也能是「有物是乙，有物是甲，但某乙非甲」，也能是「有物是乙，無物是甲，故有某乙不是甲」。「某乙非甲」，能是「無物是乙又是甲」的隨句，重點在無乙無甲，或無甲乙同體之物；也能是「有乙有甲，而某乙非甲」的隨句。那麼它的引句，能是「重點在無的全稱否定」，也能是「重點在有的全稱否定」，也能只是事實或假設某乙非甲，不是任何全稱否定的隨句。特稱否定論句的本身，含蓄著以上四種可能。因此亞里嘗說：**特稱論句，比較全稱論句，意義含渾**。漢文，用「有」「某」「或」三字表示特稱論句的特色，「有」字的重點，在有「某」字似是有無雙關；「或」字顯然是或然，惑然，或有，或無，含渾不清。

十四、有限定的論句，指出賓主兩辭的定量，是全部，或不全部，分四種：來自質量的配合：質是句的性質，或肯定或否定，量是主辭的定量或全部，或一部分，即是不全部，配合起來只有四對：

1.全稱肯定：即是肯定主辭的全部：指整。

2.全稱否定：即是否定主辭的全部：也是指整。

3.特稱肯定即是肯定主辭的一部分：指零。

4.特稱否定即是否定主辭的一部分：也是指零、「整」是全部。「零」是整體的某部分。參看註十五，號十。

無限定論句，不指明主辭的定量，不說明乙指乙的全部，或一部分只說「乙是甲」，或「乙不是甲」。甲的定量指明了，主辭乙的定量沒有指明。但其用意，至少需是「某乙是甲」或「不是甲」不常是「每乙是甲」或「不是甲」。在肯定時，甲指甲一部分，不指其全部。在否定時，「乙非甲」，甲指甲全部，不只指一部分。可見無限定論句裡，只是主辭定量沒有確定。在邏輯的運用上，通常以「特稱論句」的待遇處理之：凡是無限定論句，都算作特稱論句。理由：詳見《句解》、章七；《辯證法》、卷三、章六；本編、卷二、章七、無限定論句，等於分接詞，「或」字，將「全稱和特稱」兩句，合構而成的複句：例如無限定論句：「馬是白的」，等於「或每馬是白的，或有一個馬是白的，或全數的馬是白的」。這樣的「或」字複句，在論式內，不能有「全稱論句」的真義：為此，應和特稱論句，受同等的處理：它的「推證能力」，不能和全稱的論句相等：既然不等於全稱，故等於特稱：不等於全部，故等於一部分。（某些：「無限定論句」，依照日常言談的習慣，能被大眾公認有「全稱」，或「特稱」的意義。然而「習慣」是社會心理學的問題，不是邏輯問題。從邏輯的立足點看去，如果言談的習慣不能解決問題，則一切「無限定論句」應一律看作是「特稱論句」：免陷於言過其辭）。

十五、全稱定律——全稱定律有兩個：一肯定，一否定：在歷史上，被人公認是三段論法所依據的基本定律。這兩個定律也叫作賓主關係的「貫通律」公式如下：

「甲在每乙」是「甲在乙所在的每主體」。意思是說：**凡是主體**，例如丙，如果個個是乙，同時乙又個個是甲，則丙個個是甲。丙的主辭經過乙，用乙作「中間辭」，貫通到甲，用甲作賓辭。**主辭的主辭是賓辭的主辭。賓辭的賓辭是主辭的賓辭**。各級賓主辭排成系統，不論有多少級。上下互有的賓主關系，從最高到最底，經過中間各級，一直貫通全體。這叫作賓主「貫通律」：舉例如下：

大前提：	凡是乙都是甲	甲在每乙
小前提：	凡是丙都是乙	乙在每丙
結論：故：	凡是丙都是甲	甲在每丙

「甲不在任何乙」，是說「**甲不在乙所在的任何主體**」。意思是說：凡是主體，如果個個是乙，例如丙，同時凡是乙，個個都不是甲，則凡是丙，無一是甲。換言之：「**主辭乙的主辭丙，不能有主辭乙所不有的賓辭甲。同樣，賓辭乙所不有的賓辭甲**不能給乙的主辭丙作賓辭」。舉例如下：

小前提：	凡是丙都是乙	乙在每丙
結論，故：	凡是丙都不是甲	甲不在任何丙
結論：故：	凡是丙都是甲	甲在每丙

將以上兩例簡化說出如下：

1.「甲在乙類全部」。即是說：乙類各種都是甲。此即肯定的全稱定律。簡名「全稱定律」。

2.「甲不在乙類任何部」。即是說：乙類的各部都不是甲。此即否定的全稱定律。乙類各部中包括丙及其他。否定的全稱定律，簡名「無稱定律」。

十六、論法——以上兩全稱定律，及其邏輯的構造形式，是其他一切（定言）論法和論式的依據和根源。論法是推論義理，證明結論的議程：詳名「論證法」，簡名「論法」。其基本形式是三段論法。亞里慣稱「三辭論法」：因為它是首中尾即上例的甲乙丙三辭間貫通性的賓主關係所構成的議論程式。三辭間主引賓隨的必然關係，根據貫通律，構成的大小前提和結論其間所有的引隨關係也是必然的。大小前提列於前，結論必然隨於後。這樣的議程叫作「論法」，這是論法的定義。簡言之：**三辭間「引隨關係」必然的議程**，叫作論法。

論法分幾種，每種論法有多少論式。那些論式有效、那些論式無效，有效無效如何證明？研究解決這些問題、是亞里著作本書的惟一宗旨。本卷下面、逐章詳論之。參看註十五，三號，論法的分類，並特別注意論句間的對立。

十七、論句對立圖——論句對立的關係分四種：一是矛盾，二是衝突，三是偏差，四是零整。試用**「盈無有虧」四字作符號，代表四種互相對立的論句如下：**（每句用乙作主辭，甲作賓辭）：

1.「盈」字代表全稱肯定論句：每乙是甲。

2.「無」字代表全稱否定論句：無乙是甲。

3.「有」字代表特稱肯定論句：有乙是甲。

4.「虧」字代表特稱否定論句：有乙非甲。

參看註二二一，內四號乙欄；註三二一。並見註十五、內十一號。又參看下卷、章十五正文。

用以上這四個符號，佈置起來，畫一方圖，史稱**論句對立圖**；用途頗廣：

論句對立圖：

盈無有虧圖：

圖一：

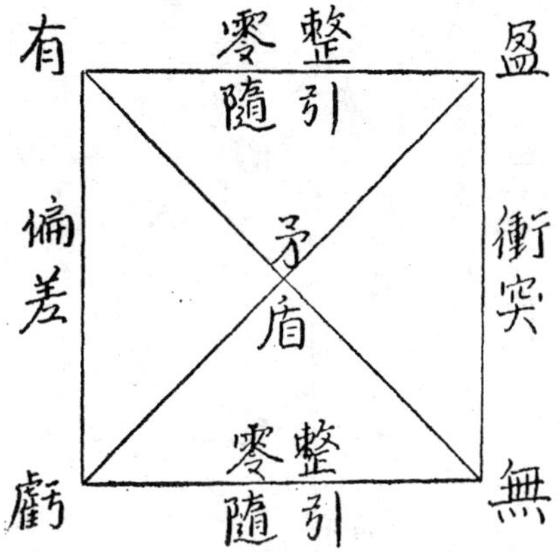

此三圖內容完全相同。形式的佈置稍有不同。本書一律用圖一作標準

圖二：（西文）

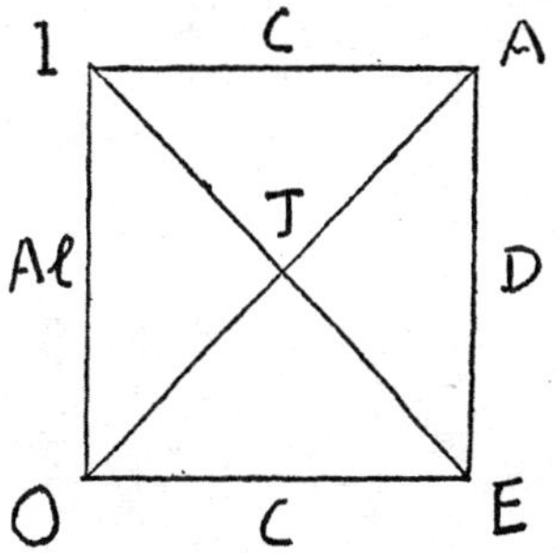

圖三：（傳統邏輯、西文）

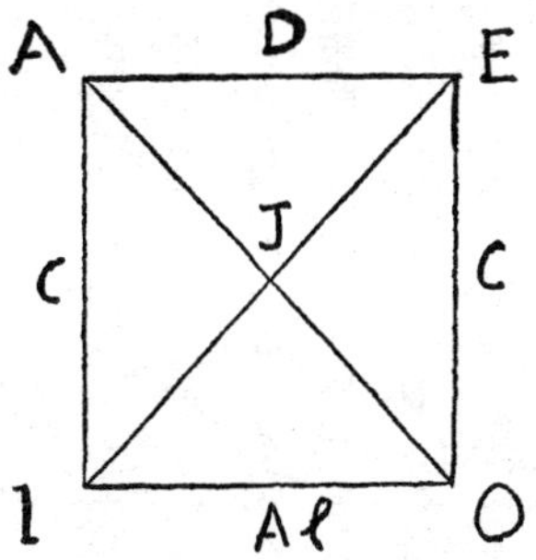

盈：A	E：無	有：I	0：虧

參看註九，態辭對立圖

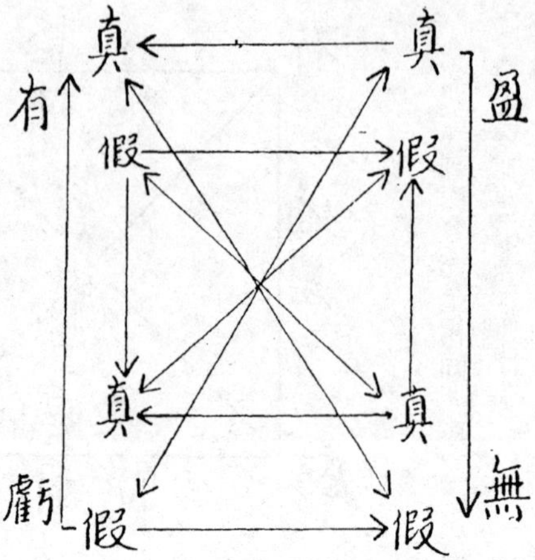

上圖說明

1.矛盾律——盈虧對立、有無對立，是兩個矛盾的對立，又是全面對立：在「句性」方面，一肯定、一否定；在「句量」方面，一全稱、一特稱。在質量兩方面，都是對立的：故此矛盾對立是全面對立。兩相矛盾的論句，必是一真一假；一假則一真。沒有中間立場，或任何第三立場的餘地，矛盾律和排中律及排三律是一個定律的三方面；互相表裡，不能相離，矛盾律西文簡稱「J律」。

2.衝突律——盈無對立是衝突對立，也是正面對立。兩個論句句性對立，一肯定，一否定；句量相同，同是全稱，全稱論句的是非對立，是正面的大相衝突。兩句大相反，正面迎頭痛擊；能同假，不能同真。在真理上，不能相容；在虛假時，能兩者同假。推演起來，一方真，則對方必假；一方假，則對方能真能假，故可疑。衝突律，西文簡稱「D律」，見於前面圖表。

3.偏差律——有虧對立，是偏差的對立，也是側面對立；又是「小相反」，兩個論句，句量相同，同是特稱；句性相反，一肯定、一否定。特稱論句的是非對立，是偏差對立：某類的一偏一角，和另一偏一角，是非對立；故是某一部分和另某一部分的對立；是側面對立：只是小相反：小摩擦：小衝突。這樣兩句偏差時，能同真，不能同假。依此推演起來：一方假，則對方必真；一方真，則對方能真能假，故為不可知；即是可疑。偏差律，西文簡稱「A律」（A指「或然兩可」）。

4.零整律——盈有對立、虧無對立，是兩個零整對立。特稱指零，全稱指整。零是零星部分。整是全個整體。「盈」指整，「有」指零：同是肯定。「虧」指零、「無」指「整」，同是否定。如此，句性相同，句量不相同的論句，是零整對立的論句；它們的自然關係，是在肯定真理時，整含零，零不含整：整真，零必真。零真，整不必真：能假；故可疑。在斷定錯誤時，適相反：零假，整必假；零真整可疑，這樣的推演關係，相當於用「則」字的「隨接論式」中，前句和後句的「引隨關係」。肯定前句，則必肯定後句，肯定後句，不必肯定前句，否定後句，則必否定前句；否定前句，卻不必否定後句，所以零整律就是零整間的引隨律。參看本註內13、11兩號；並詳讀註二二一、「隨接論法」中的「取取」，和「捨捨」兩論式。零整律，西文簡稱「C律」。

上圖「盈無有虧」所代表的四個論句，為發生對立的關係，**需有實義相同的主辭和賓辭**，例如乙作主辭，甲作賓辭：每句常在同樣的意義下，用乙作主辭，用甲作賓辭。簡言之：名辭所實指的內容在各句裡需要相同：滿足了這個需要，才能發生對立的關係。

根據上述一切，另製真錯推演圖如下：

對立論句、真錯推演圖

詳圖

引	隨	盈	無	有	虧
—	盈	—	○	—	○
—	無	○	—	○	—
—	有	?	○	—	?
—	虧	○	?	?	—
○	盈	○	?	?	—
○	無	?	○	—	?
○	有	○	—	○	—
○	虧	—	○	—	○

簡圖

引 —	隨	盈	無	有	虧	隨	引 ○
	盈	—	○	—	○	虧	
	無	○	—	○	—	有	
	有	?	○	—	?	無	
	虧	○	?	?	—	盈	

參考亞里、《辯證法》卷一，章一、章二；卷二，章八；《範疇集》章十；《句解》章七；本編，卷一，本章；章二，章四、章七、卷二，章八、章十五；《形上學》，卷四，章三，頁一〇五右一九；本編本卷，章四六；本書，《後編》，卷一，章十一；本書本編，卷下，章十五；再補充《句解》、章九，《形上學》，卷四、章八。

上圖符號說明：

「—」：讀如「實」，代表積極意義：「真」，「肯定」，「可取」，「有」等等。

「〇」：讀如「虛」，代表消極意義：「假」，「錯」，「否定」，「不可取，「妄」，「謬誤」，「無」等等。

「引」：代表「引隨句」中的引句（前句，前項）。

「隨」：代表「引隨句」中的隨句（後句，後項），「引隨句」是表達「引隨間關係的複句，普通用「則」字，或同義的假設語法。例如：「盈句真，則有句必真」。「有句假盈句卻不必假」：是引隨句兩個，上圖讀法，見下文：對立推演歌依詳圖次序詠讀，每句代表一條定律：

盈真歌	盈假歌	定律
盈真盈真	盈假盈假	自同律
盈真無假	盈假疑無	衝突律
盈真有真	盈假疑有	零整律：引隨律
盈真虧假	盈假虧真	矛盾律
短歌一	短歌一	
無假有真	假虧真	矛盾律
盈真虧假	有無兩疑	衝突律，偏差律
短歌二	短歌二	
盈真虧必假	盈假虧必真	矛盾律
無假有必真	有無兩可疑	衝突律，偏差律
無真歌	無假歌	定律
無真盈必假	無假盈可疑	衝突律

無真無必真	無假無必假	自同律
無真有必假	無假有必真	矛盾律
無真虧必真	無假虧可疑	引隨律、零整律
短歌一	短歌一	
無真虧也真	無假虧可失足	引隨律
盈有兩必假	真有盈可疑	
短歌二	短歌二	
無虧同真	無假虧疑	引隨律
盈有皆假	有真盈疑	
短歌三	短歌三	
無真有假	無假有真	矛盾律
盈假虧真	盈虧兩疑	
有真歌	有假歌	定律
有真盈可疑	有假盈必假	零整律：引隨律
有真無必假	有假無必真	矛盾律
有真有必真	有假有必假	自同律
有真虧可疑	有假虧必真	偏差律
短歌一	短歌一	
有真無必假	有假無必真	矛盾律

盈虧兩可疑	盈假虧必真	
短歌二	短歌二	
有真無假 盈虧兩疑	有假無真 虧真盈假	矛盾律
短歌三	短歌三	
有真盈疑 虧疑無假	有盈皆假 虧無兩真	零整律：引隨律
虧真歌	虧假歌	定律
虧真盈必假 虧真無仍疑 虧真有仍疑 虧真虧自真	虧假盈必真 虧假無必假 虧假有必真 虧假虧必假	矛盾律 零整律：引隨律 偏差律 自同律
短歌一	短歌一	
虧真盈必假 有無仍兩疑	虧假盈必真 有真無必假	矛盾律
短歌二	短歌二	
虧真盈假 有無兩疑	虧假盈真 有真無假	矛盾律

短歌三	
虧無兩假	零整律！引隨律
有盈皆真	矛盾律

注意：「盈、無、有、虧」四字只是對立論句的符號，沒有原字本義。

歌圖解釋——例如：「盈真虧必假」是「盈真」和「虧假」之間，有必然的引隨關係。並且是相互的。根據矛盾律，全稱肯定論句真時，特稱否定論句必定不能是真的。非真必假。不能中立。其餘各句長歌、短歌，都是如此依所指明的定律去解釋。矛盾律和排中律相輔並行，是亞里邏輯的中心砥柱。現代《邏輯學》家有不採納這兩個定律的，至少是不採納排中律。因為他們主張真假之間還有第三者，不真不假。中立的立場，不是不可能的。例如海亭倡導的學說，就有這樣的主張：並且其學說構成了嚴整的系統，合乎數理邏輯精確的目標。但不是推翻任何其他採用排中律的邏輯：只是系統不同，用途、出發點，和目的及範圍都不同。

十八、句量、句性、句態——句量是句的零整。指整者全稱，指零者特稱。句性是句的肯定和否定，構辭前加否定辭，將肯定句改成否定句；肯定、否定互相矛盾：是「有限肯定」和「有限否定」之間的矛盾。在構辭後加否定辭，否定賓辭將「有限肯定句」改成「無限肯定句」，和「有限肯定句」不是矛盾，而是衝突。再將否定辭加在構辭前面，將「無限肯定句」改成「無限否定句」，兩相矛盾；無限否定句是「有限肯定句」的隨句，和「有限否定」有「偏差對立」的關係。詳見註十三、及註二三三，關於「句態」，問題複雜，詳見註三、註九。

註二：同上，註一：十五、全稱定律、二。

註三：有態論句和無態論句：

1. 有態論句共分四種：

（一）必然論句，用「必」字或類似的字，作態辭，附加在構辭上面，或綴填在論句的前後。例如：

一、甲必在乙　　乙必然是甲

二、甲在乙是必然的　　乙是甲是必然的

三、必然甲在乙　　必然乙是甲

（二）可能論句，用「能」字或類似字，作態辭，例如：

甲能在乙　　乙能是甲

甲在乙、可能，　　乙是甲是可能的

可能、甲在乙　　可能、乙是甲

（三）「必不論句」，用否定辭「不」字，或類似字，加在態辭「必」字下面，是必然論句的衝突句。其意義和「不能論句」相等。「必不」等於「不能」，是可能論句的矛盾句，例如：

甲必不在乙　　乙必非甲

甲不能在乙　　乙不能是甲

（四）「不必論句」，將否定辭加在態辭必字上面，是必然論句的矛盾句，是「可能論句」的「小衝突句」。它的意義等於「能不」。「不必是」三字等於「能不是」，舉例如下：

甲不必在乙　　乙不必是甲

甲能不在乙　　乙能不是甲

2.態辭——「必」和「能」兩字是基本態辭，其餘態辭都是配合否定辭而形成。嚴格說來，基本態辭只有一個：或只用「能」字，或只用「必」字，配合「不」字便形成各種態辭：（參看註八：態辭方圖）：

必是	不能不是	必不不是
必不是	不能是	「不能不」不是
不必是	能不是	不「不能不」是
不必不是	能是	不「不能不」不是

3.無態論句——用態辭的論句，叫作有態論句。不用態辭的論句，叫作無態論句：即是普通的簡單論句。詳見註一。除用「必」或「能」的態辭以外，還有別的數種態辭。其中的「知識態辭」，和「倫理態辭」，特受邏輯學家的注意：知識的基本態辭用「真」和「證實」。「倫理的基本態辭用「善」和「命令」或「責任必須」等字樣：舉例如下：

一、甲真在乙　　乙真是甲

二、甲證實在乙　　乙證實是甲

三、甲不真在乙　　乙不真是甲

四、甲真不在乙　　乙真不是甲

五、甲未證實在乙　　乙未證實是甲

六、甲證實不在乙　　乙證實不是甲
七、（法律）命乙是甲　　禁乙不是甲
八、命乙不是甲　　禁乙是甲
九、不命乙是甲　　不禁乙非甲
十、不命乙不是甲　　不禁乙是甲

關於態辭的對立圖，請參閱註九。

在本書內，亞里有系統的研究、只討論用「必」和「能」作基本態辭的論句。用「態辭」、「肯定」、「否定」、「全稱」、「特稱」、「無限定」等六個成分，用數學的配合計算方法，組成許多論句、論法，和論式，辨別何者有效，何者無效，應有盡有，系統大全、開後學的先河，是亞里本書不朽的貢獻。

註四：賓主換位法

論句、賓主換位，改原句而成新句，只是改換賓主兩辭的位置，不改變兩辭的意義，不誇張兩辭各自原有的定量；但在全稱肯定論句，主辭乙指乙全部，賓辭甲指甲一部分，為不改甲的定量，新句應由全稱改為特稱，乙卻由「指乙全部」改為「指乙的一部分」。例如「每乙是甲」，換位改作「某甲是乙」。於是乙在原句指乙全部，在新句指乙一部分。由指全部改為指一部分，不在禁列，因為不是誇張，而是含蓄，誇張是將原句之所無，說成實有。違反原句的本義。故不可。含蓄是「全部」含容其所有的（許多）「部分」。原句明指全部，新句只指其一部分，乃是指原句必有的含蓄，不是指無為有，而是含多示少。

多少，或整零之間，有必然的「引隨關係」，因為全部包括部分。整體包括自己零星的片段。「全稱」作「引句」，「特稱」必作「隨句」，直接跟隨在後面。為此，含蓄的換位法，不但不是指無為有，而是指原句實有之所必有。故此，不是說謊。簡單說來，「換位法可含蓄、不可誇張」。全稱否定論句，賓主兩辭，各指其主體的全類全部。換位時，為保持其原有的意義和定量，可以實話直說，可以含蓄，但不必含蓄，不可誇張，也不需要誇張，只需簡單換位，新句仍是全稱否定。特稱肯定論句，亦然，賓主兩辭各指其主體物類的一部分。換位也是簡單換位，原句特稱肯定，新句仍是特稱肯定。特稱否定論句，不能換位。它的主辭乙，在原句指一部分，改到新句裡作賓辭，必指全部，故是誇張，不但在定量上，指無為有，大事誇張，而且在所指物體上，也是原句新句前後不一致，不常指同一部分的主體。原句說東，新句說西。前言不答後語。故非邏輯之許可。特稱否定論句，必欲換位，需用「否定名辭換位法」。這個換位法是新句加用非字，賓主併變以後，存量換位，併變是同時並變。即是：將原句賓主兩辭改成否定的名辭：在每個前面加用否定辭，然後，簡單換位某乙不是甲，改作「某物非甲。不是非乙」。即是說：「某物非甲、而是乙」。綜合上述。足見，換位法分四種：一是簡單換位法，用於全稱否定和特稱肯定論句、一是含蓄換位法，也叫減量換位法，用於全稱肯定論句，一是「否定名辭換位法」，叫作「賓主併變換位法」，簡稱「併變換位法」，必要時，用於特稱否定論句（參看註八），一是「誇張換位法」，也叫「加量換位法」，非演繹法邏輯之所許用。但只可用於定義法和歸納法。由觀察數人是理性動物，歸納出全稱的結論說：「凡是人都是理性動物」。換位說：凡是理性動物都是人，是合乎定義和歸納法的真理。

茲列簡表如下：

1.全稱肯定、換位，成特稱肯定：減量換位。

2.全稱否定、換位，成全稱否定：存量換位。

3.特稱肯定、換位，成特稱肯定：存量換位。

4.特稱否定、換位，「成否定名辭、特稱否定」，用「賓主併變換位法」。

5.歸納法和定義法例外。用加量換位法。請參看註八附載的換位歌訣。參看註十五、內號12。

註五：全稱否定的換位及證明

一、無乙是甲　（原句，作引句）

二、無甲是乙　（新句，一號簡單換位：隨句）

三、某甲是乙　（假設二號新句不真：引句）

四、某乙是甲　（新句，三號、簡單換位：隨句）

五、不是某乙是甲　（四、一，互相矛盾：不可）

六、不是某甲是乙　（五、三，五號推倒三號）

七、無甲是乙　（等於六號、證實二號）。

上面，一、二兩號是全稱否定論句的換位。三至七、是反證法的議程，證實二號的真確。它所用的最後根據和公理，是「特稱肯定句的存量換位法」。（參看註七）第一步是三號的假設，作原句和引句。第二步是四號由三號推演出必然的隨句，用特稱肯定論句簡單換位法。第三步，五號聲明四號不真；它和一號原句互相矛盾，故不真。第四步，六號用五號推翻三號的假設：因為「隨句不真，引句必假」，是「引隨關係」的邏輯定律。第五步七號由「某甲是乙」之不真，推演出「無甲是乙」之必真。因為兩相矛盾，在矛盾對立的關係上，一方不真，則對方必真：這是必然的矛盾律。三號不真，二號必真。故此，反證法由二號的否定，推證出了二號的肯定。足見二號是絕對真確，無法否認的。因為它不受否定。否定它的結果必定肯定它。**因受否定，而反受肯定的論句，是推不翻的論句**：這就是所謂的：千真萬確，顛撲不破。從此可見，上面的換位法，顯然應是「存量換位法」。

註六：全稱肯定換位及證明。

一、每乙是甲　（原句）
二、某甲是乙　（新句）
三、——無甲是乙　（二號之矛盾假設）
四、——無乙是甲　（三號之隨句）
五、不是無乙是甲　（四一矛盾，故四號不真）
六、不是無甲是乙　（四號不真三號必假）
七、某甲是乙　（三號假二號必真）

以上反證法之步驟及所依據的邏輯定律，同於註五。從此證明了上面的換位用「減量換位法」，原句的「句量」是全稱，在新句減成了特稱，此處反證法所用的最後根據和公理，是「全稱否定句存量換位法」。

註七：特稱肯定換位及證明。

一、某乙是甲　　　（原句）
二、某甲是乙　　　（新句）
三、——無甲是乙　（二號之矛盾假設）
四、——無乙是甲　（三號之必然隨句）
五、不是無乙是甲　（四、一矛盾，故四號不真）
六、不是無甲是乙　（四號不真三號必假）
七、某甲是乙　　　（三號既假二號必真）

此處的換位法，也是「存量換位法」。新句保存原句的「句量」，仍是特稱。為證實這裡特稱肯定句的換位法，用反證法，並用「全稱否定論句、存量換位法」，作最後的根據和公理。

特別注意：第一點：「全稱否定句、存量換位法」，和「特稱肯定句、存量換位法」，是兩個同樣顯明的公律。可以互相循環證明，亞里既（在註五）用「特稱肯定句換位法」作根據，證明了「全稱否定句換位法」，又轉回去，（在註七）用「全稱否定句換法」，證明「特稱肯定句，換位法」，這樣的「循環互證」，是「同明相照」，不是違犯邏輯：即是說：不是犯「滑輪病」：因為「滑輪證式」，不是「同明相照」，而是「同暗相蔽」：用兩個、或數個不顯明的論句，循環互證：總不會證說明白，故此是「無理乞賴」：是邏輯之大病。（詳看本編，下卷、十六，及同章註解）。

第二點：「全稱否定句，存量換位法」，證明力，強於「特稱肯定句，存量換位法」，因此，它可以作「公理」，證實其他各句的換位法（見註六及註七）。在「公理系證法」內，這是值得注意的一點。

第三點：亞里的高明識見，在於發覺了「公理系證」的邏輯需要：理智的需要：由公理推出定律。（詳見註七五）。

證明特稱肯定句的另一路線，用人法「利盈盈有」論式，（詳見註五二），並用「和」字換位律：議程如下：

一、「和」字換位律：張和王等於王和張。

二、「有甲是乙」等於「每丙是甲和每丙是乙」。（人法、利盈盈有）。

三、「每丙是甲和每丙是乙」等於「每丙是乙和每丙是甲」。

四、「每丙是乙和每丙是甲」等於「有乙是甲」。（人、利）

五、「有甲是乙」等於「有乙是甲」。（二、四、貫通：結論）

上面聯證法的總公式：一、「等」字貫通律。二、李等於張和王。三、張和王等於王和張。四、王和張等於趙。五、故此、李等於趙。

李：「有甲是乙」。趙：「有乙是甲」。張、王、各指所指：如議程，第三號。

註八：特稱否定論句不換位的例證：

一、某乙非甲	乙指零：即是指乙的一部分。
二、某甲非乙	乙指整：誇大。一號換位。
三、某動物不是人	一號、乙代動物、甲代人。
四、某人不是動物	三號換位、二號換符號。錯。
五、「某甲非乙」錯誤	二號必錯：四、二相同

換位歌：三歌相同。意義明顯。

歌一	歌二	歌三
盈換有	盈乙甲→有甲乙	每乙是甲→有甲是乙
無換無	無乙甲→無甲乙	無乙是甲→無甲是乙
有換有	有乙甲→有甲乙	有乙是甲→有甲是乙
虧非換	虧乙甲→虧非甲非乙	有乙非甲→某非甲是乙

參看註一、28號。並參看註四。

註九：態辭對立圖

用「必」和「不」兩字

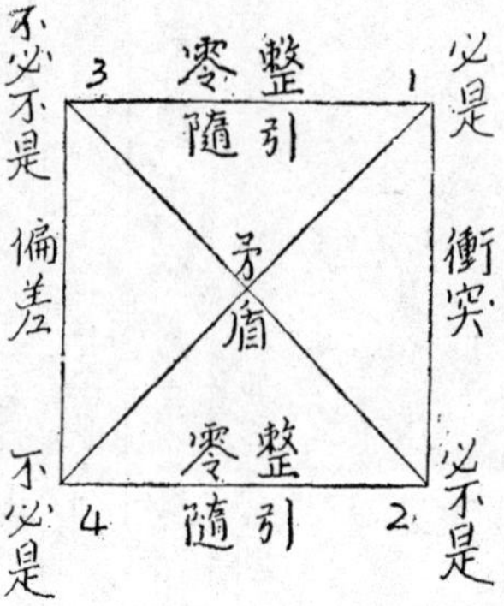

諸字用合圖

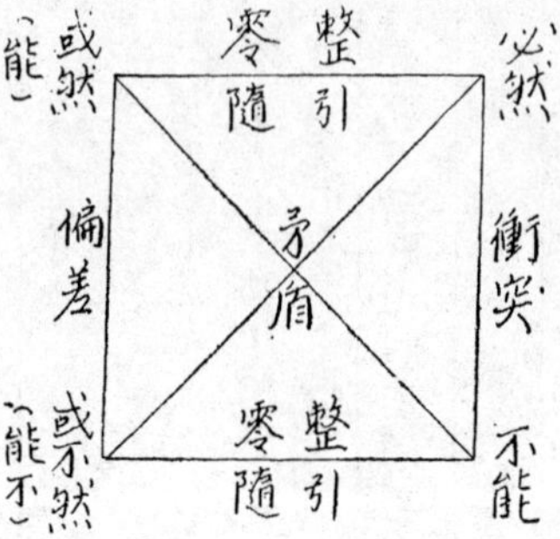

用「能」和「不」兩字

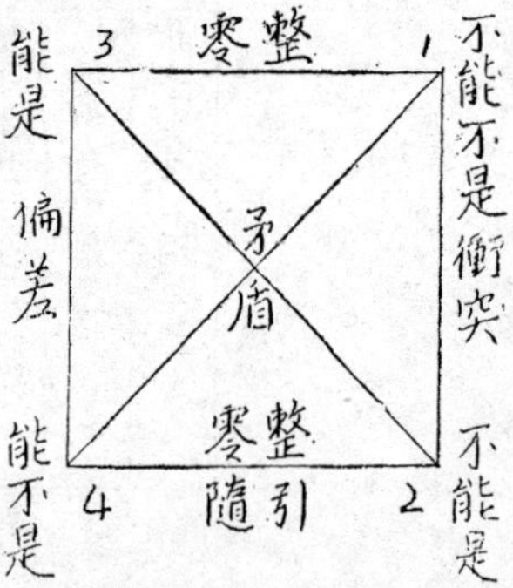

（西文）符號圖

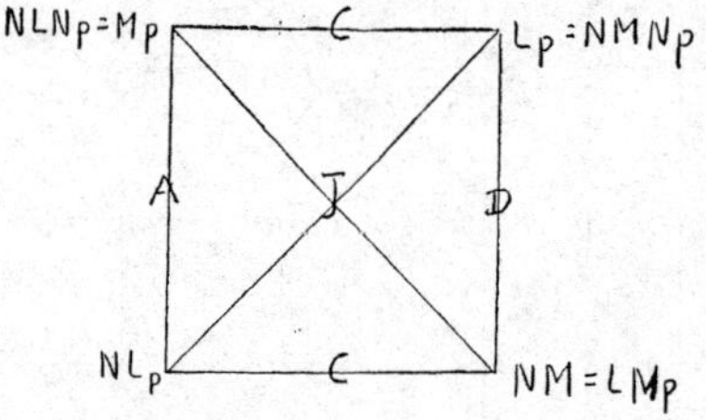

P：Proposition：論句。

N：Negation：不。

A：Alternation：M：「Moglich」：可能。

C：Conditional：偏差分接對立。

Implication：引隨：零整。

L：「Lex」：律：必然。D：Disjoin：衝突。J：矛盾分立（分抗）。

以上數圖，彼此相同，用法和論句對立圖相同，對立各方，真假推演法也相同，遵守相同的矛盾律、衝突律、引隨律，和偏差律，詳見註一，十七號。參看註三。

必然的全稱否定，特稱肯定，賓主換位用簡單換位法，和無態論句相同。

公式：一換位成二：

一、每乙必不是甲：　必無乙是甲

二、每甲必不是乙：　必無甲是乙

關於肯定的特稱和全稱句，請看下註。

註十：必然的全稱肯定句換位法：

一、每乙必是甲　（原句）

二、某甲必是乙　（新句得自減量換位法）

三、——某甲不必是乙　（假設）

四、——某乙不必是甲　（一、三、結論）

五、不是某乙不必是甲　（一）

六、不是不必某甲是乙　（三）

七、必然某甲是乙：某甲必是乙（證實二號）

特稱肯定必然論句換位法：

一、某乙必是甲　（原句）

二、某甲必是乙（新句來自簡單換位法）

三至七、同上。

註十一：

例一：

一、人不能是馬（引句，原句：人必非馬）

二、人能不是馬（隨句，原句）

三、馬不能是人（新句，引句，來自一號）

四、馬能不是人（新句，隨句，來自二、三）

例二：

一、每件衣服可能都不白。（原句）

二、每件白物可能都不是衣服。（新句）

三、——某白物必是衣服。（假設）

四、——某衣服不能不是白物。（隨、三）

五、不是某衣服不能不是白物。（四、一）

六、不是某白物不能不是衣服。（五、三）

七、每件白物可能都不是衣服。（六、二）

註十二：舉例

一、「乙非甲是可能的」：「乙能不是甲」。是一肯定句。「乙非甲」是短句作主辭，「是」作構辭。「可能的」，作賓辭。構辭「是」字上面沒有「不」字，則論句是肯定的。「乙能不是甲」，乙是主辭，「能」是主句構辭，「是」是副句構辭。副句是否定句，因為「是」上有「不」字。主句是肯定句，因為構辭「能」字上面沒有否定辭。

二、「乙不是甲」：「乙不是有病」：是否定句。

三、「乙是無甲」：「乙是無病的」：是肯定句。

註十三：詳見註四。

註十四：詳見註一、公式舉例：

甲在每乙	乙在每丙	甲在每丙
每乙是甲	每丙是乙	每丙是甲
大前提	小前提	結論

以上論式，是一完善論式。它三辭的排列方法，「甲在乙、乙在丙、故甲在丙」，叫作第一論法。首辭甲居首尾，是結論的賓辭，也叫作上辭和大辭。位置在上，類界的範圍最大。中辭乙，居中間，在大前提作主辭，在小前提作賓辭，不入結論。丙是尾辭，居末位，也叫作下辭小辭：位置最低下，類界的範圍最小。在結論作主辭，和賓辭有「引隨關係」。「丙是乙，乙是甲，故丙是甲」。凡是這樣，中辭在大前提作主辭，在小前提作賓辭的論法，叫作第一論法。三段論法中，兩個前提、引出一個結論：是隨句，跟

隨前提。前提是引句。有大辭的引句，叫作大前提。有小辭的引句，叫作小前提。大前提、小前提，也叫作大引句、小引句：也可以叫作大因、小因，或大故、小故。大前提是大原因、大緣故，小前提是小原因、小緣故。這樣的論法，叫作第一論法：譯稱「天法」。參看註十五。

本章正文內，本段這幾句話，極關重要，原文直譯：「……尾辭全體是在中辭內，同時中辭全體是在首辭內，或是不在內：兩端辭的論法必是完善的」。這是天法一總論式的公共定義。意思是說：三辭的範圍互有「部分與整體」大小相含的關係：尾辭所指的主體範圍，是一部分。中辭所指的主體範圍，是一全體。尾辭所指是中辭所包含的一部分。中辭包含尾辭，作小前提。同時，中辭是一部分，首辭是一整體；首辭包含中辭，作大前提；則結論必是「首辭包含尾辭」：如整體之包含一部分。此乃天法「元利」兩式的共公定義，反之中辭不是包含在首辭內的一部分，作大前提則結論必是：首辭不包含尾辭。此乃「亨、貞」兩式公有的定義。詳看附錄三，歐樂圖表。換言簡譯之：「首含中，中含尾，則首含尾」。「首不含中，中卻含尾，則首不含尾」。「含」字代表「整體包含部分」，或「大含小」的關係。首中尾三辭有這樣的關係，則「論法完善」：在這裡「論法完善」，表示「論式完喜，結論顯明而必然」。「論法」兩字，有時指「論法」，有時指「論式」，有時指「結論」：視上下文的需要如何而定。

註十五：論法詳解

一、全稱定律詳見註一內十五號。

二、無稱定律是全稱否定的定律，詳見註一內十五號。

三、論法分四種——論法是三段論法的簡稱。共有四種：一名天法、一名地法，一名人法，一名物法。「天地人物」四字，在此處，只是符號，代表第一、第二、第三、和第四。此外，沒有別的意義。四論法的分別，在於中辭的位置，每法不同。三段論法的基本構造，包含三個名辭，就是結論中的賓主兩辭，和前提內的中辭。賓辭叫作首辭，主辭叫作尾辭，還有其他名稱，詳見註一，十號。中辭在前提內，和首辭發生賓主關係，構成論句，叫作大前提；和尾辭發生賓主關係，構成論句，叫作小前提。最標準的完善論式，是全稱定律的全稱肯定論式。是天法中的第一論式，詳見註十四，及註一。在此論式內，首辭的類界，範圍最大，中辭次之，尾辭最小。為此，首辭叫大辭，尾辭叫小辭。前提內，兩個論句，有大辭的叫作大前提，有小辭的叫作小前提。前提分稱大小的原因就是在此。參看註十四。在兩前提內，中辭能佔四種不同的位置，故論法分四種，詳釋如下

四、天法——第一論法，譯名天法，是最完善的論法，其餘一切論法和論式，都是由天法的完善論式，用換位的方法推演而來。猶如宇宙間，天生萬物，同樣，邏輯的思想界，天法生眾法。在天法內，中辭的位置如下：它在大前提作主辭，在小前提作賓辭。因此，天法也叫「中辭主賓法」，歷史上，簡稱「**主賓法**」。用甲乙丙代表首中尾三辭。天法的構造格式如下：

大	乙——甲
小	丙——乙
結	丙——甲

假設上面的每個論句都是全稱肯定論句，便形成天法的第一論式，圖式如下：

天法第一論式：（參看本註第八號、附誌、第二問題）：

大	乙——甲	盈	每乙是甲	甲在每乙
小	丙——乙	盈	每丙是乙	乙在每丙
結	丙——甲	盈	每丙是甲	甲在每丙

上面的論式，是天法第一式，天法和其餘每法各有許多論式，有些有效，有些無效，詳見下面八號，及十二號。「盈」字意義，見前註一，內十七號。

五、地法——地法是第二論法，亞里往往叫它作「中法」。天地人三法，地居中間。天地人代表上中下。在此論法中，中辭的位置是在小大兩前提中，都作賓辭。因此，歷史上，地法也叫作「中辭賓賓法」，簡名「**賓賓法**」。其格式圖示如下：

大	午——丑
小	寅——丑
結	寅——午

上圖內丑作中辭，兩次作賓辭，一次賓稱午、作大前提；一次賓稱寅、作小前提。假設大前提、全稱肯定，小前提全稱否定，則結論是全稱否定。是地法的第一論式，圖示如下：

大	午——丑	盈	每午是丑	每柳是樹
小	寅——丑	無	無寅是丑	無石是樹
結	寅——午	無	無寅是午	無石是柳

「盈、無」二字意義及用法，回看註一、內十七號

六、人法是第三論法，中辭位置，兩次作主辭，叫作「中辭主主法」，簡名「**主主法**」，舉例：兩前提都是「盈」，結論則是「有」，圖式如下：

大	午——辰	盈	每午是辰	每柳是綠
小	午——巳	盈	每午是巳	每柳是樹
結	巳——辰	有	有巳是辰	有樹是綠

七、物法——第四論法，中辭在大前提作賓辭，在小前提作主辭，史稱「中辭賓主法」，簡稱「**賓主法**」。天地人物，算學名辭，謂之四元。第四論法，其數為四，故以「物」字名之，第一、第二、第三，名之以天地人，都是因為數字相對，故可相代。亞里，只談天地人三個論法，曾提及第一論法的換位論式，未曾提及第四論法。現行第四論法，不知始自何人，見用於十二世紀亞維羅，及大雅博，和第十三世紀阿拉巴拉（希伯來哲學家），書中。俗稱賈藍論法，以為是第二世紀，希拉物理學家賈藍所發明。後代附會此說。實際上，賈藍只知亞里所論三法，不知有第四法，賈藍所談第四論法，只是他將亞里三論法複雜配合起來，形成八個複雜的「四辭論法」，八個之中的第四個叫作第四論法。和本處「物法」全不相干。關於「物法」，歷史辯論甚多。大多數現代及中世紀著名《邏輯學》家都知其存在，並承認其結論有效，構造合乎邏輯的法則，不得和其餘三法混而不分、它的用途雖然不大，它的價值是獨立的。假設大小前提，都是「盈」，則其結論必是「有」、「盈」代表全稱肯定，「有」代表特稱肯定。圖示如下：

大	甲——乙	盈	每甲是乙	每柳是樹，
小	乙——丙	盈	每乙是丙	每樹是綠（物）
結	丙——甲	有	有丙是甲	某綠物是柳樹

論式——每個論法能有許多論式，得自大小前提「盈虧有無」的配合。四四相乘，共得十六論式，再用四法乘之，共得六四，再加第一論法的換位論式十六，則是八十。每個論式又能有四個結論，則是四八得三百廿可能的論式。亞里不談「物法」，減去它六十四式，還剩二百五十六式。從此看來，所謂論式不是別的，就是論句間「有無盈虧」的配合。即是全稱、特稱、肯定、否定的配合。依算術配數方法計算，即得到上述必然的數目。試看大小前提配合，必是四四一十六：圖示如下：

1	盈	盈
2	無	盈
3	有	盈
4	虧	盈
5	盈	無
6	無	無
7	有	無
8	虧	無
9	盈	有
10	無	有
11	有	有
12	虧	有
13	盈	虧
14	無	虧
15	有	虧
16	虧	虧

八、附誌：歷史問題兩個——第一：為什麼亞里只知有天地人三法，而不知有物法？第二、論式的語法，應是一個假言複句、或是三個定言單句？

對於第一問題，簡答如下：亞里認為「首、中、尾」三辭，首尾二辭，位置固定，根據句法的自然，不可前後顛倒；中辭位置，可以移動；但，在移動時，只有三個位置可能，或（中辭）居首尾之間，或居首尾之前或居首尾之後，依此條件，排列三辭，只能有以下三種形式，不能有第四個：圖示如下：

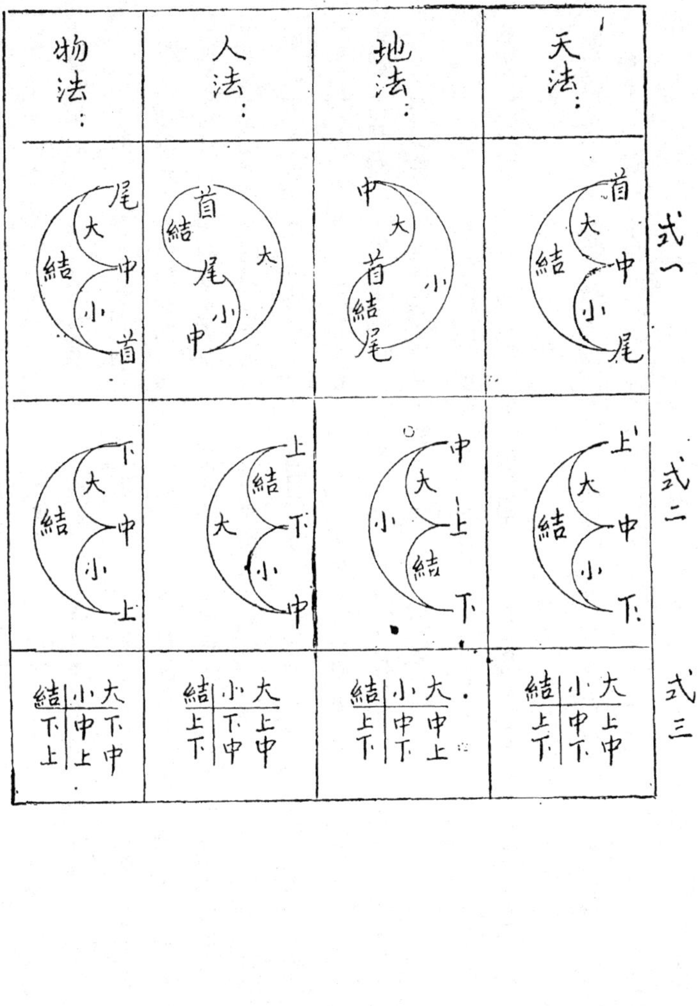
天法：
地法：
人法：
物法：
式一
式二
式三

比較以上數圖，足見天地人三法、句法的形式、天法最合自然，上中下三辭各居本位。地人兩法中辭不居中位，一居上，一居下，故不自然；但首尾兩辭，上者居上，下者居下，不離本位，仍合自然。至於物法，中辭雖居本位，但首尾兩辭上下倒置，故不自然。假設亞里所用的圖表，是（註二〇〇至二〇二）類譜內，上中下的方位圖，則賓主兩辭首尾顛倒，不但不合自然，而且不堪思議：故亞里未曾論及，實無足怪；其後，專論換位論式曾指明，賓主倒置的換位論式，仍歸各自本有的論法，不另立一論法，故德孚樂編訂的第四論法，只可算作是天法的「換位論式」，但後代人發現真正的物法，特稱否定的結論有效，不能是天法結論的換位：因為，特稱否定論句不得換位。還有些論式，用物法直接證出結論有效，改用天法則失效，除非改變論式。此外，還有一個特殊現象，就是用反證法，補證物法某些結論時，仍用本法論式，不用其他論法。為了以上三項理由，「物法」有資格是一個獨立的論法。物法的發明人是誰，史已失傳：中世紀亞拉伯和拉丁的學界，已知其存在。「物法」獨立問題，歷代學者，爭辯不休，直至現代，始告終止；但仍有少數人抱反對態度。關於物法論式全表，請參看註一九〇。

關於第二問題，為傳達三段論法的每一論式，亞里常用假言複句，一句說出：例如天法元式：

「假設每乙是甲，並且每丙是乙、則每丙是甲」。CKAbaAcbAca. CKCqrCpqCpr.

換言之：

「既然每乙是甲，故此，如果每丙是乙，則每丙是甲」。CAbaCAchAca. CCqrCCpqCpr.

以上兩式都是假言複句內的第一種，即是「隨接複句」，參看註二一一及附錄五。前式，用「假設……並且……則……」。後式，用「既然……故……如果……則……」：後式、三種接詞，都是「隨接詞」，比前式簡單。因為前式用了隨接詞「假設……則」；又加用「連接詞」，「並且」：故需同時遵守這兩個接詞的邏輯規則：比較複雜。

亞里的後學，德孚樂、及以後歷代的邏輯學家，解釋亞里遺著，一律不用假言句法：都改用定言單句，三句的平列如下：

「每乙是甲。
每丙是乙。
每丙是甲」。

有時也加用接詞：「每乙是甲，
每丙又是乙；
故每丙是甲」。

以上兩式，都是定言單句的平列，前式簡潔，後式加用「又」字作大小前提的連詞；並用「故字」作結論的發語詞，是前提結論間，引隨關係的符號。

現代邏輯學家，自盧雪池，著《亞里論法的現代觀》以來，認為傳統邏輯是從亞里邏輯蛻化而來；但失掉了亞里邏輯固有的真面目，致使後人忘掉了三段論法的假言性，和「引隨邏輯」的本質，依此本質，亞里論證法的全個系統，都可用「複句演算的系證法」，從兩個論式中推演出來：一是「天元式」，一是「天利式」。兩式最後的根據是「同一律」或「自同律」。

「真正的亞里邏輯」，和「傳統的亞里邏輯」，於是被人認為有天壤之別。主要的異點即是「假言複句」的三段論式，在數理邏輯中，是一條邏輯定律。「定言單句平列」的三段論式，沒有定律的效能，不能推演成系證法內，數學演算我的公式；只可算作單句平列的「議論格式」。

然而據實論之，亞里論證系統惟一的邏輯基礎，是「類譜邏輯」：即是每個範疇類級系統內，賓辭和主辭間的「引隨關係」：不必定是「假言的隨接複句」、引句、隨句間的「引隨關係」；但兩方面都是「引隨關係」；故此，凡是亞里論法的論式，都可改用隨接複句表達出來；並用「引隨邏輯」的「複句推算系證法」，加以系統化的推證和批評。但不得因而主張「定言單句，平列的論式，和亞里原文中「假言複句」的格式，有本質上的分別：因為本質上，都是「類譜內賓主名辭間的引隨關係」：不是別的。故此，所謂「傳統的亞里邏輯」，和「真正的亞里邏輯」，兩者之間，固然不無形式上的分別，但，在本質上卻是毫無分別。（參看註二〇〇類譜）。

為了上述的理由，正文的漢譯特別謹慎，保存亞里原文固有的句法，不失掉形式上的真面目。但在註解內，為滿足「假言」和「定言」兩種句法的需要，先將符號公式分三行，平列在公式表格的首段，「在」字句法、和「是」字句法，依次列在下面。「辭例」在最後。在首段，有時標明「大、小、結」三字，為指示「大前提，小前提，結論」；有時不加任何標明，只用三行中，第一行作大前提，第二行作小前提，第三行作結論：舉例如下：天法元式：

符號公式	「在」字語法	「是」字語法	辭例
盈乙甲	甲在每乙	每乙是甲	每個動物都有形體
盈丙乙	乙在每丙	每丙是乙	每個人都是動物
盈丙甲	甲在每丙	每丙是甲	每個人都有形體

九、論法規則八條——每個論法有六十四論式。不是都合規則。合規則的論式，有效。其餘無效。亞里提出了許多有效論式必備的條件，散見書中各處。搜集起來，共得八條，史稱「論法公律八條。」去掉

無效論式，每個論法只得最多不過六個。天法內，基本的完善論式，只有四個，茲簡列論法公律八條，如下：

1.首尾中辭僅三名——不可多也不可少。詳見章二十五註二〇三。

2.中辭不可常指零——指其主體範圍之全部至少一次。

3.兩提否定無結論——兩個前提不可都是否定。

4.前提不可都特稱。詳見章二十四註二〇二

5.中辭不入結論裡。

6.肯定不能生否定——兩個前提都是肯定時，結論不會是否定。

7.指零為整是誇大——任何名辭，如果在前提裡，只指其主體的一部分，結論裡，則不可用它指其主體的全部。結論誇大則無效。

8.真理柔弱勝剛強——前提論句一剛強，一柔弱，則結論必柔弱。不可剛強。剛強者無效。兩句相比，全稱者剛強，特稱者柔弱，肯定者剛強，否定者柔弱。名辭指整者剛強，指零者柔弱，指整是指主體類界的全部。指零是指其一部分。論句內名辭，何者指整，何者指零，詳見註一、號十三，並見下面零整圖及零整歌詳解，參看註四——註八。

十、零整歌——「盈整零、無整整，有零零、虧零整」，用對立圖，陳示如下：

圖一

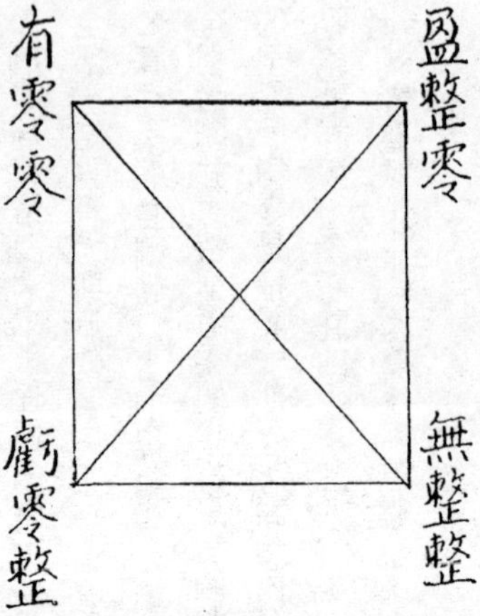

圖二：簡化：

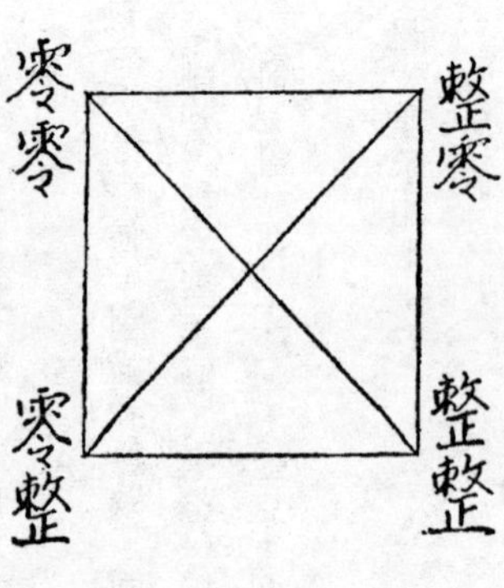

上圖詳解如下：

盈整零──全稱肯定論句，例如「每乙是甲」，用其主辭乙，指乙的全部，用其賓辭甲指甲的一部分。乙指整，甲指零。故曰盈整零。

無整整──全稱否定論句，例如「無乙是甲」，用主辭乙和賓辭甲，各指其全部。都是指整。

有零零──特稱肯定論句，例如「某乙是甲」，即是說「有乙是甲」，用主辭乙和賓辭甲，各指其一部分，都是指零。

虧零整──特稱否定論句，例如，「某乙非甲」，用主辭乙，指乙的一部分，用賓辭甲，指甲的全部。否定句常是否定賓辭的全部。參看註一，八號，簡言之，在「虧」句內，乙指零，甲指整。

短歌——「整零，整整，零零，零整。」參考上面對立圖，去盈無有虧，即得短歌。

零整圖一：

辭＼句	盈	無	有	虧
主	整	整	零	零
賓	零	整	零	整

圖二：

句＼辭	主	賓
盈	整	零
無	整	整
有	零	零
虧	零	整

（參考附錄三歐樂圖表）。

分析論句內名辭所指零整圖例：

圖一：（參考附錄三）

盈：	每乙（整）	是甲（零）
無：	無乙（整）	是甲（整）
有：	有乙（零）	是甲（零）
虧：	有乙（零）	非甲（整）

圖二

每乙（整）	甲（零）
無乙（整）	甲（整）
有乙（零）	甲（零）
有乙（零）	甲（整）

十一、符號適宜，理由如下：

虧是虧缺。虧乙甲就是缺乙甲。等於說某乙不是甲，因為有某物是乙不是甲，或有某物如果存在，便是乙也是甲，但因不存在，故不是乙也不是甲：即是缺少這麼一個是乙又是甲的主體。

「有乙甲」，便是有某物是乙又是甲：故此有乙是甲，有甲是乙。

「盈乙甲」：是盈天地間，充其類界的全量，凡是乙都是甲：個個乙是甲，但甲只是有一部分是乙。乙指乙全部。甲指甲某部。

「無乙甲」：天下，無物是乙又是甲，凡是主體，或不存在，或即便存在，如果是乙，便個個不是甲，故無乙是甲，等於說：無乙甲。

由此觀之：「盈無有虧」四字，作符號，適足以代表上述四種論句，為邏輯作分析和配合計算等工作。(回閱註一)。

用上述的符號配合計算法去計算，再用論法八則、對立推演法、換位法等規則，詠歌考驗，便可決定每個論法，有多少論式有效，多少論式無效，有效論式，那些是「完善論式」，那些是原位論式，那些是換位論式，那些是強式，那些是弱式。試將四論法，逐一畫圖分析考驗如下：

十二、天法有四個「完善論式」，都是原位論式；有五個換位論式。原位論式有兩個強式、兩個弱式。兩個強式必生兩個弱式，故原位論式共是六個，兩強四弱。換位論式四弱一強，強必生弱，故有五弱一強，也共是六個。其餘論式都是「無效論式」。強論式，大小前提和結論都是全稱。依零整律推演法，凡是全稱論句，或肯定，或否定，必都生出相隨相含的一個特稱論句：即是「盈生有」、「無生虧」，完善論式是前提和結論之間的引隨關係，自然而明顯，用不著換位或變式補證，反之，凡是其餘論式，大多數都是由完善論式演變而來，個個都能用完善論法來補充證明。「完善論式」相當於《幾何學》內，不證自明的公理和公式。其餘定理和結論都是由公理證出。這樣的完善論式，廣義說：只有四個，每個以內三辭的賓主關係，前引後隨，自然而明顯。狹義說只有兩個：即是全稱肯定論式和全稱否定論式。再狹義說，只有一個，即是全稱肯定。狹義的完善論式，不但不需要補證，而且也不是強式能生的弱式。完善論式都屬於天法。為便利稱引，大家可以名之曰，「元亨利貞」四式。狹義的完善，只有元亨兩式，或元式一式。元式加用否定辭，遂成亨式、元亨兩式，用零整推演法，即生利貞兩式。然後諸法眾式，無不生自或證自此四式。試畫圖詳示如下：

天法論式圖：主賓法論式圖：

圖一、原位論式

論式	論法	乙——甲	丙——乙	丙——甲	弱式
1	元	盈	盈	盈	有
2	亨	無	盈	無	虧
3		有	盈		
4		虧	盈		
5		盈	無		
6		無	無		
7		有	無		
8		虧	無		
9	利	盈	有	有	
10	貞	無	有	虧	
11		有	有		
12		虧	有		
13		盈	虧		
14		無	虧		
15		有	虧		
16		虧	虧		

圖二、換位論式

論式＼論法	1	2	3	4	5	6	7	8	9	10	11	12	13	14	15	16
	元	亨			貞		貞		利							
乙——甲	盈	無	有	虧	盈	無	有	虧	盈	無	有	虧	盈	無	有	虧
丙——乙	盈	盈	盈	盈	無	無	無	無	有	有	有	有	虧	虧	虧	虧
甲——丙	有	無			虧		虧		有							
弱式		虧														

圖三、原位弱式

元盈盈有——生自元盈盈盈：盈生有。

亨無盈虧——生自亨無盈無：無生虧。

圖四、換位弱式

亨無盈虧——生自亨無盈無：無生虧。

表一

原位式六：
- 元盈盈盈
- 亨無盈無
- 利盈有有
- 貞無有虧
- 元盈盈有
- 亨無盈虧

天法（六原位論式）規則：

一、大前提需是或盈或無：都是全稱

二、小前提需是或盈或有：都是肯定。

三、論句盈必生有，無則生虧：（強必生弱）。

四、六式以外，餘皆無效。有違於論法八則。以上規則主要者，只是一二兩條。

表二：換位六式歌訣

一、元盈盈有、盈換生有。
二、亨無盈無、無仍換無。
三、亨無盈虧、換無生虧。
四、利盈有有、有仍換有。
五、貞盈無虧、移換盈無。
六、貞有無虧、移換有無。

說明：

一、「換」指賓主換位，根據註八，換位歌，「盈句」，賓主換位，必得「有句」、「無句」，換位，仍得無句，「有句」，換位，仍得「有句」，「虧句」，不換位；必欲換位時，用「非字併變法」，主辭賓辭同時併變，各加非字之類的否定辭，由肯定變成否定，由有限變成無限，然後換位，此處，不用虧句換位法，故只有「盈、無、有」三種論句的換位法。（關於「併變」的意義，參看註一二一，內號五）。

二、「移」指大小前提內，論句位置的遷移。例如「移無」，是將「無句」從小前提的位置，遷移到大前提的位置。（參考附錄一——三，定言論式中西對照表及各種圖表）。

圖解上文：

一、元盈盈有，盈換生有

原位元式	盈乙甲	盈丙乙	盈丙甲
	每乙是甲	每丙是乙	每丙是甲
換位元式	每乙是甲	每丙是乙	有甲是丙
	盈乙甲	盈丙乙	有甲丙

二、亨無盈無，無仍換無；換無生虧：亨無盈虧。

原位亨式	無乙甲	盈丙乙	無丙甲
	無乙是甲	每丙是乙	無丙是甲
換位亨式：無仍換無	無乙是甲	每丙是乙	無甲是丙
	無乙甲	盈丙乙	無甲丙
換無生虧	無乙甲	盈丙乙	虧甲丙

三、利式：

原位利式：利盈有有	盈乙甲	有丙乙	有丙甲
	每乙是甲	有丙是乙	有丙是甲
換位利式：利盈有有	每乙是甲	有丙是乙	有丙是甲
	盈乙甲	有丙乙	有丙甲

四、貞式：（此圖逆讀，由下而上）：貞盈無虧，移換盈無。

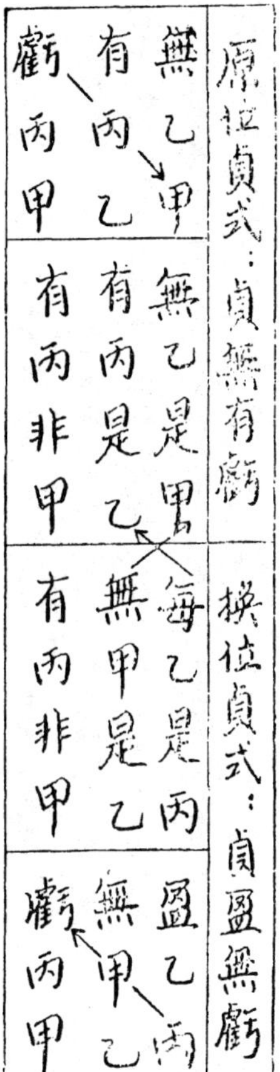

五、貞有無虧，移換有無：

六、附誌：將換位貞式改歸原位亨式，不合法，並無效；但原式亨無盈無，能生換位式，貞有無虧，無力生貞盈無虧：足見貞盈無虧，雖然是天法的換位論式，但仍有獨立價值。這一點特值注意。

註十六：天法無效論式。

一、天法內，除上述原位式六，換位式六，共計十二式以外，所餘一切論式是無效論式。都違犯論法八則及天法兩則所舉出的規條。無效的論式構不成議論，證不出必然的結論，舉例一：

大	盈乙（整）	甲（零）	每乙是甲	（甲指甲一部分）
小	無丙（整）	乙（整）	無丙是乙	
結	虧丙（零）	甲（整）	有丙非甲	（甲指甲全部）

以上論式，違犯「八則」的第七則，「指零為整是誇大」。又違犯天法「兩則」的第二則，小前提需是肯定，或盈或有。不得是否定。詳見註十五，九號，及十二號，圖一，論式第五；表一，規則第二。參考註一。用實體名辭舉例如下：乙代表人，甲代表動物，丙代表馬：

大：凡是人都是動物

小：凡是馬無一是人

結：凡是馬無一是動物；或某馬不是動物。結論錯誤。很據常識的真理：凡是馬，個個是動物

又例，用乙代表人，丙代表石頭，甲仍代表動物

大：凡是人個個是動物
小：凡是石頭都不是人
結：有某石頭不是動物

事實上，凡是石頭，無一是動物，結論真實。同樣的論式，結論時真時假，不可靠，故無效。

註十七：亞里此處所論，是天法原位論式第六，見註十五，十二號圖一第六式：是一無效論式。

符號公式：

大	無乙（整） 甲（整）	無乙是甲
小	無丙（整） 乙（整）	無丙是乙
結	無丙（整） 甲（整）	無丙是甲

名辭	實例一	實例二
大	凡是線，無一條是學識	凡是線，無一條是學識
小	凡是點，無一個是線	凡是醫學，都不是線
結	凡是點，無一個是學識	凡是醫學，都不是學識
	此處結論真實。	此處結論錯誤。

註十八：總論全稱和特稱配合而成的論式。原位論式中，只有利貞兩式有效，餘者無效，詳見註十五，十二號，圖一。並見下註。

註十九：分論全稱和特稱配合而成的兩個原位論式。並說明它們符合全稱定律。「利式」符合全稱肯定的定律，和零整定律，「貞式」符合「無稱定律」，也符合零整定律。故此都是完善論式。利貞兩個的公式如下：

利式：利盈有有	貞式：貞無有虧
大、盈乙甲：每乙是甲	無乙甲：無乙是甲
小、有丙乙：有丙是乙	有丙乙：有丙是乙
結、有丙甲：有丙是甲	虧丙甲：有丙非甲

註二〇：大前提或盈，或無，只要是全稱。小前提，無限定，只要是肯定。如此配合，則論式有效。並且是完善論式：

無限定肯定論式		否定論式	
大、盈乙甲	每乙是甲	無乙甲	無乙是甲
小（盈／有）丙乙	（每／有）丙是乙	（盈／有）丙乙	（每／有）丙是乙
結（盈／有）丙甲	（每／有）丙是甲	（無／虧）丙甲	（無／某）丙（是／非）甲

換言之：每乙是甲，丙是乙，則丙是甲。
無乙是甲，丙是乙，則丙非甲。

註二一：大前提特稱或無限定時，論式無效，無論小前提是如何。詳見註十五，十二號圖一，論式3、4、7、8、11、12、15、16。圖二、3、4、8、11、12、15、16。亞里，本處舉例如下：

例一：

大、有乙甲	某乙是甲	某資質善良，
小、盈丙乙	每丙是乙	凡是聰明都是資質，
結：盈丙甲	每丙是甲	凡是聰明都是善良。

例二：

大、虧乙甲	某乙非甲	某資質不善良，
小、盈丙乙	每丙是乙	凡是{聰明/愚蠢}都是資質
結、無丙甲	無丙是甲	凡是{聰明/愚蠢}都不善良

以上兩例，所有的結論都無效，根本證不出任何結論來，盈無有虧，都無效，因為違犯了「公律」第二，和天法規則第一。中辭沒有一次指示其主體的全類。不能發生中辭作用。

註二二：舉例：

例一：

大：有乙甲：有乙是甲	有馬色白
小：無丙乙：無丙是乙	無鵝是馬或無烏鴉是馬
結：（無效，造犯公律第七）。	無鵝是白的 無烏鴉是白的

例二：

大、虧乙甲：某乙非甲：	某馬非白
小、無丙乙：無丙是乙：	無鵝是馬或無烏鴉是馬
結（違犯公律第三）	無鵝白色或無烏鴉色白

例三：

大、無乙甲：無乙是甲：	無馬白色
小、無丙乙：無丙是乙：	無 鵝／烏鴉 是馬
結：「違犯公律第三」	無 鵝／烏鴉 色白

例四：

大	有／虧 乙甲	有／某 乙 是／非 甲	名辭舉例同前
小	（同前）	（同前）	
結	無效	理由同前	

詳見天法論式圖，註十五，十二號。

註二三：小前提否定時，無效，舉例：

大	盈乙甲	每乙是甲（零）	每人是動物	違犯公律第七誇大狂
小	虧丙乙	某丙非乙	某白物非人	
虧	虧丙甲	某丙非甲（整）	某白非動物	

上式違犯公律第七。

註二四：同前。

註二五：

大	無乙甲	無乙是甲	無人無靈，
小	虧丙乙	某丙非乙	某白非人；例如雪或鵝，
結	虧丙甲	某丙非甲	某白無靈；雪都無靈。鵝都有靈。

上式違犯公律第三參考註十五，號十二。

註二六：

大	無乙甲，或盈乙甲	無乙是甲，或每乙是甲
小	無丙乙→虧丙乙	無丙是乙，或某丙非乙
結	無效，詳見，註二二，例三；註二三，註二五。	

註二七：同前。即註二五，二六，論「無虧式」。

註二八：天法論式圖一圖二，論式11.12.15.16，違犯公律第四，天法規則第一，故都無效，無限定論句，和特稱論，同等看待。

	例一	例二	公式
大	某白物是動物	（同上）	某乙是甲
小	某馬白	某石白	某丙是乙
結	某馬是動物	某石是動物	某丙是甲

註二九：天法四式：元亨利貞，是完善論式。詳見，註十五，十二號，圖一，及表一。

註三〇：只有第一論法，證出的結論能是各種論句，「盈無有虧」俱全。因此，第一論法，自古稱為「完善論法」：有能力證出各種論句。說到這裡，需注意「完善論法」，和「完善論式」，意義上的分別：「完善論式」——天、地、人、物，四論法，各有許多論式；其中，有些是「有效論式」，有些是「無效論式」。遵守論法規則，符合類名間賓主關係的實況，則「論式有效」，否則「無效」。有效的論式當中，有些「完善」，有些「不完善」。依亞里明言：只有天式。其餘所有論式，是「不完善論式」，它們的證明力，充足而不明顯：必須改歸「完善論式」，始能表現它們的明確。回看註十五內十二號至本註為止，參考以下，地、人、物、三法，及各註。步步留神，仔細觀察，就可體驗「論式完善，和不完善」的分別與關係，歷史從古到今，未停辯論的一個問題是：「完善論式」所以然是「完善」的理由，在那裡？限於篇幅，無法詳論，僅將各種理由，簡列如下：

論式完善的理由——一個論式，必須具備以下幾個條件，才能是「完善論式」：

第一：上、中、下、三辭，各居本位。上辭居上位，中辭居中位，下辭居下位。位置如此，謂之「自然」，謂之「明確」：其思路與結論通暢而必然：「上在中以上，中在下以上，故上在下以上」。各辭間的賓主關係，及此關係的「貫通性」，順著自然的位置和次第排列起來，平舖眼前：明確無比不需要，用換位或反證的手續改變它們的次序，意思自然通暢明顯：這便是論式完善：至少在思想裡面，次序合乎自然。

第二：賓主關係，各用構辭「在」字（寓普而建），用「正說語法」說出關係的正面，不用倒裝語法說出關係的反面，更不可一個前提用正說語法，另一個前提用倒說語法。思想裡，賓主間的正面關係，順著自然的位置和次序，將有關的各名辭，排列在口語中：有時序的先後：先說：「上在中」，後說：「中在下」，最後說：「上在下」：換言之：先說：「甲在乙」，後說「乙在丙」，最後說：「甲在丙」。排列在文字中，希臘文橫寫，先左，後右；中文豎寫，先上後下，例如；「既甲在乙，乙在丙；故甲在丙」。文字，或口語的次序，排列形式如此，則論式完善，思路自然明確，和思想內賓主關係的自然次序，適相符合。

第三：句量，用明確的「量辭」表達出來，全稱或特稱的符號，也是各居自然的本位：位置在名辭前面（構辭前面），全稱特稱的比例，明顯。

第四：句性用「性辭」，或肯定，或否定，表達出來，也是用自然的語法，佔自然的位置：就是放在

「構辭」前面。構辭自身有肯定意義，那麼，否定的符號應放在構辭前面，將肯定改為否定：或，必要時，將否定辭加在已有的否定辭前面，將否定改成肯定。舉例：「每甲在乙，每乙在丙，故每甲在丙」，又例：「無甲在乙，每乙在丙，故無甲在乙」。「無甲在乙」是「每甲不在乙」。無論如何，否定符號是在「構辭」、「在」字的前面，甚至，和「量辭」合成一辭，佔在名辭前面：仍是在「構辭」前面。

總之：合於上述四個條件，各名辭、各論句，各佔各自然的位置和次序；語言的次序，符合思想的次序，思想的次序合於賓主關係的正面次序；這樣的論式便是「完善的論式」。滿足這四個條件的論式，**只有天法內，原位論式中，元、亨、利、貞四式**。還有許多理由，來自認識論、本體論，和語法學，簡述如下：

認識論，與本體論方面的理由——認識論，為說明概念的形成，有兩個同實異名的學說：一是「分取說」，一是「包含說」。「分取說」認為，「特殊概念，分取普遍概念」，是一個定律，違犯這個定律，概念無法形成：人的知識和思想便都無從產生。依此定律去觀察，各級物類的類名定義都是低級分取高級；高級分賦於低級。（參看註二〇〇類譜，可以明見）：例如：範疇名的意義，每個都分取物大公名的意義。每個範疇以內，各低級類名的定義，分取所有各高級類名的定義。反過去說：各高級類名所指的意義，都分別稟賦在各低級類名的定義中：是低級定義構造中所缺之不可的成分。例如在實體範疇內，「人」的類名定義是「理智動物」，分析起來，這個定義內，包含人類以上各高級類名的定義：「人是有覺性與運動的生物」；因為「動物都是如此」。人是「有生活的形體」，因為，「生物都是如此」。人是「有物質的實體」，因為「形體都是和此」。人是「有生存自立的物體」，因為「實體都是如此」。足見「人」

的定義中，包含著各高級物類類名的定義：這是自然而必然的；並且有等級和不可移易的秩序：人是有生存自立、有物質、有生活、有覺性與運動，又有理智的實體：簡言之：人是理智動物。

「包含說」，不是別的，正是主張：低級類名包含各高級類名的定義：依據上述自然而必然的次序。這兩個學說，是一個學說然而名辭不同，歷史的意味不相同，一是淵源於古代的柏拉圖，一是出現於中古世代；但兩者的內容只就概念形成而論，完全沒有分別；都是主張低級類名概念，經過中級類名概念，包含高級類名概念：就是分取高級類名概念：這個自然的概念關係，用「是」字傳達出來，正是天法元式：「人都是動物，動物都是形體，故此，人都是形體」，欲思人，不得不思形體，因為欲思人，不得不思動物，而欲思動物，不得不思形體。反過去說：高級概念：必須經過中級概念，分賦於低級概念：用「在」字表達出來，正是「形體在動物，動物在人，故形體在人」：「在」即是「寓在」，「賦在」，「包含在……定義內」的意思：也是天法元式：不論是正說反說：「**高級包含在低級**」，或「**低級包含高級**」，必定經過中級。這個必然性，乃是「三段論法結論必然性」的根基。那麼，議論形式，和以上「分取定律」，或「包含定律」，直接符合者，是最顯明而確實的形式：稱謂完善論式。換言之：和概念相包含的自然秩序相符合的論式，是完善論式。現在進一步談，天法元式是如此，亨式也是如此：因為亨式只是加用「否定辭」，說明：「低級包含中級，而中級不包含高級疇，則低級無法包含高級」。例如：「人都是動物，而動物都不是石頭，故人不是石頭」。「否定辭」的加入，不妨害概念秩序的自然和必然。故仍是完善論式。天法「利、貞」兩式，也是完善論式，「利」和「元」，「貞」和「亨」，前後相較，分別只在「特稱」和「全稱」。這個分別，不足以減低概念秩序的自然和必然，也不能蔽塞議論步驟的明晰，就是不擾亂議程，直線進行，由一端，經過中級，貫通到另一端的貫通性。將天法亨式和地法亨式相比較，便立刻發現：地法亨式的議論步驟，不是直線逐步順序進行：而是屈線廻旋進行。廻旋而不直進，故欠通順：不能是完善論式。天法：用「在」字，直線進行，「由高而中，由中而低，故由高而低」。用「是」字，「由低而中，由中而高，故由低而高」。直進通順而明顯。地法，用「在」字，「由上而中，由下而中，故由上而下」；或用「是」字，「由中而上，由中而下，故由下而上」：都是屈線廻旋進行：和概念秩序、自然的路線不相合，故欠明顯：必須將屈線改成直線，才能表現其內在的確實性。例如：用「人」作中辭：

人都是動物，	中上	動物在每人，	上中
無人是石頭；	中下	石頭不在任何人；	下中
故無石頭是動物	下上	動物不在任何石頭。	上下

這是地法亨式，改成「直線順進」的形式如下：

「無石頭是人，人都是動物，故無石頭是動物。」或用「在」字，反說：

「動物在每人，無人在任何石頭，故無動物在任何石頭」。便改成了辭通而理順的天法亨式：是完善論式之一。詳見地法論式，（下註）。

本體論方面，各級物類的定義，指示各級物類的性體。低級物類的性體中，包含各高級物類的性體：自然的秩序，也是低級，經過中級，包含高級。所謂性體，乃是物性的本體，及其實有的內在成分（回閱註一內九號）。低級物性的本體，不先具備各高級物性本體所有的成分，不能建立起來。這裡所謂的高低，仍依註二〇〇類譜內類級的高低為標準。如此，「人」是最低的類，人性的本體中，具備各高級物性本體必備的成分。反過去，以生存程度為標準，人是萬物中的至靈和至貴，故是動物中的最高等，在本體中，包含各下級物類必備的成分和才能。人產生時，所遵循的次第，也是自然而必然的，逐步直線前進，不越級，不迴旋：例如人生時，先生形體，後生植物性的生活，再生動物的知覺，運動；最後才生成理智全備的人：人的本體，發育生長的過程，從母胎以至成熟，逐步上升，次第確是如此。人欲是動物，必先具備形體和植物性的種種生力。這是人本體形成時必須經過的步驟。既知人是動物，則知人是生物，因為動物都是生物。死物不能是動物，也不能是人。在這裡，動物是中辭，證明人是生物。人在本體上，必經過動物而包含生物的生活；故，在議論時，既知人是動物，又知動物是生物，則知人是生物。如此，議論的次序，和本體的次序相合，則論式是完善論式。

總結以上所說，認識論指明的「概念秩序」，符合本體論指明的「本體秩序」；都是從高級經過中級，達到低級：逐級順序，直線進行。論式的議論程序分兩種，一是符合概念和本體的秩序、直線進行；無論是逐級，或是越級，只要是從高級，經過中級，貫通到低級，直線的表達出來，都是完善論式。另一種是屈線，迴旋進行，即便有效，都是不完善論式：因屈線迴旋的議程，和物本體直線進行的次第，不相符合：因此，思路有欠通順。論式完善或不完善，互不相同的理由：就是在此。（比較附錄五舉出的圖表）。

語法和文法方面的理由——語法的秩序，是將聲音作符號從口中說出來，在時間上，排成先後不同的次第。語言是用聲音的屈折變化作符號和工具，傳達心內的思想。文法的秩序，是用筆墨線條的屈折變化，作符號和工具，寫在平面上，在空間排列成直線，呈現前後不同的次第。籠統說起來，語法和文法的秩序，是「物質符號傳達思想，在空間或時間裡，所排列的次第」：簡言之：即是「符號秩序」，或「語文秩序」。依「語文秩序」而論，天法元式是完善論式；因為亞里找到了「在」字語法，用語文直線進行的形式，傳達邏輯思想直線進行的形式；恰巧和認識論的「概念秩序」，和本體論的「本體秩序」正相符合。說到這裡，需注意，同一的「邏輯秩序」，可以用許多不同的「語文秩序」表達出來。它們都合乎文法和語法，同時也合乎邏輯，但只是在「通順明晰」的程度上，互有高下的差別：因為有些是屈線迂廻，轉彎摸角；有些卻「直截了當」，順序道明。就拿天法元式來舉例：同一論式，有同一邏輯完善的秩序，可以用以下這許多不同的語法說出來：

一、既然人都是動物，動物又都是生物，故此人都是生物。

二、既然「生物在動物，動物又在人，故此，生物在每人。（「在」指「某物性寓在於某主體以內」）。

三、人都是生物，因為動物都是生物，而人又都是動物，故此。

四、既然動物都是生物，故此人都是生物，因為人都是動物。

五、既然人都是動物，故此人都是生物，因為動物都是生物。

六、既然動物都是生物，人又都是動物，故此，人都是生物。

七、是動物而非生物者，無有也，同時，人而非動物者無有也。故此，人而非生物者，無有也。（參看註一，及附錄四，舒露德符號論式）

八、動物是生物中的一類，故此，人是生物中的一種，因為，人是動物中的一種。

九、（還有許多其他變化奇出的形式，此間不一一備述。參考附錄五）

比較上述八種語法，各自有不同的「語文秩序」，但背後的論式是一個：即是「天法元式」。在這八種語法之中，只有第一、第二、和第六被歷史認為是「完善語法」。嚴格說來：只有第二種是「完善語法」：和類譜由上而下的直進形式完全符合。第一種是第二種的「倒裝語法」：用「是」字，倒說「在」字，又將大小前提倒置。第六種也是第二種的「倒寫」，用「是」字，但未顛倒大小前提的位置。第二種，用「在」字指示高級類性「寓存在」低級物類性體之中；是亞里邏輯的術語，不是普通日用的「語法」，但術語的巧妙，正足以指明賓主關係，直線貫通三辭的貫通性：因為：「賓辭的賓辭是主辭的賓辭」：「生物是每個動物的賓辭，動物是每人的賓辭，故此生物是每人的賓辭」。兩相印證，只是第二種語法和這「賓主關係貫通律」的「符號秩序」，恰相符合：這就等於說：只是第二種語法是完善語法：比較其他各種語法，更為完善：更為直捷、通順，明晰。那麼，為什麼理由，天法元式是完善論式呢？就是因為只有它，能用這樣「完善的語法」傳達出來：換言之：因為它的「符號形式」特別完善。總結上述一切：「概念秩序完善」、「本體秩序完善」、「符號形式的秩序完善」，是「天法元式」完善的理由。天法其餘三式，分享元式這個完善的特性：都是完善論式。

邏輯學的任務，是尋找出「符號形式完善」的語法，傳達概念秩序和本體秩序完善的論式：**必使語法符合論式，論式符合概念，概念符合本體而後止**。

為擺脫語文的障礙，近代形式邏輯，步武亞里後塵，採用符號形式，構成符號邏輯的系統，為表達邏輯思想的次第和規律。因此，形式邏輯特別注重符號排列的形式：時間和空間排列的形式有許多；其中，有一些和邏輯形式的次第，更相符合。形式邏輯的目的和任務，主要固然是研究邏輯思想的形式，但其次要目的，是研究「物質符號排列的形式」。思想通順，必須用「符號形式的通順」傳達出來。亞里「完善論式」的特殊貢獻，便是指出了「物質符號排列形式」的完善：「既然甲在乙，乙在丙；故甲在丙」：完善通順至極。

附誌：科學方面的理由：科學性的知識，用明證法證出結論，是用天法元式，從物性本體的定義，證出某物必有的本體情況或特性。凡是「**明證法**」的論式，是天法的完善論式。明證法的明確性，是完善論式所獨有的特性。參看亞里《分析學後編》，專論「明證法」。

註三一：論第二論法：即是「中辭賓賓法」，簡名「**賓賓法**」，譯名「地法」。詳見註十五，號五。亞里的排列形式：中大小，或中首尾，或丑午寅。意思是說：大前提：丑在午，小前提：丑在寅，結論：午在寅。詳見下註。

註三二：同上。附論式圖如下：

地法論式圖

論式＼論法	法	午丑	寅丑	寅午	弱式
1		盈	盈		
2	亨	無	盈	無	←虧
3		有	盈		
4		虧	盈		
5	亨	盈	無	無	<虧
6		無	無		
7		有	無		
8		虧	無		
9		盈	有		
10	貞	無	有	虧	
11		有	有		
12		虧	有		
13	元	盈	虧	虧	
14		無	虧		
15		有	虧		
16		虧	虧		

除「亨、亨、貞、元」以外，餘皆無效。

地法六式表

一、亨無盈無，前提換無。
二、亨無盈虧，換無生虧。
三、亨盈無無，虧盈換無。
四、亨盈無虧，移換生虧。
五、貞無有虧，歸天換無。
六、元盈虧虧，反證歸天。
（七、貞盈虧虧，換質換無。）

地法規則

一、一前提否定。
二、大前提全稱。
三、結論：「無」或「虧」。

理由：

一個前提需是否定，為使中辭至少一次「指整」；同時不可兩個前提都是否定。結論必是否定，或「無」，或「虧」：因此，大辭，即是結論的賓辭，必是「指整」。那麼，大前提主辭也需要「指整」：非是全稱不可。否則結論「誇大」無效。（參考附錄一—三，論式中西對照表及圖表）

圖解「亨無盈無」，「亨盈無無」，及弱式「虧」：

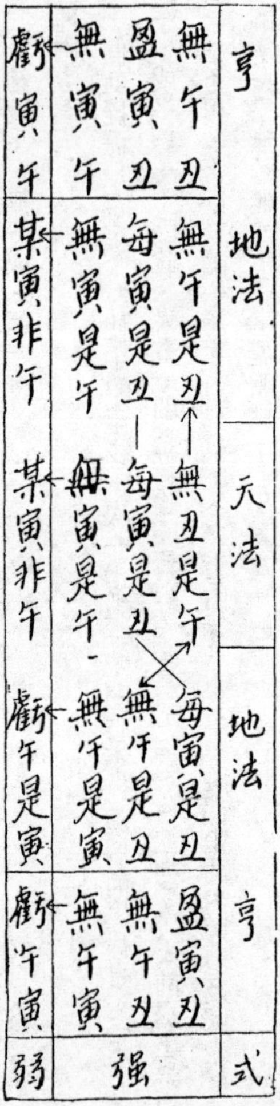

圖解「貞無有虧」：

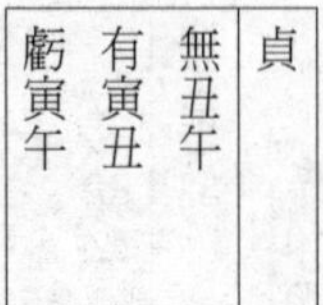

圖解「元盈虧虧」：用反證法：

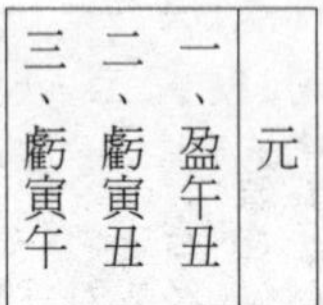

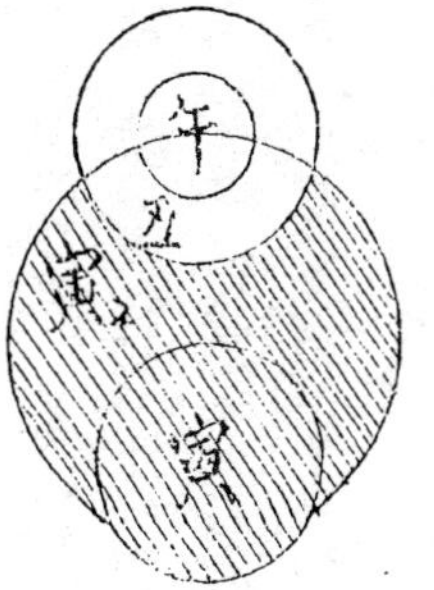

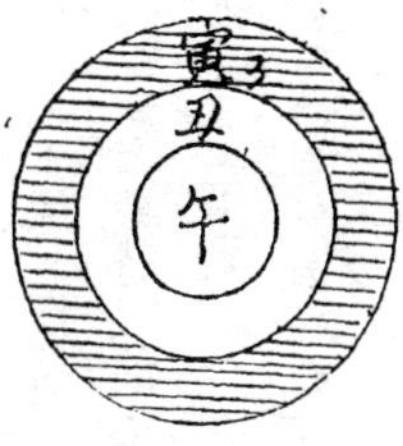

上圖釋義一：用反證法，證明地法元式、結論真實：議程如下：三號「虧寅午」，真實，因為一號和二號兩前提真實。承認了那兩前提真實，必應承認三號結論真實。假設不肯承認三號真實，則必須承認五號真實。依定律：「虧假盈必真」（註一、十七）。五號真，四號和一號相同，也真，則六號結論「盈寅丑」，必定應是真的：因為是天法元式：論式完善，結論明確。六號真，則二號不復能是真的：依定律「盈真虧必假」。但「六號真」是不可能的：因為二號假是不可能的。二號是原有的前提：已經是被承認的真理。二號必真，則六號必假。結論假，則前提兩個之中，必有一假；不是大前提四號，因為它是原來已經承認的大前提，和一號相同：故此只得是小前提：即是五號「盈寅午」是假的。五號假，則三號原有的結論，必須是真的：「盈假虧必真」。三號「虧寅午」，故此，是真的。此乃是由「假設三號假」反倒證實了三號必真：所用的論式是天法元式。參看註二三〇，特別注意註五至註八的反證程序。詳看註四〇。

上圖釋義二：用反證法證明地法元式有效，是證明前提和結論間，有必然的「引隨關係」：證明「形式構造合乎賓主關係」，和各論句內容的「真假問題」，全不相干。目的只是證明「結論必然」，不是證明結論真實：議程如下：既然承認午在丑類以內，又承認某寅不在丑類以內，則必須承認，某寅不在午類以內：假設必欲說「寅在午內」，則不復能保持「寅不在丑內」的原議：因為，依照原議，「午在丑內」。那麼，假設「寅在午內」則寅必在丑內。不復能是「某寅不在丑內」。故此，如欲保持原先已經承認的前

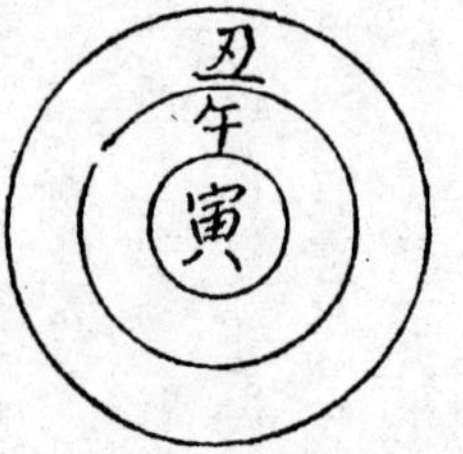

提，承認「午在丑內，而某寅不在丑內」，則必須保持原有的結論：「某寅不在午內」。「寅、丑、午」，依原有前提的假設，彼此有類界大小相含或不相含的關係；因此假設，必生出「午不包含某寅」的結論。三辭類界相關的形式，必須構成這樣的論式，並證出這樣的結論。至於前提的「假設」，是真是假，與「論式有效」的問題全不相干：因「寅、午、丑」三字，都是空洞的符號，不必指示內容的真假。舉例如下：

一、既然凡是生物都是飛鳥（假）——四、凡是生物都是飛鳥（假）

二、同時有些燕子不是飛鳥　╳　五、凡是燕子都是生物（真）

三、故此，有些燕子不是生物　六、故此，凡是燕子都是飛鳥。

上例，一至三，句句假。但論式有效，結論必然。假設承認了前提，則必須承認結論。不承認結論三號，則必承認五號。聯合四號，必生出六號：和二號適相矛盾。那麼，四號至六號，論式有效，結論必然。大前提四號雖然是假的，仍不妨礙論式有效，並且證出了真實的結論。足見論式的有效無效，和論式內各句的真假，全不相干。那麼，本處，反證法，所有的主要目的，是證實論式有效，結論必然，不是爭論，結論的真假。惟需注意：論式有效時，前提假，結論未必假；但前提真時，結論必然真。邏輯理證的用途，就是保證這一點。詳看註二三九至二六四。論式有效時，前提真假的配合。

反證法，背後依靠的定律：詳見註五、特誌。參看二八三。

圖解貞盈虧虧，換質換無：地法改歸天法：

貞	地法：換質：「盈」換成「無…非…」	天法：丁代表「非丑」：貞
盈午丑	每午是丑↔無午非丑↔無一「非丑」是午	無丁午
虧寅丑	某寅非丑——某寅非丑——某寅是一「非丑」	有寅丁
虧寅午	某寅非午　某寅非午　某寅是一「非午」	虧寅午

附誌：換質法略說。

加用否定詞，改換句式，否定和肯定互相改換，但不改變句義這樣的改換方法，叫作「換質法」。改換論句肯定或否定的性質，仍存論句的原義，茲將符號公式列表如下，然後加以語法的解釋。

換質的符號公式：

一、盈午丑：無午非丑：非有午非丑：非虧午丑。
二、無午丑：盈午非丑：非有午丑：非虧午非丑。
三、有午丑：非無午丑：非盈午非丑：虧午非丑。
四、虧午丑：非盈丑午：非盈午非丑：有午非丑。

語法解釋以上公式：

一、每午是丑：無一午不是丑：不是有午不是丑。
二、無一午是丑：每午不是丑：不是有午是丑：不是有午不是非丑。
三、有午是丑：不是無午是丑：不是每午不是丑：有午不是非丑。

四、有午不是丑：不是每午是丑：不是無午不是丑。

贅加：一、盈午非丑：每午非丑：非有午是丑：非有午非非丑。

二、非盈午非丑：非每午非丑：非無午是丑：有午非非丑：有午是丑。

三、非盈午丑：非每午是丑：非無午非丑：有午非丑。

換質規則：

一、矛盾換質：量詞前加否定詞：量前加「非」。

二、衝突換質：量詞後加否定詞：量後加「非」。

三、零整換質：量詞前後並加否定詞：量前後加「非」。

四、偏差換質：同於二：量後加「非」。

換質規則圖一：

換質規則圖二：

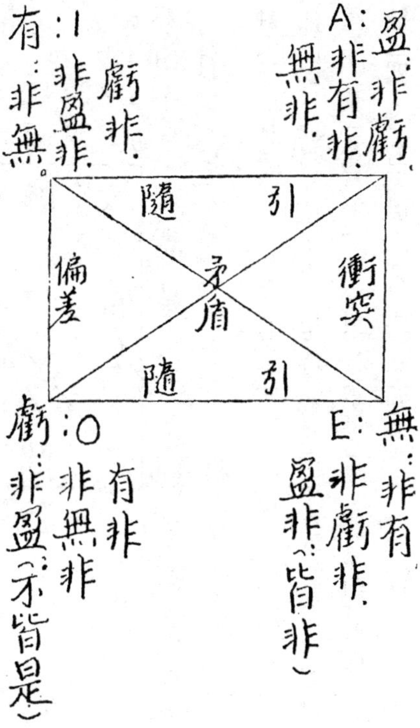

西文符號：

Abc→EbNc→NIbNc→NObc
Ebc→NIbc→NobNc→AbNc
Ibc→NEbc→NAbNc→ObNc
Obc→NAbc→NEbNc→IbNc

換質規則圖三：

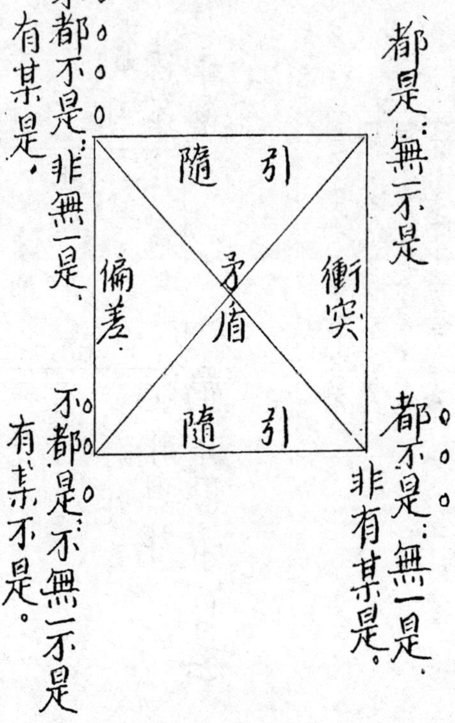

註三三：地法六式，不是完善論式。都是由天法、元亨利貞、四完善論式、推演而來，並都需要證自這天法四式，或用換位法，或用換質兼換位法，或用前提移置兼換位法，或用反證法，詳見前註。亨式「無盈無」及「盈無無」，證自天法亨無盈無，詳見前註圖解。

註三四：亨盈無無，詳見三二註圖解。

註三五：詳見註三二圖解。

註三六：補證法。實例見於圖解，由註三二、圖解亨一、至圖解六元等等。

註三七：「盈盈」無效：

大	盈寅丑	每寅是丑（零）	每動物是實體，
小	盈午丑	每午是丑（零）	每{人 / 整目} 是實體，
結	(有盈) 午寅	每 / 某 午是寅：無效	每{人是動物。/ 數目不是動物。}

上式違反公律第二。違犯地法規則第一。參看地法論式圖、註三二。

註三八：「無無」論式無效，例證。

大	無寅丑	無一動物是線	無一動物是線
小	無午丑	無一人是線	無一石是線
結	無午寅	無一人是動物	無一石是動物
弱式	← 虧午寅	← 某人不是動物	← 某石不是動物
真理：	盈午寅	人人是動物	無石是動物

註三九：貞無有虧

地法	天法	地法	天法
無寅丑 ↔	無丑寅	無寅是丑 →	無丑是寅
有午丑 →	有午丑	有午是丑 →	有午是丑
虧午寅 →	虧午寅	某午非寅 →	某午非寅

參看註三二論式圖，貞無有虧及圖解。

註四〇：元盈虧虧反證法

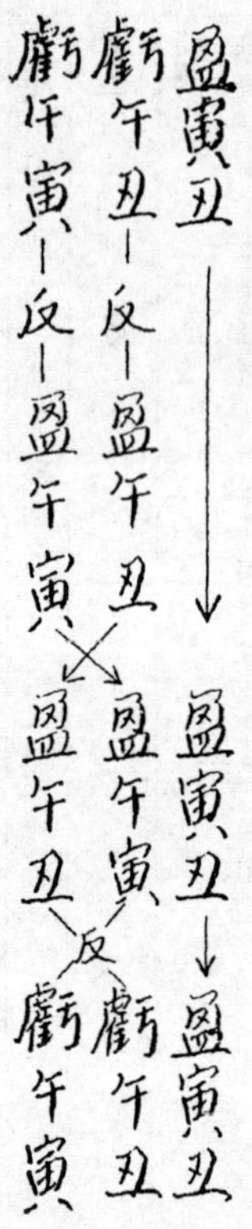

參考註二二〇

反證「元式」的另一形式

一、盈寅丑＝每寅是丑　（大前提）
二、虧午丑＝某午非丑　（小前提）
三、虧午寅＝某午非寅　（地元式結論、一、二、）
四、盈午寅＝每午是寅　（假設三號錯誤）
五、盈寅丑＝每寅是丑　（一號前提如故）
六、盈午丑＝每午是丑　（天元式結論必然、四、五。）
七、非盈午丑＝非每午是丑　（六號隨句錯誤，相反二號）
八、非盈午寅＝非每午是寅　（六號隨句錯誤，四號引句必錯）
九、必虧午寅＝必某午非寅　（四號錯誤，三號必真）

參看註三二，論式圖及（六元）圖解。參看註一，十七號，盈錯虧必真。（盈假短歌）參看註二二〇。

註四一：地法、元盈虧虧

地元式	例一	例二
盈寅丑	每寅是丑	每寅是丑
虧午丑	非每午是丑	某午非丑
虧午寅	非每午是寅	某午非寅

例一、例二、名異實同，反證法相同、見前。

註四二：地虧盈虧、無效

虧寅丑	某寅（零）非丑	某實體 白物不是動物
盈午丑	每午是丑	每隻烏鴉都是動物
虧午寅	某午非寅（整）	某隻烏鴉不是實體、（錯）。 白的、（真）。

上式無效，違犯公律第七。參看註三二。

註四三：地、有無虧、無效

符號	語法	辭例
有寅丑	某寅是丑	某實體（零）是動物
無午丑	無午是丑	無單位 學識是動物
虧午寅	某午非寅	某單位不是實體（整）、（錯）。 學識不是實體（整）、（真）。

上式無效、違犯公律第七：指零為整。

注意：無效論式產生「時真時錯」的結論。有效論式的結論常真，只要前提不錯。

註四四：「地無虧」無結論。

例一符號	語法	辭例
無寅丑	無寅是丑	無雪色黑
虧午丑	某午非丑	某動物不色黑
虧午寅	某午非寅	某動物非雪。結論一
無午寅	無午是寅	無動物足雪。結論二
盈午寅	每午是寅	（無例）　結論三

上式結論第三、無效，但無辭例來證明。理由如下，小前提虧午丑，暗含兩個意思：一是虧午丑，一是有午丑。不論那一個意思，都不能證出盈午寅。例一：

一、無寅丑	無寅是丑	（大前提原題）
二、有午丑	有午是丑	（前前提假設）
三、盈午寅	每午是寅	（結論假設）
四、無午丑	無午是丑	（一、三、兩者的結論）

四號的結論和二號的假設互相矛盾。故不可取。它是三號的隨句。隨句不可取，則引句不可取。引句是「盈午寅」，故「盈午寅」不可取。不用辭例，只用此反證法證明它無效。例二

一、無寅丑	無寅是丑	（大前提原題）
二、虧午丑	某午非丑	（小前提假設、暗含「有午丑」）
三、盈午寅	每午是寅	（結論假設、引句）
四、無午丑	無午是丑	（一、三、必生的結論）

四號結論，不暗含「有午丑」，和「虧午丑」相反，故不可取。四、隨三、四不可取，三也不可取，故「盈午寅」不可取。

例三：假設「虧午丑」是「無午丑」的含蓄，並是它的隨句。它不暗含「有午丑」的可能。那麼：

符號一	二	辭例一	二
一、無寅丑	無寅是丑	無一動物是線	無一動物是線
二、無午丑	無午是丑	無一人是線	無一石是線
三、午寅	每午是寅	每人都是動物	每一石是動物

上式無效，明見於辭例。參考註三八。假設「無午丑」真時，構成的論式，既然無效如上；那麼，「虧午丑」既是「無午丑」所包含的一部分，所以用「虧午丑」構成的論式，也是無效。這個理由的證明力，不十分強勁，但是亞里所屢用。最強的理由，還是因為它這樣的論式，違犯公律第三：兩前提都否定時，論式無效。

註四五：同上，例三。

註四六：「地盈有」無效。

符號公式	語法公式　辭例
盈寅丑	每寅是丑→每雪色白
有午丑	某午是丑→某石色白
有午寅	某午是寅→某石是雪：（錯誤）。

真理：無午寅→無石是雪

錯誤：盈午寅→（無例）

上式無效，違犯公律第二。中辭丑，至少一次需指整。此處兩次指零，故無效。參看註三七：「地盈盈」無效、「盈」生「有」含「有」，故「地盈有」也無效。

註四七：「地虧無」無效。

虧寅丑	某寅非丑	某動物不白
無午丑	無午是丑	無烏鴉 石頭色白
無 盈午寅	無 每午是寅	無烏鴉是動物 每一石頭是動物

上式結論依真理應是「無一石是動物」，和「每隻烏鴉都是動物」。論式如此，結論能真能錯故無效。違犯公律第三。

註四八：「地有盈」無效。

有寅丑	某寅是丑	某動物色白
盈午丑	每午是丑	每〔雪鵝〕色白
無盈午寅	無每午是寅	無每〔石鵝〕是動物

違犯公律第二。

註四九：以下六式，都無效。

地法＼論式	1	2	3	4	5	6	辭例一	辭例二
寅丑	盈	無	有	虧	有	虧	動物—白	動物—白
午丑	有	虧	有	虧	虧	有	人—白	無靈—白
午寅	↓						人—動物	無靈—動物

以上六式，加上「無限定論句」的論式，都是無效式。

一、「盈有」，「有有」，兩式違犯公律第二。

二、「有有」，及其他，都違犯公律第四。

三、「虧虧」，違犯公律第四兼第三。詳見註三一，及註十五，號九。

註五〇：人法中辭主主法。人法論式圖：

論式	人法	午——辰	午——巳	巳——辰
1	利	盈	盈	有
2	貞	無	盈	虧
3	利	有	盈	有
4	元	虧	盈	虧
5		盈	無	
6		無	無	
7		有	無	
8		虧	無	
9	利	虧	有	有
10	貞	無	有	虧
11		有	有	
12		虧	有	
13		盈	虧	
14		無	虧	
15		盈	虧	
16		虧	虧	

人法格式——「辰和巳同在午，故辰在巳」，意思是說「午是辰又是巳，故有巳是辰」。亞里用上式，常談用下式。依上式的構造，午是中辭，辰是大辭，巳是小辭。詳見註十五，五號。

人法規則——一、小前提應是肯定，或盈，或有（否則結論必指零為整，故無效）。二、結論必是特稱（理由同上）。故結論只能是或「有」或「虧」。

人法論式——只有「利、貞、元」三種。三利，兩貞、一元、共六式。只此六式有效，都是不完善論式，或來自天法完善論式，或證自天法論式。只有特稱句作結論，或「有」或「虧」，除此有效六式以外，其餘十式都無效。（參考附錄一至三，論式圖表）

註五一：同上，人法格式。

註五二：「人、利盈盈有。」有效。

圖解如下：

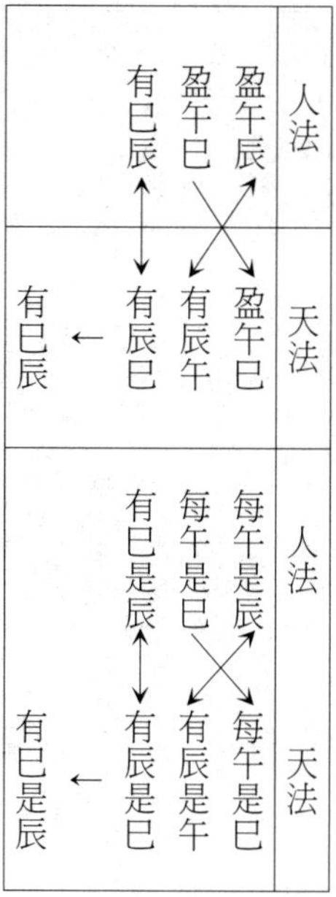

同式簡圖：

同式證以反證法：

一、盈午辰	每午是辰	（大前提）
二、盈午巳	每午是巳	（小前提）
三、有巳辰	有巳是辰	（結論）
四、無巳辰	無巳是辰	（假設三號錯誤）
五、無午巳	無午是巳	（一、四、地亨盈無無）

六、非無午巳	非無午是巳	（五號錯誤，違反二號）
七、非無巳辰	非無巳是辰	（五號隨句錯，四號引句必錯）
八、有巳辰	有巳是辰	（四號錯，三號必真）

參看前面註四〇，及註二二〇。

同式證以指解法。

指解法，也叫「喻法」，又叫例證法，指出實例，曉喻前提，證明結論。人法的「利盈盈有」，本來就是一個「喻法定律」。詳見下註。參考下卷章二十四。

註五三：「喻法定律」，及「指解公式」

長式：

一、盈午辰	每午是辰	（大前提）
二、盈午巳	每午是巳	（小前提）
三、有巳辰	某巳是辰	（結論）
四、盈寅午	每寅是午	（喻，午類中有寅）
五、盈寅辰	每寅是辰	（一、四結論）
六、盈寅巳	每寅是巳	（二、四結論）
七、有巳寅	有巳是寅	（二、四、結論換位）
八、有巳辰	有巳是辰	（五、七號結論，證實三號）

參看註三五六。

短式：

盈午辰	每午是辰	每石都硬，
盈午巳	每午是巳	每石都白，
有巳辰、（寅）。	有巳是辰、（寅）。	有白物硬，例如玉。

喻：實例：有寅午，寅巳，寅辰：有寅是午，並是巳又是辰。參看註五九。

註五四：人無盈虧證自天無有虧。

人法			天法
無午辰	無午是辰 →	無午是辰	無午辰
盈午巳	每午是巳 ↔	有巳是午	有巳午
虧巳辰	有巳非辰 →	有巳非辰	虧巳辰

同式可以證自反證法：

一、無午辰	無午是辰	（大）
二、盈午巳	每午是巳	（小）
三、虧巳辰	有巳非辰	（結）
四、每巳辰	每巳是辰	（假設，三號錯）
五、有午巳	有午是巳	（二號換位）
六、有午辰	有午是辰	（四五結論）

七、非有午辰	不是有無是辰	（六和一，矛盾，六「有假」）
八、非每巳辰	不是每巳是辰	（四號「盈假」）
九、非巳辰	有巳不是辰	（三號「虧必真」）。

參看註二三〇。

註五五：

盈午辰（零）——每午是辰	每人是動物	每人是動物
無午巳——無午是巳	無人是馬	無人是無靈
無巳辰（整）——無巳是辰	無馬是動物	無無靈是動物
	每馬是動物	無無靈是動物

註五六：人法，「利有盈」，或「利盈有」，都有效。參看註五〇，論式圖。詳見下註。

註五七：利有盈有，有換盈移：

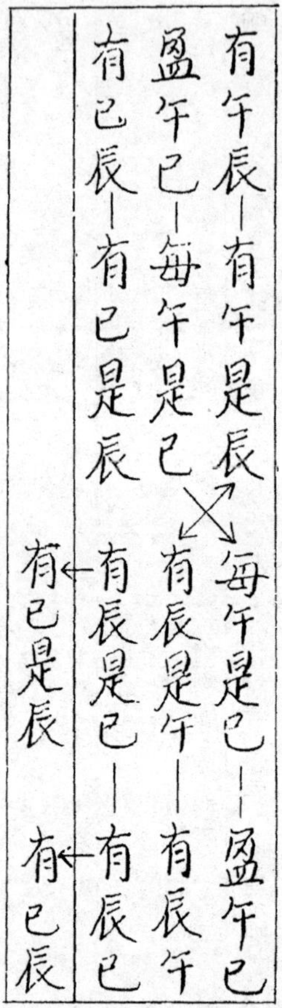

上式，「有午辰」，賓主換位，換成「有辰午」，移作小前提。「盈午巳」，移作大前提，即是天法論式，「利盈有」。結論是「有辰巳」，賓主換位，乃得「有巳辰」。所謂「利有盈有，有換盈移」，就是這個意思。

註五八：利盈有有，有仍換有。

盈午辰——	每午是辰——↓	每午是辰——	盈午辰
有午巳——	有午是巳↕	有巳是午——	有巳午
有巳辰	有巳是辰	有巳是辰	有巳辰

參看註五三及五四，「反證法」與「指解法」。

註五九：元虧盈虧，反證指解。

一、虧午辰——有午非辰　（大）
二、盈午巳——每午是巳　（小）
三、虧巳辰——有巳非辰　（一二結論）
四、盈巳辰——每巳是辰　（假設三號錯誤）
五、盈午辰——每午是辰　（二四結論）
六、盈午辰、假　（五號隨句，錯誤，和一號互相矛盾）
七、盈巳辰、假　（四號引句必錯。）
八、虧巳辰、真　（四號盈假，三號虧必真）

以上是「元虧有虧」的反證法。參看註二三〇。其「指解證法」如下：

註六〇：指解，或「例證」，也叫作「喻」。參看前註五三，及註三五六。

虧午辰——有午非辰	有馬非白，
無午巳——每午是巳	每馬是獸，
虧巳辰——有巳非辰	有獸非白；
喻：寅——喻：寅	喻：鄰馬非白。

註六一：

一、盈午辰——每午是辰	每獸有靈
二、虧午巳——有午非巳	有獸非人，（每人是獸）
三、虧巳辰——有巳非辰	有人非有靈
四、盈巳辰——每巳是辰	每人（實）有靈 ｝結論矛盾。

上式違犯公律第七。

註六二：

一、盈午辰——每午是辰	每午是辰	每午是辰
二、虧午巳——有午非巳	→無巳是午（不可能）	有巳是午
三、虧巳辰——有巳非辰	有巳非辰	有巳是辰
四、無巳辰——無巳是辰	無巳是辰（不可能）	有巳是辰

上式，無辭例可取。因為不能從「有午非巳」，得出「無巳是午」的假定來。反之，「有午非巳」，常暗含「每巳是午」的可能。假定的論句，既無邏輯的可能，便無實有的可能。故無實例可取。凡是辭例在亞里書中，都是指示實有界的事例。參看註四四。

註六三：上式證自「無限定證法」：

盈午辰　　盈午辰
虧午巳←—無午巳
虧巳辰←—無巳辰

假設「虧午巳」，本是來自「無午巳」。那麼「盈午辰，無午巳」，既是無效，則「盈午辰，虧午巳」，也是無效，「虧午巳」的無限定性，能指：「無午巳」，和「無巳午」。「盈午辰，無午巳」的論式無效，證明見前，註五五。這個「證明」的效力是有限止的。參看註四四。

註六四：貞無有虧，換有得有。

無午辰——無午是辰——無午是辰——無午辰
有午巳——有午是巳↔有巳是午——有巳午
虧巳辰——有巳非辰　有巳非辰——虧巳辰

註六五：

有午辰——有午是辰（零）	某野物是動物	某野物是動物
無午巳——無午是巳	無野物是人	無野物是知識
虧巳辰——有巳非辰（整）	有人不是動物	有知識不是動物
此式違犯公律第七。	每人是動物	無知識是動物

註六六：

虧午辰　有午非辰	某野物是動物	某野物是動物
無午巳　無午是巳	無野物是知識	無野物是人
虧巳辰　有巳非辰	某知識不是動物	某人不是動物
違犯公律第三	無知識是動物	每人是動物

註六七：同樣違犯公律第三。

例一、有辭例如下：

無午辰　無午是辰	無白物是烏鴉
虧午巳　有午非巳	有白物不是雪：（無雪不白）
虧巳辰　有巳非辰	有雪不是烏鴉
無巳辰　無巳是辰	無雪是烏鴉

例二、無辭例可取：

一、無午辰　　無午是辰
二、虧午巳　　有午非巳 ——→ 有巳是午　（暗含）
三、虧巳辰　　有巳非辰
四、盈巳辰　　每巳是辰　（不可能）　（假設、引句）
五、有午辰　　有午是辰　（不可能）　（二四結論、隨句、違犯一號大前提）

參看註六三。無限定證法。

註六八：同上。

註六九：公律第四：兩前提都特稱時，論式無效。依照註五〇論式圖，排列三辭即可看得明白。

註七〇：換位論式舉例：

天法			
盈乙甲	盈乙甲	無乙丙	
無丙乙	無丙乙	有甲乙	
無丙甲	虧甲丙	虧甲丙	
無效	有效	有效	

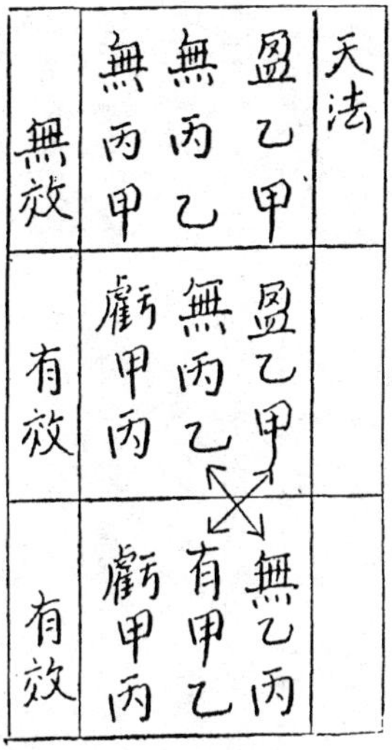

物法、貞
無丙乙
盈乙甲（有）
虧甲丙
有效

上式，原位無效，換位有效。天法上式如此，餘式，滿足亞里所指明的條件，也都有效。地法、人法，也是如此。參看註十五，第十二號，天法換位論式圖。和註一九〇，物法「貞無盈虧」式，相比較。同時注意物法貞無有虧。

註七一：反證論法，用天法的論式參看註五二，人法，「利盈盈有」的反證法；註五四，人法，貞無盈虧，反證法；並參看，註五二，註四〇，註二三〇。

註七二：地法亨式，證天法利式，用反證法：

一、盈乙甲	每乙是甲，	（大）
二、有丙乙	有丙是乙，	（小）
三、有丙甲	有丙是甲。	（結、天法）
四、無丙甲	無丙是甲	（假設三號假：有假無必真）
五、無丙乙	無丙是乙	（一、三、結論，地法）
六、無丙乙、假。	無丙是乙、假。	（二號）
七、無丙甲、假。	無丙是甲、假。	（四號，五號，六號）
八、有丙甲、真。	有丙是甲、真。	（七號、「無假有必真」）

註七三：地法亨式，證實天法貞式，用反證法：

一、無甲	無乙是甲	（大）
二、有丙乙	有丙是乙	（小）
三、虧丙申	有丙非甲	（結、天）
四、每丙甲	每丙是甲	（假設，三號假）

五、無丙乙	無丙是乙	（一、四、結、地）
六、無丙乙，假。	無丙是乙、假	（五、二）
七、每丙甲，假。	每丙是甲、假	（六、五、四）
八、虧丙甲、真。	有丙非甲、真	（三、七、盈假虧真）

註七四：論式約盡歌訣。

「約盡」是將一切論法和論式，都約歸天法、元亨利貞、四原位論式。約盡用的步驟，主要是「移」「換」兩字。「移」是大小前提移調位置。「換」是論句內，賓主換位。其次、間或加用「零整律」，由整知零的推演法。「約盡」的意義是「補證」：即是說：換位，換式，換法，補充證明某結論的必然。詳見，註十五至註七〇，各論式圖解。註七一至註七三，反證法的詳解，也是為說明「約盡」的另一形式。天法換位論式，換位歌訣，便是約盡歌訣。見註十五，表二。地法約盡歌訣，見註三二，地法六式表。

人法諸論式，「約盡歌訣」，散見前面各註，匯聚一齊，全歌如下：

人法論式約盡歌訣：

*一、利盈盈有，盈盈換移	詳見註五二
二、利盈盈有，盈換得有	同上
*三、利盈盈有，反證歸元	同上
*四、利盈盈有，喻指可證	詳見註五三
五、貞無盈虧，盈換得有	詳見註五四

六、利有盈有，有換盈移	詳見註五七
七、利盈有有，有仍換有	詳見註五八
八、元虧盈虧，反證喻指	詳見註五九
九、貞無有虧，換有得有	詳見註六四

去掉一、三、四，只剩二至九，六條。

附註：物法論式，詳見註一九〇，及註十五內七、八。

註七五：論式的演生。

一、亞里——論式雖多，只分兩類：一肯定，一否定。肯定者來自「全稱定律」，否定者來自「無稱定律」。都是依照「約盡歌訣」，逐步推演而來：謂之論式的演生：就是「演繹證出」的意思。全稱定律的基本論式，是天法元式：即是「元連三盈」，或「元盈盈盈」，詳見註一，十五號，註十五，四號，和十二號。

否定論式，都是出自「無稱定律」。它的基本論式，是天法的亨式。即是「亨無盈無」。詳見註一，十五號，註十五，十二號，圖一。演生程序的逆溯，是「約盡」，將一切論法論式，都改歸天法，元亨利貞。

二、現代邏輯——現代有數位數理邏輯學家，用數理推演法，推證亞里演生的一切論式。證明亞里「論式學說」的有效。並且證明亞里的學說，及其推演方法，就是數理邏輯中，「公理系統推演法」的一種：由少數的公理，依據少數的定義和規則，推演出一切可證的定理和結論。（參看圖書目錄）。

註七六：

「有態論句」的分類——用基本分類法，有態論句分三類：一是「必然論句」，用「必」字，或同義字作態辭，加在構辭上面，或加在論句的前後：例如：「甲必是乙」；「甲必定是乙」。或說：「必定甲是乙」。或說：「甲是乙是必然的」。二是「可能論句」，用「能」，或同義字作態辭，例如說：「甲能是乙」，或「可能甲是乙」，或「甲是乙，是可能的」。三是「常態論句」，用常態構辭「是」字，在「是」字，或同義構辭以外，不加用其他任何態辭。「是」字的常態是「真」，或同義字，表示論句自有的「判決」和「決定」；普通暗含在「是」的構辭裡面，不明言說出，甚至許多論句，連「是」字或其他構辭都暗含在動辭或賓語裡面，不明明說出來。所以，常態論句，就其有「真」字或同義字的態辭意義而言，的確是「有態論句」，那麼，凡是論句都有態，但是另一方面，就常態論句，不明言態辭而言，**「常態論句」也叫作「無態論句」**。如此，總而言之，論句分無態和有態。有態論句，分常態，和「必然」及「可能」三種。這是「有態論句」的基本分類。基本分類不是完全分類。完全分類，將「有態論句」，根據「態辭與否定辭」的配合，分成四類：一是「必然論句」，二是「必不論句」，三是「不必論句」，四是「不必不論句」，這四句彼此有對立的關係，和用「能」字的態辭論句，對立關係相同，詳見註九：態辭對立圖。

有態論式的形成——大小前提有態無態必然或然，交互配合，天地人三法論式因以形成（後代物法論式，隨之亦生，但非亞里所曾論及）。單就態辭配合而論，主要形式，共有八種，茲列表簡示如下：（參考麥可樂著《亞里有態論式》，McCall，storrs，ed.1963）

有態論式，前提配合表：

大前提	小前提	論式名
一、必然	必然	必必
二、必然	常態	必常
三、常態	必然	常必
四、可能	可能	能能
五、可能	常態	常態
六、常態	可能	常能
七、必然	可能	必能
八、可能	必然	能必

上表符號說明：

一、必：代表「必然」，「不能不然」

二、常：代表「常態」，即是「無態」。

三、能：代表「可能」，「或然」，「適然」，「偶然」，「不必不然」，「不是不可能」。

四：「必必」：兩前提是必然論句的論式，其餘，彷此，都是論式的名稱。

五：配合計算法：每個「無態論式」能有以上八種「有態論式」。

天地人物、四論法，每法、前提態句、配合論式、總表：

天地人物		論式	必常			能常			必能	
			一	二	三	四	五	六	七	八
一	大小	盈盈	必必	必常	常必	能能	能常	常能	必能	能必
二	大小	盈無	必必	必常	常必	能能	能常	常能	必能	能必
三	大小	盈有	必必	必常	常必	能能	能常	常能	必能	能必
四	大小	盈虧	必必	必常	常必	能能	能常	常能	必能	能必
五	大小	無盈	必必	必常	常必	能能	能常	常能	必能	能必
六	大小	無無	必必	必常	常必	能能	能常	常能	必能	能必
七	大小	無有	必必	必常	常必	能能	能常	常能	必能	能必
八	大小	無虧	必必	必常	常必	能能	能常	常能	必能	能必
九	大小	有盈	必必	必常	常必	能能	能常	常能	必能	能必
十	大小	有無	必必	必常	常必	能能	能常	常能	必能	能必
十一	大小	有有	必必	必常	常必	能能	能常	常能	必能	能必
十二	大小	有虧	必必	必常	常必	能能	能常	常能	必能	能必
十三	大小	虧盈	必必	必常	常必	能能	能常	常能	必能	能必
十四	大小	虧無	必必	必常	常必	能能	能常	常能	必能	能必
十五	大小	虧有	必必	必常	常必	能能	能常	常能	必能	能必
十六	大小	虧虧	必必	必常	常必	能能	能常	常能	必能	能必

注意：「大」代表大前提，「小」代表小前提。總表論式總數：八乘十六，再乘四論法，加換位天法，共計六四〇論式，再乘以四結論，則共得二五六〇論式。

何式有效無效，詳見原書正文，及以下註解。參考附錄二。

有態論式和論法——天地人三個論法，每一個都有上述八類有態論式（物法亦然）。每個論式，有效無效，如何構成，如何證明，是亞里本書從本章第八，到第廿二，逐一詳討的材料：共費了十四章的篇幅，系統完整，有史以來所僅見。後人詮釋、翻譯、註解、研究，歷代多有，最著稱的，古代希臘有亞里高足弟子，德孚樂（詳名「德約孚樂斯徒斯」）；註解家，有亞歷山（詳名亞孚羅廸西亞島人，亞歷山）；

又有斐勞鵬（詳名若望、斐勞鵬諾斯），中世紀有大亞博註解，現代有柏克爾，著《亞里可能論式學說》，又有盧雪池著《亞里論證法》。最近有鮑恒吉著《德浮樂態辭邏輯》：和亞里邏輯互相比較，並加以數理的推演。其他古今名著，詳見圖書目錄。

「必必論式」——依照前面列出的有態論式表，大前提和小前提，都是必然論句的論式，簡名「必必論式」。天地人三論法的「必必論式」，何時有效，何時無效，和無態論式相同。詳見註十五至註七五。只是在論式的「約盡」，或「演生」方面，有以下幾個例外：地法「元盈虧虧」論式，約盡或補證時，在必必論式裡，不能用反證法，只能用指解法：即是用喻指法。原有的無態論式歌訣，是「元盈虧虧，反證歸元」，現在應改作「元盈虧虧，證以喻指」。參看註三一，地法六式表。人法的「元虧盈虧，反證喻指」，也應為此同一理由，改作「元虧盈虧，證以喻指」。刪去「反證」。參看註七四，人法論式，約盡歌訣，除此兩點以外，其餘完全相同。

註七七：

天法「必、常」、配合論式總表：

	大	小	結
	必	常	必
	常	必	常
元	盈	盈	盈
	盈	無	
利	盈	有	有
	盈	虧	
亨	無	盈	無
	無	無	
貞	無	有	虧
	無	虧	
	有	盈	
	有	無	
	有	有	
	有	虧	
	虧	盈	
	虧	無	
	虧	有	
	虧	虧	

表內，元、利、亨、、貞四式，乘以二種配合，共有八式，「必常」四式，「常必」四式，都有效，

餘者都無效；怎樣證明？答案詳見本註七七至八〇。注意，註八〇內有「天法、必、常配合、有效論式全表」。（參考附錄二，有態論式表）。

論式：元必常必，利必常必，有效：

元	符號公式	是字語法	在字語法	元
	必盈乙甲	每乙必甲	甲必在每乙	必
	常盈丙乙	每丙是乙	乙在每丙	常
	必盈丙甲	每丙必甲	甲必在每丙	必
利				利
	必盈乙甲	每乙必甲	甲必在每乙	必
	常有丙乙	某丙是乙	乙在某丙	常
	必有丙甲	某丙必甲	甲必在某丙	必

註七八：亨必常必，貞必常必：有效：

亨	符號公式	是字語法	在字語法	亨
	必無乙甲	必無乙是甲	必無甲在乙	必
	常盈丙乙	每個丙是乙	乙（卻）在每丙	常
	必無丙甲	必無丙是甲	必無甲在丙	必
貞				貞
	必無乙甲	必無乙是甲	必無甲在乙	必
	常有丙乙	有某丙是乙	乙（卻）在某丙	常
	必虧丙甲	某丙必非甲	甲必不在某丙	必

註七九：元、利、亨、貞，四有效論式：

	符號公式	「是」字語法	「在」字語法
元	常盈乙甲	每乙是甲	甲在每乙
	必盈丙乙	每丙必乙	乙必在每丙
	常盈丙甲	每丙是甲	甲在每丙
利	常盈乙甲	每乙是甲	甲在每乙
	必有丙乙	某丙必乙	乙必在某丙
	常有丙甲	某丙是甲	甲在某丙
亨	常無乙甲	無乙是甲	甲不在任何乙
	必盈丙乙	每丙必乙	乙必在每個丙
	常無丙甲	無丙是甲	甲不在任何丙
貞	常無乙甲	無乙是甲	無甲在乙
	必有丙乙	某丙必是乙	乙必在某丙
	常缺丙甲	某丙非甲	甲不在某丙

註八〇：元、利、亨、貞，辭例：

符合公式填辭	是字語法	態辭
常盈動物——運動	每個動物運動	無態辭
必有盈人——動物	某每人必是動物	必然
常有盈人——運動	某每人運動	無態辭
常無人——運動	無一人運動	無態辭
必有盈白物——人	某每白物必是人	必然
常缺無白物——運動	某無白物運動不運動	無態辭

天法「必常」配合有效論式全表：

常態論式	必常論式	常必論式
一、元盈盈盈	元必常必	元常必常
二、亨無盈無	亨必常必	亨常必常
三、利盈有有	利必常必	利常必常
四、貞無有虧	貞必常必	貞常必常

參看註七七至註八〇。又參看附錄二一。

特別問題——審閱以上全表，可見天法「必常」配合論式、結論得句態，常隨大前提，不隨小前提規則是：大前提有什麼句態，小前提也有什麼句態，小前提有什麼句態，不決定結論應有什麼句態。為什麼理由呢？這是邏輯史上相當嚴重的一個問題。因為根據「柔勝律」，真理柔弱勝剛強，前提一剛一柔，則結論必柔，顯然。「必常」兩態相較，必然論句，剛強；常態論句，無態、明明柔弱。依此而論，凡是「必、常」，兩態配合而成的論式，其結論都應是「常態論句」，德孚樂本此理由，主張「必常必」論式，都無效：都應改成「必常常」，始能有效。參看註一二三一。

然而大多數邏輯學家仍主張保持亞里原議。「必常必」論式有效。結論的句態只應隨從大前提的句態。理由是「常態論句」，本質上，等於「真態論句」。小前提說：「真的，每丙是乙」，大前提既說：「必定的，每乙是甲」；則結論目然應是：「真的，每丙是乙之所必是」：即是說：「每丙必是甲」。常態論句，「每丙是乙」，等於「每丙真是乙」，也等於「每丙現實是乙」；「實際是乙」；「肯定是乙」；「斷然是乙」。那麼，乙的中辭作用，是用「真然、實然、斷然」的決定力，將丙引薦過來，使丙和自己站在同等地位，和甲發生同等的賓主關係。「真然」的決定力，必生出這樣的效果。中辭的媒介力，和引薦力，正是在此。故大前提乙中的賓主關係，既是必然的，則結論丙甲的關係，也應是必然的。

反之，大前提是常態論句，小前提是必然論句時，結論應是常態。理由同上：小前提說：「每丙必是乙」，乙必然引丙和甲，發生甲和乙自己所有的關係。乙的中辭作用是如此。但大前提說：「每乙是甲」，只是「實然，真然」，而不是「必然」，故結論只好是：「必然的，每丙真是甲」：這就等於說真是「每丙是甲」。但，既然「真的，每丙是甲」，故此，每丙是甲。「每丙必是乙之所是」，那麼，「乙真是甲」，故此，必然的：「丙真是甲」。即便說：「丙必真是甲」，也不等於：「丙真必是甲」。看清了

「必真是」，和「真必是」的決定力，輕重不同，便可明見：「常必常」，不會是「常必必」：因為：「常必常」的中辭引薦力是「必真是」；不是「真必是」。既然不是「真必是」，故此結論不得是「必是」：即是，不得是一「必然論句」。但不能不是一個「真然，實然的論句」：即是「常態論句」。舉個粗淺的實例如下：

大：每個第一樓的住戶，必定都受了火災；	必
小：每個本街的警察都（真）是第一樓的住戶；	常
結：每個本街的警察，真是必定都受了火災。	必
大：每個第一樓的住戶「真是」都受了火災，	常
小：每個本街的警察必定都是第一樓的住戶；	必
結：每個本街的警察「必定真是」都受了火災。	常

問題的要訣：「必定真是」等於「真是」。「真是必定」，等於「必定」；「真是」，等於「常態的是」。「必定常態的是」，等於「常態的是」，不等於「必然的是」：不等於「真是必定是」。為了上面的理由，足見德孚樂矯正亞里，確實是矯枉過正。亞維新說得好：「柔勝律」所管轄的領域，只限於「句量」和「句倥」，不可延及「句態」。參看註一二二。

從此說來：「是」字的決定力，強弱分三級：第一級是「必然是」，決定力最強，斷定說：「不能不是」。第二級是「真是」，決定力較弱，是無態論句內的：「實然是」；第三級是「可能是」，決定力最弱。又分兩級：第一級不否定「必然是」；只說「可能是，不必不是」；但不說：「能不是」。第二級否定「必然是」，故說：「能是能不是」：是一個模稜兩可的「或然是」。那麼，「是」字的決定力，共分四級：「必然」，「實然」，「可能」，「或然」。參看註一〇九「可能」，等於「適然」。

註八一：同註七七。

註八二：同註七八。

註八三：間註七九。

註八四：同註八〇。

註八五：

地法、「必、常」配合論式總表：

	必常	常必	
	盈	盈	
亨	盈	無	無
	盈	有	
元	盈	虧	虧
亨	無	盈	無
	無	無	
貞	無	有	虧
	無	虧	
	有	盈	
	有	無	
	有	有	
	有	虧	
	虧	盈	
	虧	無	
	虧	有	
	虧	虧	

表內，亨、元、亨、貞、「必常」四式，「常必」四式，何時有效，結論如何，詳見註八五，至九一。及「有效論式全表」。

地法必然論式一、亨必常必、有效：

亨符號公式	是字語法	約歸天法亨無盈無	符號公式
必無乙甲	必無乙是甲	↔必無甲是乙	必無甲乙
常盈丙甲	每丙是甲	→每丙是甲	常盈丙甲
必無丙乙	必無丙是乙	必無丙是乙	必無丙乙

以上是地法「必常必論式」中的「亨無盈無」。參看註三二，「亨無盈無」圖解。

註八六：亨盈無無，亨常必必，無換盈移。

亨				
符號公式	常盈乙甲	必無丙甲	必無丙乙	
是字語法	每乙是甲	必無丙是甲	必無丙是乙	
約歸天法亨無盈無	必無甲是丙	每乙是甲	必無乙是丙	必無丙是乙
符號公式	必無甲丙	常盈乙甲	必無乙丙	必無丙乙

註八七：亨盈無無，亨必常常，無換盈移

亨				
符號公式	必盈乙甲	常無丙甲	常無丙乙	
是字語法	每乙必甲	無丙是甲	無丙是乙	
約歸天法亨式	無甲是丙	每乙必甲	無乙是丙	無丙是乙
符號公式	常無甲丙	必盈乙甲	常無乙丙	常無丙乙

註八八：反證上式：

亨	符號公式	是字語法	說明
一	必盈乙甲	每乙必甲	大前提，
二	常無丙甲	無丙是甲，不必然	小前提，
三	常無丙乙	無丙是乙，不必然	結論：「常無」。
四	必無丙乙	必無丙是乙	假設三號「必無」，
五	必無乙丙	必無乙是丙	四號換位、大前提，
六	必有甲乙	必有甲是乙	一號換位、小前提，
七	必虧甲丙	必有甲非丙	五、六結論，天法貞式。
八	常無甲丙	無甲是丙，不必然	二號換位：「不必無」，
九	能盈有甲丙	丁能每某甲是丙	八號的隨句：「可能有」
十	不必虧甲丙	不必有甲非丙	九號真，七號必假
十一	不必無乙丙	不必無乙是丙	七號結論假，五號大前提必假，十。
十二	不必無丙乙	不必無丙是乙	五號假，四號必假，十一。
十三	常無丙乙	無丙是乙，不必然	四號假，三號必真，十二。

上面的反證論式，可以將十三步簡化，減至九步，足矣。

註八九：用實例證明前式：

亨　符號公式填辭	是字語去	態
必盈人——動物	每人必是動物	必然
無常白——動物	無白物是動物	（偶然），不必然
無常白——人	無白物是人	（偶然），不必然

註九〇：貞必常必，換無得無。

貞常必常，換無得無

貞　符號公式	是字語法	約歸天法貞式	註七八貞式
必無乙甲	必無乙是甲 ↔	必無甲是乙	必無甲乙
常有丙甲	某丙是甲	某丙是甲	常有丙甲
必虧丙乙	某丙必非乙	某丙必非乙	必虧丙乙
貞　符號公式	是字語法	約歸天法貞式	註七九
常無乙甲	無乙是甲	無甲是乙	常無甲乙
必有丙甲	某丙必是甲	某丙必是甲	必有丙甲
常虧丙乙	某丙非乙	某丙非乙	常虧丙乙

註九一：（甲）、元常必常，反證喻指：

元			
符號公式	是字語法	態	證明
常盈乙甲	每乙是甲	無態辭：不必然	註八八
必虧丙甲	某丙必非甲	必然	註八九
常虧丙乙	某丙非乙	無態辭：不必然	

上式簡證，用「非甲」作中辭，改歸天法「貞常必常」如下：

無乙是「非甲」	無「非甲」是乙	常無甲乙
某丙必「非甲」	某丙必是「非甲」	必有丙甲
某丙非乙	某丙非乙	常虧丙乙

（乙）、元必常常，反證喻指：

元		
符號公式	是字語法	態
必盈乙甲	每乙必是甲	必然
常虧丙甲	某丙不是甲	常態：無態：不必然
常虧丙乙	某丙不是乙	常態：無態：不必然

上式紐歸天法元式，見註八八，註八九。

附誌，地法「必常」配合論式全表一：

一、亨無盈無	亨必常必 亨常必常	註八五
二、亨盈無無	亨必常常 亨常必必	註八七 註八六
三、貞無有虧	貞必常必 貞常必常	註九〇 註九〇
四、元虧盈盈	元必常常 元常必常	註九一（乙） 註九一（甲）

全表二：

一、亨無盈無	亨必常必	亨常必常
二、亨盈無無	亨必常常	亨常必必
三、貞無有虧	貞必常必	貞常必常
四、元盈虧虧	元必常常	元常必常

（參考附錄二，有態論式表）

注意：地法「必、常」，兩態配合的論式規則，最主要的只有一條：結論的句態，取決於否定的前提。兩前提一肯定、一否定；同時一必然，一常態；否定者必然，則結論必然，否定者實然，則結論實然（實然、即是常態）。回觀上面全表，即可明見情形確是如此，為什麼理由，應當如此呢？最主要的理由是：地法論式內，中辭的媒介作用，專是證明尾辭和首辭互不相容。它們兩不相容的事實之有無，及程度的深淺；全取決於中辭和它兩者之一，互不相容的事實之有無，及程度的深淺。中辭和尾辭，不相容的事實，和程度；構成小前提的否定和句態。中辭和首辭不相容的事實和程度，構成大前提的否定和句態。否定論句，常指示賓主兩辭的互不相容，否定句的句態，指示賓主兩辭互不相容的程度深淺，或強弱。看清了這一點，便可明白為什麼理由，地法諸論式內，結論的句性和句態，都是取決於否定的前提；不論否定的前提是大前提或小前提。因為關鍵之所在，只是「否定的前提」，不分前提是大是小。為此同一理由，前提，無論大小，如果是「必然」，但是肯定論句；則無力決定結論的句態。因之，結論只得是否定而無態，因為其餘的一個前提，依地法本處的假設，是否定而無態；否定論句，作前提，決定一切；中辭的證明力，全是為證明這一點：諸有效論式，有效的理由，也就可以說只是在乎此；有些論式，可用「改歸天法」的手續，加以補證。有些只可用反證法，和喻指法；但都可以證自此處指明的這個基本原理：「根據中辭的媒介作用，地法論式內，結論的句性和句態，取決於否定的前提」。

歷代許多人，沒有認清這一點，因而看了亞里的地法論式，自嘆莫名其妙，甚至誤斥論式無效；還有些人，從玄虛迂遠的形上學裡，去找尋論句間邏輯關係的理由；也有些人，認為問題本身不關重要；或說亞里的「態辭邏輯」，全部都是「定言論式」極無意味的，強和態辭，互相拚湊；葛籐絞合，枉費腦筋。以上這許多意見，都不全合事實，因為沒有看到方才指出的基本原理：沒有認出地法論式內，中辭任務的本質。

同時，看清了這一點，便可認出地法和天法的分別：異點所在，全中辭的媒介作用。天法的中辭任務耜目的，是為證明結論的句性句態，取決於大前提：引領小辭在結論裡，和大辭發生賓主關係：並且發生和「中辭大辭在大前提裡，互有同樣關係」，可見天法和地法全不相同。純邏輯的理由，就是在此。

總而言之：天法內，大前提決定一切；不分肯定，否定。地法內，否定的前提決定一切；不分前提大小。理由何桂？全在「中辭的媒介作用」。

註九二：人法「必、常」配合、論式總表：

	利	貞	利	元		利	貞		
必必常	盈	無	有	虧	盈無有虧	盈	無	有虧	盈無有虧
必常必	盈	盈	盈	盈	無無無無	有	有	有有	虧虧虧虧
必	有	虧	有	虧		有	虧		

表內，「利、貞、元、」各種配合論式，那一種有效，何時有效，詳見註九二至一〇六，及有效論式全表。（參看附錄二，有態論式表）。

人法、利盈盈有，利必必必。有效：

	利	利	利
符號公式	必盈丙甲 必盈丙乙 必有乙甲	必盈丙甲 常盈丙乙 必有乙甲	常盈丙甲 必盈丙乙 必有乙甲
是字語法	每丙必甲 每丙必乙 某乙必甲	每丙必甲 每丙是乙 某乙必甲	每丙是甲 每丙必乙 某乙必甲
天法利式	每丙必甲 某乙必丙 某乙必甲	每丙必甲 某乙是丙 某乙必甲	每丙必乙 某甲是丙 某甲必乙 某乙必甲
符號公式	必盈丙甲 必有乙丙 必有乙甲	必盈丙甲 常有乙丙 必有乙甲	必盈丙乙 常有甲丙 必有甲乙 必有乙甲

註九三：利式。

一、利盈盈有，利必必，盈換得有
二、利盈盈有，利必常必，盈換得有
三、利盈盈有，利常必必，盈換盈移

（以上三項）見註九二及註七四

註九四：貞式（參考註七四）：

貞	符號公式	是字語法		天法貞式	符號公式
	必無丙甲	必無丙是甲		必無丙是甲	必無丙甲
	必盈丙乙	必每丙是乙	↔	必某乙是丙	必有乙丙
	必虧乙甲	必某乙非甲		必某乙非甲	必虧乙甲
貞	必無丙甲	必無丙是甲		必無丙是甲	必無丙甲
	常盈丙乙	每丙是乙	↔	某乙是丙	常有乙丙
	必虧乙甲	必有乙非甲		必有乙非甲	必虧乙甲

註九五：貞常必常：

貞　符號公式	是字語法	天法貞式	符號
常無丙甲	無丙是甲	無丙是甲	常無丙甲
必盈丙乙	每丙必乙 ↔	某乙必丙	必有乙丙
常虧乙甲	某乙非甲	某乙非甲	常虧乙甲

註九六：貞常必常，辭例一：

貞式填虧	是字語法	天法貞式
常無馬——好	無一馬好	無一馬好
必盈馬——動物	每匹馬必是動物	必有動物是馬
常虧動物——好	有動物不好	有動物不好

註九七：貞常必常，辭例二：

貞　公式填辭	語法
常無馬——醒寤	無一馬醒寤
必盈馬——動物	每匹馬必是動物
常虧動物——醒寤	有動物不醒寤

註九八：表明全部，是「指整」。中辭在兩前提都作主辭，並指主體的整類，是說兩前提都是全稱論句：稱指主體的全類每個。人法貞式的「貞無盈虧」，正是如此：

一、貞必必必，盈換得有。	註九四
一、貞必常必，盈換得有。	註九四
三、貞常必常，盈換得有。	註九五——九七

註九九：利有盈有。式有效：

利

符號	是字語法	天法	符號
必有丙甲 必盈丙乙 必有有甲	某丙必甲 每丙必乙 有乙必甲	每丙必乙 某甲必丙 某甲必乙 ↔ 某乙必甲	必盈丙乙 必有甲丙 必有甲乙 ↔ 必有乙甲

利

符號	是字語法	天法	符號
必有丙甲 常盈丙乙 常有乙甲	某丙必甲 每丙是乙 有乙是甲	每丙是乙 某甲必丙 某甲是乙 ↔ 某乙是甲	常盈丙乙 必有甲丙 常有甲乙 ↔ 常有乙甲

利

符號	是字語法	天法	符號
常有丙甲 必盈丙乙 必有乙甲	某丙是甲 每丙必乙 某乙必甲	每丙必乙 某甲是丙 某甲必乙 ↔ 某乙必甲	必盈丙乙 常有甲丙 常有甲乙 ↔ 常有乙甲

註一〇〇：利盈有有，三式有效。

利			天法利式
必盈丙甲	每丙必甲	每丙必甲	必盈丙甲
必有丙乙	某丙必乙	某丙必乙	必有乙丙
必有乙甲	某乙必甲	某乙必甲	必有乙甲
利			
必盈丙甲	每丙必甲	每丙必甲	必盈丙甲
常有丙乙	某丙是乙	某乙是丙	常有乙甲
必有乙甲	某乙必甲	某乙必甲	必有乙甲
利			
常盈丙甲	每丙是甲	每丙是甲	常盈丙甲
必有丙乙	某丙必乙	某丙必乙	必有乙丙
常有乙甲	某乙是甲	某乙是甲	常有乙甲

註一〇一：利常必常，同上。

註一〇二：利常必常辭例，形式同上。

註一〇三：利必常常，見註九九，註一〇二。

註一〇四：貞無有虧，三式有效。

貞	必無丙甲 必有丙乙 必虧乙甲	必無丙是甲 必有丙是乙 必有乙非甲	必無丙是甲 必有丙是乙 必有乙非甲	必無丙甲 必有乙丙 必虧乙甲
貞	必無丙甲 常有丙乙 必虧乙甲	必無丙是甲 有某丙是乙 必有乙非甲	必無丙是甲 有某乙是丙 必有乙非甲	必無丙甲 常有乙丙 必虧乙甲
貞	常無丙甲 必有丙乙 常虧乙甲	無丙是甲 必有丙是乙 有乙非甲	無丙是甲 必有乙是丙 有乙非甲	常無丙甲 必有乙丙 常有乙甲

註一〇五：

元 符號	是字語法	辭例證明
必虧丙甲	某丙必非甲	某動物必非二足
必盈丙乙	每丙必是乙	每動物必運動
必虧乙甲	某乙必非甲	某動物者必非二足

元		
必虧丙甲 常盈丙乙 常虧乙甲	某丙必非甲 每丙（常）是乙 某乙（常）非甲	某動物必非二足 每個動物運動 某運動者不是二足
元		
常虧丙甲 必盈丙乙 常虧乙甲	某丙非甲 每丙必是乙 某乙非甲	某人不醒寤 每人必是動物 某動物不醒寤

註一〇六：

利		辭例
必有丙甲 常盈丙乙 常有乙甲	某丙必是甲 每丙是乙 某乙是甲	某白物必醒寤 某白物是動物 某動物醒寤
利		
常盈丙甲 必有丙乙 常有乙甲	每丙是甲 某丙必乙 某乙是甲	每白物是醒寤的 某白物必是動物 某動物醒寤

餘見前註辭例

人法「必、常」兩態配合論式全表：

利				貞			
盈盈有	必必必	必常必	常必必	無盈虧	必必必	必常必	常必常
利				貞			
有盈有	必必必	必常常	常必必	無有虧	必必必	必常必	常必常
利				元			
盈有有	必必必	必常必	常必常	虧盈虧	必必必	必常常	常必常

（參見附錄二，有態論式表）

規則：人法「必、常」配合論式，肯定結論的句態，取決於全稱的前提。理由：在人法的肯定論式內，中辭的證明力，全繫於全稱的前提。全稱前提是結論的原因。結論是它的效果。效果的狀態，取決於原因，中辭的作用，是證明這一點。改歸天法，全稱的前提是大前提，特稱者只能是小前提，天法內結論的句態，根據那裡中辭的作用，取決於大前提。

結論否定時的句態，取決於否定的前提：結論的否定生自前提的否定。前提否定的程度，是原因，決定結論內否定的程度，結論的否定及其程度，是效果，效果的狀態，受決定於原因。人法的否定論式，所有的證明力，主要是來自否定的前提：它中辭的媒介作用，和目的，正是為使結論有和否定前提有相同的句性和句態。

註一〇七：可能論句配合其他態句、諸論法及論式：回看註一，內廿八號，又看註三及註九。

註一〇八：回看註三及註九。

註一〇九：回看註十二：從原文本段起，亞里將「可能」分成四種：

一、「必然者，故非不可能」的「可能」：即是「適然」。

二、「非必然，也非不可能」的「可能」：即是「或然」。

三、「物性慣有」的可能：有限定的可能：也是適然。

四、「事出無因，偶然而然」的可能：無限定的可能：也即是「或然」。

從此看去，「必然，適然，或然」，是相關辭，分許多等級：程度不齊：例如「必然，適然」的可能性，高於「偶然、或然」的可能性。「必然常有」的適然，高於「物性慣有」的適然。邏輯的必然，高於物性慣有的必然。程度的高低，依「推斷準確」的「確然性」程度而定。關係知識論，和方法論；和形式邏輯的關係，似乎根本沒有。形式邏輯，只需要分辨「適然」和「偶然」兩種可能。因此，有些史家認為以上第三和第四種可能，原文從「說完了上述的種種定義，還需加上注意數點……」起，至「暫且只需討論『可能論句』，何時構成何樣的論式」止，全段，都是後代的竄補，不是亞里的真作。參看鮑恒吉，《形式邏輯史》，及柏克爾，《亞里可能論式學說》。另一方面，既因「推斷可知」的「確然性」程度，而分辨「必然」，「適然」、「偶然」的程度，似乎就是同時分辨「是非」，「真假」，「確實」等等價值的程度：和「真假等級分多」的「形式邏輯」，不是全無關係。是非真假不分程度的邏輯，是「雙價邏輯」，只有「真假」兩個價值。分辨「真假」程度的邏輯，是「多價邏輯」，是現代邏輯的新課題：相當重要：不但有「至真和至假」，而且有「近真近假」。參看盧雪池，《亞里論證法》。

「或然論句」、是非調換的法則——根據本章所說：「或然性」是「必然性」的否定也是「不可能性」的否定，否定必然性，等於肯定「能無性」。否定「不可能性」，等於肯定「可能性」。那麼，「或然性」便是「能無性」和「可能性」兩者連合起來，共有的代名詞。「或然是」是「能是能不是」；「或然有」，是「能無能有」。明白了「或然性」的這個本質，便可從本章原文中，歸納出「或然論句、是非調換法」三條：

一、可能乙是甲，等於可能乙非甲；反說亦然。

二、可能每乙是甲，等於可能每乙非甲。

三、可能某乙是甲，等於可能某乙非甲。

用符號格式表出如下：

一、能乙是甲⟷乙非甲

二、能盈乙甲⟷能無乙甲

三、能有乙甲⟷能虧乙甲

能字有三義：一指適然，一指偶然，一指或然，列表如下：

「或然表」：

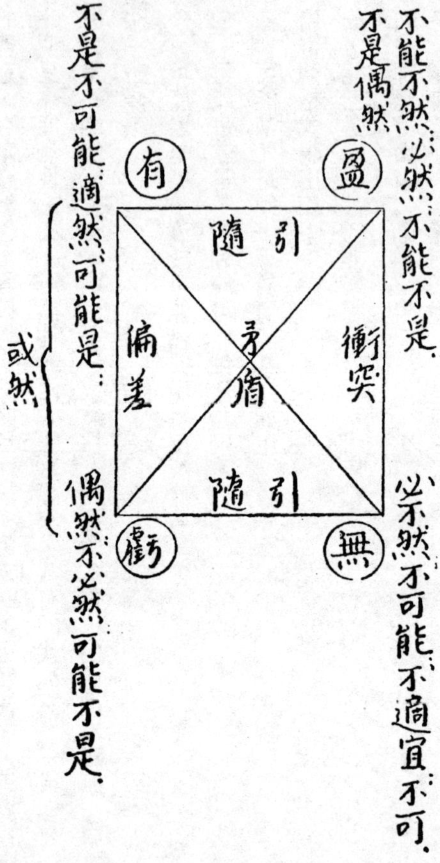

註一一〇：天法、「能常」、配合論式總表：

	能	能	能
	能	常	能
	常	能	能
元	盈	盈	盈
亨	無	盈	無
	有虧	盈盈	
元	盈	無	無
元	無	無	無
	有虧	無無	
利	盈	有	有
貞	無	有	虧
	有虧	有有	
利	盈	虧	虧
利	無	虧	虧
	有虧	虧虧	

表內，元、亨、利、貞、「能能」、「能常」、「常能」，各種配合論式，何時有效，怎樣證明，詳見註一〇七，至一三四，及「有效論式表」（參看附錄二，有態論式表）。

天法「可能態句」的有效論式：元式：

例一：符號	是字語法	在字法語
能盈乙甲	每乙能是甲	甲能在每乙
能盈丙乙	每丙能是乙	乙能在每丙
能盈丙甲	每丙能是甲	甲能在每丙
例二：		
能盈乙甲	每乙能是甲	甲能在每乙
常盈丙乙	每丙是乙	乙在每丙
能盈丙甲	每丙能是甲	甲能在每乙

能常配合的論式總計有三：

一、能能

二、能常

三、常能

參看註七六總表，及前註總表。附錄二全表。

註一一一：天法、元能能能、亨能能能

元
能盈乙甲
能盈丙乙
能盈丙甲

見註一一〇

亨	
能無乙甲	每乙能非甲
能盈丙乙	每丙能是乙
能無丙甲	每丙能非甲

註一一二：

符號公式	是字語法	是非對換有效	二、式、註一一二
能盈乙甲（零）	能每乙是甲	能每乙是甲	能盈乙甲
能無丙乙	能無丙是乙	↔能每丙是乙	能盈丙乙
能無丙甲（整）	能無丙是甲	↔每丙是甲	能盈丙甲
此式無效、違犯公律第七：誇大		「能無」換作「能盈」，論式有效	

註一一三：

符號	語法	是非對換	符號、元式
能無乙甲	能每乙非甲	→能每乙是甲	能盈乙甲
能無丙乙	能每丙非乙	→能每丙是乙	能盈丙乙
能無丙甲	能每丙非甲	→能每丙是甲	能盈丙甲
無效，公律第三、「兩前提否定」，		「能無」換成「能盈」，有效，元式，註一一一	

註一一四：

利	符號	語法
	能盈乙甲 能有丙乙 能有丙甲	每乙能是甲 有丙能是乙 有丙能是甲
利	能盈乙甲 常有丙乙 能有丙甲	能每乙是甲 有某丙是乙 某丙能是甲
利	常盈乙甲 能有丙乙 能有丙甲	每乙是甲 某丙能是乙 某丙能是甲

註一一五：貞式

此式有效：貞能能能	
能無乙甲 能有丙乙 能虧丙甲	能無乙是甲 能有丙是乙 能有丙非甲

此式無效	
能盈乙甲（零） 能虧丙乙 能虧丙甲（整）	能每乙是甲 能有丙非乙 能有丙非甲

此式有效，「能虧」換成「能有」
能盈乙甲 能有丙乙 能有丙乙 } 利常能能見註一一四

註一一六：同前：無效。

註一一七：數無效論式。

1

能有乙甲 能盈丙乙 能有丙甲	能有乙是甲 能每丙是乙 能有丙是甲	能有白物是動物 能每人都是白物 能有人是動物
違犯公律第二：	中辭兩次指零	必每人是動物

2

能虧乙甲	能有乙非甲	能有白物不是動物
能無丙乙	能無丙是乙	能無一件衣服是白物
能虧丙甲	能有丙非甲	能有一件衣服不是動物
違犯公律第三：	兩前提都是否定	必無任何衣服是動物

3

能有乙甲	能有乙是甲（零）	能有白物是動物
能無丙乙	能無丙是乙	能無人是白人
能虧丙甲	能有丙非甲（整）	必定每人是動物

違犯公律第七「誇大」

4

能虧乙甲	能有乙（零）非甲	能有白物不是動物
能盈丙乙	能每丙是乙（零）	能每人是白人
能虧丙甲	能有丙非甲	必定每人是動物

違犯公律第二中辭一次需指整

5

能有乙甲	
能有丙乙	
能有丙甲	違犯公律第四和第二

6

能虧乙甲	
能虧丙乙	
能虧丙甲	違犯公律第四和第三。（註十五、九號）

7

能乙甲	乙能是甲
能丙乙	丙能是乙
能丙甲	丙能是甲
無限定等於特稱違犯公律第四故無效	肯定如此否定亦然

註一一八：於註一一七，參看註三，註九。

註一一九：能常配合論式。

一、能常 ｝見註一一〇；註一一一；註一〇八。
二、常能 ｝

註一二〇：元亨二、式完善。

元式完善	語法
能盈乙甲	能每乙是甲
常盈丙乙	每丙是乙
能盈丙甲	能每丙是甲
亨式完善	語法
能無乙甲	能無乙是甲
常盈丙乙	每丙是乙
能無丙甲	能無丙是甲

	「元常能能」反證法：	
一、	常盈乙甲	每乙是甲
二、	能盈丙乙	每丙能是乙
三、	能盈丙甲	每丙能是甲
四、	必虧丙甲	某丙必非甲
五、	常盈丙乙	每丙是乙
六、	常虧乙甲	某丙必非甲
七、	六錯、四錯、三必真	

註一二一：擴充律即是併變律。

一、擴充律是「自同律」的推廣和引中，也是「引隨律」的推廣和引中。彼此相同的事物常是彼此互相引隨：互相牽引。假設甲乙相同，則何處有甲，何處必有乙；同時，何處有乙，何處必有甲。反之，既然，有乙則有甲，有甲則有乙，那麼，甲乙必相同。簡言之：**相同，則相引；相引，則相同**，自同律和同一律，和「引隨律」，三者之間，所有的必然關係和邏輯，正是如此。將這個定律推廣引中起來：既說甲乙相同，甲如有某特性丙，乙必也有特性丙，既說甲乙相隨，有甲必有乙，則必說既有甲丙，必有乙丙。

用符號公式，形容這些定律，如下：

自同律——甲同於甲：（甲是甲自身）。

互同律——甲同於乙，乙同於甲：「互同律。

引隨律——1.甲則有乙，有甲，故有乙。

2.甲則有乙，無乙，故無甲。

互同引隨律——甲乙相同，故有甲則有乙，有乙則有甲。

相隨互同律——有甲則有乙，有乙則有甲，故甲乙相同。

互同擴充律——甲乙相同，故甲有丙，則乞有丙。（甲丙和乙丙相同）

引隨擴充律——有甲則有乙，故有甲丙，則有乙丙。

二、前提與結論——大前提和小前提，兩個論句，合起來，代以符號甲。甲是引句。結論一句，代以符號乙，乙是隨句。說有甲必有乙，即是說，有前提必有結論。既有引句，引於前，必有隨句，隨於後。大小前提和結論的關係，是引句和隨句間的「引隨關係」；和原因與效果之間的因果關係，也有時有相同之處，但不常是，並且，依理而論，因果關係不應常是自同關係，或互同關係。前提結論，如果內容或觀點相同，則推證不出新知識。只有因果關係，和引隨關係，及其他各種賓主關係，始足以構成有效論式：並且證出新知識。惟需注意：隨句是首尾兩辭構成的簡單論句，引句卻是包括首尾中三辭構成的大小兩個前提，兩個論句。為此，引句，在邏輯本質上，常是兩句或數句湊成的一個複句。在語法上，引句能只說出一句，意思上，卻暗含兩句，或數句。純粹的單句，只有賓主兩辭，沒有中辭，構不成有效的議論。對於論式說：「有甲則有乙」，乙指結論，可指單句，甲常指複句，不能純指單句。

三、擴充律的運用——「有甲則有乙，故有甲丙，則有乙丙」。例如說：色目人，是西域人，那麼，有色目人，就有西域人，故此，色目人如果有碧眼高鼻，西域人也就有碧眼高鼻。「甲丙」代表碧眼高鼻的色目人，「乙丙」代表碧眼高鼻的西域人。甲代表色目人，乙代表西域人。嚴格依形式說去：「有色目人甲，則有西域人乙。故有碧眼高鼻的色目人，甲丙；則有碧眼高鼻的西域人，乙丙」。「既說有甲則有乙，故此，既有甲，則必說有甲丙則有乙丙」。簡便的說：「有甲則有乙；有甲，故有乙」：公式分析如下：引隨擴充律←引隨律←

引隨衛↓

			簡式
大前提	假設	有甲則有乙。	有甲則有乙
小前提	果然	有甲	有甲，故有乙。
結論	必然	有乙，	

引隨擴充律↓

			簡式
大前提	假設	有甲則有乙。	有甲則有乙
小前提	果然	有甲，並是甲丙。	有甲丙，故有乙丙
結論	必然	有乙，並是乙丙。	有乙丙

將上面兩個公式，更形式化，用符號簡單表示如下：

引隨律式一

大	甲引乙隨
小	甲引
結	乙隨

式二

	引	隨
大	甲	乙
小	甲	
結		乙

引隨擴充律式一

大	甲引乙隨
小	甲丙引
結	故乙丙隨

式二

	引	隨
大	甲	乙
小	甲丙	
結		乙丙

參看註二三二。

根據以上的分析，亞里運用引隨擴充律，證明以下這個定理：「有甲則有乙，甲有可能，則乙有可能」：

引隨擴充律「可能」代替丙

	引	隨
大	甲	乙
小	甲可能	
結		乙可能

換句話說：「有甲則有乙。甲可能，則乙可能。甲果可能，故乙可能」。依同理，凡是論式，如果大小兩前提是可能論句，用態辭「能」字，則結論也是可能論句，用同樣的態辭「能」字。今果然大小前提

是「可能」論句，故，結論也是「可能」論句：不能是不用「可能」作態詞的論句。反證法，證實這一點，用引隨律的第二則，其公式如下：

一、「有甲則有乙，故無乙則無甲」。換言之：「甲引則乙隨，故乙不隨，則甲不引」。或是說：「甲引則乙隨，故捨乙必捨甲」。參看註二二一及附錄五，隨接論法的捨捨論式。

二、引隨律第二則的擴充律：「有甲則有乙，故無乙丙則無甲丙」；換言之：「甲引則乙隨，故乙丙不隨，則甲丙不引」；或是說：「甲引則乙隨，故捨乙丙，則必捨甲丙」；或是說：「甲如何，則乙如何，故乙非丙，則甲非丙」。

將以上各項議論，總結起來：

一、有甲必有乙，有甲丙則有乙丙。如無乙丙，則必無甲丙。意思是說：甲如何，乙必如何，甲是丙故乙是丙，如果乙不是丙，則甲也必不是丙。

二、今既承認有甲丙，又說無乙；乃是說無甲丙。這是自相矛盾。故承認甲是丙，則不能又說乙非丙。

三、甲代表前提，乙代表結論，丙代表「可能論句」。構成論式同於一、二、即是反證法的議程。有前提，則有結論。前提如何，則結論如何。今既承認說前提是可能論句，則必須說結論也是可能論句。如說結論不可能，則必須說前提也是不可能：故此：既說前提可能，又說結論不可能；這就等於說：前提可能，同時又說前提不可能：明明是自相矛盾。

四、證明擴充律——擴充律，在這裡，是引隨律的擴充。證明它的必然，用引隨律和矛盾律，即是用上述的反證法。

引隨律和矛盾律是真確無疑的；故擴充律也是同樣真確：為此理由：上文的結論，也是真確的：用「可能態句」的前提證出的結論，必定也是「可能態句」。回看擴充律的論式，可見它的特點是「併變律」：

五：併變律——「引隨擴充律」是「併增律」，引隨減縮律是擴充律的反面；例如說：「有甲丙則有乙丙。故此，有甲則有乙」；它是「併減律」，以上「併增」和「併減」兩律的公名是「併變律」。引隨句的併變律，是引隨兩項，同時並變：或同時並增，或同時並減。「併」字的意義，「是雙方相比、發生關係，同時並有某一情況」。引隨句的前項後項，有併變的特性：遵守併變律。此外論句間，或名辭間，許多邏輯關係，都是併變性的。例如「同一律」是併變性的：「既說甲乙相同，則必說甲丙和乙丙相同」：換言之：既說「中國人是支那人」，則必說「中國老年人便是支那老年人」。「**前後相同者，增減相同時，仍相同**」。數學上，等量，加等量，其和必等」；「等量減等量，餘量相等」。這類的定理，是以併變律為根據。亞里，在此處，為證明「前提或然，則結論或然」，所用的理由，就是「引隨關係」的「併變律」。

併變論式種種實例：

一、假設知識是猜想，那麼，知識之所知，便是猜想之所知。簡式說去：知識既是猜想，則所知是所猜。（參看《辯證法》，卷二、章八、卷三、章六）。

二、馬既是獸，則馬頭是獸頭；（此例是上例的換式；格式架子相同，只是換了幾個字）。

三、假設娛樂是好事，那麼，大娛樂便是大好事。（形成正比例的引隨關係。參考《辯證法》、卷

二、章十）。

六、併變律運用上的限止——併變律，在骨子裡，遵守「引隨律」，和引隨律有同樣的效果，受同樣的限止。最主要的限止是在「取取論式內」，取是取引句，故取隨句：取是「重說」；在「句性」和「辭性」上，只限於「重說」，不許稍有變動，性質一變，則結論失真：至少，有時失真：故無明證的實效。句性，是句的肯定，或否定；間接也兼指句的本義。「辭性」，也是名辭的肯定，或否定，即是「積極」或「消極」；「完善」，或「殘缺」；也是間接的兼指名辭的本義。在「捨捨論式內」，小前提內的「捨」，是捨棄隨句，為能在結論內捨棄引句。捨是「否定」。它的必然效果是改變句性，但不改變辭性，也不改變名辭的本義。為了以上這個限止，併變律運用時，可用於兩前提句態相同的論式，不可用於「真假配合」的論式；也不可用於句量相同的論式。

舉實例說明如下：

	併變論式一：有效	論式二：有效
大	有前提如何，則有結論如何，	有前提如何，則有結論如何。
小	兩前提都是必然論句，	兩前提都是或然論句。
結	結論是必然論句，	結論是或然論句。

	論式三：無效	理由：參看註二三九
大	有前提如何，則有結論如何，	兩前提錯誤，或一錯一真，或全錯，或半錯，都能證出不錯的結論。
小	兩前提都是錯誤論句，	
結	結論是錯誤論句，	

注意：說結論錯誤，必是否定它的原有論句；故變更了論句，原有的句性，和本義，並且是違犯引隨律：故論式無效。

論式四：無效 有前提如何則有結論如何；兩前提都是全稱；故結論是全稱。	理由： 結論有時需是特稱，視論法之不同而定。
論式五：無效 有前提如何，則有結論如何，一前提必然，一前提或然，故結論必然。	理由： 結論有時需是或然，或「無態」
論式六：無效 有前提如何則有結論如何；一前提必然，一前提或然，結論或然。	理由： 結論有時只能是「無態」。
論式七：無效 有什麼前提，便有什麼結論，兩前提都是否定，結論否定。	理由： 不能有任何結論
論式八：無效 有什麼前提，便有什麼結論，前提都是特稱，結論特稱。	理由： 同前
論式九：有效 有什麼前提，便有什麼結論，兩前提都肯定，結論肯定。	理由： 必然的公律

註一二二：真理柔弱勝剛強

真理的結論，常擇取柔弱的論句，捨棄剛強的論句。兩論句相較，肯定者剛強，否定者柔弱，全稱者剛強，特稱柔者弱；常態者剛強，或然者柔弱。「或然論句」是各種「可能論句」的通稱。真理柔勝律，是論式公律的第八律，依此公律，每遇前提內，如有一個是「可能論句」，結論必是可能論句：原則是「寧柔勿剛」。但是在「必然」和千常態」論句配合的論式中，「必然」者，剛強；「常態」者柔弱，結論不常柔弱，卻有時剛強，而必然只要不犯「誇大病」即可。參看前面許多「必常必」論式。除此例外以後，「寧柔勿剛」的公律，確實是各論式所共遵共由的。依此公律，現有論式如下：

	元符號	語法	說明反證法
一、	常盈乙甲	每乙是甲	大前提
二、	能盈丙乙	每丙能是甲	小前提
三、	能盈丙甲	每丙能是甲	結論
四、	必虧丙甲	有丙必非甲	（假設三號不對，作大前提）
五、	常盈丙乙	有丙是乙	（來自二號，作小前提。）
六、	必虧乙甲	有乙必非甲	（四五結論，人法元式、註五九）
七、	（六號錯，違反一號，四號必錯，三號必真：虧假盈必真）。		
八、	能盈乙甲	每乙能是甲	（假設六假、「必虧」假，「能盈」必真作大前提。）
九、	常盈丙乙	每丙是乙	（來自五號，作小提前。）
十、	能盈丙甲	每丙能是甲	（八，九，結論，天法元式：足證三號真實）。

歷史上，亞里高足弟子德孚樂，曾主張「柔勝律」、貫徹到底，前提是常態論句時，結論應是常態，不應是必然。為此，「必常必」論式無效；「必常常」有效、例如：

大：必盈乙甲：每乙必是甲，

小：常盈丙乙：每丙是乙：不必是乙：能不是乙，

結：常盈丙甲：每丙是甲：不必是甲：能不是甲。

阿拉伯大哲、亞維新，不接受德氏之類的意見；仍保持亞里原論，聲明「柔勝律」，只可施行於句性與句量，不可延及句態；更進一步主張：不但「必常必」有效，而且「必能必」也有效。例如：

大：凡能自動者、都必是動物，必盈乙甲，

小：人人能自動，能盈丙乙，

結：人人必是動物。必盈丙甲。

詳察實情，可知德氏失之於不及。亞維新失之於太過。依照亞里見解，上面兩例，適足以證實原論：關鍵全在「常態肯定」或「否定」，及「必然」、「可能」等等名辭實有的含意，德氏原例含意如下：

大、必盈乙甲：每乙必是甲：凡是真乙，必定是甲，

小、常盈丙乙：每丙真是乙：是真乙，

結：必盈丙甲：每丙必是甲：真是如乙之必是甲。

亞維新原例含意如下：

大：必盈乙甲：能自動者，必是動物，

小：常盈丙乙：每人**真是**能自動者，

結：必盈丙甲：每人必是動物，如能自動者：

茲將三方意見、比較如下：

原例一	德孚樂	亞維新	亞理	
必盈乙甲	必盈乙甲	必盈乙甲	必盈乙甲	每乙必是甲
常盈丙乙	能虧丙乙	能盈丙乙	真盈丙乙	每丙真是乙
常盈丙甲	能虧丙甲	必盈丙甲	必盈丙甲	每丙必是甲

原例二	德孚樂	亞維辛	亞理
凡能自動者必是動物	必盈乙甲	必盈乙甲	必盈乙甲
凡是人都能動	能虧丙乙	能盈丙乙	真盈丙乙
凡是人都（？）是動物	能虧丙甲	必盈丙甲	必盈丙甲

綜合以上的比較，足見德孚樂以「**非必盈**」，釋「常盈」；故乃「能虧」。亞里卻釋以「真盈」。亞維新的「能盈丙乙」，實是亞里的「真盈丙乙」：用乙代表「能自動者」：「凡是人都真是能自動者」，「能」字，在構辭「是」字後面，明明不是態辭，用符號分析起來，那個論句是「常盈丙乙」，有「真盈丙乙」的意思，沒有「能盈丙乙」的意思，故不應是「能盈丙乙」。（參看註八〇，特別問題的討論）。

從此看來，三方面，意見分歧，原因是德孚樂和亞維新二人對於「態辭論句」的誤解。德氏誤以為「無態論句」，暗含「必然性的否定」：否定「必有」，即是肯定「能無」；否定「必盈」，即是肯定

「能斷」，但「無態論句」，只是「無態」，即是「**常態**」、「**真態**」的意思：不暗含任何態辭的否定。亞維新誤將賓辭中的「能」字，移置到構辭前面，因此，將不是態辭的「能」字，看成了態辭：誤將「常態論句」，即是「無態論句」，看成了有態的「可能論句」。「能」字和「不」字的位置相似；在「是」字前面或後面，關係非同小可：參看註一內三〇號，註二三三內十一號及十三號。

註一二三：圖一、反證「全稱論句」的常真性：

實有界	符號	語法	實例	說明
甲時	一、盈丙丁	每丙是丁	每動物是人	六前提 } 引句
	二、盈丁丙	每丁是丙	每個人是動物	假設⋯ }
	三、一丙丙	丙丁一類	動物、人只是一類	一、二、結論：隨句
	四、盈戊丙	每戊是丙	每拉車者是動物	小前提假設
	五、盈戊丁	每戊是丁	每拉車者是人	一、四、結論
乙時	六、盈丁丙	每丁是丙	每個人是動物	大前提
	七、無丁己	無丁是己	無人是馬	假設
	八、盈己丙	每己是丙	每匹馬是動物	假設
	九、無己丁	無己是丁	無馬是人	七號、換位
	十、虧丙丁	有丙非丁	有動物非人	九、八、結論
	十一、有丙丁	有丙是丁	有動物是人	六號、換位

乙時			
十二、虧丙己	有丙非己	有動物非馬	七、六、結論
十三、有丙己	有丙是己	有動物是馬	八號換位
十四、盈己戊	每己是戊	每馬拉車	假設
十五、虧戊丁	有戊非丁	有拉車者不是人	九、十四、結論
十六、丙分丁戊	丁戊丙種共成丙類	一馬異種共成動物一類	六—十四、結論

甲乙兩時，真假互異，並且適相矛盾，圖示如下：圖二：（和前圖合用）：

前圖		甲時	乙時	關係說明
一號	盈丙丁	真	假	一、十、矛盾
三號	一丙丁	真	假	三、十六矛盾
五號	盈戊丁	真	假	五、十五矛盾
十號	虧丙丁	假	真	見一號
十五號	虧戊丁	假	真	見五號
十六、丙分丁戊		假	真	見三號

比較以上兩圖的分析，可得以下這個結論：「全稱論句」，是普遍常真的：故是超越時間的。依同理，必也是超越空間的。「全稱論句」所欲表達的定論，不受時間和空間的限制，一受限制，便由全稱變成特稱了。明見於上面兩圖。全稱的有效論式，一有前提變成特稱，就隨著變成無效論式。全稱結論，欲保持其實效與真理，它的兩個前提，也必須保持著普遍常真的特性：超越時空，高出時空以外；遍在時空，深寓時空以內。這樣的「全稱論句」，及其普遍的真理，保含常真的必然性。無態論句或常態論句，

全稱的含意、是「普遍常真」。從此看來，亞里邏輯內所談的「普遍論句」，究竟有沒有「存在」的含意，有什麼「存在」的含意，是兩個沒有解決的懸案。既超時空，怎能有時空性的存在。果無時空性的存在，怎能又深寓時空以內？這樣的問題，是形上學的本體論問題。它的解決與否，關係本體論的深淺程度。不影響邏輯思考中每人可以體驗的事實：例如以下這個無態論式，確實是普遍常真的：並且它的每個論句都是必然的：用「運動者，代表運動的生物」：

天（天法）	語法	辭例	必然性
盈乙甲	每乙是甲	每個運動者都是動物	必盈乙甲
盈丙乙	每丙是乙	每個人都是運動者	必盈丙乙
盈乙甲	每乙是甲	每個人都是動物	必盈乙甲

註一二四：天法、亨常能能，反證法：

亨			人法利式
一．常無乙甲	無乙是甲	每丙必是甲	四．必盈丙甲
二．能盈丙乙	每丙能是乙	有丙是乙	五．常有丙乙
三．能無丙甲	能無丙是甲	有乙是甲	六．必有乙甲

說明：六號錯，違反一號，故此。四號必錯，三號必真。

亨			人法利式
一、常無乙甲	無乙是甲	必每丙是甲	四、必盈丙甲
二、能盈丙乙	每丙能是乙	每丙是乙	五、常盈丙乙
三、能無丙甲	能無丙是甲	必有乙是甲	六、必有乙甲

說明：六號錯，則四號必錯，故三號必真。

亨			
一、常無乙甲	無乙是甲	必有丙是甲	四、必有丙甲
二、能盈丙乙	每丙能是乙	每丙是乙	五、常盈丙乙
三、能無丙甲	能無丙是甲	必有乙是甲	六、必有乙甲

說明：同上。

名辭實例一：

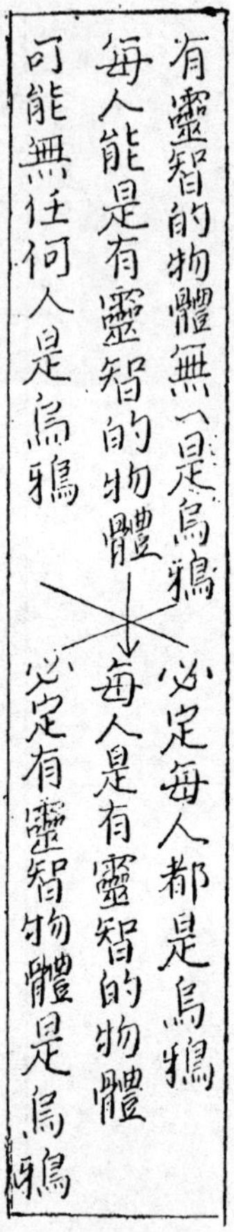
有靈智的物體無（一）是烏鴉
每人能是有靈智的物體
可能無任何人是烏鴉
必定每人都是烏鴉
每人是有靈智的物體
必定有靈智物體是烏鴉

注意：在反證法內，可以用假設的辦法，將「能盈」改成「常盈」，即是將「可能」改成「現實」；將「能是」改成「是」，去掉「是」前面的「能」字：因為，反證法的本質，是假設「潛能變成現實後」，前提如何，則結論必是如何。故此，這個假設是合法的。它的意思，不是說「『可能是』，則『現實是』」；而只是說：「既然是『可能是』，則可以假設『現實是』」。在「假設」的論法內，凡可以假設的論句，既然可以，就可被採用。反證法的本質正是，以「假設」作其核心。在「假設的辦法」，不可用的時候，由「實然論句」代替「或然，或可能論句」，是不合法的：因為「潛能」與「現實」，不可混而不分。在「假設」的範圍以外，不可用「假設」，只可用「定言論句」，現實肯定「某某現實是如何」；不得同時肯定「某物將來能是如何」，又肯定「它已經現實是如何」。例如：同時肯定「張某是小孩子，可能長成老翁」，又說：「張某現實是小孩子，又是老翁」：是自相矛盾。

名辭實例二：

大：無一智識是運動；

小：可能每人都有知識，

結：可能無一人運動：不必定無人運動。

參看註一三〇。

註一二五：名辭實例，同上，宜將抽象名辭，一律改成具體名辭，構成「是」字，或「在」字的正常語法。但在漢文，也無大需要。

註一二六：換式有效：

此式無效、結論「誇大」。「能無」換作「能每」，論式有效：元式			
常盈乙甲	每乙是甲（零）	↓每乙是甲	常盈乙甲
能無丙乙	能無丙是乙	能每丙是乙	能盈丙乙
能無丙甲	能無丙是甲（整）	能每丙是甲	能盈丙甲

參看註一二二。

註一二七：

丙前提都否定故無效	小前提「能無」改作「能盈」：有效		亨　註一二四
常無乙甲	無乙是甲	↓無乙是甲	常無乙甲
能無丙乙	能無丙是乙	能每丙是乙	能盈丙乙
能無丙甲	能無丙是甲	能無丙是甲	能無丙甲

註一二八：

符號	語法	辭例
能無盈乙甲	能無每乙是甲（零）	能無每動物是白的
常無丙乙	無丙是乙	無（雪／瀝青）是動物
能無虧丙甲	能無有丙非甲 無丙是甲（整）	能無有（雪／瀝青）非白物 是白物

天法，小前提否定而無態，無論怎樣，不能有效。

註一二九：總結以前諸註

天法全稱論式，小前提可能時，常能直接或間接證出有效的結論。一覽表如下：

（參考附錄二：有態論式全表）

表1.

能	能	常		能	能	常	
				盈	盈	盈	元
盈	盈	盈	←	無	無	盈	
				無	盈	無	亨
無	盈	無	←	無	無	無	

表一：天法全稱「常能論式」常有效。

表2.

			能	常	能	
效	有	←	盈	盈	盈	元
效	無	←	無	無	盈	
效	有	←	無	盈	無	亨
效	無	←	無	無	無	

表二：「能常論式」小前提否定在天法，常無效。

註一三〇：利貞兩式都有效

	符號	是字語法	在字語法	證明
利	能盈乙甲 常有丙乙 能有丙甲	能每乙是甲 有丙是乙 能有丙是甲	甲能在每乙 乙在某丙 甲能在某丙	參看註一二二反證法
貞	能無乙甲 常有丙乙 能虧丙甲	能無乙是甲 有丙是乙 能有丙非甲	甲能不在任何乙 乙在某丙 甲能不在某丙	

註一三一：

利 符號公式	是字句法	在字句法	證明有效
常盈乙甲 能有丙乙 能有丙甲	每乙是甲 某丙能是乙 →某丙能是甲	甲在每乙 乙能在某丙 甲能在某丙	註一二三
此式無效	結論「誇大」，故無效。	「能虧」改作「能有」，有效。	利（註一三〇）
常盈乙甲 能虧丙乙 能虧丙甲	每乙是甲（零） 某丙能非乙 某丙能非甲（整）	→每乙是甲 某丙能是乙 某丙能是甲	常盈乙甲 能有丙乙 能有丙甲
	無效	有效←	貞（註一三〇）
常無乙甲 能虧丙乙 能虧丙甲	無乙是甲（零） 某丙能非乙 某丙能非甲（整）	→無乙是甲 某丙能是乙 某丙能是甲	常無乙甲 能有丙乙 能虧丙甲

貞符號	是字句法	在字句法	證明有效
常無乙甲 能有丙乙 能虧丙甲	無乙是甲 某乙能是乙 某丙能不是甲	乙不在任何甲 乙能在某丙 甲能不在某丙	 註一三〇 註一二四

參看註一二九。

註一三二：同前。

註一三三：

符號	句法	改成「能每」	常無效
能無盈乙甲	能無每乙是甲	能每乙是甲	能虧乙甲
常虧丙乙	某丙非乙	某丙非乙	常虧丙乙
能無虧丙甲	能無有丙非丙是甲	能有丙非甲	能虧丙甲

名辭例證，參看註一二八，改「無」作「虧」即得。「虧」字論句的無限定性，允許它的論式，和「無」字論式，用同樣的證明，基於零整定律：「無真則虧真」。

註一三四：諸無效論式表

表一：此八式無效：二四得八：

	1	2	3	4	1	2			
大	有	有	虧	虧	常	能	乙—甲	動物—白	動物—白
小	盈	無	盈	無	能	常	丙—乙	雪—動物	瀝青—動物
結	有	虧	虧	虧	能	能	丙—甲	雪—白	瀝青—白

表二：此十六式無效：四四、一十六。

	大	小	結
1	常	常	常
2	常	能	能
3	能	常	能
4	能	能	能
1	有	有	有
2	有	虧	虧
3	虧	有	虧
4	虧	虧	虧
	乙—甲	丙—乙	丙—甲
	動物—白	雪—動物	雪—白
	動物—白	瀝青—動物	瀝青—白

天法「能、常」配合，有效論式表：

		元	亨	利	貞
原式有效	元	盈盈盈	無盈無	盈有有	無有虧
	一	能能能	能能能	能能能	能能能
	二	能常能	能常能	能常能	能常能
	三	常能能	常能能	常能能	常能能
換式有效註一二九，一〇九	元	盈無無		盈虧虧	無無虧
	一	能能能		能能能	能能能
	二	常能能		常能能	常能能
	元	無無無	無無無	無無虧	無虧虧
	一	能能能	常能能	能能能	能能能
					常能能
				無虧虧	
				能能能	

（參考附錄二有態論式表）

註一三五：

天法「能、必」配合，可能論式總表：（二乘十六：共得三十二式）：

	能	必	
	必	能	
元	盈	盈	盈
亨	無	盈	無
	有	盈	
	虧	盈	
元	盈	無	無
	無	無	
	有	無	
	虧	無	
利	盈	有	有
貞	無	有	虧
	有	有	
	虧	有	
利	盈	虧	虧
貞	無	虧	虧
	有	虧	
	虧	虧	

表內，各式，何時有效，無效，怎樣證明，詳見註一三五至一四三，及「有效論式表」。凡標名元、亨、利、貞的論式，都是有效的。

茲將「能必」，及「必能」諸論式，逐一分析如下：

元　符號	句法	反證以地法	元必必必
一、必盈乙甲	每乙必是甲	↓每乙必是甲	四、必盈乙甲
二、能盈丙乙	每丙能是乙	╳某丙必非甲	五、必虧丙甲
三、能盈丙甲	每丙能是甲	╳某丙必非乙	六、必虧丙乙

解釋：六號錯，違反二號。五號必錯。故三號必真。參看註一三〇、一二四。

態	元	符號	句法
能	盈	乙甲	每乙能是甲
必	盈	丙乙	每丙必是乙
能	盈	丙甲	每丙能是甲

上式完善，不證自明。

註一三六：

態亨符號	句法及證法，大前提換位	天法亨貞式
一、必無乙甲	必無乙是甲↔必無甲是乙	四、必無甲乙
二、能盈丙乙	能每丙是乙 某每丙是甲	五、常盈有丙甲
三、常無丙甲	故無丙是甲 ╳ 必有無丙非是乙	六、必[illegible]無丙乙

註一三七：

亨符號	句法	證明	說明
一、必無乙甲	必無乙是甲	四、常無丙甲，	註一三六，三號。引句
二、能盈丙乙	能每丙是乙	←	本表內，
三、能無丙甲	能無丙是甲	五、能無丙甲。	三號即是五號並是四號的必然隨局

解釋：「無丙是甲」既然是常真，故「無丙是甲」是可能的。

簡言之：既然「常無丙甲」，則必定「能無丙甲」。

註一三八：「亨能必能」論式有效，而完善。

1	亨		
符號	句法	論式完善，反證無效。	
一、能無乙甲	能無乙是甲	四、能無乙是甲	七、能每乙是甲
二、必盈丙乙	每丙必是乙	五、某丙是甲	
三、能無丙甲	能無丙是甲	六、能某丙非乙	八、能某丙是乙

解釋：六號有八號的含義，和二號沒有矛盾，故此反證法不能生效。「四，五，六」論式證不出「某丙必非乙」的結論來：故不能和「每丙必是乙」發生矛盾。換句話說：「能某丙非乙」，對於「每丙必是乙」，沒有不相容的地方。這就是說，因為四號是可能論句，五號的假設，產生不出「錯誤」的結論：實際上，五號和三號，也不真是互相矛盾：故從各方面說：反證法的條件，無法滿足，故不能生效。本處「亨能必能」一式，是一個不能證明，不需要證明，並且是不證自明的完善論式。其他三式分析如下：

2	此式無效，「能無」改作「能盈」，乃變為有效：元、式		
必盈乙甲	必每乙是甲	必每乙是甲	必盈乙甲
能無丙乙	能無丙是乙	能每丙是乙	能盈丙乙
能無丙甲	能無丙是甲	能每丙是甲	能盈丙甲

3	此式結論誇大，故無效
能盈乙甲	能每乙是甲（零）
必無丙乙	必無丙是乙
能無丙甲	能無丙是甲（整）

4	此式小前提「必無」，或違犯公律第三，或第七，故無效，辭例明顯。		
能無乙甲	能無每乙是甲	動物——白	動物——白
必無丙乙	無必丙是乙	雪——動物	瀝青——動物
能無丙甲	能無每丙是甲	雪——白	瀝青——白

註一三九：貞必能常，貞必能能，反證有效。

1 貞 符號	句法	反證一	地法亨式註八六
一. 必無乙甲	必無乙是甲	四. 常每丙是甲	常盈丙甲
二. 能有丙乙	能有丙是乙	五. 必無乙是甲	必無乙甲
三. 常虧丙甲	常有丙非甲	六. 必無乙是丙	必無乙丙
能虧丙甲	能有丙非甲	必無丙是乙	必無丙乙

2 貞符號	句法	反證二　地法亨式註八五.
一.必無乙甲	必無乙是甲	四.必無乙是甲	必無乙甲
二.能有丙乙	能有丙是乙	五.常每丙非甲	常盈丙甲
三.常虧丙甲	常有丙非甲	六.必無丙是乙	必無丙乙
能虧丙甲	能有丙非甲		

表1：六號錯，違反二號，四號必錯，三號必真。

表2：六號錯，違反二號，五號必錯，三號必真。

註一四〇：

貞符號	句法	證明
能無乙甲	能無乙是甲	參看註一三八：證明此類論式完善，不證自明。
必有丙乙	必有丙是乙	
能虧丙甲	能有丙非甲	

利　符號	句法	反證	地法亨式
必盈乙甲	一、必每乙是甲	四、必每乙是甲	必盈乙甲
能有丙乙	二、能有丙是乙	五、必無丙是甲	必無丙甲
能有丙甲	三、能有丙是甲	六、必無丙是乙	必無丙乙

→解釋：六號錯誤，違反二號，五號必錯，故三號必真。

註一四一：「必在」等於「必盈」，或「必有」：即是說：「必是」：必然肯定的全稱或特稱論句，叫作「必在」。所謂「不能在」，即是「不能是」或「必不是」，指示必然否定論句。論式分析如下：

1. 符號	句法	辭例	辭例
必有乙甲	其乙（零）必是甲	白（零）——動物	白——動物
能盈丙乙	每丙能是乙（零）	人——白（零）	衣——白
能有丙甲	某丙能是甲	人（必是）——動物	衣（必不是）——動物

2. 符號	句法	辭例	辭例
必有乙甲	某乙必是甲	白（零）——動物	白——動物
能無丙乙	能無丙是乙	人——白（零）	衣——白
能常盈丙甲	某丙能常非甲	人（必是）——動物	衣（必不是）——動物

3.—4. 符號	句法	辭例	辭例
必虧乙甲	某乙必非甲	白（零）——動物	白——動物
能盈無丙甲	能每無丙是乙	人——白（零）	衣——白
常能虧丙甲	某丙常能非甲	人（必是）——動物	衣（必不是）——動物

以上四式，都無效，理由見註一三四。

註一四二：四無效論式：

	符號公式	句法	辭例	辭例
1	能有乙甲	某乙能是甲	白——動物	白——動物
	必無丙乙	必無丙是乙	烏鴉——白	松膠——白
	能虧丙甲	能有丙非甲	烏鴉（是）——動物	松膠（不是）——動物
2	能虧乙甲	某乙能非甲		
	必無丙乙	必無丙是乙	同右	同右
	能虧丙甲	某丙能非甲		
3和4	能有虧乙甲	能有乙是非甲	白——動物	白——動物
	必盈丙乙	必每丙是乙	鵝——白	雪——白
	而有虧丙甲	某丙能是非甲	鵝（是）——動物	雪（不是）——動物

以上四式無效，理由同前註一四一。

註一四三：特稱論式：無效：

能辭	1	能	必	能
	2	必	能	常能
論式	3 4 5 6	有有虧虧	有虧有虧	有虧虧虧
符號		乙—甲	丙—乙	丙—甲
辭例「肯定」		白—動物	人—白	人—動物
辭例「否定」		白—動物	無靈—白	無靈—動物

以上「能必」四式，「必能」四式，共八式、都無效。

態辭	1	能	必	能
	2	必	能	常能
符號		乙—甲	丙—乙	丙—甲
論式	1	肯定	肯定	肯定
	2	肯定	否定	否定
	3	否定	肯定	否定
	4	否定	否定	否定
辭例			同前	

以無限定「能必」和「必能」，各四式，共八式，和上述特稱論式，相等：故都無效。

天法「能、必」配合，有效論式全表：

天論法式	直接有效				間接有效			
	元	亨	利	貞	元	利	亨	貞
能必能	盈盈盈	無盈無	盈有有	無有虧	無盈無	無有虧		
必能能	盈盈盈	無盈無	盈有、有	無有虧	盈無無	盈虧虧	無無無	無虧虧
必能常	←必能能	無盈無		無有虧	盈無無	盈虧虧	無無無	無虧虧

（參考附錄二，有態論式全表）

註一四四：見註一一九和一二〇、章十五。

註一四五：見章十三、及章內諸註。

註一四六：辭例：

能無乙甲 能盈丙甲 能無丙乙 ← 能盈丙乙	能無人是白的 能每馬是白的 能無馬是人 ← 能每馬是人	能每人是白的 無馬能是人

地法論式一覽表：（能能配合：無一有效）：

	大	小	結				
	能	能	能	能	能	能	
1	盈	盈	盈	無	有	虧	
2	盈	無	無	盈	有	虧	亨
3	盈	有	有	無	盈	虧	
4	盈	虧	虧	盈	無	盈	
5	無	盈	無	盈	虧	有	亨
6	無	無	無	盈	虧	有	亨
7	無	有	虧	有	盈	無	貞
8	無	虧	虧	有	盈	無	貞
9	有	盈	有	虧	盈	無	
10	有	無	虧	有	盈	無	貞
11	有	有	有	虧	盈	無	
12	有	虧	虧	有	盈	無	
13	虧	盈	虧	有	盈	無	
14	虧	無	虧	有	盈	無	
15	虧	有	虧	有	盈	無	
16	虧	虧	虧	有	盈	無	
	能	常	能				
	常	能	能				

表內亨貞數式，能有效；何時有效，詳見註一四九至一五六。

註一四七：前註一覽表：地法，「能、能」配合，常無效

註一四八：同上，能虧，能無，諸論式，和常態「盈、有」配合。

註一四九：亨式：

無	盈	無
常	能	能

有效，見上表「常能」，五號，「無盈虧」，間接有效。「無真」則「虧真」。

亨　符號	句法	換位、天法	亨。符號
常無乙甲	無乙是甲	↓無甲是乙	常無甲乙
能盈丙甲	每丙能是甲	每丙能是甲	能盈丙甲
能無丙乙	能無丙是乙	能無丙是乙	能無丙乙

註一五〇：

亨式一無效	常盈乙甲	常每乙是甲	能無甲是丙	能無甲丙
	能無丙甲	能無丙是甲	常每乙是甲	常盈乙甲
	能無丙乙	能無丙是乙	能無乙是丙 能無丙是乙	能無乙丙 能無丙乙
亨式二有效		有效		
	能盈乙甲	能每乙是甲	常無甲是丙	常無甲丙
	常無丙甲	常無丙是甲	能每乙是甲	能盈乙甲
	能無丙乙	能無丙是乙	能無乙是丙	能無乙丙
			能無丙是乙	能無丙乙

觀察：以上「亨盈無無，常能能」，和「能常能」兩式，都有效，證法和註一四九，辦法不同。一四九只是常態論句，「無乙是甲」，賓主換位，換成「無甲是乙」。一五〇，亨式一，卻是將可能論句，「能無丙是甲」，賓主換位，換成「能無甲是丙」。這個換位法是有問題的。用「能」字的全稱否定論句，不能用這樣的簡單換位法。但亞里卻說一四九和一五〇，諸論式有效，證明的「情形相同」。後代註解家，多無異議。詳見前章，亞里為「能無」論句不得換位所舉出的理由。但用「天法換位亨式」證明本

處亨式第二便無難處；用物法亨式也可；圖表如下：

註一五一：

論式一：

1	此式無效	「能無」換成「能盈」，遂變有效	亨　註一五〇
	能無乙甲 常無丙甲 能無丙乙	能無乙是甲→能每乙是甲 常無丙是甲　常無丙是甲 能無丙是乙　能無丙是乙	能盈乙甲 無常丙甲 能無丙乙

論式二：

2		參看註一四九
常無乙甲 能無丙甲 能無丙乙	無效	
常無乙甲 能盈丙甲 能無丙乙	有效	

註一五二：此式無效：違犯公律第二。

符號公式	句法	辭例：「肯定」	辭例：「否定」
能盈乙甲	能每乙是甲（零）	能每動物健康	能每馬健康
常盈丙甲	（常）每丙是甲（零）	（常）每人健康	（常）每人健康
能盈丙乙	能每丙是乙	能每人是動物	能每人是馬
		（每人必是動物	每人必非馬）

註一五三：八無效論式：

論式1234		辭例：「肯定」	辭例：「否定」
能有盈虧無	乙甲		
常盈有盈有	丙甲	同註一五二	同上
能有有虧虧	丙乙		
論式1234			
常盈有盈有	乙甲		
能有盈虧無	丙甲	同右	同右
能有有虧虧	丙乙		

參看註一四六至一四八。

註一五四：

公式無效	句法：無效	句法換法：有效	公式
能有乙甲	能有乙（零）是甲	常無丙是甲	常無丙甲
常無丙甲	（常）無丙是甲	能有乙是甲	能有乙甲
能虧丙乙	能有丙非乙（整）	能有乙非丙	能虧乙丙

貞　公式有效	句法	句法換位：天法	貞式：完善
常無乙甲	總無乙是甲	總無甲是乙	常無甲乙
能有丙甲	能有丙是甲	能有丙是甲	能有丙甲
能虧丙乙	能有丙非乙	能有丙非乙	能虧丙乙

參看註一三一及一二九。

常虧乙甲	有某乙（零非甲）	此式無效
能盈丙甲	能每丙是甲	
能虧丙乙	能有丙非乙（整）	

註一五五：否定持特稱論式：

1 公式無效	能無乙甲	常虧丙甲	能虧丙乙
句法無效	能無乙是甲	有某丙非甲	有某丙非乙
是非換位	能每乙是甲	有某丙非甲	有某丙非乙
無法證明有效	能盈乙甲	常虧丙甲	能虧丙乙

2. 公式無式	常虧乙甲	能無丙甲	能虧丙乙
句法無效	有某乙非甲	能無丙是甲	能有丙非乙
前提換位是非換位	能每丙是甲	有某乙非甲	能有乙非丙
無法證明有效	能盈丙甲	常虧乙甲	能虧乙丙

3 公式無效	常無乙甲	能虧丙甲	能虧丙乙
句法無效	總無乙是甲↓	能有丙非甲↓	能有丙非乙
賓主換位是非調換	總無甲是乙	能有丙是甲	能有丙非乙
貞式　天法　完善	常無甲乙	能有丙甲	能虧丙乙

註一五六：兩前提都特稱，總無效：

	乙—甲	丙—甲	丙—乙
1	常	能	能
2	能	常	能
1	有	有	有
2	虧	虧	虧
3	有	虧	虧
4	虧	有	虧
價值	都無效		

無限定論式等於特稱論式，故亦無效。

	乙—甲	丙—甲	丙—乙
1	肯定	肯定	肯定
2	否定	否定	否定
3	肯定	否定	否定
4	否定	肯定	否定
1	能	常	能
2	常	能	能
價值	都無效		

地法「能、常」，配合有效論式總表：

	直接有效	間接或變式有效		
亨	°無盈無 常能能	無盈虧 常能能	無無無 常能能	無無虧 常能能
	°盈無無 能常能	盈無虧 能常能	無無無 能常能	
貞	°無有虧 常能能	無虧虧 常能能	有無虧 能常能	

常能	常能能	°無盈無	無盈虧	無無無	無無虧	°無有虧	無虧虧
能常	能常能	°盈無無	盈無虧	有無虧	無無無		

小圈標明直接有效論式（參考附錄二，全表）。

註一五七：

地法「必、能」，配合論式總表：（二乘十六、共得三十二式）：

	1			
	2			
一		盈	盈	
二	亨	盈	無	無
三		盈	有	
四	貞	盈	虧	虧
五	亨	無	盈	無
六	亨	無	無	無
七	貞	無	有	虧
八	貞	無	虧	虧
九		有	盈	
十		有	無	
十一		有	有	
十二		有	虧	
十三		虧	盈	
十四		虧	無	
十五		虧	有	
十六		虧	虧	

表內諸式何時有效，詳見本註一五七至一六六。參考附錄二，有態論式全表。

亨、式一：有效

	亨 公式符號	句法	換位句法：天法	
			亨	說明
一	必無乙甲	必無乙是甲	必無甲是乙 必無甲乙	大前提
二	能盈丙甲	能每丙是甲	能每丙是甲 能盈丙甲	小前提
三	常無丙乙	（總）無丙是乙	無一丙是乙 常無丙乙	結論一
四	能無丙乙	能無丙是乙	能無丙是乙 能無丙乙	結論二
五	常有丙乙	有某丙是乙	假設三號錯誤	
六	必虧丙甲	必有丙非甲	一、五結論一	
	必虧丙乙	有丙不能甲	一、五結論二	
七	六號錯誤，五號必錯，故三號必真，四號必真隨之。			

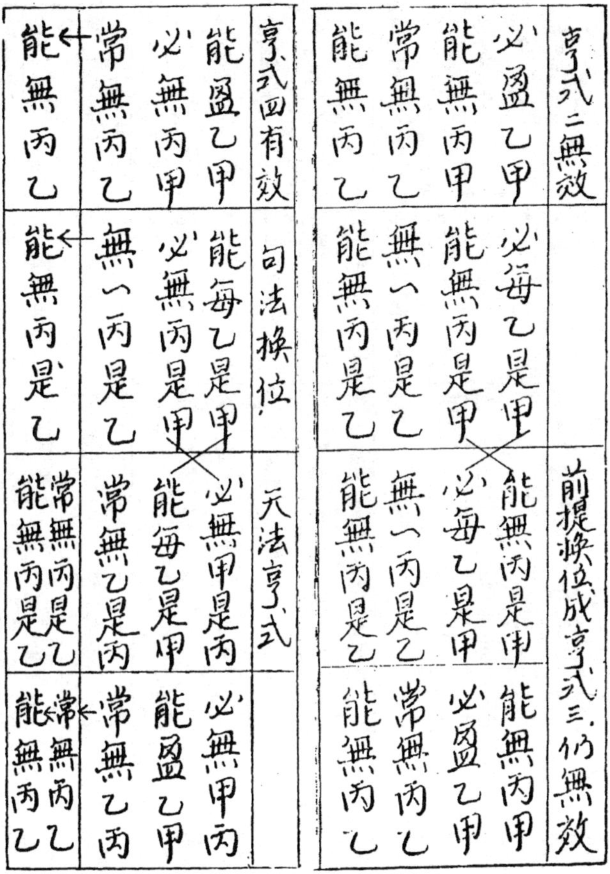

反證同上，亨式一。參看天法亨式，註一三六。

註一五八：亨能必能、亨無盈無，無效

此式無效			
能無乙甲	能無乙是甲	能每乙是甲	能盈乙甲
必盈丙甲	必每丙是甲	必每丙是甲	必盈丙甲
常 能 無丙乙	無一 能能 丙是乙	常 能 每丙是乙	常 能 盈丙乙

同上	辭例一	辭例二
能無乙甲	能無人色白	能無動物運動
必盈丙甲	必每鵝色白	海次醒覺（動作）必是運動
常 能 無丙乙	常無 能無 鵝是人	無一 能無 醒覺是動物
	無鵝能是人	每個醒覺者必是動物
	必無鵝是人	每個醒覺者必不能不是動物

註一五九：亨必能能，亨盈無無無效

公式	句法	辭例一	辭例二
必盈乙甲	必每乙是甲	鵝—白	醒者—生者
能無丙甲	能無丙是甲	人—白	動物—生者
能無丙乙	能無丙是乙	人—鵝	動物—醒者

註一六〇：亨能必常 亨能必常，亨無無無，換成亨盈無無。

式一：

態	亨　無無	無效	有效	亨　盈無無
能	無乙甲	能無乙是甲	↓能每乙是甲	能盈乙甲
必	無丙甲	必無丙是甲	必無丙是甲	必無丙甲
常能	無丙乙	常能無丙是乙	常能無丙是乙	常能無丙乙

式二 貞必能常 貞必能能，貞無無無換成貞無盈無，有效。

註一六一：以下兩式無效：

1	2			
必	能	盈乙——甲	鵝——白	醒——生
能	必	盈丙——甲	人——白	動物——生
常能	常能	盈丙——乙	人——鵝	動物—醒

以上兩論式中辭每次指零，違犯公律，故無效。

註一六二：貞無有虧，貞必能常，貞必能能，有效。

貞　公式	句法有效	天法貞式、句法	公式
必無乙—甲	必無乙是甲	必無甲是乙	必無乙甲
能有丙—甲	能有丙是甲	能有丙是甲	能有丙甲
常能虧丙—乙	常能有丙非乙	常能有丙非乙	常能虧丙乙

以下三式無效，或至少不常有效。

1		辭例
能有乙甲	能有乙是甲	能有動物色白
必無丙甲	必無丙是甲	必無烏鴉色白
常能虧丙乙	常能有丙非乙	常能有烏鴉不是動物

2　公式	表面有效，實際	「是非」調換後，無效
公式	必盈乙甲	必每乙是甲
必每乙是甲	必盈乙甲	能虧丙甲
能有丙非甲	能有丙是甲	能有丙甲

3	公式	表面有效	辭例「是非」調換後
	無效。 能無人是白人 必有丙是甲	能無乙甲 能每人是白人 必有鵝是白鵝	能無乙是甲 必有丙甲 必有鵝是白鵝

註一六三：以下四式均無效。

1		表面有效「是非」	調換後：實際無效	
	必盈乙甲 能虧丙甲 常能虧丙乙	必每乙是甲 能有丙非甲 常能有丙非乙	必每乙是甲 ↓能有丙是甲 常能有丙是甲	必盈乙甲 能有丙甲 常能有丙乙

2		表面無效	實際也無效	
	能虧乙甲 必盈丙甲 常能虧丙乙	能有乙非甲 必每丙是甲 能有丙非乙	↓能有乙是甲 必每丙是甲 能有丙是乙	有乙甲 必盈丙甲 能有丙乙

3		表面有效，實際無效，辭例：無法證明有效		
	能盈乙甲 必虧丙甲 能虧丙乙	能每乙是甲 必有丙非甲 能有丙非乙	能每動物色白 必有石非白 能有石非動物	↓能有石是動物 必無石是動物

參看註一五五「能盈，常虧」。

4	公式	句法：無效、
	必虧乙甲	必有乙（零）非甲
	能盈丙甲	能每丙是甲
	常能虧丙乙	常能有丙非乙（整）

註一六四：以下四式無效。

1	必	能	能
2	能	必	能
1	盈	有	有
2	有	盈	有
	乙——甲零	丙——甲零	丙——乙

註一六五

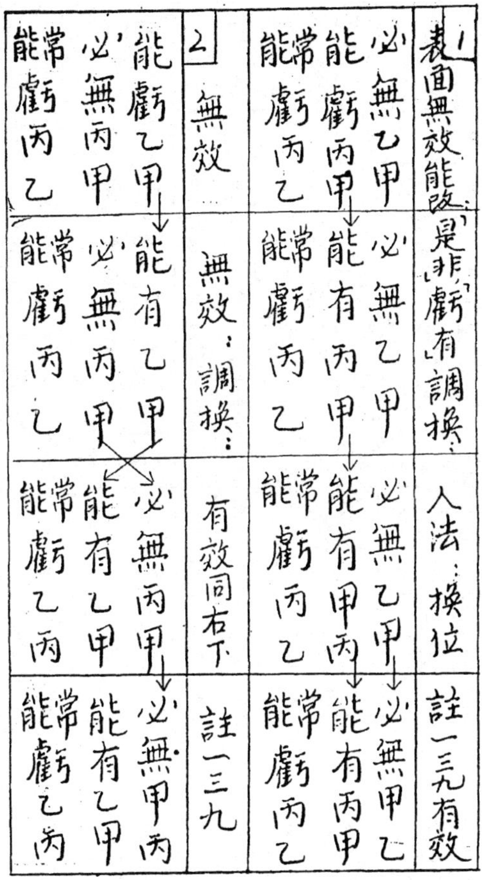

以上式一，間接有效。式二間接有效的結論「虧乙丙」，不是原式的結論「虧丙乙」。故此可說式二無效。

註一六六：兩前提都特稱的論式無效。兩前提都無限定者，等於都特稱；故此也是無效。總表簡示如下：

	態		論式				辭位	辭例一	辭例二
	1	2	1	2	3	4			
	必	能	有	虧	有	虧	乙—甲	人—白	動物—白
	能	必	有	虧	虧	有	丙—甲	鵝—白	烏鴉—白
	常	常	有	虧	虧	虧	丙—乙	鵝—人	烏鴉—動物

地法「能、必」，配合有效論式全表：

	直接有效		間接或變式有效							
亨	無	必	必	無						大
	盈	能	能	無						小
	無	常	能	無						結
	盈	能	能	無	能	能				大
	無	必	必	無	必	必				小
	無	常	能	無	常	能				結
貞	無	必	必	無	必	必	虧	能	能	大
	有	能	能	虧	能	能	無	必	必	小
	虧	常	能	虧	常	能	虧	常	能	結
		1	2		1	2		1	2	

地法「必能」，「能必」，「能常」，「常能」等有效論式，可證明直接有效者，只有六個，總表如下：

亨	1	2			
盈	能	能			
無	常	必			
無	能	常能			
亨			貞		
	3	4		5	6
無	常	必	無	常	必
盈	能	能	有	能	能
無	能	常能	盈	能	常能

↑公式詳圖

貞常能能	亨常能能	貞無有虧	亨無盈無	亨能必能	亨能必常	亨能常能	亨盈無無
				貞必能能	亨必能能	貞必能常	亨必能常

↑公式詳圖

註一六七：

人法論式，「能、能」、配合總表：

態	一	二	三	四	五	六	七	八	九	十	十一	十二	十三	十四	十五	十六
能	盈	盈	盈	盈	無	無	無	無	有	有	有	有	虧	虧	虧	虧
能	盈	無	有	虧	盈	無	有	虧	盈	無	有	虧	盈	無	有	虧
能	有	虧	有	虧	虧	無	虧	虧	有	虧			虧	虧		

表內何式有效，詳見本註一六七至一七一。參考附錄二有態論式全表。

人法、利式有效。

利　公式	句法	換位	利
能盈丙甲	能每丙是甲	能每丙是甲	能盈丙甲
能虧丙乙	能每丙是乙	能有乙是丙	能有乙丙
能有乙甲	能有乙是甲	能有乙是甲	能有乙甲

註一六八：人法貞式有效。

貞　公式	句法	換位	貞
能無丙甲	能無丙是甲	能無丙是甲	能無丙甲
能盈丙乙	能每丙是乙	能有乙是丙	能有乙丙
能虧乙甲	能有乙非甲	能有乙非甲	能虧乙甲

註一六九：

1　無效	無效	換性有效	有效、利式
能無丙甲	能無丙是甲	能盈丙是甲	能盈丙甲
能無丙乙	能無丙是乙	能盈丙是乙	能盈丙乙
能無乙甲	能無乙是甲	能有乙是甲	能有乙甲

2　無效	換性有效	有效、貞式
能無丙甲	能無丙甲	能無丙甲
能無丙乙	能盈丙乙	能有乙丙
能無乙甲	能虧乙甲	能虧乙甲

換性：肯定和否定互換。

3			
無效	能無丙甲	能無丙乙	能無乙甲
換性無效	能盈丙甲	能無丙乙	能虧乙甲
換位有效	能無丙乙	能有甲丙	能虧甲乙

註一七〇：利我有效

利				
公式	能盈丙甲	能有丙乙	能有乙甲	
句法	能每丙是甲	能有丙是乙	能有乙是甲	
換位	能每丙是甲	能有乙是丙	能有乙是甲	
利	能盈丙甲	能有乙丙	能有乙甲	

利				
公式	能有丙甲	能盈丙乙	能有乙甲	
句法	能有丙是甲	能每丙是乙	能有乙是甲	
移位、換位	能每丙是乙	能有甲是丙	能有甲是乙	有乙是甲
利	能盈丙乙	能有甲丙	能有甲乙	乙甲

註一七一：表一：三式

	無效	換性有效貞式	換位：天法貞式	參考
1	能無丙甲 能虧丙乙 能虧乙甲	能無丙甲 能有乙丙 能虧乙甲	能無丙甲 能有乙丙 能虧乙甲	註一六九第二式 註一一五
2	無效	無法有效		
	能無丙甲 能虧丙乙 能虧乙甲	能盈丙甲 能虧丙乙 能虧乙甲		
3	無效	換性有效	天法利式	
	能無丙甲 能虧丙乙 能虧乙甲	能盈丙甲 能有丙乙 能有乙甲	能盈丙甲 能有甲乙 能有乙甲	註一七〇 註一一四

人法「能、能」、有效論式總表：

詳表：

。

利能能			貞能能	
盈盈有	盈有有	有盈有	無盈虧	無有虧
無無虧	無無無	無有虧		
有無虧	無虧虧	虧無虧		
無盈虧	盈虧虧			

注意：小圈下，一行五式，都直接有效，餘者，間接或變式有效。「貞無盈虧」，直接有效，變式，成為「利盈盈有」，仍是有效。參考附錄二。

表二：四式：

態	論式				辭位	辭例一	辭例二
	1	2	3	4			
能	有	有	虧	虧	丙甲	白——動物	白——馬
能	有	虧	有	虧	丙乙	白——人	白——人
能	有	虧	虧	虧	乙甲	人——動物	人——馬

以上四式無效。

註一七二：

人法「能、常」，配合論式總表：

1	能	常	能
2	常	能	能
一	盈	盈	有
二	盈	無	虧
三	盈	有	有
四	盈	虧	虧
五	無	盈	虧
六	無	無	無
七	無	有	虧
八	無	虧	虧
九	有	盈	有
十	有	無	虧
十一	有	有	
十二	有	虧	
十三	虧	盈	虧
十四	虧	無	虧
十五	虧	有	
十六	虧	虧	

表內何式有效，詳見本註一七二至一七六。參考附錄二。

利，貞諸式：

	利	利	貞
人法	能盈丙甲 常盈丙乙 能有乙甲	常盈丙甲 能盈丙乙 能有乙甲	能無丙甲 常盈丙乙 能虧乙甲
	能每丙是甲 每個丙是乙 能有乙是甲	每個丙是甲 能每丙是乙 能有乙是甲	能無丙是甲 每個丙是乙 能有乙非甲
換位	能每丙是甲 有某乙是丙 能有乙是甲	換位 每個丙是甲 能有乙是丙 能有乙是甲	換位 能每丙非甲 有某乙是丙 能有乙非甲
天法	能盈丙甲 常有乙丙 能有乙甲	常盈丙甲 能有丙乙 能有乙甲	能無丙甲 常有乙丙 能虧乙甲

貞	常無丙甲 能盈丙乙 能虧乙甲
	無一丙是甲 能每丙是乙 能有乙非甲
	無一丙是甲 能有乙是丙 能有乙非甲
	常無丙甲 能有乙丙 能虧乙甲

參看註一二一。

註一七三：

	能能常	能能常
1	無無盈	有盈盈
2	無無無	虧盈無
	乙丙丙 甲乙甲	乙丙丙 甲乙甲
	效無	效有， 貞利

註一七四：四個表：

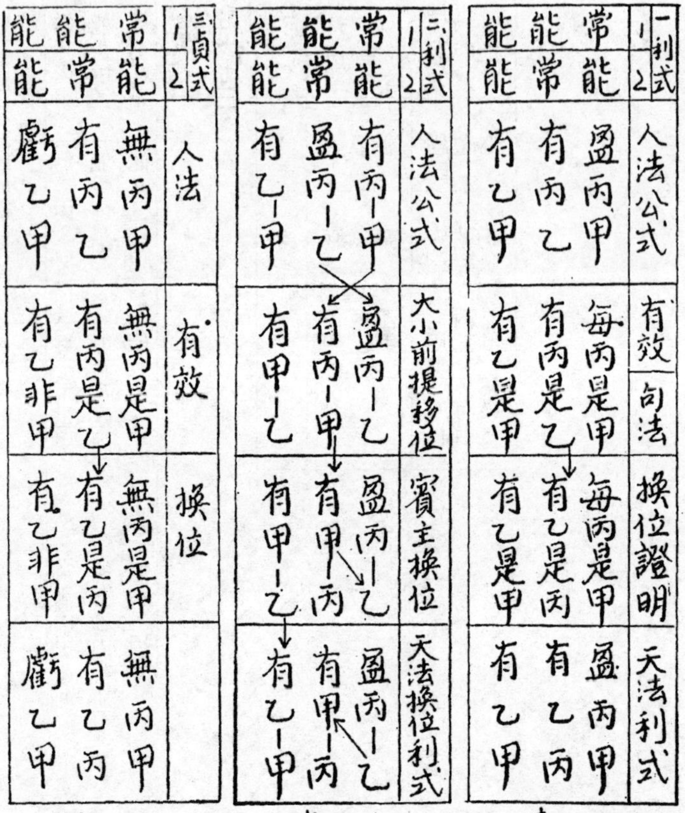

一 利式
1 常 能 能
2 能 常 能
人法公式
盈丙甲 有丙乙 有乙甲
有效 句法
每丙是甲 有丙是乙 有乙是甲
換位證明
每丙是甲 有乙是丙 有乙是甲
天法利式
盈丙甲 有乙丙 有乙甲
二 利式
1 常 能 能
2 能 常 能
人法公式
有丙—甲 盈丙—乙 有乙—甲
大小前提移位
盈丙—乙 有丙—甲 有甲—乙
賓主換位
盈丙—乙 有甲—丙 有甲—乙
天法換位利式
盈丙—乙 有甲—丙 有乙—甲
三 貞式
1 常 能 能
2 能 常 能
人法
無丙甲 有丙乙 虧乙甲
有效
無丙是甲 有丙是乙 有乙非甲
換位
無丙是甲 有乙是丙 有乙非甲
無丙甲 有乙丙 虧乙甲

表 3　表 2　表 1

	無效	無效	移換有效	有效貞式
常能	有丙甲	能有丙是甲（零）	無（丙是乙	常無丙乙
能常	無丙乙	無（丙是乙	能有丙是甲	能有甲丙
能能	虧乙甲	能有乙非甲（整）	能有甲非乙	能虧甲乙

表 4

註一七五：人法元式兩個有效。

元式 1	元式 2	有效	句法	反證法	說明
一、常	能	虧丙甲	有丙非甲	四、必每乙是甲	假設三號錯
二、能	常	盈丙乙	每丙是乙	五、能常每丙是乙	二號保留如故
三、能	能	虧乙甲	有乙非甲	六、能常每丙是甲	四、五、結論

注意：六號違犯一號前提，故是錯誤。六號錯、則四號必錯、故三號必真

註一七六：特稱或無限定、八式無效：

態 1	態 2	論式 1	論式 2	論式 3	論式 4	符號	辭例一	辭例二
常	能	有	有	虧	虧	丙—甲	白—動物	白—馬
能	常	有	虧	有	虧	丙—乙	白—人	白—人
能	能	有	虧	虧	虧	乙—甲	人—動物	人—馬

參看註一七一，表二。兩註大同小異。

人法「能、常」，配合有效論式總表：（共二十一式）：

	直接有效				間接或變式有效		
利	能常能	盈盈有	盈有有	有盈有	無盈虧	無有虧	虧盈虧
	常能能	盈盈有	盈有有	有盈有	盈無虧	盈虧虧	有無虧
貞	能常能	無盈虧	無有虧				
	常能能	無盈虧	無有虧		無無虧	無虧虧	
元	能常能	虧盈虧					
	常能能	虧盈虧			虧無虧		

注意：直接有效者，十二式；能常論式、貞無盈虧，及貞無有虧，直接有效，改成利盈盈有，和利盈有有，仍是有效。

註一七七：人法「能、必」，配合論式總表：

一	必	能	?
二	能	必	?
一	盈	盈	有
二	盈	無	虧
三	盈	有	有
四	盈	虧	虧
五	無	盈	虧
六	無	無	虧
七	無	有	虧
八	無	虧	虧
九	有	盈	有
十	有	無	虧
十一	有	有	
十二	有	虧	
十三	虧	盈	虧
十四	虧	無	虧
十五	虧	有	
十六	虧	虧	

將上表諸式，分析如下：

利式有效

利			
公式	句法	換位天法	利式
必盈丙甲	每丙必是甲	每丙必是甲	必盈丙甲
能盈丙乙	每丙能是乙	有乙能是丙	能有乙丙
能有乙甲	有乙能是甲	有乙能是甲	能有乙甲
利			
能盈丙甲	每丙能是甲	每丙能是甲	能盈丙甲
必盈丙乙	每丙必是乙	有乙必是丙	必有乙丙
能有乙甲	有乙能是甲	有乙能是甲	能有乙甲

參看一四〇。

註一七八：貞式有效。

貞	公式	句法	換位、天法	貞式
貞	能無丙甲	能無丙是甲	能無丙是甲	能無丙甲
	必盈丙乙	必每丙是乙	必有乙是丙	必有乙丙
	能虧乙甲	能有乙非甲	能有乙非甲	能虧乙甲
貞	必無丙甲	必無丙是甲	必無丙是甲	必無丙甲
	能盈丙乙	能每丙是乙	能有乙是丙	能有乙丙
	能常虧乙甲	能常有乙非甲	能有乙甲	能常虧乙甲

參看註一三九。

註一七九：數無效論式。

必盈丙甲	必每丙是甲（零）	必每丙是甲	必盈丙甲
或無丙乙	能無丙是乙	能每丙是乙	能盈丙乙
能無虧乙甲	能無乙是甲（整）有乙非甲	能有乙是甲	能有乙甲
公式無效	無效	「是非」調換：有效	利式

能盈丙甲	必無丙乙	常無乙甲 能虧乙甲	無效
能每丙是甲（零）	必無丙是乙	常無乙是甲（整） 能有乙非甲	無效
能每丙是甲	必無乙是丙	無乙是甲 有乙非甲	無效
能盈丙甲	必無乙丙	常無乙甲 能虧乙甲	無效

註一八〇：「能、必」四式無效。

	公式	句法	辭例一	辭例二
小大前提	能盈丙—甲	能每丙是甲（零）	人——睡覺	人——睡覺
	必無丙—乙	必無丙是乙	人——睡馬	人——醒馬
四可能的結論都無效	常無乙—甲	無一乙是甲（整）	睡馬—睡覺	醒馬—睡覺
	常虧乙—甲	有某乙非甲	睡馬—睡覺	醒馬—睡覺
	能無乙—甲	能無乙是甲	睡馬—睡覺	醒馬—睡覺
	能虧乙—甲	能有乙非甲	睡馬—睡覺	醒馬—睡覺

上式違犯公律第二，故不會生效、見註十五，九號

註一八一：利式有效。

利		利	
公式	能盈丙甲 必有丙乙 能有乙甲		必盈丙甲 能有丙乙 能有乙甲
句法	能每丙是甲 必有丙是乙 能有乙是甲		必每丙是甲 能有丙是乙 能有乙是甲
換位，天法利	能每丙是甲 必有乙是丙 能有乙是甲		必每丙是甲 能有乙是丙 能有乙是甲
利	能盈丙甲 必有乙丙 能有乙甲		必盈丙甲 能有乙丙 能有乙甲

參看註一四〇。

利			利		
	能有丙甲 必盈丙乙 能有乙甲			必有丙甲 能盈丙乙 能有乙甲	
	能有丙是甲 每每丙是乙 能有乙是甲			必有丙是甲 能每丙是乙 能有乙是甲	
	必每丙是乙 能有甲是丙 能有甲是乙	能有乙是甲		能每丙是乙 必有甲是丙 能有甲是乙	能有乙是甲
	必盈丙乙 能有甲丙 能有甲乙	能有乙甲		能盈丙乙 必有甲丙 能有甲乙	能有乙甲

參看註一四〇

註一八二：貞式有效。

貞	公式	句法	換位，天法	貞
	能無丙甲 必有丙乙 能虧乙甲	能無丙是甲 必有丙是乙 能有乙非甲	能無丙是甲 必有乙是丙 能有乙非甲	能無丙甲 必有乙丙 能虧乙甲
貞				貞
	必無丙甲 能有丙乙 常虧乙甲 能虧乙甲	必無丙是甲 能有丙是乙 有某乙非甲 能有乙非甲	必無丙是甲 能有乙是丙 有某乙非甲 能有乙非甲	必無丙甲 能有乙丙 常虧乙甲 能虧乙甲

參看註一四〇。

註一八三：

1 無效	句法	辭例一	辭例二
能有丙甲	能有丙是甲（零）	人 睡覺	人 睡覺
必無丙乙	必無丙是乙	人 睡馬	人 醒馬
能 常 虧乙甲	有某乙非甲（整） 能有乙非甲	睡馬 睡覺 睡馬 睡覺	醒馬 睡覺 醒馬 睡覺

2	無效	是非調換大小前提移位賓主換位	利天法有效
必有丙甲	必有丙是甲	能每丙是乙	能盈丙乙
能無丙乙	能無丙是乙	必有甲是丙	必有甲丙
能虧乙甲	能有乙非甲	能有甲是乙	能有甲乙
		能有乙是甲	能有乙甲

參看註一八〇。

人法「能、必」、配合，有效論式總表：

	直接有效				間接有效		
利	能必能	盈盈有	盈有有	有盈有	無盈虧	無有虧	虧盈虧
	必能能	盈盈有	盈有有	有盈有	盈無虧	盈虧虧	有無虧
貞	能必能	無盈虧	無有虧				
	必能常	必能能	無盈虧	無有虧	無無虧	無虧虧	
元	能必能	虧盈虧					
	必能常		必能能	虧盈虧			

注意：表內，能必論式、大前提全稱時，利、貞可以互變；大前提特稱時，利元可以互變。除互變者外，其餘論式，只能間接有效：原式表面無效；變式則有效。物法見註一九〇。

註一八四：無理乞賴的強辯或詭辯一：

公式	句法一	句法二
前提：盈乙甲	每乙是甲	因為每乙是甲
結論：盈乙甲	每乙是甲	所以每乙是甲

註一八五：無理乞賴的強辯和詭辯二：

公式	句法一	句法二
前提：盈丙甲	每丙是甲	因為每丙是甲
結論：盈乙甲	每乙是甲	故此每乙是甲

註一八六：舉例：天法元式：完善：

公式	句法一	句法二
大前提：盈丙甲	每丙是甲	因為每丙既是甲
小前提：盈乙丙	每乙是丙	同時每乙又是丙
結論：盈乙甲	每乙是甲	故此每乙必是甲

註一八七：無理強辯或詭辯三、和四。

公式	句法一	句法二
大前提：盈丙甲	甲在每丙	因為每虧既是甲
小前提：盈甲丁	丁在每甲	同時每甲又是丁
結論：盈乙甲	甲在每乙	故此每乙必是甲
大提前：盈丙甲	甲在每丙	因為每丙既是甲
小前提：盈丙丁	丁在每丙	同時每丙又是丁
結論：盈乙甲	甲在每乙	故此每乙必是甲

以上兩式違犯公律第一。見註十五，九號中辭丙說明了甲丁的關係，沒有說明乙甲的關係。前提說丁，結論說乙：是前言不答後語。

註一八八：無理強辯或詭辯之五。

聯證法	公式		
大前提：	盈丙甲	甲在每丙	因為每丙是甲
小前提一：	盈丁丙	丙在每丁	同時每丁是丙
小前提二：	盈戊丁	丁在每戊	並且每戊是丁
小前提三至若干。總不提乙；			加上每……是……（不提乙）
結論：	盈乙甲	甲在每乙	故此每乙是甲

以上是聯證法犯了無理強辯的過錯。前提裡，談丁談戊，但未談乙。結論卻談起乙來。前提裡，丙丁等一連串的中辭，都沒有說到乙甲之間有什麼關係。故此結論說「每乙是甲」，便是沒有根據。

註一八九：詳見天地人三法諸有效論式。附錄二。

註一九〇：詳見註十五，七——八號。

亞里只說論法有三種，因為他在類級系統裡，上中下三級，只能允許有三種賓主關係。第四種，上下倒置，不是天法的換位論式，便是地人兩法的改裝，似乎沒有成立的必要。但如純以中辭的位置及三辭排列的形式為標準，既有「上中下」，便有「下中上」，再加上「中上下」、「上下中」，便是四式。於是後代人認為論法必須有四種。天法結論能有「盈無有虧」四種論句。地法只能有「無虧」兩種。人法只能有「有虧」兩種，物法能有「無有虧」三種，但不能有「盈」。詳見註十五及以下「物法」總表：

物法論式總表：

論式＼論法		甲乙	乙丙	丙甲	弱式
元	1	盈	盈	有	
貞	2	無	盈	虧	
利	3	有	盈	有	
	4	虧	盈		
亨	5	盈	無	無	虧←
	6	無	無		
	7	有	無		
	8	虧	無		
	9	盈	有		
貞	10	無	有	虧	
	11	有	有		
	12	虧	有		
	13	盈	虧		
	14	無	虧		
	15	有	虧		
	16	虧	虧		

物法論式，「元貞利亨貞」五個有效，加上弱式，加上弱式，「亨盈無虧」，共算六個，表內其餘諸式都無效，它的有效論式是不完善論式，需要依換位移位等等方法，改歸天法，以得補充證實。詳表如下：

1　元式 盈甲乙 盈乙丙 有丙甲	句法（前提移位結論賓主換位） 每甲是乙 每乙是丙 有丙是甲	移位換位得「有」 每乙是丙 每甲是乙 ←有丙是甲	天法元式 盈乙丙 盈甲乙 盈甲丙 有丙甲	
2　貞式 無甲乙 盈乙丙 虧丙甲	句法（「無」句賓主換位） 無甲是乙　→ 每乙是丙 有丙非甲	人法貞式（盈句賓主換位） 無乙是甲 每乙是丙　→ 有丙非甲	換「無」換「盈」 無乙是甲 有丙是乙 有丙非甲	天法貞式 無乙甲 有丙乙 虧丙甲
3　利式 有甲乙 盈乙丙 有丙甲	句法（大小前提移） 有甲是乙 每乙是丙 有丙是甲	移前提換結論得有 每乙是丙 有甲是乙 有甲是丙 有丙是甲	天法利式 盈乙丙 有甲乙 有甲丙 有丙甲	解釋 結論「有甲丙」賓主換位得「有丙甲」

4 無效	句法 前提指零，結論指整		辭例
虧甲乙 盈乙丙 盈丙甲	有甲（零）非乙 每乙是丙 有丙非甲（整）	違犯公律第 二、見註十 五、九號	實體——人 人——動物 動物—實體

5 享式	句法（前提移位結論換位）	移換得無無必生虧	天法享式
盈甲乙 無乙丙 無丙甲 ← 虧丙甲	每甲是乙 無乙是丙 無丙是甲 ← 有丙非甲	無乙是丙 每甲是乙 無甲是丙 ← 無丙是甲 有丙非甲	無乙丙 無甲乙 無甲丙 ← 無丙甲 虧丙甲

6 無效	句法兩前提否定		辭例一
辭例二 無礦物是人 無人是柳	無甲乙 無乙丙 無丙甲	無甲是乙 無乙是丙 無丙是甲	無植物是人 無人是柳 無柳是植物

7　無效	違犯公律第七
有甲乙	有甲（零）是乙
無乙丙	無乙是丙
虧丙甲	有丙非甲（整）
8　無效	違犯公律第三
無甲乙	有甲非乙
無乙丙	無乙是丙
虧丙甲	有丙非甲
9　無效	違犯公律第二
盈甲乙	每甲是乙（零）
有乙丙	有乙（零）是丙
有丙甲	有丙是甲

10	貞	換無換有	天法	貞式
無	甲乙	無甲是乙 ↓	無乙是甲	無乙甲
有	乙丙	有乙是丙 ↓	有丙是乙	有丙乙
虧	丙甲	有丙非甲	有丙非甲	虧丙甲

		違犯了的公律
11	有有有	第四
12	虧有虧	第四，第七
13	孟虧虧	第二
14	無虧虧	第三
15	有虧虧	第四，第七
16	虧虧虧	第四，第三，第七
論式／論法	甲乙丙 乙丙甲	11至16六式都無效。詳明分析仿7—10讀者可自為之

註一九一：

定理：「對角線和邊線不同分」。證明：

一、明證——用天法元式：大前提：

大前提：凡是奇偶兩數都不同分，
小前提：凡是對角線和邊線的兩數都是奇偶；
結　論：凡是對角線和邊線都不同分。

設令：乙代表「奇偶兩數」
甲代表「不同分」：（同一除數除不盡的兩數叫作不同分）。
丙代表「對角線和邊線（的兩數）」。論式如下：

元　公式	句法一	句法二
盈　乙　甲	每乙是甲	既然每乙是甲
盈　丙　乙	每丙是乙	每丙又是乙
盈　丙　甲	每丙是甲	故每丙是甲

二、反證

天法元式	句法	假設的矛盾論法	人法元式
一、盈乙甲	每乙是甲	四、有丙非甲	虧丙甲
二、盈丙乙	每丙是乙	五、每丙是乙	盈丙乙
三、盈丙甲	每丙是甲	六、有乙非甲	虧乙甲

解釋：1.四號是三號的矛盾句；並是錯誤；但假設有人認為它真實。

2.六號是四號和五號必生的結論。五號來自二號，是原來承認的小前提和事實。

3.六號錯誤，因為它違犯一號。一號是大前提是原來承認的公理。一號真則六號必錯：「盈真虧必假」。

4.四號必錯。六號是結論，又是錯誤。結論的錯誤，必定來自前提。不是來自五號小前提，故此，只能是來自四號的大前提。

5.四號錯，三號必真：「虧錯盈必真」：「非虧必盈」。三號是原需證明的結論：明證，即是直證，用天法元式。反證用了人法元式。

6.勿論明證反證，都用天地人三法之一：出不了三法的範圍。這是必然而無疑的。

註一九二：論法公律第四，前提不可都特稱。原文明白。不待註解。參看註十五，第八號。本註二〇二是專為補充註十五而設。幾何學舉例圖解如下：

定理：「等邊角底線上的對角相等」；證明如下：

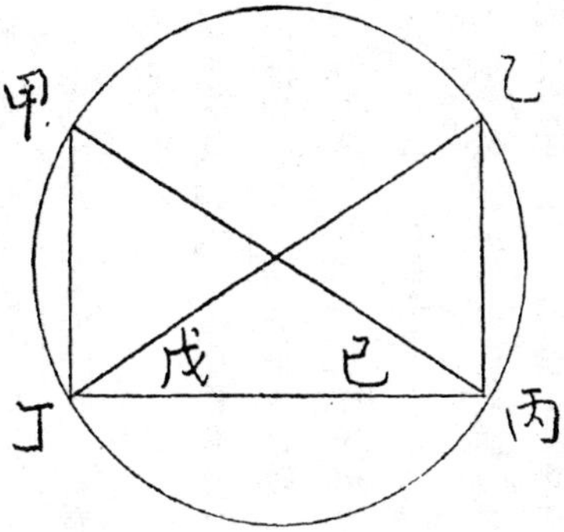

論式一

大：凡是半圓都相等

小：凡是平角都是半圓

結：凡是平角都相等

論式二

大：凡是平角都相等

小：「甲丙」和「乙丁」是兩個平角

結：「甲丙」和「乙丁」相等。

論式三

大：凡是弧線對角都相等

小：丙和丁是兩個弧線對角

結：丙和丁兩角相等。

論式四

凡是等數減等數餘數相等

戊己兩角各是圓週減等數的餘數

戊己兩角彼此相等。

說明：1. 戊是圓週減乙丁平角和丁弧線角。

2. 己是圓週減甲丙平角和丙弧線角。

3. 「乙丁」平角加弧線角丁：總數等於「甲丙」加丙。

4. 戊己各是圓週減等數的餘數。
5. 戊和己兩角相等。
6. 戊和己是等邊角底線上的兩個對角。
7. 故此：等邊角底線上對角相等。

論式五：

大：凡是等數減等數，餘數相等。
小：等邊角底線上的對角各是等數減等數的餘數
結：等邊角底線上的對角都相等。

請注意：究竟亞里怎樣證明上述的幾何定理，原文抄本不一致。歷代學者意見，也有許多各不相同。但都是大同小異。各從所好。參看歐克利德《幾何學》，卷三，章十六，定理三一。並參考書錄所舉各家譯本及註解。

以上五個論式，每個都有全稱論句作大前提。兩個前提不都是特稱。前提不用全稱論句，說不出論式所應根據的原理，結論不會有效。說不出原理而堅持某結論，叫作「無理乞賴」，是不邏輯的。這是亞里在此處特別證明的要點。從此可見論法公律第四的重要。

註一九三：名辭數目，在三個以上，必定構成許多論式，不只是一個。那許多論式，或只用不同的中辭，分頭直接證明同樣的結論；或只有一個主要論式，其餘都是補證論式，補證主式的大前提或小前提；如此間接證明主式的結論；或是那許多中辭、屬於一個範疇，彼此類級不同，依種類高下的品級，排成系統，首辭在最首，尾辭在末尾，其餘依次排列在中間；構成聯證法；或是那許多名辭，構成許多彼此無關的論式，各用**不同的中辭**，**證明不同的結論**。如此，估計，共有四種可能，依次分別舉例說明如下：

例一：丑卯兩中辭，同證子寅

甲：盈丑寅	每丑是寅	丙：盈卯寅	每卯是寅	大前提
乙：盈子丑	每子是丑	丁：盈子卯	每子是卯	小前提
戊：盈子寅	每子是寅	戊：盈子寅	每子是寅	結論

例二：補證論式

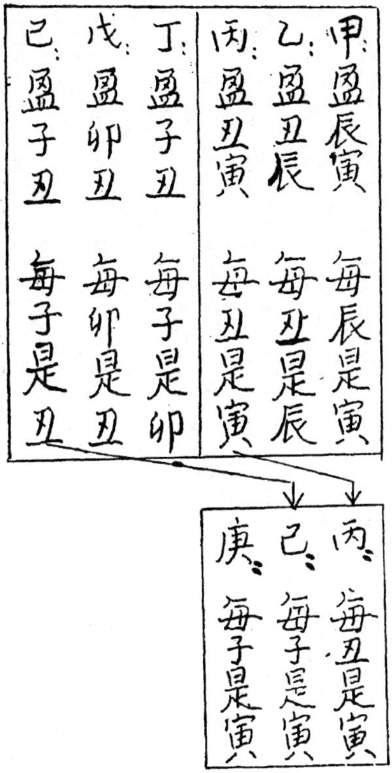
甲：盈辰寅　每辰是寅
乙：盈丑辰　每丑是辰
丙：盈丑寅　每丑是寅
丁：盈子丑　每子是卯
戊：盈卯丑　每卯是丑
己：盈子丑　每子是丑
丙：每丑是寅
己：每子是寅
庚：每子是寅

例三：聯證法（天法）

論式：元	亨	利	貞		中間諸結論		
盈	無	盈	無	丑寅			各級前提
盈	盈	盈	盈	卯丑	卯寅		
盈	盈	盈	盈	辰卯	辰丑	辰寅	
盈	盈	有	有	子辰	子卯	子丑	（子寅）
盈	無	有	虧	子寅	最後的結論		

元式	一例釋	
語法前提	每丑是寅 每卯是丑 每辰是卯 每子是辰	
結論：中間的	每卯是寅 每辰是丑 每子是卯	每辰是寅 每子是丑
最後的	每子是寅	

亨式	二例釋	
語法前提	無丑是寅 每卯是丑 每辰是卯 每子是辰	
結論：中間的	無卯是寅 每辰是丑 每子是卯	無辰是寅 每子是丑
最後的	每子是寅	

利貞二式的語法釋例仿此。

規則：只有第一前提能是否定的（例如亨、貞二式）。只有最後前提能是特稱的（例如利、貞）。倒裝語法的論式規則，也倒換過去：只有第一前提能是特稱的，只有最後前提能是否定的。例如：某子屬於辰，每辰屬於卯，每卯屬於丑，無丑屬於寅，所以某子不屬於寅。

例四：第一步：論句總數

甲：盈子丑	每子是丑
乙：盈丑寅	每丑是寅
丙：盈子卯	每子是卯
丁：盈丑辰	每丑是辰
戊：盈卯丑	每卯是丑
己：盈辰寅	每辰是寅
庚：盈子寅	每子是寅
辛：盈卯辰	每卯是辰

第二步：主要論式

甲：盈子丑	每子是丑
乙：盈丑寅	每丑是寅
庚：盈子寅	每子是寅

第三步：補證大前提乙

己：盈辰寅	每辰是寅
丁：盈丑辰	每丑是辰
乙：盈丑寅	每丑是寅

第四步：補證小前提甲

戊：盈卯丑	每卯是丑
丙：盈子卯	每子是卯
甲：盈子丑	每子是丑

第五步：無關論式

丁：盈丑辰	每丑是辰
戊：盈卯丑	每卯是丑
辛：盈卯辰	每卯是辰

第六步：聯證法第一

丙：盈子卯	每子是卯
戊：盈卯丑	每卯是丑
乙：盈丑寅	每丑是寅
庚：盈子寅	每子是寅

第七步：聯法第二

甲：盈子丑	每子是丑
丁：盈丑辰	每丑是辰
己：盈辰寅	每辰是寅
庚：盈子寅	每子是寅

第八步：補證己：加新中辭

壬：盈辰巳	每辰是巳
癸：盈巳寅	每巳是寅
己：盈辰寅	每辰是寅

第九步：其他，仿右

聯證補證左補右補，目的全在證出最後的主要結論：每子是寅。

註一九四：參考卷二，章廿三，註三五一——三五五。

註一九五：亞里，《辯證法》，卷八，章一：為說服人破除迷信或成見，先勸人依理接受許多前提，暫不洩露結論。待人已接受前提並信心堅強，始促其由前提推演出必然的結論，不得不承認結論真確，因而破除昔日錯誤的成見。為尅勝人心理方面的障礙，不可真理直說，惟需用娓曲婉轉的開導技術，和循循善誘的教育方法。為此種種目的，議論言談時，需要在人心理準備未成熟以前，不向人聲明最後的結論。

這就是隱瞞結論的埋伏法。

註一九六：詳見註一九三。

註一九七：詳見註一九三，例四，論式五。

註一九八：計算舉例：

一、簡單論式
- 前提二：數偶：大，小。
- 名辭三：數奇：首尾中
- 結論一：二數之半。

例：

大：	盈丑寅
小：	盈子丑
結：	盈子寅

二、補證的論式
- 前提六：數偶。
- 名辭九：數奇。
- 結論三：六數之半。

例：

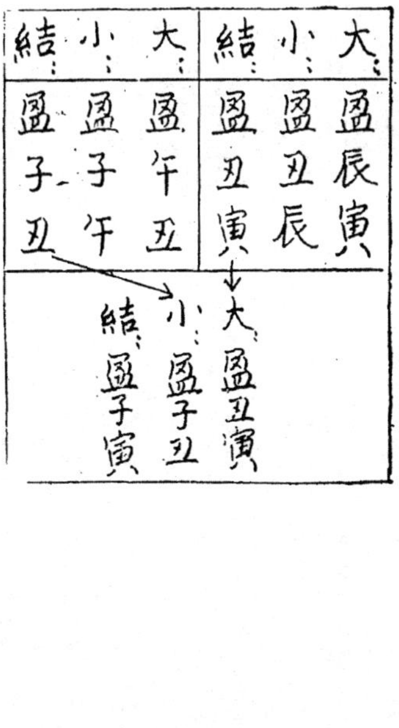

註一九九：聯證法舉例計算

例一：

前提	結論		計算：名辭	前提	結論
盈甲乙					
盈乙丙	盈甲丙		三	二	一
盈丙丁	盈乙丁	盈甲丁	四	三	二

例二：

前提	結論和計算					計算：名	前提	結論
盈甲乙								
盈乙丙	盈甲丙					三	二	一
盈丙丁	盈乙丁	盈甲丁				四	三	二
盈丁戊	盈丙戊	盈乙戊	盈甲戊			五	四	三
盈戊己	盈丁己	盈丙己	盈乙己	盈甲己		六	五	四
盈己庚	盈戊庚	盈丁庚	盈丙庚	盈乙庚	盈甲庚	七	六	五

總計：名辭：七。前提：六。結論：十五。

例三：有盈式	結論總數：十				計算		
有甲乙					名辭	前提	結論
盈乙丙	有甲丙				三	二	一
盈丙丁	盈乙丁	有甲丁			四	三	二
盈丁戊	盈丙戊	盈乙戊	有甲戊		五	四	三
盈戊己	盈丁巳	盈丙己	盈乙己	有甲己	六	五	四

例四：盈無式	結論總數：十				計算		
盈甲乙					名十	前提	結論
盈乙丙	盈甲丙				三	二	一
盈丙丁	盈乙丁	盈甲乙			四	三	二
盈丁戊	盈丙戊	盈乙戊	盈甲戊		五	四	三
無戊己	無丁己	無丙己	無乙己	無甲己	六	五	四

例五：有虧式：	結論總數：六			計算		
有甲乙				名辭	前提	結論
盈乙丙	有甲丙			三	二	一
盈丙丁	盈乙丁	有甲丁		四	三	二
無丁戊	無丙戊	無乙戊	虧甲戊	五	四	三

聯證法，共有以上四式總表簡示如下：

盈盈式：	第一前提，中間諸前提，一切結論都是「盈」。
盈無式：	第一前提，中間諸前提及結論是「盈」。最後前提和結論卻是「無」。
有有式：	第一前提是「有」，最後結論是「有」；中間前提都是盈。
有虧式：	第一前提是「有」，中間是「盈」，最後結論是「虧」。中間有些結論是無，有些是「有」。

規則：

一、只有第一前提能是「有」

二、只有最後前提能是「無」。回閱註一九三。

一、中間前提都需是「盈」。數目可增至甚多。但不可增至無限。無限多的前提，等於沒有前提，因為永不會證出結論。「追本溯源」，不能永無止境。永無止境，等於「無本無源」。結論無由成立。以上是「傳統的亞里聯證法」。

上述聯證四論式，都能用倒裝語法排列。形式舉例如下：例五的倒裝：

無戊己				
無丁戊	無丁己			
無丙丁	盈丙戊	無丙己		
盈乙丙	盈乙丁	盈乙戊	無乙己	
有甲乙	有甲丙	有甲丁	有甲戊	虧甲己

倒裝的聯證法史稱「高可蘭式亞里聯證法」，其論式簡表及規則如下：

	一、孟孟式	二、有有式	三、盈無式	四、有虧式
前提 一	盈己庚	盈戊己	無戊己	無戊己
前提 二	盈戊己	盈丁戊	盈丁戊	盈丁戊
前提 三	盈丁戊	盈丙丁	盈丙丁	盈丙丁
前提 四	盈丙丁	盈乙丙	盈乙丙	盈乙丙
前提 五	盈乙丙	有甲乙	盈甲乙	有甲乙
前提 六	盈甲乙			
結	結：盈甲庚前	結：有甲己	無甲己	虧甲己

規則：一、只有最後前提能是「有」

二、只有第一前提能是「無」

三、中間前提都須是「盈」，不能多至無限

註二〇〇：亞里，《分析學後編》，明證法之分析，卷一，章十九至廿二；參看亞里，《範疇集》及《形上學》。

波非俚樹——邏輯史中，人人皆知的「波非俚樹」，是波非俚，為名辭類級系統所製定的一個「類譜」。它的構造形式，好像是一個「家譜」，由始祖以下，支派繁殖，宗族蔓延，有主流、有別脈；畫在紙上，像是一棵樹，有幹，有枝。西方各國慣稱「家譜」為「家樹」，即是「族系表」。因此，波非俚的「類譜」，西史也稱之為波非俚樹。這「樹」的作用，是說各級類名間的賓主關係，內容豐富至極，形式卻簡單，被譽為亞里全部邏輯的撮要。並且所根據的「分類秩序」和現代符號邏輯，或「邏輯代數」，適相符合：可以說是「類系邏輯的菁華」。故用具體名辭舉例，將其樹模繪如下，以供參考：

435 註二〇〇

類譜：波非俚樹：簡圖舉例：

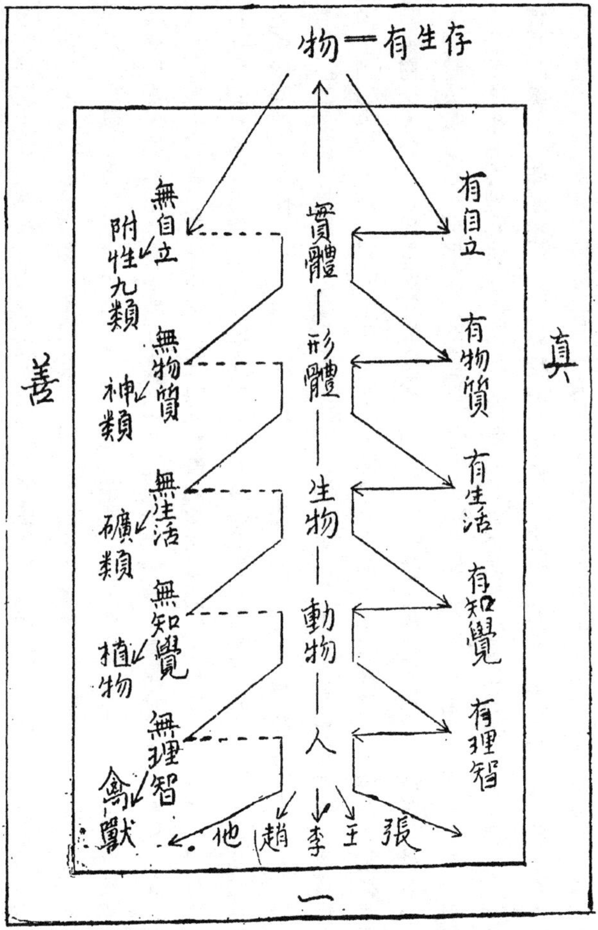

類譜略說——一、類譜的形上學意義，是生存的「分賦」情形。物非純無，必有生存，或實或虛。實

者充實，盈極圓滿，現實無缺。虛者空虛虧乏，有領受盈極的潛能，沒有盈極的現實。物有現實的生存，始有現實的存在。存在是在知識的範圍內，或在時空的範圍內，佔一個位置。物先有生存，而後始能佔領位置。實際上，生存和存在，一時俱來，無時間先後的距離。但在邏輯的次第上，即是在理論和思想的次第上，物先有生存，然後，吾人始能想它佔領位置。物無生存，而能佔領位置，是不堪設想的。生存有自立或不自立。自立者是實體。不自立者是附性：附著在實體上。附性分九類：一、數量，二、品質，三、關係，四、施動，五、受動，六、時間，七、空間，八、姿態（坐，立）；九、衣物（服，具）。附性九類，實體一類，共是十大類，叫作十範疇。在這十大類中，每類分許多種，種下又分種，從最高類、最高種，經過許多中間各級的種和類，降而至於最低類和最低種。在最低種以下，只有單位的個體。個體內，分賦著種有的公共性體和生存，種界物體又分賦著類界共有的性體和生存。最高類，實體和附性分賦著物大公名所指的理：物性和生存，分別賦畀在各類實體中。有些實體有形，有些無形。形體又分有生或無生。無生活的形體，是礦物之類。有生活的形體是生物。生物分有覺和無覺。無覺性的生物，無知覺，叫作植物。例如楊柳。有知覺的生物是動物。動物分有理性和無理性。無理性的動物是獸類、例如牛馬。有理性的動物是人類。人類是類界最低狹的種。其下分張王李趙等單立的個體。私名所指的個體，是在種界以內。同時秉賦著各級類名所指的性理，並且秉賦著物大公名所指的生存、真實、美善、單位統一等等。這些大公名所指的性理和生存，寓存在個體內。大公名是「超類名辭」；超越十大物類的界限，同時寓存在每類的個體中。性理和生存的分賦情形，是「類譜」的形上學意義。波非俚本人的學說，在「生存分賦」的問題上，包含著柏拉圖思想的成分，和亞里的本旨不盡相合。亞里首重類譜的邏輯意義略示如下。

二、類譜的邏輯意義——亞里，在本章說得清楚：依本體自然的賓主關係而論：

1. 個體私名只作主辭，不作賓辭。
2. 最高類及超類公名，只作賓辭，不作主辭。
3. 中間的諸級類名種名，對上，作主辭；對下，作賓辭。例如「人」：「人是動物」。「張某是人」。
4. 附性名辭，嚴格地說，只作賓辭，不作主辭。

這四個原則說明了名辭間，依物類本體，自然必有的賓主關係。這樣的關係，叫作「本體自然的賓主關係」。例如說：「動物是形體」：因為動物本體自然就是形體。但如說：「形體是動物」，便不是本體自然的句法。它說出的賓主關係也不是本體自然的關係：因為形體依其性理的本體，不必須是生物或動物。

類級系統——類在上，在前；種在下，在後。類名是種名的賓辭。種名是類名的主辭。主辭的主辭是賓辭的主辭。賓辭的賓辭是主辭的賓辭。賓辭是隨辭。主辭是引辭。主引賓隨。賓主關係是引隨關係。主引則賓隨，賓不隨，則主不引。詳見註一，及註一二一。

最高類名，超性公名，個體私名，有說明，但無定義。因為定義是在類名上，加種別名，而構成種名的定義：例如「人是理性動物」，「人」是種名，「動物」是類名。「理性」是種別名。嚴格的說：只有種名才有定義。最高類以下，個體以上，各級類名，對上說，都是種名；對下說：都是類名。上級種，對於下級的「分種」說：也是有類與種的關係。各級類，上下互為賓主，構成肯定論句，或全稱，或特稱。類下分出異種的種名，互為賓主，構成否定論句。例如人不是牛馬。越級的異類亦然，例如人不是金石，人不是草木。類名對於種名，則可構成特稱論句，或肯定，或否定；越級，亦然：例如：有動物是人，有動物不是人。有些形體是牛馬，有些不是。種對類說，卻是全稱肯定論句：例如說：凡是人都是動物。凡是牛馬都是動物。異類異種，相賓稱，則是全稱否定。例如：無一人是馬，無一石是人等等。總而言之，凡「有無盈虧」四種論句及其彼此間直接和間接的賓主關係，和推演關係，都包括在「類譜」之內。「類譜」的用途之廣，可以表現一斑了。除了「類譜」以外，還有「驢橋」。所謂「驢橋」，乃是「中辭類譜」圖，圖中排列著各級類名，助人察尋肯定或否定結論所需要的中辭；勝過議論時「沒有中辭」的難關。圖形似橋。「驢」象徵「愚人」。助愚人尋找中辭，渡過難關的橋，史稱「驢橋」。詳見下面註二〇三。並參考章三七，及二二六。

註二〇一：參看註內十號至十五號。

註二〇二：賓辭分五類：

1.種名：個體私名共有的公名是種名。例如「張某，王某都是人」。「人」是種名。

2.類名：許多種名共有的公名，是類名，例如：「人和馬都是動物」。「人」和「馬」是兩個種名。動物是類名。

3.種別名：種名必有的性理，和性理表現的特徵名叫作種別名。它是「種別因素」名。種別因素，劃分種別，將某類分成許多種。例如「牛馬無理性」。「牛馬是無理性的動物」。「張某、王某，是有理性的動物」，「無理性」是種別名，「有理性」也是種別名。「動物」是類名。「無理性的動物」是「獸類」的定義。「有理性的動物」是「人類」的定義。類名，種別名，和定義都能作種名和個體私名的賓辭。

4.常有的附性賓辭：特性名：某種某類本性特有的品質名，是它必有而常有的，叫作「特性名」。物本體必有的特性，來自物之種別名所指的性理，或來自類名所指的物質；是本體常有的附性。這樣的附性名叫作「特性名」，都是物本體常有的附性賓辭。例如說：「人會笑能言」。又說「人圓顱方趾」。「會笑能言」，是人的特性，來自人本體具備的性理。人本體具備的性理是「理智」，「理智」也叫作「理性」。「圓顱方趾」也是人的特性，卻來自「動物」類名所指的「高等動物」特有的「方圓」狀貌：即是來自人的物質身軀。

5.屢有附性賓辭：附性名：物本體不常有、不常無的狀況，都是附性。附性名有時可以作賓辭：叫作屢有或偶有的賓辭。屢有者，不稀有。偶有者，能是屢有，或稀有，或絕無僅有。

以上五類賓辭的分類法，是後人註解亞里之所為。著名者，首推波非俚，次則鮑也西，參考下文。亞里個人只將賓辭分成四類：

一是偶有附性名，或屢有，或稀有，或僅有。

二是特性名；特性是本體常有、和必有的附性。

三是種名：種名，指示性體。性體屬於本體。種名和特性名可以互為賓主。

四是類名。類名之下，包括種別名。種別名隸屬於類名之類，不自立一類。詳見於亞里，《辯證法》，卷一，章四，章五，及章九；《範疇集》，章四；《物理學》，卷一，章七；卷五，章一；《形上學》，卷四，章七（另版卷三）；卷二，章三（另版卷一）。《倫理學》，卷一，章四；《分析學》，《後編》，卷一，章二十二。

《名理探》——後代邏輯教科書，或專書中，屢見的「五名論」，就是討論以上五類賓辭和主辭間的邏輯關係：簡名「五賓稱」：是現代符號邏輯內「類系邏輯」的前身。葡萄牙高因孛來大學邏輯課本，在明朝末葉，（崇禎四年，一六三一年）由傅汎際和李之藻譯成漢文，刻印題名《名理探》，其書內第一部分，所說的《五公論》，就是「五名論」；第二部分所談的《十倫論》，乃是《十範疇論》；其後第三—五等部分討論其他，未曾刊印。《五公論》，將公名，分成「宗、類、殊、獨、依」五種，相當於「類名、種名、種別名、特性名，附性名」五個賓辭關係的總類。《十論》，將物類名辭分歸十大類：「自立體，幾何，互視，何似，施作，承受，體勢，何居，暫久，得有」：以上「五公、十倫」，歷代漢文譯名，言人人殊。中外各家著述，溯推本原，皆歸宗於亞里原著：和亞里原著，不盡相同，也不大相異。

超類名辭、超類賓辭——十範疇，是十個最高的總類：根據事物生存的實況，將賓辭的種類都歸納到這十個總類中去：賓辭形容事物生存的實況因此，亞里主張是：事物的生存情況、既分十總類；那麼，賓辭也隨著分歸十總類，同時構辭的指義作用，即是「是」字的用法，也是分歸十總類。每個總類的公名是一類名，並且是最高廣的類名賓辭。詳見波非俚樹。現在的問題是：這十個總類的總類合成一個總體，有沒有全體共有的大公名？有多少？是不是類名賓辭？

「物體」是大公名——十總類的大公名有許多，第一是「物」，泛指「實有而非純無」的事體和物體：和「事事物物」的寬廣意義相同。第二是「一」，第三是「真」，第四是「善」，第五是「此某」，第六是「事物」。以上這六個大公名的範圍，同樣廣狹：包括十範疇的總體。每一範疇的任何類名，及其任何主體，都能用以上任何大公名作自己的賓辭：例如：「實體是物體」、「馬是物體」、「馬的白色是物體」，或簡說：「馬的白色是此某」，或「此某一物」。「馬是一事物，馬的白色也是一事物，馬和馬白是兩個不同的事物，但都是事物」。歷史上，大公名也叫「達名」：通達萬類：能作各種類名，種名，和私名的賓辭。公孫龍所謂「天下與其所產焉，物也」：這裡的「物」字便是「大公名」。墨子所說的「名、達、類、私」，又說「名、物、達也……馬、類也……臧、私也」；也是用「物」字，作達名，即是大公名。「馬」是類名。「臧」是一個人，或一匹馬的「私名」，或專名。王充《論衡》，《物勢篇》，「萬物生天地間，皆一實也」。這裡的「物」和「實」，即是「真實」，也都是大公名。荀子《正名篇》稱大公名為「大共名」，用以遍舉萬物：「萬物雖眾，有時而欲遍舉之，故謂之物，推而共之，共則（又）有共，至於無共，而後止」。大共名也叫作「洪名」，或「皆名」：《春秋繁露》，《天地陰陽篇》：「萬物載名而生，聖人（作名辭），因其象而命之……正名以名義也。物也，洪名也，皆名也」。又指出和私名的分別說：「而物有私名，此物也，非夫物」。意思是說：「此物的私名，只指示此某一物，已經不是物大公名了」。大公名，遍舉萬物。私名偏私，偏指某類某個。亞里所謂的中級類名，和各級種名，也叫作「大別名」，和「大共名」相對：是在總類下，分類，分種。假設「動物」是全類公名，「鳥獸」是動物分類的「大別名」，偏舉動物的一部分。故荀子曾說：「有時而欲偏舉之，故謂之鳥獸。鳥獸也者，大別名也。推而別之，別則（又）有別，至於無別而後止」。如此說來：物大公名，是「**遍舉名**」；「鳥獸」之類，是「**偏舉名**」，名分公私：互有「**遍、偏**」之別。

物大公名，不是類名賓辭，而是超類賓辭，這是亞里特有的創見：高明確實，開後世之所宗。他並且對於這個見解有邏輯性的證明，曾舉出以下這個論式：

大前提：凡是種別名都能用物大公名作賓辭。

小前提：凡是種別名都不能用類名作賓辭。

結　論：故此，凡是大公名都不是類名，類名也不是大公名。（用大公名指超類公名）

換式證之：

大：凡是大公名都能作種別名的賓辭。

小：無一類名能作種別名的賓辭。

結：無一類名是大公名，凡是大公名都不是類名。

用符號的表格證之：

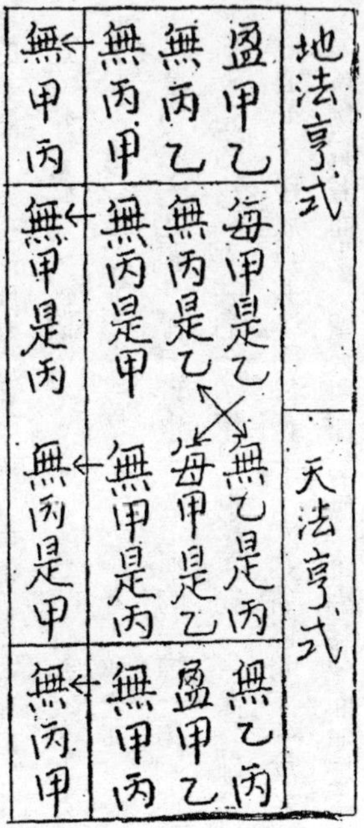

地法亨式
盈甲乙
無丙乙
無丙甲
無甲丙
每甲是乙
無丙是乙
無丙是甲
無甲是丙
天法亨式
無乙是丙
每甲是乙
無甲是丙
無丙是甲
無乙丙
盈甲乙
無甲丙
無丙甲

甲：代表「大公名」：「物」及其他。

乙：代表「能作種別名的賓辭」。例如，「理性動物」的「理性」。

丙：代表「類名」，總類名，及其他以下任何類名。例如，「動物」。

超類賓辭的指義作用——是「同名通指」，也是「比類遍舉」；不是「同名異指」，也不是「同名喻指」，也不是「同名同指」。換言之：超類辭是「通指辭」，也是「比類辭」；不是「異指辭」，也不是「喻指辭」，也不是「同指辭」。這些賓辭指義作用互有的分別，歷代學者討論甚詳，意見也甚繁多。最明確簡要的一段講解，可見之於聖多瑪斯，《性體因素論》，章六，簡要舉例，略述如下：

同指辭——同名同義：凡是類名，對其主體，都是同名同指的賓辭：「馬是動物」，「人是動物」。動物這一個名辭，用同樣意義作賓辭，形容同類的主體，人、馬等等類名如此。種名亦然。「張三是人」，「李四是人」。人是種名，在這裡作同名同指的賓辭。

異指辭——同名異義：相同的名辭指示異類的主體；指示完全不相同的物性和定義。「賊心毒辣」，「胡椒毒辣」。一指精神的心術，一指物質的性情，又例如說：「天上有牛郎織女」，「人間也有牛郎女」，一指星宿，一指人物。名辭卻相同，都是「牽牛郎」和「織絲女」。

喻指辭——同樣的名辭，指示異類的性情，因人間語言的比擬方法，借物喻人，接一類，喻指另一類。例如說：「冰清玉潔」、「人格清潔如冰似玉」，用冰玉的清潔比擬人格的清潔。兩方面的彷彿相似，在客觀上，沒有根據；在人的主觀上，用語言的比擬方法作形容的根據。客觀上，物質塊然清潔，和人格精神的聖潔，沒有相似之處，但比擬起來，有比例上的相似處：猶如冰玉無污染，謂之清潔；人格無罪惡的污染，也可謂之清潔。

通指辭——同名通指的賓辭，形容許多主辭，指示許多不同的意義和定義；同時，這些意義和定義，彼此之間，在某首要的中心點上，有情通意連之處。它們共有的中心點，有時是共求的目的，有時是共有的原因（施動的原因），有時是共有的主體，有時是在客觀的情況上，比例相同。例如：「身體健康」、「面色健康」、「飲料健康」。健康是通指性的賓辭：首要的中心意義，指人身體的生活狀況，適合衛生的條件：次指面色是人健康的象徵，飲料是人健康的原因：健康是三者共同追求的目的。（參考《形上學》，卷四）。

物體是有生存的主體。「生存」二字，在這裡意義寬廣高深：廣於「生活」，深於「存在」，深於「實體」內在的物質、物理，和性體。萬物生生不息，都有生存：但不是都有「生活」。「有生物」，有生存，兼有生活。「無生物」，沒有生活，只有生存。還沒有死滅了的火，是生著的火，這就是說：「火，沒有滅，有火的生存，保持著自己天生固有的火性，即便燃燒的行動，能是隱而不顯，但仍有火性的本體，及本體固有的燃燒能力，具有最低限度的燃燒作用」。如此說來，「生存」的原始意義，可能是首指「生物的生活，及其生活的持續」，但後起的意義，是從生物界，轉借過來，泛指萬物，不分有生，無生，共同所有的生存：即是物體非無，非滅，既有仍有，未亡未去的內在現實。它所指示的現實內容，深在實體的根底；從根底的深處，建立實體。物質因物理而得生存。物理是物的性理，它結合物質，將生存授於物質，物質結合性理而成「性體」，性體是生存的容器：性體結合生存而成實體。實體是生存的主體，也有時兼是附性的主體：它是「物體意義，最純正、最真實的主辭：「物體」二字的真義首指「實體」。實體，是物質物性合成性體，而領受生存的主體。生存，因性理，從根底深處建立實體。物質因性理，從根底深處領受生存。領自外在的原因。實體產生時：物質，性理，性體，生存，一時俱來。最高的外在原因，是萬物生存的根源：是造物者。固然，亞里《形上學》內，只談「第一原因」是萬物化生的最高動因；沒有提到，從「無中造生萬有」的造物者，但無論如何，「生存」二存，乃是專指最高原因促成萬物化生，在每物實體中所產生的最深的第一效果。**最高原因的最高效果，是物的生存**。物的生存是每物和最高原因，在因果關係上，所有的聯繫：維持這個聯繫，便得生存，並保全生存；割斷這個聯繫，便喪失生存。在實體最深的根底，每一物和最高原因，在生存上，發生存亡的密切關係：在生機上，是相交通的。簡單的說：生存是萬物和最高原因，互相交通的生機：生存是萬物天賦的生機。萬物化生，是這個「生機」的流行。

本著以上這番意思，「生存」深在實體的根底，不但深於物質和物性，並且深於「存在」。「存在」是在實有界佔領位置，和實有界發生關係。在時間的次第上，沒有先後的分別：但在思想的次第上，有先後的分別：物先有本體絕對的生存，而後始能相對的，和實有界發生關係：這個關係，彷彿是一個隨在本體以後，附加到本體以外的事件；叫作「存在」，不是從本體內部，建立實體的生存，或生機。故此，「生存」不是「存在」，但深於「存在」。物的本體，即是性體，領受生存，而後始有存在：在實有界佔領位置。為能佔領位置，必須先有生存。思想次第的先後，必是如此。否則，不堪思議。為更明瞭「生存」和「存在」的分別，請注意，許多消極名辭，指示實際存在的消極事物。它們的存在，不是「生存」，因為它們的存在正是某些積極事物生存的否定或缺乏：例如「真空」、「空位」、「空虛」、「殘缺」、「蹶子缺腿」、「瞎人無目」等等這些「缺性名辭」，指示某些積極事物缺乏生存，或缺乏其美滿所需的條件：指示生存的否定，不指示存在的否定：因為那些消極事物都有存在，而沒有生存。何況生存是動力和動作的根源。「存在」能是空虛無物的靜止：死板空虛的停留：不是生動活潑的生存，更稱不起是生機。

大公名，「物體」、「真實」、「美善」、「單位獨立」、「統一」等等，都指示不但有存在，而且有生存的主體，首先指實體。其次，指附性。實體是有自立生存的物體。附性事物，是依附實體而分享生存的物體。實體是一範疇，附性九種，分作九範疇，共是十範疇，論句內，用「是」字作構辭，連合主辭賓辭，形容主體，其目的是形容主體各範疇不相同的生存實況。物體生存實況，分十範疇；論句的形容；以及賓辭的實義，也隨著各有所指，分成十範疇。十範疇內所列舉的事物，都有生存，或是實體，自立而生存；或是附性依附實體而有生存。凡是有生存的主體，都是一物。例如：「馬是一物」、「馬的白色也是一物」。

「物」字大公名，作十範疇內外，任何實有物的賓辭，即是可以作任何物名、類名、種名，和個體私名的賓辭。但是話又說回去，將「物」大公名和「類名」相比較，凡是類名，只能作其本類主體的賓辭，不能作其本類以內，種別名的賓辭。這一點極值得注意。因為大公名和類名不相同，兩者互有的區別點，正是在此。論式詳情見前。用具體名辭舉例說明如下：

「人是理性動物」，「人」是種名。「理性」是「種別名」，「動物」是類名。「物」是大公名：構成論式：

大前提：大公名可以可以作「理性」的賓辭：可以說：「理性是一物」。

小前提：類名不可以作「理性」的賓辭：不可以說：「理性是動物」。

結　論：類名不是大公名。大公名也不是類名。

「一物」兩字，大公名是如此；其餘，凡是大公名，也無不如此。（詳論，參考拙譯亞里《形上學》卷四，及各家註解，特別是聖多瑪斯）。

如此說來，十範疇的每一範疇，是一至高無上的總類。十總類合在一起，是萬物的總體，但不是「**總類的總類**」。它的名稱也不是類名，而是大公名。大公名範圍的統一，不是總類類界的統一；而是超類賓辭，同名通指範圍的統一：這樣的統一，是泛稱通指的統一，它的作用是比較異類會合異義，標明許多主辭情通意連之處，著明萬類合有的公性：簡言之，是「比類合誼」的統一，即是「比類萬物」，指萬物總體共有的所以然。因此，通指辭，也叫作「**比類辭**」，墨子所謂「論求群言之比，……比類萬物……比事屬辭」等語，和亞里通指辭的學說，不是全相契合，但至少是，聲氣相投，可以互相印證。請參看，亞里，《形上學》，卷三，及卷四，並看聖多瑪斯《註解》，號四三二至四四三。

大公名的賓辭價值—大公名不指示事物的性體，或性體的任何部分；不是性體定義的要素，不會有定義的效用。例如問：「此某物是什麼」？答者如只說：「此某物是物」，或說它是任何其他大公名的主辭：例如說：「此某物是實物、美物、善物」等等，都沒有答覆原有的問題：沒有說出「此某物（例如窗前的大樹）是什麼」；是楊或是柳或其他？沒有指出它的性體。因此，對於性體定義說，大公名是無效用、無意義的賓辭；不是有定義作用的賓辭。給任何事物下定義時，不可用大公名，理由就是：因為大公名超越範疇，超越類界種界，不會指定事物的類界種界，不會發生定義的效用，大公名自己沒有定義，也不給任何物名作定義。雖然如此，大公名作賓辭時，並不是全無意義。每一個大公名都各有所指：「物」指「實物而非純無」；「真」指「合理而非虛妄」等等邏輯思想的最高公律，例如矛盾律、排中律、自同律、因果律等等，是極有意義的原理：都是用大公名表達出來，形容大公名必有的屬性。從此可見，大公名不但不是全無意義，而且具有最崇高的邏輯價值，並有高深的認識論，和本體論的含意。去掉了大公名及其所指；知識界，任何思想或論句，無法形成；本體界，沒有了任何實物和美善，只剩空洞虛無。大公名價值的有無，關係事物的有無，並關係思想或知識的有無。**大公名作賓辭，指示事物的生存，不指示事物的性體**，大公名的賓辭價值，就是在乎此。亞里《形上學》卷四（另版卷三）對於這些問題有更詳細的討論。（請參看拙譯《形上學》，卷四：《論物之大公名理》）

註二〇三：中辭尋找法：驢橋

驢橋：圖一：

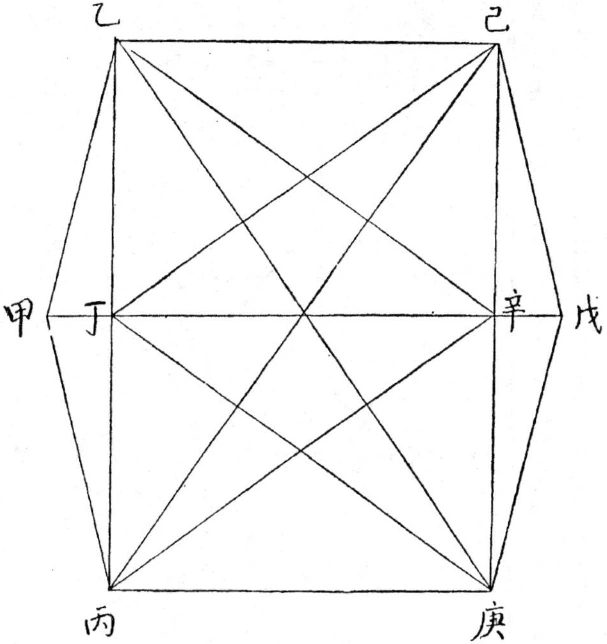

驢橋：圖二：

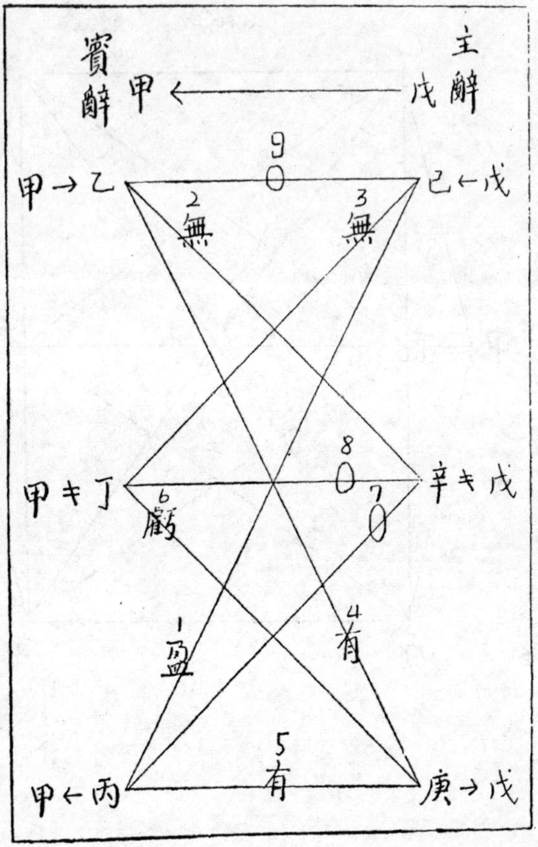

驢橋的用法—例如，為證明「人皆有死」，尋找理由，即是尋找中辭，應將「人」能有的許多賓辭放在上排；將「有死」能有的許多主辭放在下排；然後，同有於上下兩排的名辭，便是中辭。可以用它構成天法元式：如下：

每戊是己	己丙相同
人人是：理性的，動物，生動，會笑的，形體，能被解散，能腐化的，	馬、犬、鳥、能腐化的，能被解散，生物，動物，會跑的，數學家
每丙是甲	有死

論式一：

	己丙相同
人人是動物，	每戊是己
動物都有死，	每丙是甲
人人都有死。	每戊是甲

論式二：

人人是能腐化的生物，
能腐化的生物都有死，
人人都有死。
參看註三〇四

又例如，為證明「人不是猴子」，能用兩種論法的論式：或用天法亨式。或地法亨式，如用天法亨式，則應將人能有的賓辭，放在上排。猴子不能有的主辭，放在下排，兩排共有的那些名辭，便是中辭；有些正確；有些錯誤：

人人是：	每戊是己	己丁相同
有毛髮的，理性動物，會攀樹的，會學幾何的，會說理的，會尅己的，形體，有二足，生物，動物		生物，動物 形體，有二足者，有毛髮的，有長尾的，理性動物，會說理的，會攀樹的，
無丁是甲	不是猴子	無戊是甲

論式一：

凡理性動物都不是猴子，
凡人都是理性動物，
故、沒有人是猴子。

論式二：

凡會說理的動物都不是猴子，
凡是人都會說理，
凡是人都不是猴子。
參看註二〇六

上面的論式，排列成地法亨式：

例如：

辭例	符號
凡是猴子都不會講理，	無甲是丁，
凡是人都會講理，	凡戊是己，〉己丁相同。
凡是人都不是猴子。	無戊是甲。

那麼，搜集賓辭時，猴子不得有的賓辭，列在上排。人人都有的賓辭，列在下排：形式如下：參看註二〇六：

甲	戊
猴子都不是	人人都是
理性動物，有翅的，有角的，	↔理性動物 二足動物
丁	己

為證明不同的論法、和論式的各種結論，驢橋供給各自不同的方法和步驟，不但有一定不移的形式和規則，用符號代替語言，將許多複雜的議論程序，明確分析，並指出極簡易的格律和軌道，人人可以利用遵循，訓練自己尋找中辭的技巧。人的聰明伶俐，在於思想神速，理論敏捷：此中秘訣，全在心中，會用「驢橋」，尋見所需的中辭；找到充足的理由，對答人的詢問，證明自己的理論。亞里怎樣分析驢橋的用法？詳見下文註解。

註二〇四：參看註二〇五至二〇八。畫表如下：

盈丙己	盈己丙	盈丙甲	盈戊己	盈戊甲
丙己同	同是壬	盈壬甲	盈戊壬	盈戊甲
丙己相同	同是一壬	每壬是甲	每戊是壬	每戊是甲
1盈：天法元式，壬作中辭		盈壬甲	盈戊壬	盈戊甲

表內數目例如「1盈」，來自驢橋圖二。回看前註。

註二〇五：

盈丙庚	盈庚丙	盈丙甲	盈庚戊	有戊甲
丙庚同	同是癸	盈癸甲	盈癸戊	有戊甲
丙庚相同	同是一癸	每癸是甲	每癸是戊	有戊是甲
人法↓天法		每癸是甲	有戊是癸	有戊是甲
5有：天法利式，癸作中辭		盈癸甲	有戊癸	有戊甲

註二〇六：橋式一：

盈丁己 盈己丁	無甲丁	盈戊己	無戊甲
丁己同 同是子 代以子	無甲子	盈戊子	無戊甲
3無 地法，一	無甲是子	每戊是子	無戊是甲
二	每戊是子	無甲是子	無戊是甲
天法亨式	無子是甲	每戊是子	無戊是甲

橋式二：

盈丁己 盈己丁	無丁甲	盈己戊	虧戊甲
丁己同 代以子	無子甲	盈子成	虧戊甲
6虧3無 人法	無子是甲	每子是戊 ↓	有戊非甲
天法	無子是甲	有戊是子	有戊非甲
貞式	無子甲	有戊子	虧戊甲

註二〇七：

盈乙辛	乙辛同	2無		
盈辛乙	代以丑	地法一	二	天法亨式
盈甲乙	盈甲丑	每甲是丑	無戊是丑	無丑是戊
無戊辛	無戊丑	無戊是丑	每甲是丑	每甲是丑
無戊甲	無戊甲	無戊是甲	無甲是戊	無甲是戊
			無戊是甲	無戊是甲

註二〇八：

盈丁庚	丁庚同	6虧		
盈庚丁	代以庚	人法	天法	貞式
無丁甲	無庚甲	無庚是甲	無庚是甲	無庚甲
盈庚戊	盈庚戊	每庚是戊	有戊是庚	有戊庚
虧戊甲	虧戊甲	有戊非甲	有戊非甲	虧戊甲

盈乙庚	盈庚乙	盈甲乙	盈庚戊	盈甲戊	←	有戊甲
乙庚同	代以乙	盈甲乙	盈乙戊	盈甲戊	←	有戊甲
4有	天法元式	每甲是乙	每乙是戊	每甲是戊	←	有戊是甲
	物法元式	每甲是乙	每乙是戊	有戊是甲		
	天法利式	盈乙戊	有乙甲	有甲戊	←	有戊甲

驢橋簡例：按上述規則和定格，將每對主賓兩辭，各自能有的許多隨辭、引辭和異類辭，排成兩排；相當繁複。今只選擇數個名辭，付式排列起來，為驢橋舉一個簡單的實例，指出驢橋的用法。如下：註二〇九：

註二〇九：

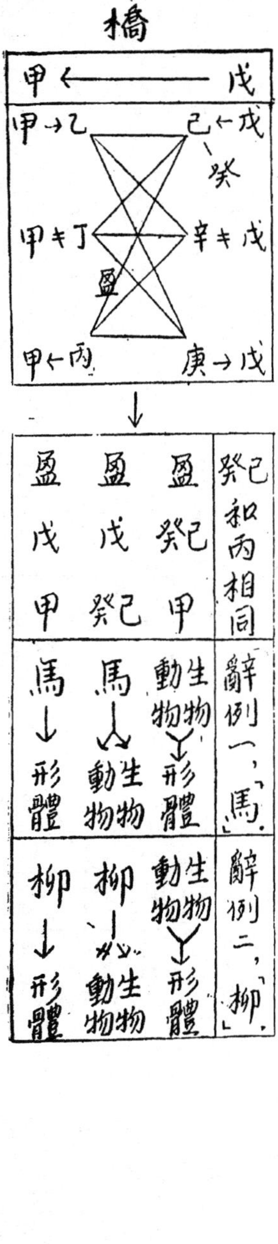

註二一〇：既然己或癸，或己癸一同，都是丙，丙又是甲，戊則必然是甲：因為戊是己癸丙，或只是其一，或並是其二，或三者都是。參看註二〇九，註二〇八，附錄「一盈線」，及二〇四。

註二一一：見註二〇五及註二〇八，附錄。

註二一二：見註二〇六及註二〇八，附錄。

註二一三：見註二〇八，及附錄。

註二一四：回見註二〇三，圖內「90線」，參看註二一八，

附錄：

盈戊乙	動物——實體（零）
盈甲乙	形體——實體（零）
盈甲戊	形體——動物

上式無效，違犯公律第二，見註十五，九號。

註二一五：同註二一四。

註二一六：回見註二〇三及註二八，附錄，圖內「70線」，及所舉辭例。

註二一七：同上，圖內「80線」。（即「八零線」）。

註二一八：同上，圖內「九零錄」，產生不出否定論式。即便有時產生了，也是出於偶然，即是出於「乙辛相同」。原因全在「三無線」，不在「九零線」自身。例如：

乙　己相異	
乙　辛相同	乙辛都代表日光
盈　甲—乙	自然的光明——日光
無　戊—乙	燈光——日光
無　戊—甲	燈光——自然的光明

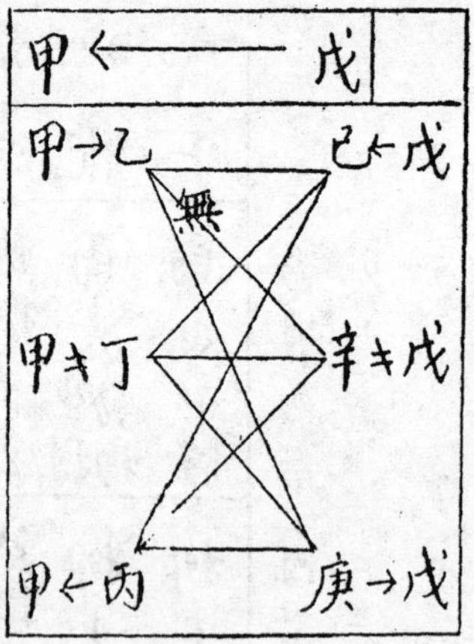

注意：「盈戊己」：凡是燈光都是人造的光明。和乙相反。

註二一九：

驢橋小圖同上。庚代表燭光。

無乙庚	日光不是燭光
有乙辛	某處的光是日光
盈甲乙	自然的光明都是日光
虧戊乙	某屋中的燈光不是日光
虧戊甲	某屋中的燈光不是自然的

注意：乙代表自然的宇宙光明，「有乙辛」是說有某宇宙的光明是日光。「無乙庚」：自然的宇寅光明，都不是人工製造的蠟燭的光明。

從上面，註二〇三至二一九的分析，可以歸納出四個簡便的方法，為尋找各種結論所需的中辭。首先需記得，結論只有「盈無有虧」四種可能：

一、為證明「盈丙甲」、「每丙是甲」，應考察甲能有的主辭，和丙能有的賓辭，遇到相同的一個名辭，它既是丙的賓辭，又是甲的主辭，故此是中辭。用它來構成天法元式，證出全稱肯定的結論。

二、證明「有丙甲」、「有丙是甲」，應考察丙甲兩辭所能有的許多主辭。其中遇到一個既是丙的主辭，又是甲的主辭，便能作中辭，構成人法肯定論式，證出特稱肯定的結論：既有人法，則能改成天法：都是「利式」；也能構成物法。

三、證明「無丙甲」、「無丙是甲」，需要考察甲所不有的賓辭，和丙所有的賓辭。遇到一個賓辭，是甲之所有，同時是丙之所有，就可用它作中辭，構成地法亨式；丙甲次序調換一下，也是一樣：一個賓辭是甲之所不有，而是丙之所有，則可作中辭構成地法亨式；既有地法，就能改成天法，或物法。為直接用天法證明「無丙是甲」，只有採取甲所不有的主辭，和丙所有的賓辭：兩辭是一個相同的名辭時，便是中辭。能構成有效論式，證出全稱否定的結論。

四、為證明「虧丙甲」、「有丙非甲」，應考察甲所不有的主辭，和某丙所有的賓辭；其中一名辭相同，既不作甲的主辭，又作某丙的賓辭，故可作中辭，用天法證出特稱否定的結論：「有丙非甲」。或者更普遍一些說：需要考察甲所不能有的主辭，和丙所能有的主辭；其中有名辭相同者，就可作中辭，構成人法，證出「有丙非甲」。既得人法，即能改成天、地、物諸法。

如此說來，尋找中辭，本不甚難；以上四法簡便易行，比「驕橋」還更容易。那麼，何苦要用「驢橋」呢？驢橋的優點有三個，一是符號化，二是形式化，三是平面化。用符號排列成形式，將首中尾三辭間的關係全部平舖在面前，彷彿是一張地圖，給人指出山川形勢，使觀者一目了然；用慣了，是一個邏輯的機器，十分準確迅速。驕橋圖形內，各種符號間的直線、斜線所指出的賓主關係，和以上簡便四法所指出的路線相同。前後兩相對照，將各條路線走熟了，便感覺驢橋的精明巧妙。將以上簡便四法和驢橋，用熟以後，再去將它們兩者和「類譜」相比較，乃可理會到「類譜」也是「尋找中辭」的一個妙法：只要認清類譜內各條直線，斜線、橫線、豎線所指的各種賓主關係。

最後注意，不但定言論法，而且假言論法，也需要用「驕橋」之類的方法。亞里認為，反證法是假言論法的一種，因為它用對方「錯誤的結論」作假設，並作前提，構成論式，推演出對方認為不可能的新結論。不論如何，凡是假言論法，都在某些部分或步驟中，依靠定言論句的真理和論式：因此，都需要用驢橋去尋找中辭。亞里在此處進一步討論各種假言論法，說明到處尋找中辭，都能使用驢橋。詳見以下註二二〇至二二四。參看註二〇〇類譜。

註二二〇：論反證法，參看註五至註八。
註十及十一，
註四〇，四四，
註五四，五九，
註七一，七三，
註八八，九一，
註一三一內四號，
註一二二，一二四，
註一三五至一四〇，
註一七五，一九一內二號，
註二九六。

特別注意：以下論式，十二個，分三組，三個一組，每組以內的三個論式，可以用反證法，互相證明：

	第一組	第二組	第三組	第四組
天法	元盈盈盈	亨無盈無	利盈有有	貞無有虧
地法	元盈虧虧	貞無有虧	亨盈無無	亨無盈無
人法	元虧盈虧	利有盈有	貞無有虧	利盈有有

詳察上表，足見天、地、人、三法中，無一法能用本法的兩論式，互相反證；必須引用本法以外的某法論式；惟有「物法」例外：它可以不出本身範圍以外，用自己的某一論式，反證另某論式。例：

六號錯，則四號錯；故三號必真。物法，利、貞、互相反證。

六號錯，則四號錯；故三號必真。物法亨、利、互相反證。

註二二一：假言論法分多少種，是古今邏輯的一個重要問題，繫於假言複句所用的邏輯接辭，共有多少種。詳論不便，略說載於附錄第五，以供展閱參考。

註二二二：歸納法的格式：肯定式：

（丙庚相同，同是壬一或壬二）	
壬一和壬二都是甲	↓ 每個丙庚是甲
每戊（只）是壬一或壬二	↓ 每個戊是丙庚
每戊是甲	每個戊是甲
注意：大前提用「和」，小前提用「或」。	

驢橋解釋上式

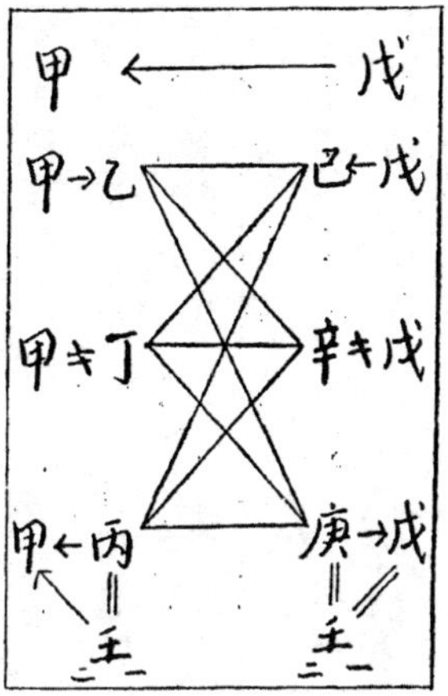

辭例解釋上式

每人和每獸都有知覺，
每個動物只是人或獸，
每個動物都有知覺。

壬一代表人，任二代表獸。

歸納法的否定式：

丁庚相同，同是癸一或癸二	
癸一和癸二都不是甲， 每戊只是癸一或癸二， 無一戊是甲。	無一丁庚是甲， 每戊是丁庚， 無一戊是甲。

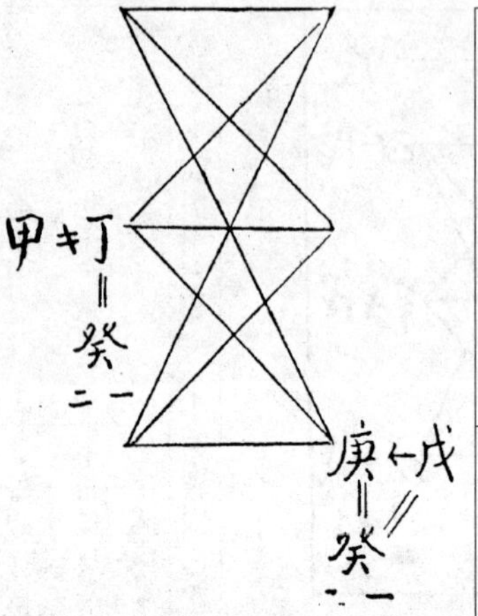

辭例：

大：每鐵和每石都無情，

小：每個礦物只是鐵或石，

結：無一礦物有情。

參看註三五二至三五三，詳論歸納法。

註二二三：各種論法論式，不論演繹或歸納、定言或假言、明證或反證、有態或無態、必然或不必然，尋找中辭時，都可用「驢橋」所代表的方法。（回看註二〇三）。

註二二四：某主辭有某類名或某定義作實辭構成的論句，只可作前提或假設；不能作結論：是不可證明的論句。「實體」是最高類名。「物之所是，果是何物」，簡稱「性體」，或「本質」，或「本體」；就是物本體必有的定義：都是不證自明的事實或假設。有人誤以為它們可以證明，並想用「矛盾二分」的分類法去勉強證明，結果都不成功。

註二二五：詳見註十五。

註二二六：詳見亞里所著《範疇集》，參看註二〇〇；類譜，波非俚樹；及圖書目錄

註二二七：參看註十五，號九，論法公律第四；註一，號七。

註二二八：詳見註九；註十五，十號。

註二二九：詳見註二二一，註一二一，二號。

註二三〇：詳見註二二〇。

註二三一：對立論句，真錯推演法，是直接的推演，詳見註一，號十七。

註二三二：參看天地人物四論法諸論式，改歸天法全稱論式所用的換式法。凡是換式，都有改式補證或另證的作用。詳見註十五—註七五。

註二三三（比較註一，號十七：論句對立圖）：

一、本章所談，是「有限肯定、否定」，和「無限肯定、否定」的關係。四者互相對立，和「盈無有虧」的對立，形勢相彷。但問題是：「那一方是那一方的矛盾、衝突，或偏差，或零整間的對立者」？換言之：「那兩方互有對立的關係？有什麼對立的關係？是矛盾、或是衝突，或是偏差，或是引隨」？在希

臘文中，有人誤以為「無限肯定」和「有限否定」彼此沒有分別：都是「有限肯定」的矛盾。果如此，則「無限否定」也需要和「有限肯定相同」：因為任何甲乙兩者，如果和同一的第三者丙有矛盾關係，甲乙彼此必是相同。參看註三四六、三四七：「同仇者，相友」之類的定律。如此，必犯「以上四者，關係混亂」的錯誤。這樣的錯誤極容易發生，不只是希臘文如此，各國文字也都大致相同。漢文尤其如此：因為「無限肯定」和「有限否定」的直接語法，彼此確實好似沒有分別；同樣，「有限肯定」和「無限否定」也是彼此沒有分別，茲舉實例如下：

甲「張三是好的」，　是一「有限肯定句」。

乙「張三不是好的」，　是一「有限否定句」。

丙「張三是『不好的』」，　是一「無限肯定句」

丁「張三不是『不好的』」，是一「無限否定句」。

以上丙丁兩句是「無限論句」，因為「不好的」三字，是一個「無限名辭」。請看，乙丙兩句，意思頗似，是完全相同。甲丁也是一樣。它們彼此極易混淆；不是沒有理由：因為既然預先認定了張三是實有界的一分子，然後，將這整個實有界分成「好的」，和「不好的」兩大半：自然的結果是張三只好不屬於「好的」這一邊，便屬於「不好的」那一邊。至於語法上說他「是不好的」，或說他「不是好的」，在實際上，不會說出什麼大分別來：圖示如下：

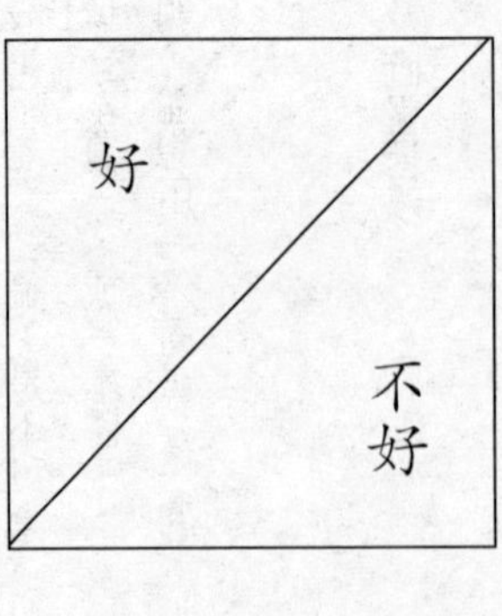

二、實有界只分兩半：「好的」、「不好的」。張三是實有物：張三在其中，必是「或好或不好」。假設他「又不好，又不不好」，他就不屬於實有界了。實有界以外，根本沒有「主體」，不能作主辭，不能說是「好」，或「不好」。何況談話人原意故有的預定，是認為張三屬於實有界。在這個預定的範圍內，說他「是不好的」，和說他「不是好的」；兩個語法雖然不同，一說「是不」、一說「不是」；兩句所指的意思卻完全沒有分別：都是說：「他雖然屬於實有界，但是他不屬於好的那一邊」。說「張三是不好東西」，和「說「張三是東西而不好」，站在實有界內說話，兩句的意思相同：都是「有限否定」。反過去說：「張三是好的」，和「張三不是不好的」，也是意思相同：都是「有限肯定」：肯定「他屬於實界，並屬於好的那一邊」：足見兩個語法極易混為一談。

三、即便退一步將界限放寬，用「不好的」泛指實有界以內和以外的任何主辭之所指：凡是「好的」以外，都是不好的，或實有，或虛幻。依同理，用「好的」二字，泛指「不好的」外面任何主辭之所指，或實有，或虛幻：圖示如下：

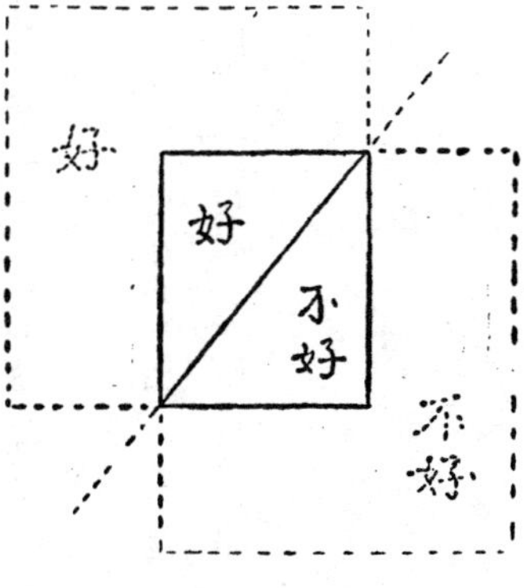

實線指「實有界」，虛線指「虛幻界」。「好」的一角，兼含實有界和虛幻界的「好」。「不好的」一角，兼含兩界的「不好」。那麼「是好的」和「不是不好的」：一「無限肯定」，一「無限否定」：語法不同，意思仍相同，都是指示「實好」和「虛好」的總體。「不是好」，和「是不好」，一「無限否定」，一「無限肯定」，仍是意思相同：都是指示「實不好」和「虛不好」的總體；例如「醒時實苦」，和「夢時虛苦」：同屬於苦的總體。（不過，總體內包含實與虛之間的矛盾！）

二、綜合上述：「張三是好的」，和「張三不是不好的」：意思相同。「張三不是好的」和「張三是不好的」，意思也相同，因為，各句指示的意思，範圍相同，境界相同。彼此對立，只有一個關係：即是「矛盾對立」：圖示如下：

圖一：一切論句都是無限論句：

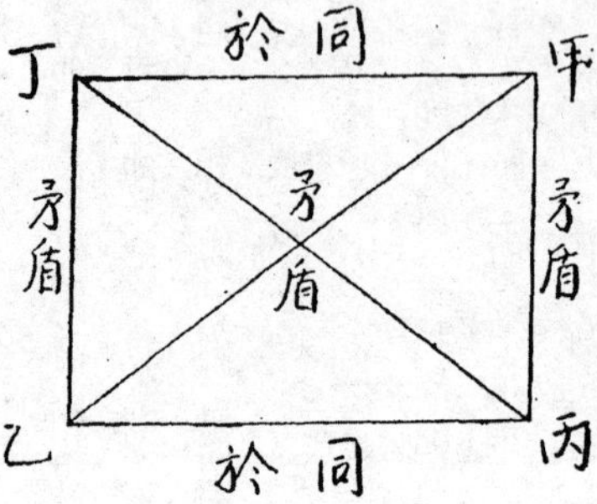

甲：無限肯定：「是好的」，兼指「實好」和「虛好」：都是好。
乙：無限否定：「不是好的」：否定甲。
丙：無限否定：「是不好的」，同於乙。
丁：無限否定的否定：丙之否定：等於甲：無限肯定。

圖二：一切論句都是有限論句：
甲：有限肯定：「是好的」。
乙：有限否定：「不是好的」。
丙：有限否定：「是不好的」，假設和乙同。
丁：有限否定之否定：丙之否定：有限肯定等於甲。

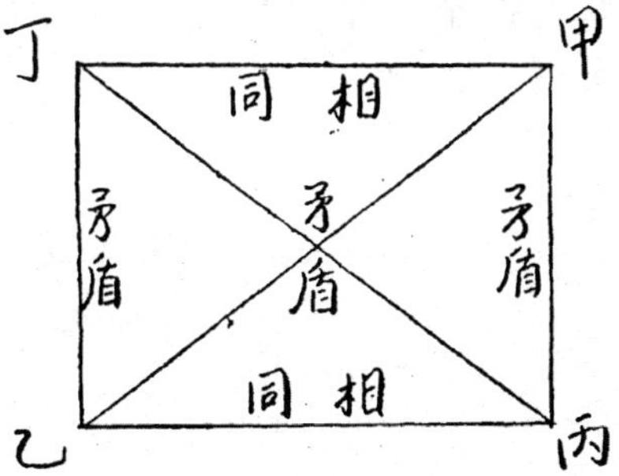

從此可見，無限的肯定否定、兩相矛盾；有限的肯定、否定也是兩相矛盾。上二圖指出，日常易生的錯誤（至少在漢文）似乎是有兩個：第一個錯誤是：將「有限肯定」和「有限否定」都看作「無限論句」。因此，將「有限肯定」和「無限否定」看成了相同。就是認為甲丁相同。同時「有限否定」和「無限肯定」就是乙和丙也就彼此沒有了分別。第二個錯誤，是：將「無限肯定」（丁）看作「有限肯定（甲）的矛盾；同時，將「無限否定」（丙）看作「有限否定」（乙）的矛盾。這第二個錯誤是效果。第一個錯誤是原因。假設有人在漢文，或任何語文，認定第一個錯誤不是錯誤；那麼，第二個錯誤也就不是錯誤了。在「超越虛實，和有無的境界」，一切論句都是「無限論句」；當然，第二個錯誤就不是錯誤了：甲丁相同，丙乙相同，成了必然的。那麼，「甲丙矛盾」和「丁乙矛盾」還有什麼錯誤呢？在這超然的境界裡，只有「是非矛盾」，此有其他關係的對立：就是說：沒有「衝突的對立」，也沒有「偏差的對立」。

三、但在日常言談最易發生的錯亂，是「有限」和「無限」論句，錯綜配合時，仍被人認為，有不錯綜配合時，所有的關係。在錯綜配合時，最慣用的有以下這個形式：可以叫作「有限、無限論句配合圖」：

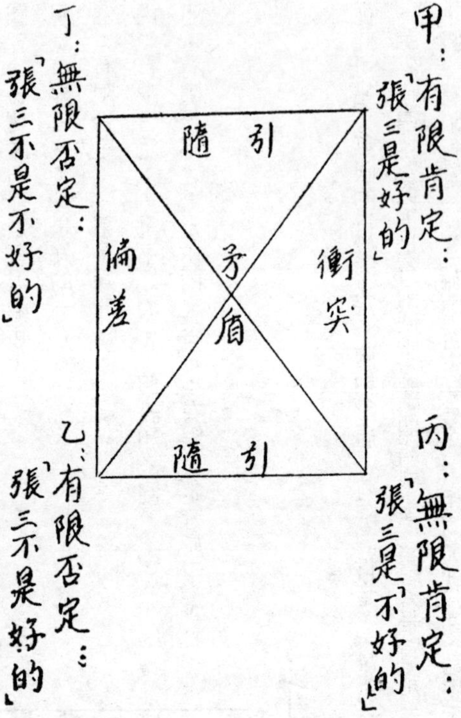

根據上圖，假設「張三是好的」，以及同類的「簡單定言論句」，只是「有限肯定」，其中的「好」字，只限於指示實有界內好的那角。當然，它的「矛盾句」只是「有限否定」，而不是「無限肯定」：換

言之：只是乙，而不是丙。如此，丙乙既和同一甲有不同的對立關係，故此，丙乙也就不相同了。為了同一理由，再進一步，足見甲丁也不相同。因為丁是丙的矛盾、甲不是丙的矛盾。另一方面，甲和丙不能同有於一個主體。丙不但否定實有界的「好」，而且否定「虛幻界」的「好」。但能同無於某主體，換句話說：甲丙能同假，不能同真。這樣的關係是「衝突」的對立。對立的兩端同假時，尚有第三者能是真的：例如「虛幻界，（龍王殿，水晶宮中）張三是好的」。這個「好的張三」，既無實有界的「好」，又不是無限的不好。現在，既知道了甲乙矛盾，和甲丙衝突；又知丙乙不相同；便可推斷丁乙之間的關係，不是衝突，不是引隨；而只剩是「偏差的對立」：兩者能同真，不能同假。那麼甲丁之間的關係也不是相同，而是「引隨」：猶如「整零間」的引隨：「整真、則零必真」（回看註一、內十六）。甲是整，丁是零：甲引乙隨。丙乙也是一樣，丙引則乙隨：丙真則乙真。為證明以上這些結論是亞里、本章本段的目的：為糾正日常言談間易犯的錯誤，免使人誤認甲丁相同；丙乙相同；或誤認丁乙互相衝突，而不是「偏差」；或誤認甲乙是衝突，而不是矛盾、亞里的邏輯眼光，可謂高明至極。

六、漢語的「無限語法」——漢語的「無限語法」有許多。最顯著而慣用的兩個是「東西」，和「什麼」。這兩個名詞，有「絕對無限的指義作用；如把「什麼」附加在某某類界狹小的名辭上，便構成「相對的無限語法」。凡是「無限語法」，不分絕對或相對，都具有顯著的「無限名辭」特性，圖示如下：

圖一、絕對無限語法：用「東西」二字，或同義字。

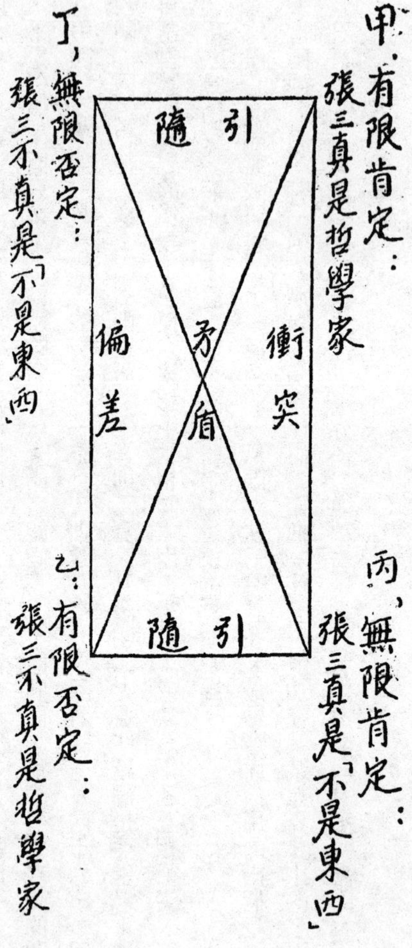

圖二：改用「什麼」，其餘同上。絕對的說：「什麼也不是」。

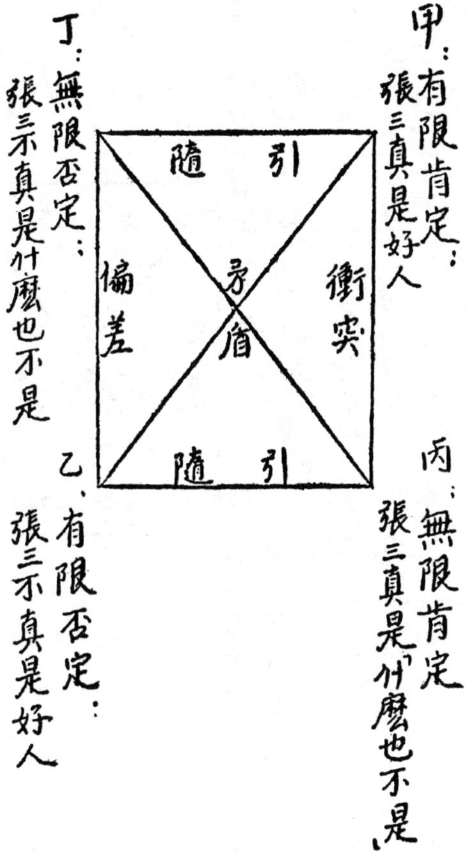

圖三：相對的無限語法，用「什麼」加「類名」。

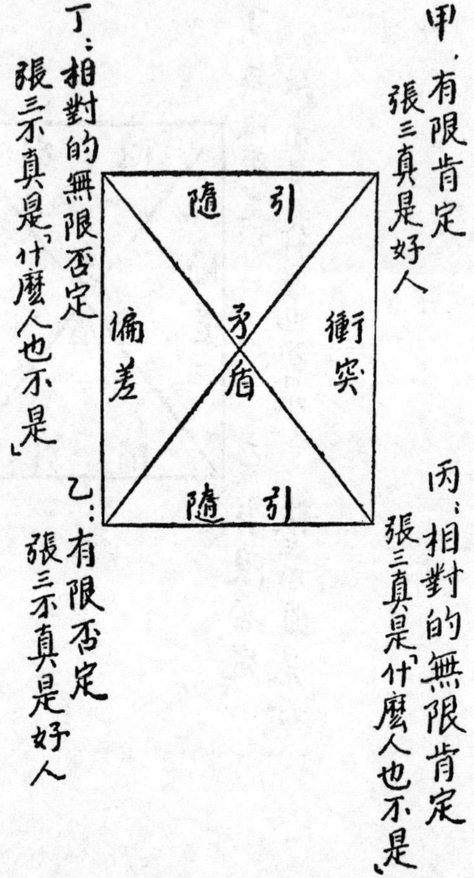

七、上圖將「什麼人也不是」，改作「什麼好東西也不是」，或「什麼好人也不是」，「什麼好處都沒有」；甲乙丙丁四角，仍保持同樣的關係：和原圖沒有分別。

八、依照亞里本章原文的指示：以上諸方圖，「甲乙丙丁」四角排列的形式如下：

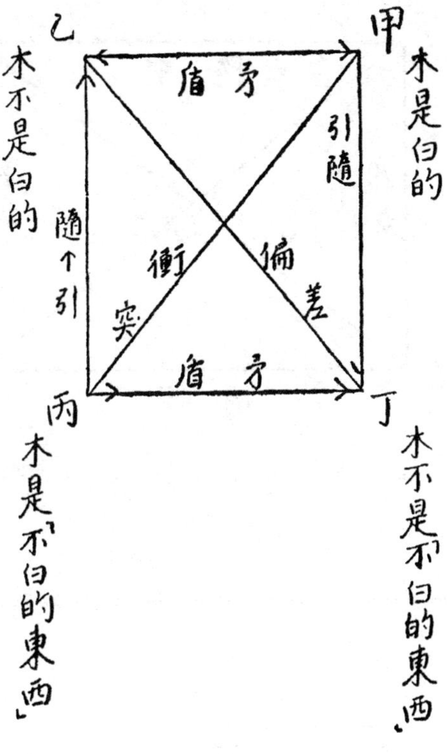

九、「殘缺名辭」——指示殘缺、惡劣之類的名辭，叫作「殘缺名辭」，也就是「缺性名辭」：不指示實有的物性，或品質；而指示「應有品性」的缺乏；許多次和「否定名辭」相同；認真去分辨：否定名辭，指示「純無」；缺性名辭，不指示純無，而指示有某主體，缺乏它本性應有的，或能有而未有的，某品性。例如：愚蠢、病弱、怯弱、殘暴、之類。都是「缺性名辭」。

和「缺性名辭」矛盾對立的名辭，是在它們每個名辭上加否定辭。例如：「殘暴的」矛盾是「不殘暴」。和「缺性名辭」衝突對立的名辭，是和「缺性名辭」積極相反的名辭，例如：「寬仁」對「殘暴」：

許多次，有人犯錯誤，將下圖所示的對立關係：顛倒錯亂：誤認「不寬仁」，等於「殘暴」。缺性名辭對立圖：例用「殘暴」代替「不同等」。原文「不同等」有「粗糙不平滑」的意思。「寬仁」代替「平滑（同等）」。

圖一：

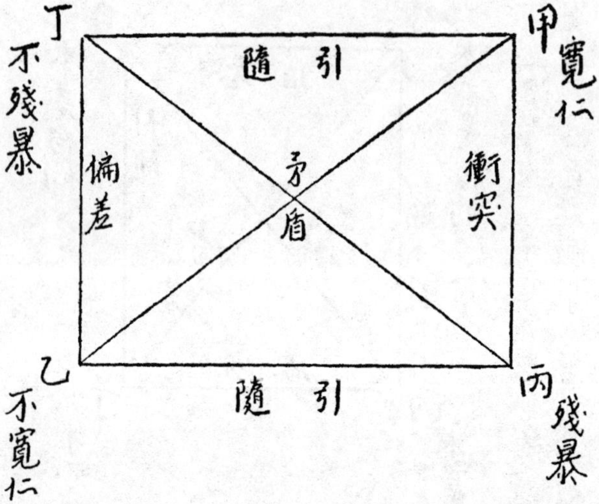

圖二：關係同上。

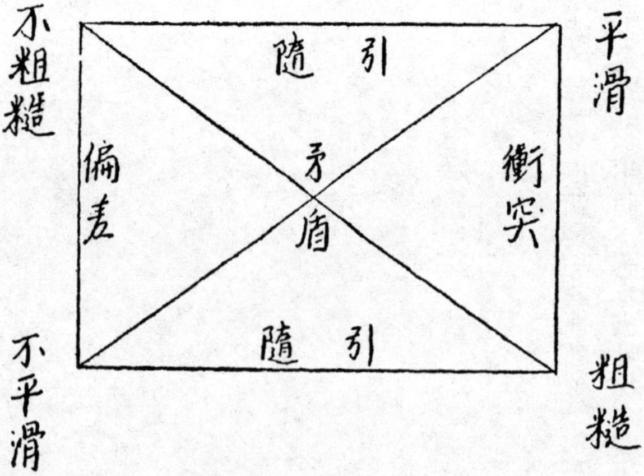

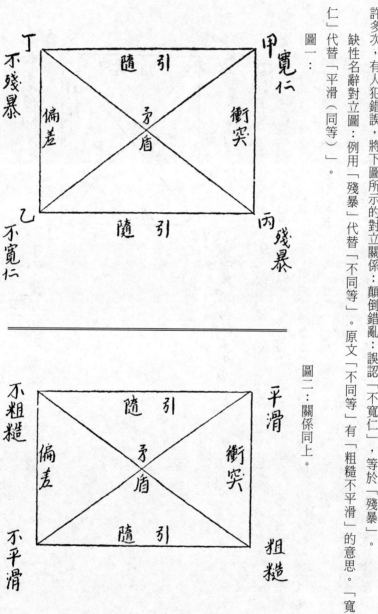

參考亞里《辯證法》、卷二、章八、卷三，章六、《句解》章十。

缺性名辭都是「醜名」、「惡名」；和缺性名辭衝突對立的名辭，都是「美名」、「好名」，善名。「醜名」，指貶黜，「美名」指「讚美」、「褒揚」。那麼，上面的「缺性名辭對立圖」，便是「褒貶對立圖」。注意「褒貶對立」、是衝突對立不是矛盾對立；在兩者之間，有「既不褒揚、又不貶黜」的中立立場：

褒貶對立圖

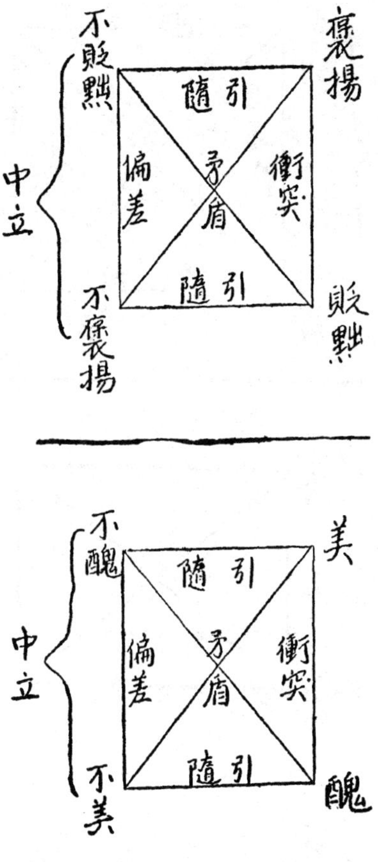

「賞罰對立」和「升降對立」圖：

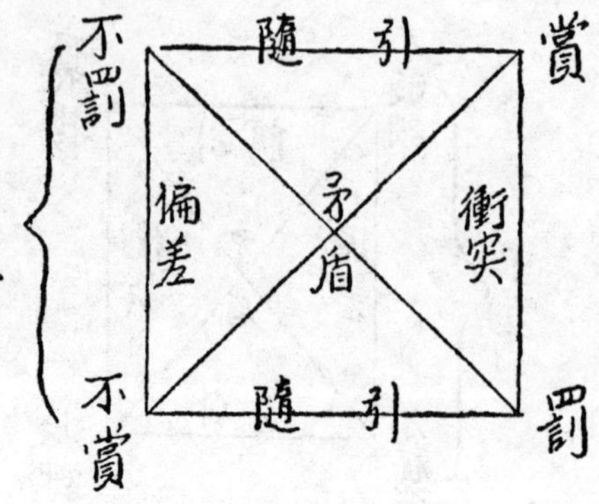

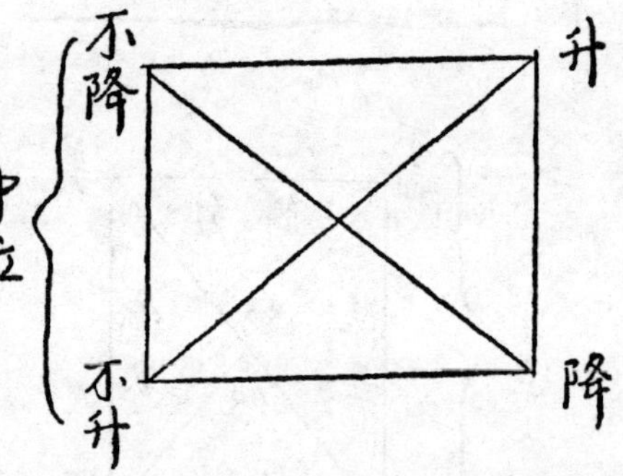

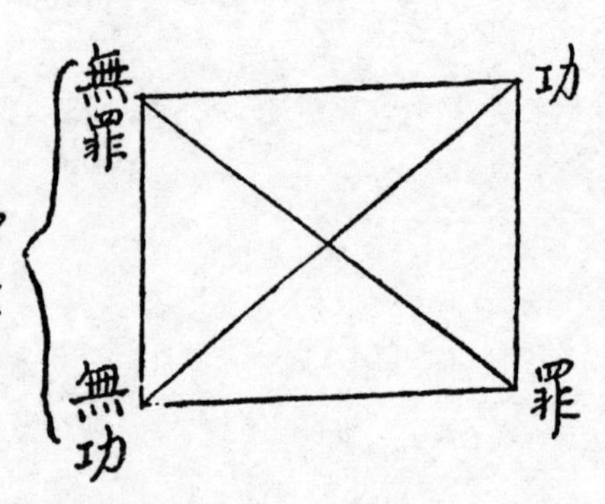

參考《論語》（正名），荀子《正名篇》、《解蔽篇》。墨子，《經》上下，《經說》。公孫龍《名實篇》。譚戒甫，《墨辯發微》。尹文子（毀譽，況謂，褒貶）。

愛恨對立，和仇友對立：

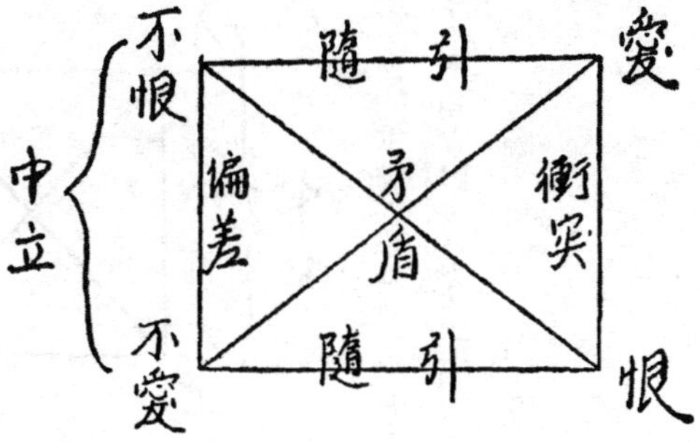

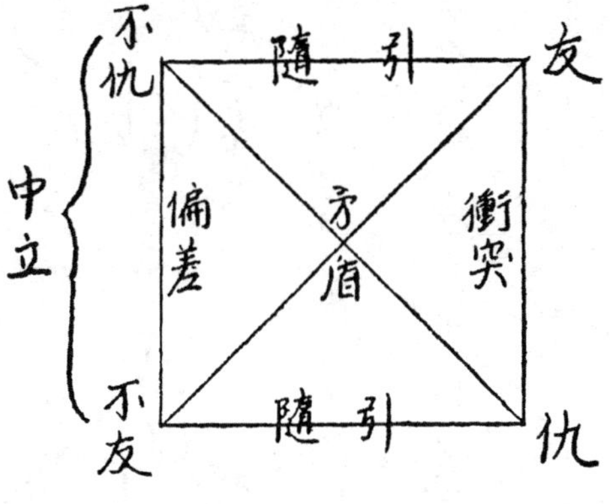

上下對立，優劣對立，親疏對立：

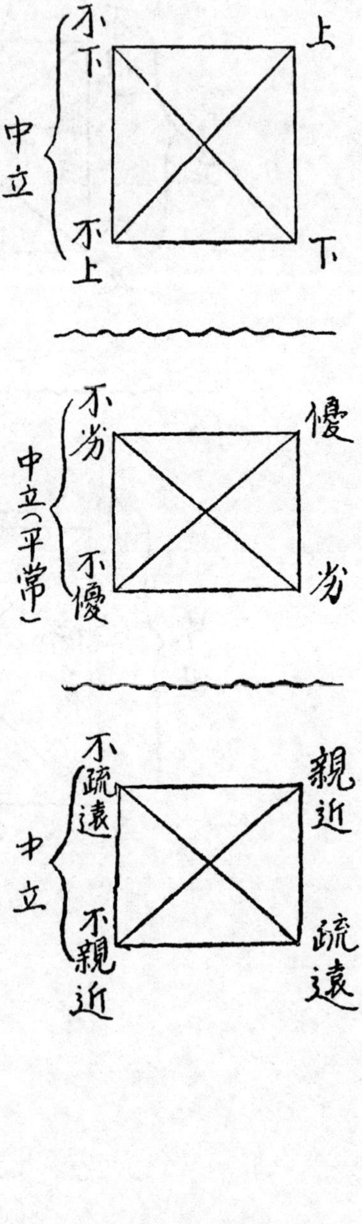

事物的本體上，善惡之間有無中立可能，是形上的本體論問題。但在人的思想內和語言內，確有不善不惡的中間立場：是邏輯學內不可忽視的一點。

以上諸圖，是甲乙丙丁互相對立的關係正確圖。今在下面，試畫一四者關係錯亂圖：比較本註內前面四號。

優劣對立錯亂圖：

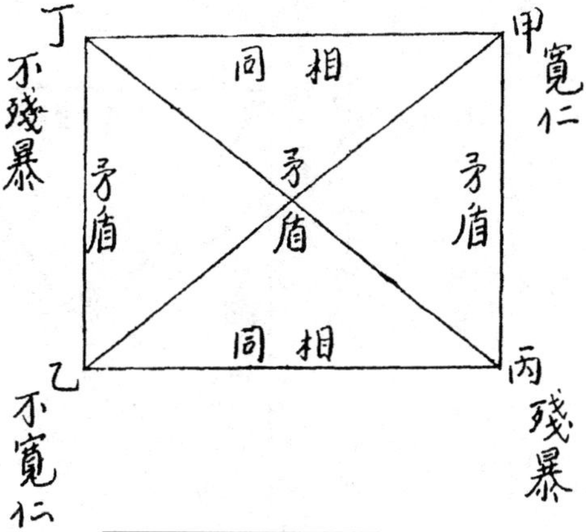

以上，五號至本處九號所討論的對立關係，適合於單數或多數主辭的論句，單數主辭的論句，叫作「單稱論句」，例如「張三是好的」。多數主辭的論句，分全稱和特稱。詳見下節：

十、加用全稱語法的論式、圖解如下：

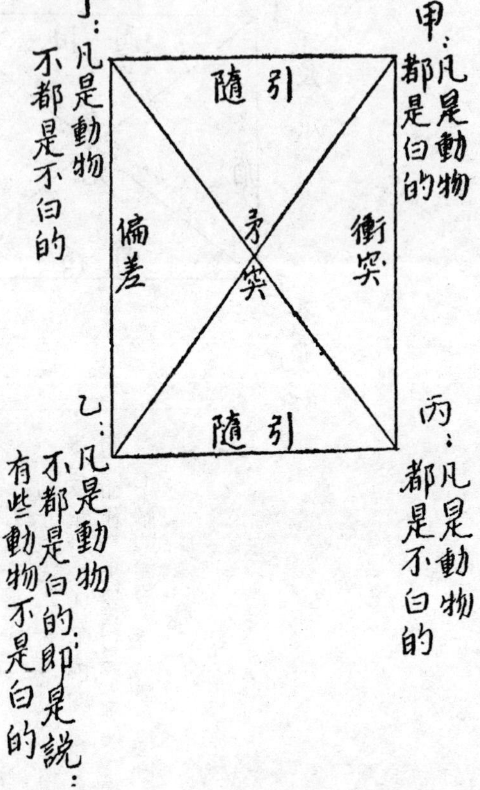
甲：凡是動物都是白的
丙：凡是動物都是不白的
乙：凡是動物不都是白的，即是說：有些動物不是白的
丁：凡是動物不都是不白的
隨引
隨引
衝突
偏差
矛盾

注意、甲丙丁三句是全稱，乙是特稱。回看註一、內十七、盈虧對立。

十一：用「真」字的論句，有限、無限、肯定、否定對立配合起來，形式如下圖：

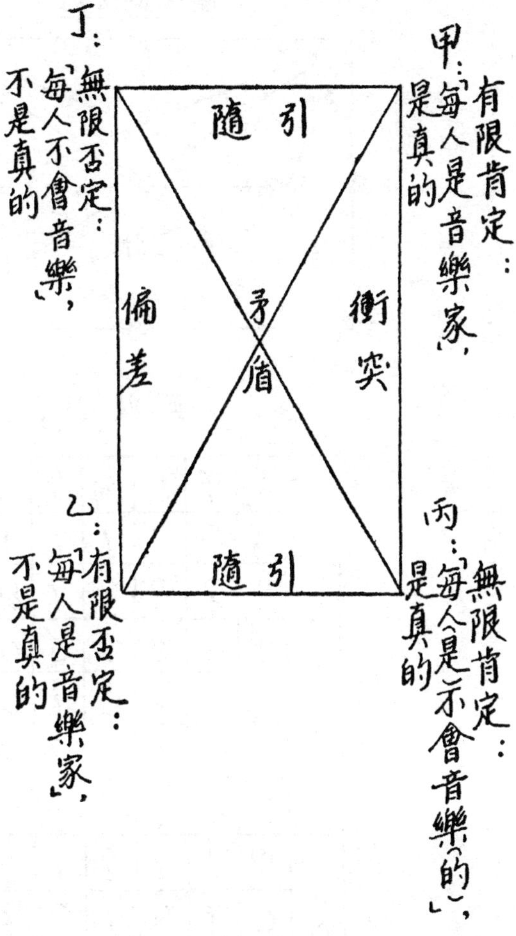

有限、無限、肯定、否定、配合對立總圖

對立關係圖

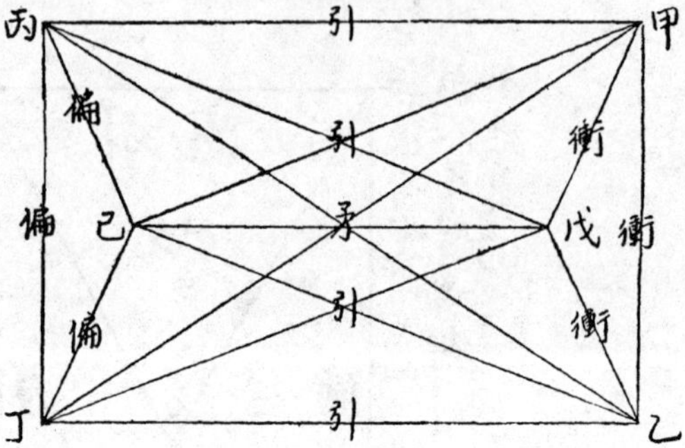

真假推算表

		甲	乙	丙	丁	戊	己
1（真）	戊	0	0	1	1	1	0
	己	?	?	?	?	0	1
	甲	1	0	1	0	0	1
	乙	0	1	0	1	0	1
	丙	?	0	1	?	?	?
	丁	0	?	?	1	?	?
0（假）	甲	0	?	?	1	?	?
	乙	?	0	1	?	?	?
	丙	0	1	0	1	0	1
	丁	1	0	1	0	0	1
	戊	?	?	?	?	0	1
	己	0	0	1	1	1	0

上圖符號說明

矛：矛盾：甲丁、乙丙、戊己，每對二者互相矛盾。

衝：衝突：甲乙、甲戊、戊乙，每對二者互相衝突。

偏：偏差：丙丁、丙己、己丁，每對二者互相偏差。

引：引隨：甲丙、甲己、戊丙，乙丁、乙己、戊丁，每對二者，前引後隨：有「甲真則丙真；丙假則甲假」的「則」字邏輯關係。參看註二二一第五號。舉例：

甲：某某是好人。

乙：某某是不好的人。

丙：某某不是不好的人。

丁：某某不是好人。

戊：某某是不好又不不好的人。

己：某某不是不好又不不好的人。

「不好又不不好」：指「不好也不壞」，有「能好也能壞」的含意。

根據以上各圖，證明有限肯定和無限肯定兩論句都用天法元式：

論式一：有限肯定：	二、無限肯定：
大：凡是動物都會音樂	凡是動物都是「不會音樂的」
小：凡是人都是動物	凡是人都是動物
結：凡是人都會音樂	凡是人都是「不會音樂的」。

注意：「是真的」，或類似語法，可簡單加上，或減去，不改變「定言論句」的本意。惟需分辨「否定字」的位置：將否定字放在「是」，或「是真的」前面：形成「有限否定」放在「是」，或「是真的」後面，形成「無限肯定」，不是否定。參看註一、內三〇、否定字與構字的位置。下節討論對立關係推演的步驟及種種論式：

十二：對立推演論式的步驟，和圖解如下：

論式一：論句對立推演公式之一：

提前	論結
一、甲乙矛盾	四、乙引丁隨
二、丙丁矛盾	五、甲丁偏差
三、丙引甲隨	六、乙丙衝突

圖一：

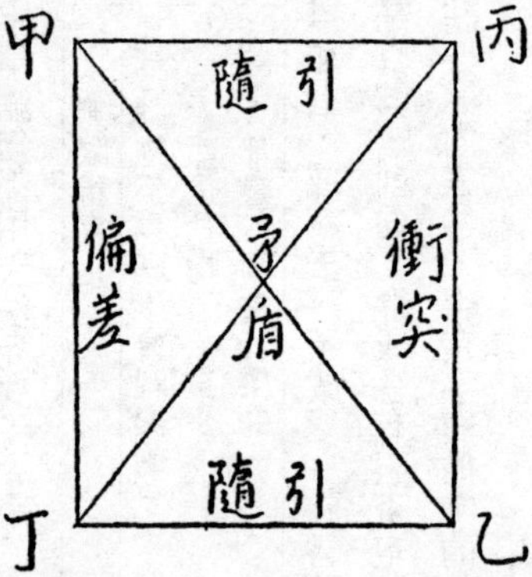

注意：本節圖一將「甲乙丙丁」的次序，依亞里原文，改作「丙丁乙甲」。

圖二：亞里原文指示的「論句對立推演圖」，和上圖相同，只是「矛盾分萬物」一點，顯然

圖中比較詳細：

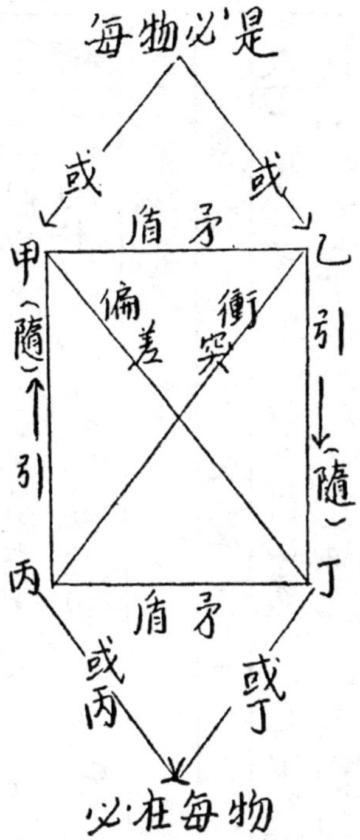

論式二：證「乙引丁隨」：即是詳證論式一的第一結論

論式二：

	原式	詳證原式	理由
提前	一、甲乙矛盾 二、丙丁矛盾	五、或丙或丁、必在每物。此如不在，彼則必在。	矛盾律二
	三、丙引甲隨	六、丙乙衝突、丙不能在乙。	三、一
論結	四、乙引丁隨	七、故丁在乙：丁隨乙。	五、六

論式三：詳證原式第二結論：「甲丁偏差」

	原式	詳證	理由
提前	一、甲乙矛盾	五、丙之所不在，必有丁在	二：矛盾律
	二、丙丁矛盾	六、丙不隨甲、有甲不必有丙	三：引隨律
	三、丙引甲隨	七、丙能不在甲	六、
論結	四、甲丁偏差	八、丁能在甲，甲丁能同真。此即是甲丁偏差：能同真，不能同假、同上、四、	七、五、

論式四：詳證第三結論：「乙丙衝突」

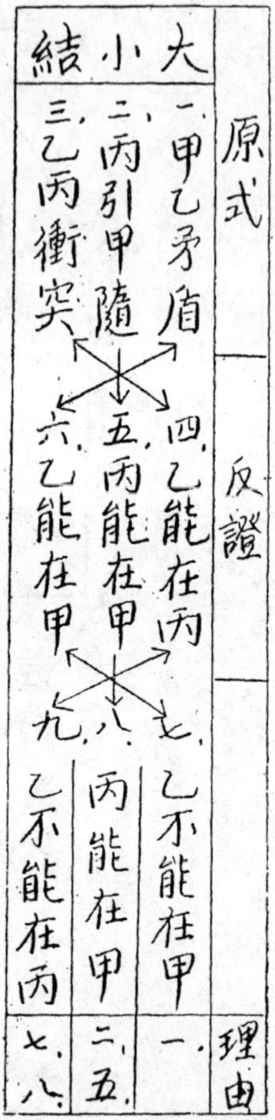

論式五：附證前面第一結論：「丁不引乙」，用「丁甲偏差」

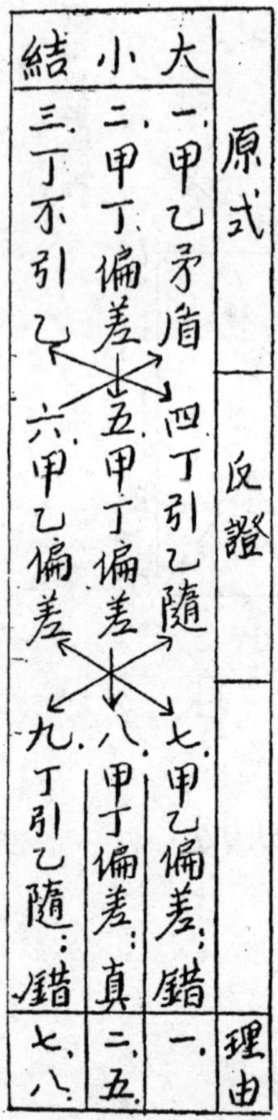

注意：在論式四、五；反證法仍守普通格式，回看註二二〇。

		論式六：	論式七：	論式八：
提前	一、	甲乙矛盾	甲乙矛盾	甲乙矛盾
	二、	丙丁矛盾	丙丁矛盾	丙丁矛盾
	三、	乙引丁隨	甲丁偏差	乙丙衝突
論結	四、	丙引甲隨	乙引丁隨	甲丁偏差
	五、	甲丁偏差	丙引甲隨	乙引丁隨
	六、	乙丙衝突	乙丙衝突	丙引甲隨

		論式九：	論式十：	論式十一：
前提	一、	甲乙矛盾	甲乙矛盾	甲乙矛盾
	二、	丙引甲隨	丙引甲隨	丙引甲隨
	三、	乙引丁隨	甲丁偏差	乙丙衝突
結論	四、	丙丁矛盾	丙丁矛盾	無結論
	五、	甲丁偏差	乙引丁隨	
	六、	乙丙衝突	乙丙衝突	

上面論式第十一無效，因為前提裡缺少丁句，因此，甲乙丙丁四句間的對立關係，無法推證出來。總說起來：每次前提有甲乙丙丁四句全體出現時；始有能力證出結論。四句對立起來，建立任何三種關係，便能推演出其餘的三種關係。論句對立圖中，只包含六種關係：或「盈無有虧」四句對立的六種關係；或

「有限、無限、肯定、否定」綜合配成的六種對立關係，用「對立圖」畫圖推演，便甚容易。玆不贅述。

還有許多無限論式，不生於某句的缺少，而生於名辭或論句，選擇失當、詳見下文：

十三：名辭或論句，選擇失當，而生出的無效論式之一：結論內，名辭或論句選擇失當：措置失當：

前提	一、甲乙矛盾 二、丙丁矛盾 三、丙引甲隨
結論	四、乙引丁隨

上式結論，應是「乙引丁隨」，誤將關係倒置，是它錯誤的原因。它的前提裡，本來沒有錯誤。回看十二號，論式第二，參看同號論式第一，第五。

十四：

圖一：己辛怪誕圖

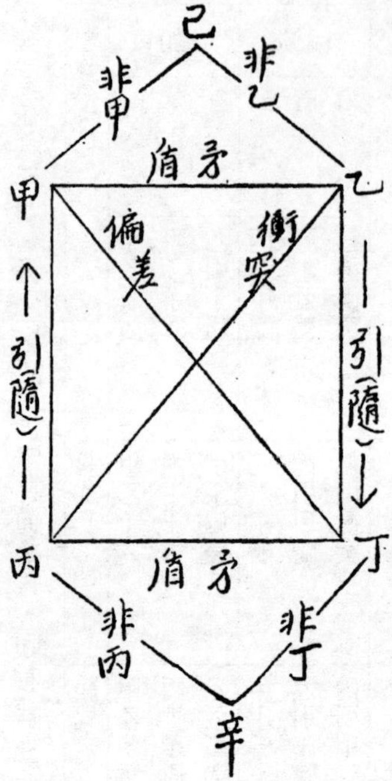

注意1.「甲乙矛盾、丙丁矛盾，乙丙衝突，甲丁偏差、甲引丙隨、乙引丁隨」。

2.「己」代表「非乙非甲」：是一個「荒謬怪誕」的概念符號

「辛」代表「非丁非丙」，荒謬怪誕，同上。矛盾分萬物。萬物就是實有，能有，或至少，是可以思想，不自相矛盾的事物之總體。萬物的總體以外，只剩「自相矛盾」，連思都不可思的「荒謬怪誕」，「狂妄無似」。己辛兩個符號，就是代表這樣不堪思議的「假設」：「什麼都不是的一回事」。

論式一：

提前	一、甲己矛盾 二、丙辛矛盾 三、丙引甲隨
論結	五、己引辛隨

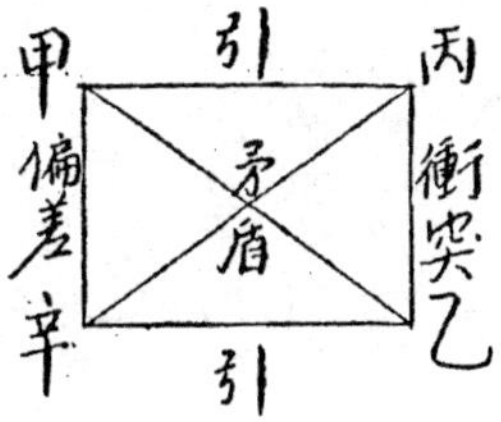

論式二：用上式已證的「己引辛隨」作前提，繼續往下推演，推出上面十三號錯誤的結論：違犯圖一。

前提	結論
一、己乙矛盾 二、辛丁矛盾 三、己辛引隨	四、丁引乙隨

圖解本式：
乙引辛隨。
丁引乙隨：

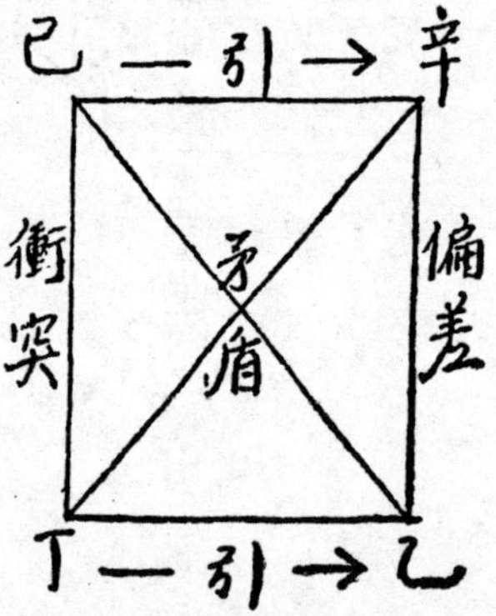

論式三：用反證法證明「丁隨乙引」是真的：回看十二號內，論式五。

十四、注意：「無限論句」和「無限定論句」的分別——簡單地說：「無限定論句」是沒有句量的論句。一個論句有賓、主、構、三辭，但無「量辭」，即是沒有指定「句量」，是全稱（指類界的全部）；或是特稱（不指類界的全部，只指一部分）。詳看註一內十七號。

「無限論句」是用「否定賓辭」的論句。它的賓辭是一「否定名辭」；有「否定辭」，例如「不」字之類，附加在構辭的下面，和賓辭自身的上面這樣的賓辭是「無限的」，因為「否定名辭」不積極指定某某種名或類名，及其界限，例如說：「馬是一個不是牛的東西」，是一無限肯定論句。「馬不是牛」是一有限否定論句；「馬是動物」是一有限肯定論句。「馬不是一個不是牛的東西」是一無限否定論句：但這些論句不論有限無限，都是「無限定論句」，因為都沒指明句量是「全稱與否」。又例如「凡是馬都是一個不是牛的東西」，是一個「有限定的無限肯定論句」，因為它指明了自己的「句量」是全稱的。如此說來，足見：「有限定論句」是「有量辭論句」；「無限定論句」是「無量辭的論句」；「有限論句」是用肯定名辭作賓辭的論句。「肯定名辭」都肯定其意義的範圍和界限：故此都是「有限名辭」。用有限名辭的論句，是「有限論句」，不論其構辭是否肯定。反之，「用「否定名辭」作賓辭的論句是「無限論句」；因為「否定的名辭」都是「無限名辭」：用「無限賓辭」的論句是「無限論句」，不論其構辭是否肯定。惟需注意：賓主二辭都是「無限名辭」的論句，是「無所謂的論句」：例如說：「凡是一個不是馬的東西，都是一個不是牛的東西」：這句話極無所謂：不能傳達確定的意義；並且是賓主兩辭互相矛盾的：能引人構成自相矛盾的論式：例如說：

大前提：凡是一個不是馬的東西都是一個不是牛的東西。

小前提：每一個牛都是個不是馬的東西，

結　論：每一個牛都是一個不是牛的東西。

上面的結論自相矛盾，因為大前提自相矛盾。小前提是正確而真實的論句：所以結論的荒謬，全是來自大前提：定律是：「結論錯；前提必有一錯，不在小前提，故在大前提」。故此，至少「全稱肯定的賓主無限論句」是荒謬的。其餘類似的無限論句，即便自身不是荒謬，也都是「無所謂」、「無確義」的。但不是全無用途。特稱否定句用「賓主無限句法」，可以「賓主換位」；是「併變換位法」。回看註四。特需注意，「賓主無限句法」只是在「特稱」論句內，始能避免句意自相矛盾的荒謬性。

十五：附誌：各種對立關係中，否定辭「不」字或同義字應佔的位置，圖示如下：

圖一：句量的對立：

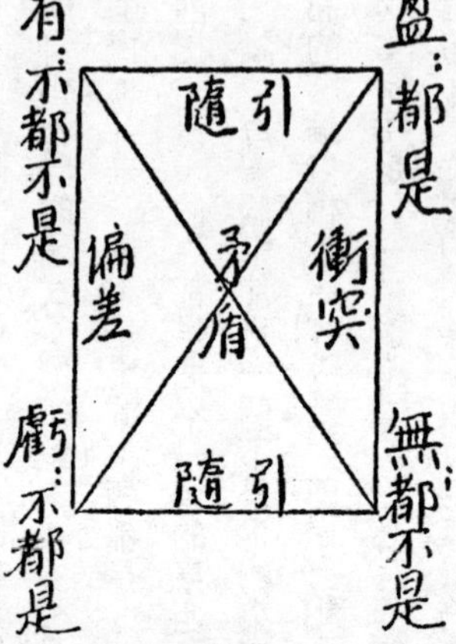

圖二：構辭的對立：

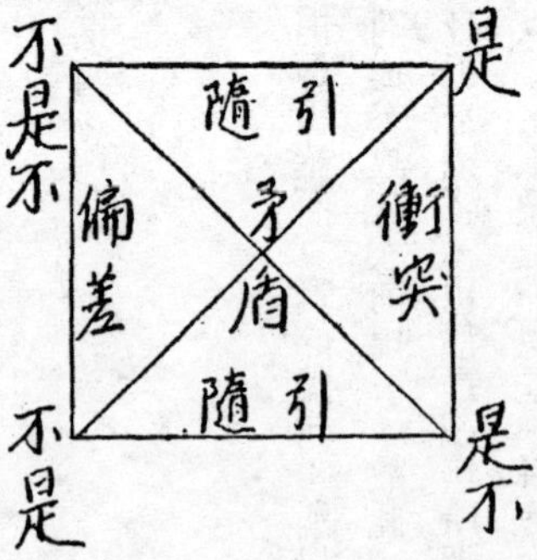

參考亞里、《句解》，章十、章十三，本編卷下、章廿二。

注意：上兩圖，及以下諸圖，都是舉例說明怎樣用「否定辭」，形成關係的對立，相界於論句的「換質法」：改變句性：將肯定改成否定。

圖三：「個」字對立

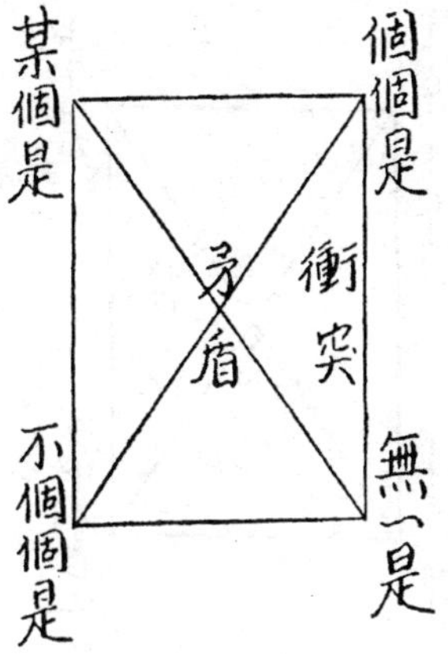

圖五：「真」字對立

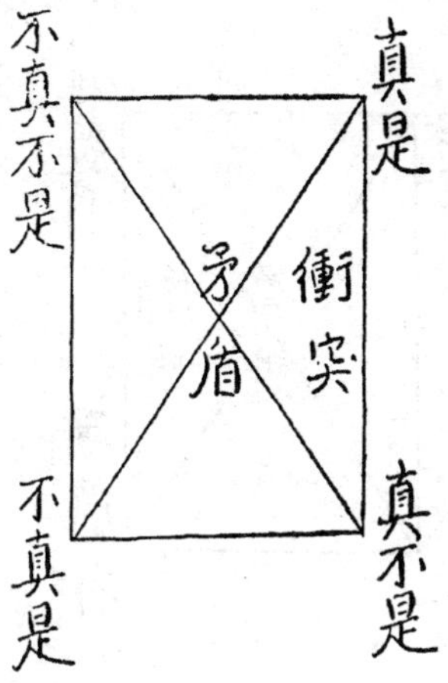

圖四：「有某」對立

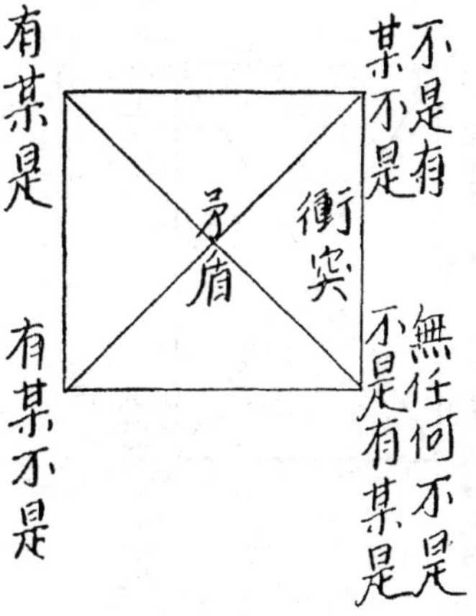

圖六：「許作」對立

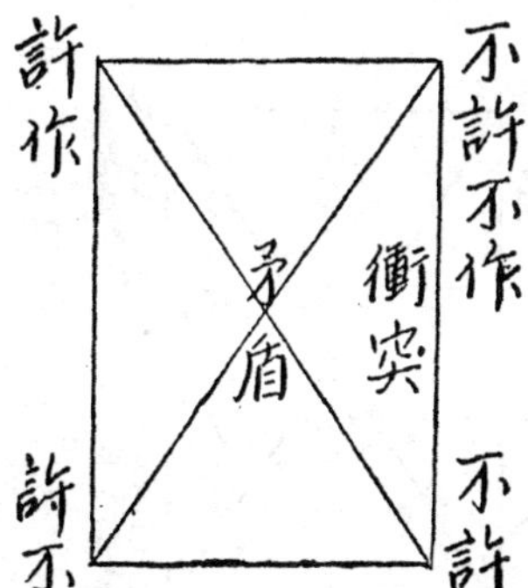

圖七：「處」字對立

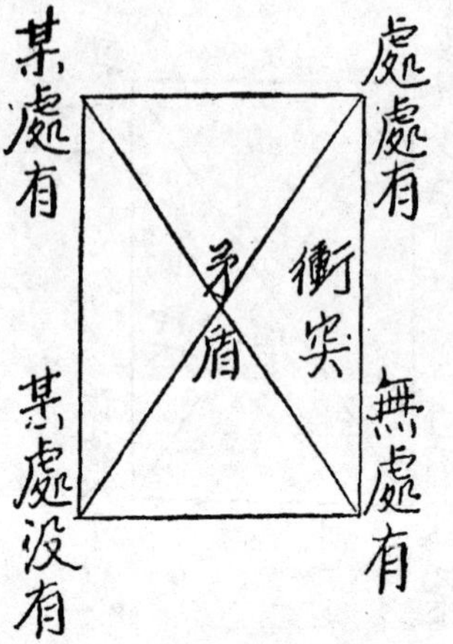

圖八：「時」字對立

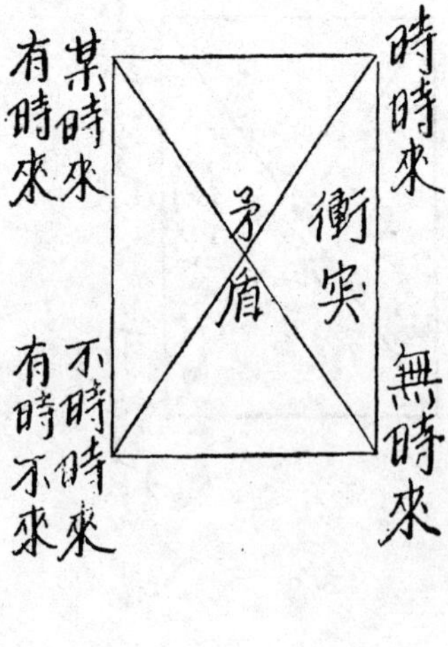

圖九：「常」字對立

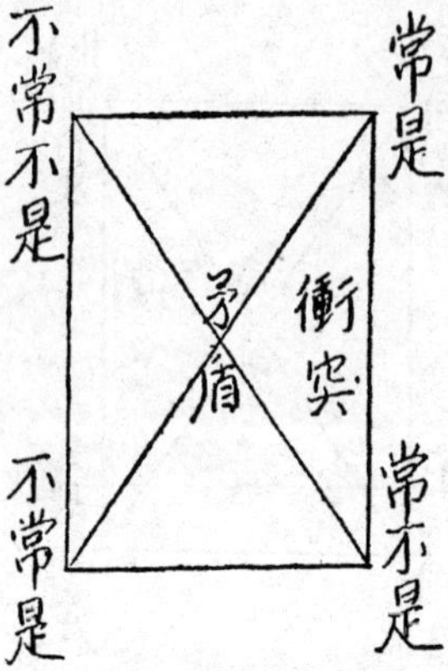

圖十：「定」字對立

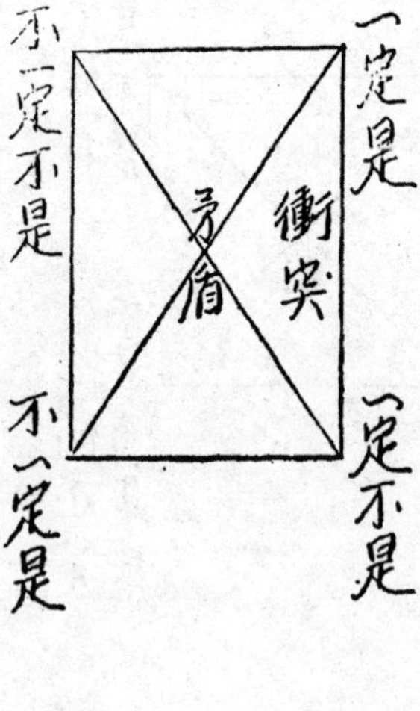

註二三四：參看註四，換位法，及註五至註八。參看註一九〇，物法，「元盈盈有」，「亨盈無無」，「利有盈有」，並和天法相比較。

註二三五：參看註一，號十至十六。又參看註十四，號三七：註一九九。

註二三六：參看註三一至四九。又參看註一，號十一：「在」字構辭。本處論式，圖表如下：

地法	用「是」	用「在」	說明
無乙甲	無乙是甲	甲不在任何乙	乙甲換位，即得天法
無丙甲	每丙是甲	甲卻在每個丙	
無丙乙	無丙是乙	乙故不在任何丙	
無丙乙	無丙是乙	乙不在任何丙	丙乙換位，即成地法
有丁丙	有丁是丙	丙卻在某個丁	
虧丁乙	有丁非乙	乙故不在某丁	

註二三七：參看註一，十號上辭：上置辭。

註二三八：參看註一二一，號二—三。

註二三九：舉例，用「是」字：

真	假	說明
無乙是甲	每乙是甲	全假
每丙是乙	每丙是乙	全真
無丙是甲	每丙是甲	全假

註二四〇：

真	假	說明
每乙是甲	無乙是甲	全假
每丙是乙	每丙是乙	全真
每丙是甲	無丙是甲	全假

注意：從本註以下，每註的圖表首欄，三個論句都是假設的真實論句，有時三句構成論式，有效；有時卻不是任何論式，只是各自獨立，互不相干的三條真理。

註二四一：種類相屬，附性偶同

真	大前提半假	辭例	說明
某乙是甲	每乙是甲	每個白物都是動物	半假
每丙是乙	每丙是乙	每隻鵝都是白的	全真
↙某乙是丙	↙某乙是丙	↙某白物是鵝	
每丙是甲	每丙是甲	每隻鵝都是動物	全真

注意：假設鵝有白鵝，沒有任何其他異色鵝。凡鵝必白，無白非鵝。

註二四二：種類互異，附性偶同

真	大前提半假	辭例	說明
某乙是甲	無乙是甲	無一白物是動物	半假
每丙是乙	每丙是乙	凡是雪都是白的	全真
無丙是甲	無丙是甲	無雪是動物	全真

註二四三：類同（甲），種異（乙丙），不互賓稱

真	小前提全假	辭例	說明
每乙是甲	每乙是甲	每匹馬都是動物	全真
無丙是乙	每丙是乙	每個人都是馬	全假
每丙是甲	每丙是甲	每個人都是動物	全真

註二四四：類異種異，互不賓稱。（三辭彼此全無關係）

真	小前提全假	辭例	說明
無乙是甲	無乙是甲	無音樂是動物	全真
無丙是乙	每丙是乙	凡醫藥都是音樂	全假
無丙是甲	無丙是甲	無醫藥是動物	全真

註二四五：類名，種別名，種名：同類的種和種別。

真	小前提半假	辭例	說明
每乙是甲	每乙是甲	每個人都是動物	全真
某丙是乙	每丙是乙	每個陸行生物都是人	半假
每丙是甲	每丙是甲	每個陸行生物都是動物	全真

注意：甲代表類名，丙代表種別名，乙代表種名，作中辭。

註二四六：異類的種和種別。

真	小前提半假	辭例	說明
無乙是甲	無乙是甲	無一智思是動物	全真
某丙是乙	每丙是乙	每一靜觀妙悟都是智思	半假
無丙是甲	無丙是甲	無一靜觀妙悟是動物	全真

註二四七：種類互異，附性偶同，或遠類互同。

真	大前提全錯	辭例	說明
無乙是甲	每乙是甲	每片雪都是動物	全錯
某丙是乙	某丙是乙	某白物是雪	全真
某丙是甲	某丙是甲	某白物是動物	全真

註二四八：種類相屬，附性偶異，或遠類相同。

真	大前提全假	辭例	說明
每乙是甲	無乙是甲	無人是動物	全假
某丙是乙	某丙是甲	某白物是人	全真
某丙非甲	某丙非甲	某白物不是動物	全真

註二四九：

真	大前提半假	辭例	說明
某乙是甲	每乙是甲	每一美物都是動物	半假
某丙是乙	某丙是乙	某大物是美物	全真
某丙是甲	某丙是甲	某大物是動物	全真

注意：美物指美麗的物體。

某乙非甲	無乙是甲	無一美物是動物	半假
某丙是乙	某丙是乙	某大物是美物	全真
某丙非甲	某丙非甲	某大物是動物	全真

註二五〇：

真	小前提半假	辭例	說明
每乙是甲	每乙是甲	每隻鵝都是動物	全真
無丙是乙	某丙是乙	某黑鳥是鵝	半假
某丙是甲	某丙是甲	某黑鳥是動物	全真

註二五一：

真	小前提半假	辭例	說明
無乙是甲	無乙是甲	無一數目是動物	全真
無丙是乙	某丙是甲	某白物是數目	半假
某丙非甲	某丙非甲	某白物不是動物	全真

注意：數目是數理，沒有形象，不能是「白物」，和「數字」，畫在黑板上，不同。

註二五二：

真	假	辭例	說明
某乙是甲	每乙是甲	每一數理是動物	全假
無丙是乙	某丙是乙	某白物是數理	半假
某丙是甲	某丙是甲	某白物是動物	全真
某乙非甲	每乙非甲	無鵝是動物	全假
無丙是乙	某丙是乙	某黑物是鵝	半假
某丙非甲	某丙非甲	某黑物非動物	全真

天法論式真假配合總表：

虧 ← 無 盈 無 享					有 ← 孟 孟 孟 元					
真	真	真	真		真	真	真	真	1	全假
?	假	真	假		?	假	真	假	2	
真	真	假	真		真	真	假	真	3	
真	真	假	假		真	真	假	假	4	
真	真	真	真		真	真	真	真	5	半假
真	真	真	假		真	真	真	假	6	
真	真	假	真		真	真	假	真	7	
?	?	假	假		?	?	假	假	8	
	虧 有 無 貞					有 有 盈 利				
	真	真	真			真	真	真	1	全假
	真	真	假			真	真	假	2	
	?	假	真			?	假	真	3	
	看	假	假			?	假	假	4	
	真	真	真			真	真	真	5	半假
	真	真	假			真	真	假	6	
	真	假	真			真	假	真	7	
	真	假	假			真	假	假	8	

註二五三：詳見註二六三附錄總表。

註二五四：地法，亨盈無無，亨無盈無兩式。

真	假	說明
無乙是甲	每乙是甲	全錯
每丙是甲	無丙是甲	全錯
無丙是乙	無丙是乙	全真
每乙是甲	無乙是甲	全錯
無丙是甲	每丙是甲	全錯
無丙是乙	無丙是乙	全真

注意：「假」和「錯」在本文意義相同。

註二五五：

真	假	辭例	說明
每乙是甲	大：無乙是甲	無馬是動物	全假
每丙是甲	小：每丙是甲	無人是動物	全真
無丙是乙	結：無丙是乙	無人是馬	全真
每乙是甲	大：無乙是甲	每馬是動物	全真
每丙是甲	小：無丙是甲	無人是動物	全假
無丙是乙	結：無丙是乙	無人是馬	全真

註二五六：

真	假	辭例	說明
某乙是甲	無乙是甲	無一白物是動物	半假
每丙是甲	每丙是甲	每隻烏鴉是動物	全真
無丙是乙	無丙是乙	無一烏鴉是白物	全真
某乙是甲	每乙是甲	每一白物是動物	半假
每丙是甲	無丙是甲	無一烏鴉是動物	全假
無丙是乙	無丙是乙	無一烏鴉是白物	全真

亞里及其時代的生物學觀念，認為凡是烏鴉都是烏黑的，無一能是白色的。

註二五七：

真	假	辭例	說明
某乙是甲	每乙是甲	每一白物是動物	半假
某丙非甲	無丙是甲	無一樹膠是動物	全真
無丙是乙	無丙是乙	無一樹膠是白物	全真

註二五八：

真	假	辭例	說明
某乙是甲	每乙是甲	每一白物是動物	半假
某丙是甲	無丙是甲	無一黑物是動物	半假
無丙是乙	無丙是乙	無一黑物是白物	全真
某乙是甲	無乙是甲	無一白物是動物	半假
某丙是甲	每丙是甲	每一黑物是動物	半假
無丙是乙	無丙是乙	無一黑物是白物	全真

註二五九：

真	假	辭例	說明
每乙是甲	無乙是甲	無一人是動物	全假
某丙是甲	某丙是甲	某白物是動物	全真
某丙非乙	某丙非乙	某白物非人	全真

註二六〇：

真	假	辭例	說明
無乙是甲	每乙是甲	每一無靈物是動物	全假
某丙非甲	某丙非甲	某白物不是動物	全真
某丙非乙	某丙非乙	某白物無靈	全真

註二六一：

真	假	辭例	說明
無乙是甲	無乙是甲	無一數目是動物	全真
無丙是甲	某丙是甲	某無靈物是動物	半假
某丙是乙	某丙非乙	某無靈物不是數目	全真

參看註一，號十一。

註二六二：

真	假	辭例	說明
每乙是甲	每乙是甲	每人是動物	全真
每丙是甲	每丙非甲	某陸行生物不是動物	半假
某丙非乙	某丙非乙	某陸行生物不是人	全真

注意：「某」便是「有些」的意思

註二六三：

真	假	辭例	說明
每乙是甲	無乙是甲	無一馬是動物	全假
每丙是甲	某丙是甲	某樹是動物	半假
某丙非乙	某丙非乙	某樹非馬	全真
無乙是甲	每乙是甲	每個知識是動物	全假
每丙是甲	每丙非甲	某人不是動物	半假
某丙非乙	某丙非乙	某人不是知識	全真

注意：「真」常是「全真」，「假」有時是「半假」。

地法論式真假配合總表：

地法										
	亨	盈	無	無	虧←		亨	無	盈	無	虧←
全假		真	真	真	真			真	真	真	真
		假	真	真	真			假	真	真	真
		真	假	真	真			真	假	真	真
		假	假	真	真			假	假	真	真
半假		真	真	真	真			真	真	真	真
		假	真	真	真			假	真	真	真
		真	假	真	真			真	假	真	真
		假	假	真	真			假	假	真	真
		全假半假	半假全假	真 真	真 真			全假半假	半假全假	真 真	真 真
元		盈	虧	虧			貞	無	有	虧	
		(同上)						(同上)			
人法	各論式真假配合全同上										

註二六四：總表和地法同，詳見前註。本章人法，各論式真假配合，結論常能真。分析舉例，和以上天地兩法，手續相同。

註二六五：詳見註一二一。

註二六六：循環互證的必然形式：（廻證法）：

一、完善的循環論式：用簡單換位法

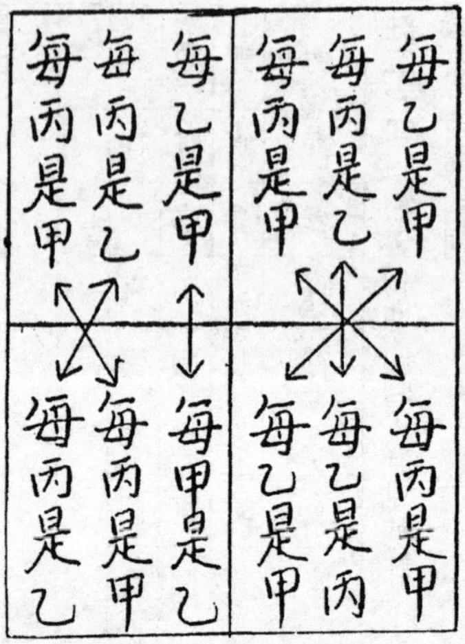

註二六七：同前。

註二六八：不完善循環論式：論句不能簡單換位，故不是一轉自回，必須另加新句，逐一分別證明：

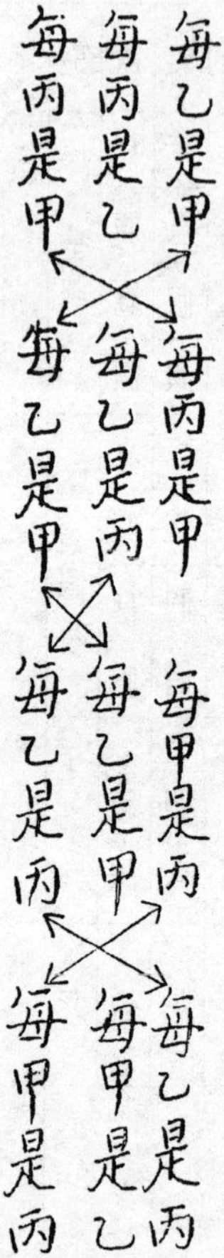

註二六九：否定論式

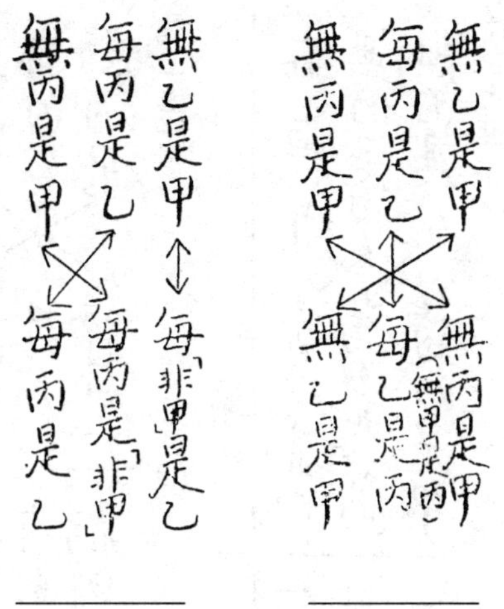

註二七〇：

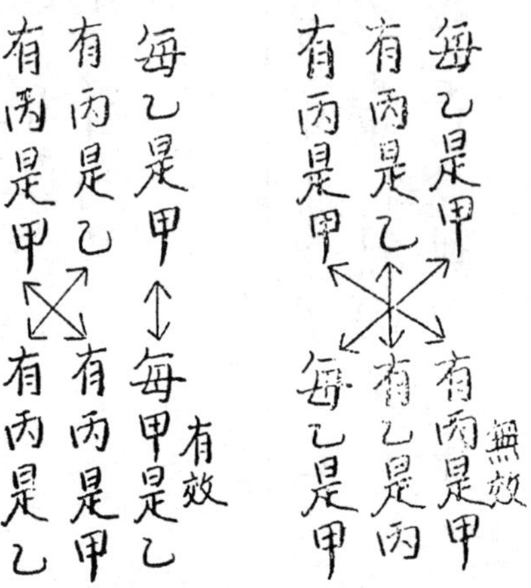

注意：否定論式廻證時，可用第二論法，即地法：用「無甲是丙」。

註二七一：同上

註二七二：

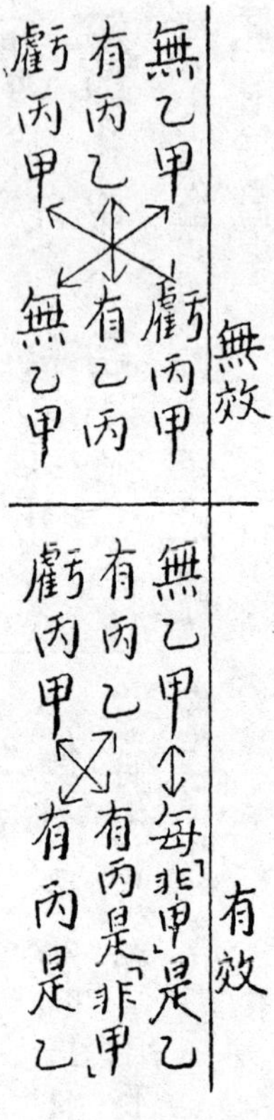

註二七三：

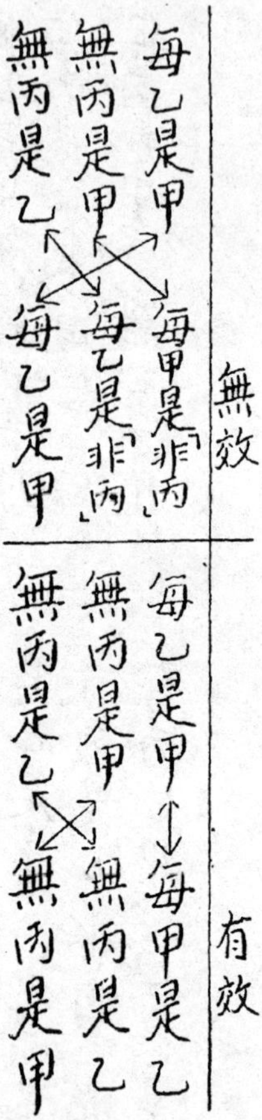

註二七四：

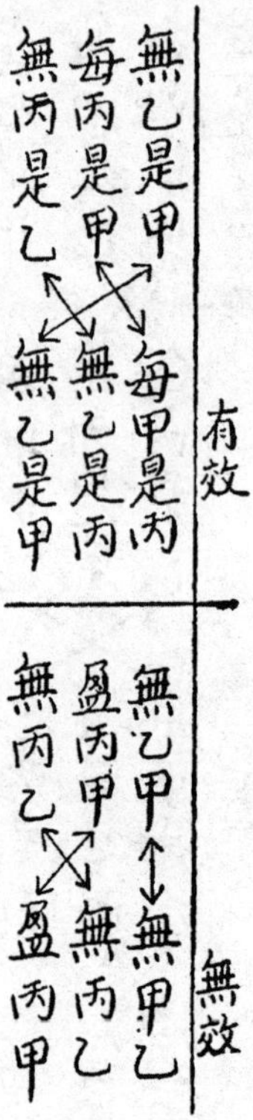

註二七五：

有效

每乙是甲↔每甲是乙
某丙非甲　某丙非乙
某丙非乙　某丙非甲

無效

某甲非丙
某乙非丙
每乙是甲

註二七六：

無效

無乙是甲↔無甲是乙
有丙是甲　有丙非乙
有丙非乙　有丙是甲

有效

無甲是乙↔每非乙是甲
有丙非乙↔有丙是非乙（或每丙是非乙）
有丙是甲↔有丙是甲

註二七七：

非直接有效

每丙是甲↔每甲是丙
某丙是乙　某乙是甲
某乙是甲　某乙是丙
某丙是乙

註二七八：

直接有效

有丙甲　有乙甲
盈丙乙↕盈乙丙
有乙甲　有丙甲

註二七九：

註二八〇：

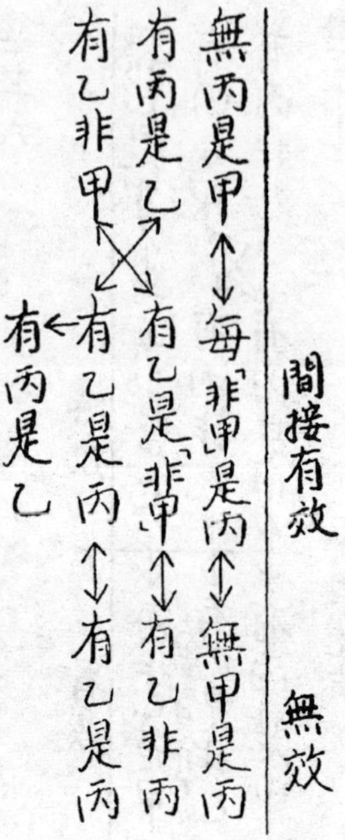

註二八一：本節原文「第三論法」（即是人法），與前者所見，不能符合。改作「第二論法」才對，參看註二六九。第二論法是地法。勉強用第三論法，證不出要領：

天法有效
人法無效
地法有效
無乙是甲
每丙是乙
無丙是甲
無丙是甲
每丙是乙
無乙是甲
無甲是丙
每乙是丙
無乙是甲
天法有效
人法無效
地法有效
無乙是甲
有每丙是乙
有每丙非甲
有每丙非甲
有每丙是乙
無乙是甲
每甲非丙
每乙是丙
每乙非甲

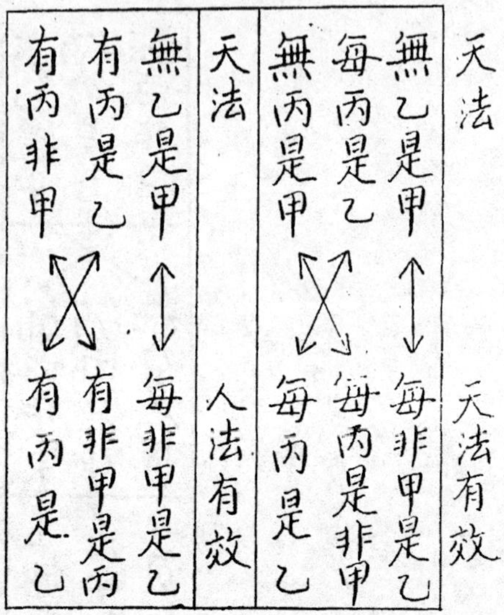

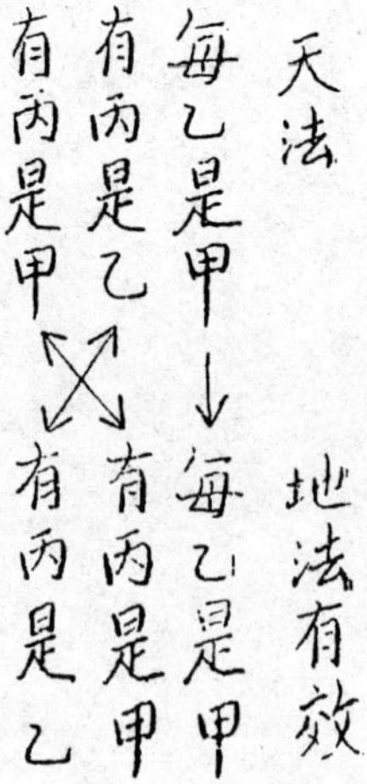

注意：如果原文仍存「第三論法」，僅能指示最後一個廻證論式。在此論式，人法有效。但仍非原文所說的否定結論。那麼，第一論法的論式廻證時，是天地人三法都用，不是只用天法和人法。

註二八二：參看註二七四和二七五，並和下文比較：全稱地法可用天法。

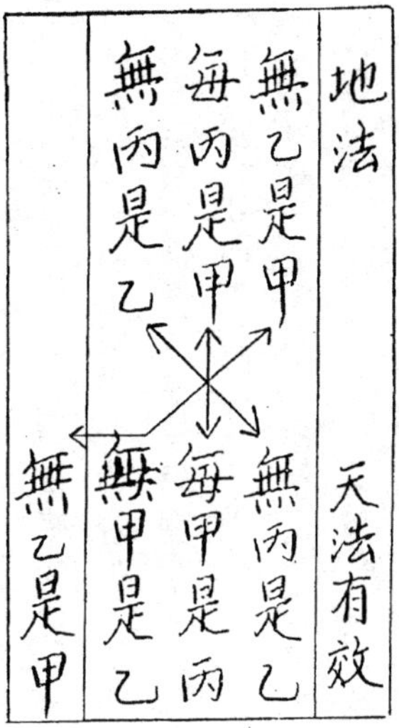

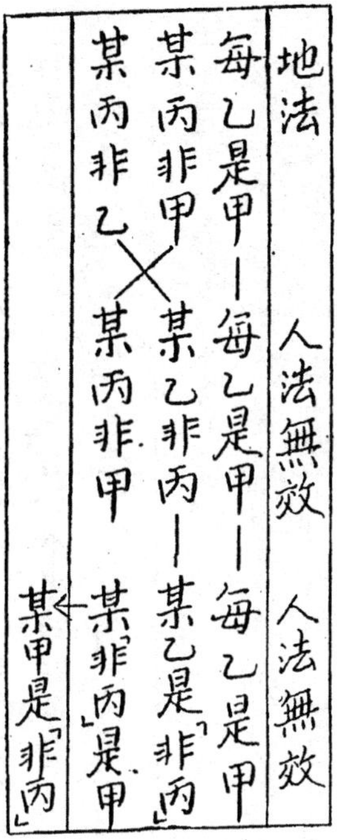

地法	地法有效	人法有效
無乙是甲	↕每甲是「非乙」	↕每「非乙」是甲
有丙是甲	有丙是「非乙」	↕有「非乙」是丙
有丙非乙	有丙是甲	有丙是甲

註二八三：（回看註一，號十一）。

迴駁論式背後依憑的邏輯公律，有兩條符號公式如下：（參考註三二，圖解元盈虧虧）：

公式一：「張和王引李：無李有王，必無張」。換言之「有張有王，必有李：無李有王，必無張」。意思是說：假設張是大前提，王是小前提，李是結論。結論錯，小前提不錯，大前提必錯。為此，否認了結論，而不否認小前提，則必須否認大前提。這是迴駁大前提的公律。

公式二：「張和王引李：無李有張，必無王」。換言之：「有張有王、必有李：無李有張，必無王」。這是迴駁小前提的公律。結論錯，前提必有一錯，不是大前提，必是小前提。

在以上兩公式內，「張，王、李」，各是一「代句符號」，代表論句，構成的論式是隨接論式：前項後項間，遵守「引隨律」的「捨捨」定律。（參看註百廿一，擴充律，及註一，十七；註二二一，及附錄五，隨接論式的引隨律等等）。CCKpqrCKNrqNp. CCKpqrCKNrpNq.

註二八四：衝突廻駁法、一。

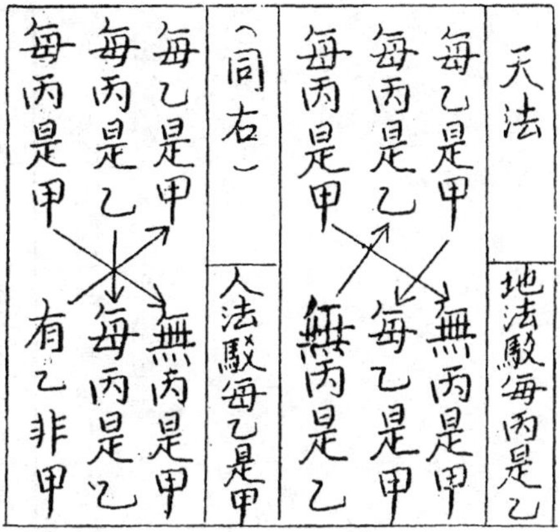

註二八五：衝突廻駁法、二。

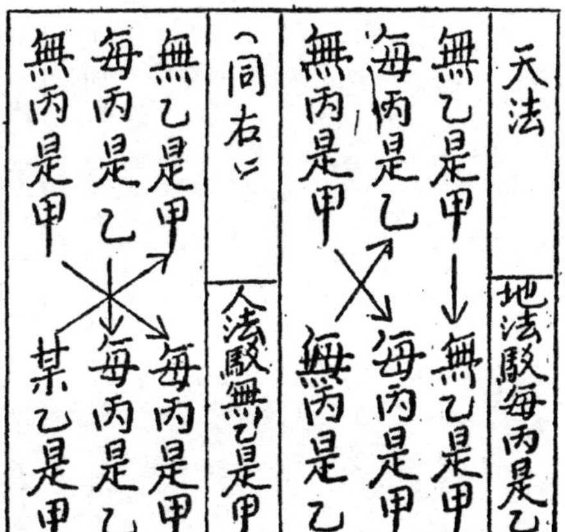

注意：地法亨無盈無，廻駁天法元盈盈盈，用衝突廻駁法，得衝突結論。人法貞無盈虧，廻駁天法元盈盈盈，用同法，得矛盾結論。同樣，地法亨無盈無、廻駁天法亨無盈無，人法利盈盈有、廻駁天法同式。

註二八六：矛盾廻駁法。

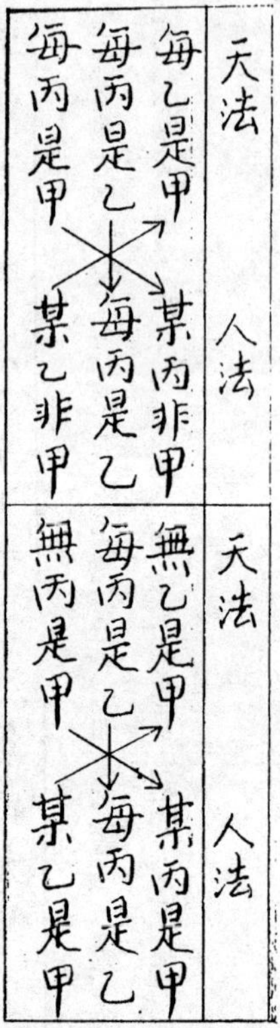

注意：人法元虧盈虧，廻駁天法元盈盈盈。人法利有盈有，廻駁天法亨無盈無。用矛盾廻駁法所用前提及所得結論，都是矛盾論句。

註二八七：

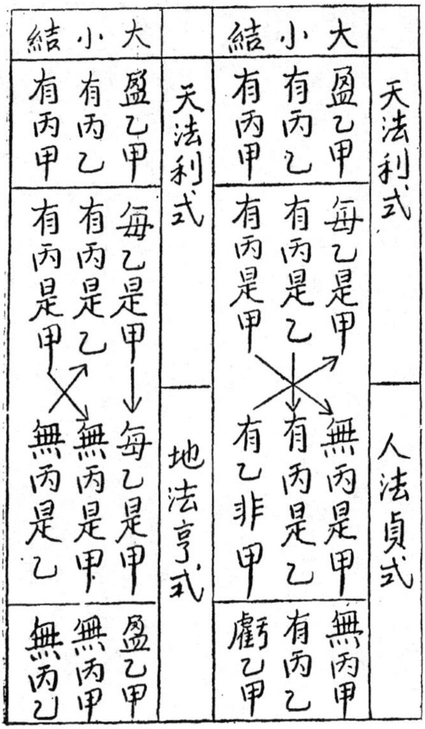
大
小
結
天法利式
盈乙甲
有丙乙
有丙甲
每乙是甲
有丙是乙
有丙是甲
人法貞式
無丙是甲
有丙是乙
有乙非甲
無丙甲
有丙乙
虧乙甲
大
小
結
天法利式
盈乙甲
有丙乙
有丙甲
每乙是甲
有丙是乙
有丙是甲
地法亨式
每乙是甲
無丙是甲
無丙是乙
盈乙甲
無丙甲
無丙乙

註二八八：

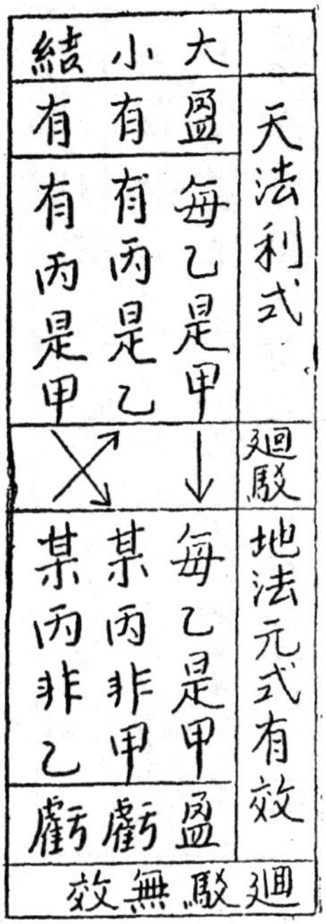
大
小
結
天法利式
盈
有
有
每乙是甲
有丙是乙
有丙是甲
迴駁
地法元式有效
每乙是甲
某丙非甲
某丙非乙
盈
虧
虧
迴駁無效

天法利貞二式，大小前提、不受迴駁。

註二八九：地法論式迴駁前提。

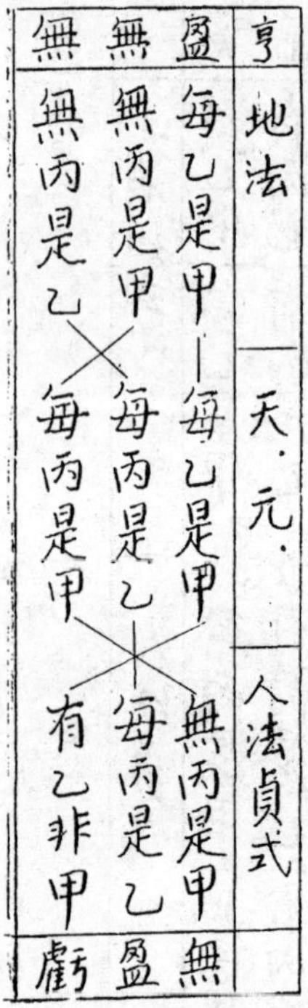

註二九〇：

地法亨式
天法利式
人法貞式
盈
無
無
每乙是甲
無丙是甲
無丙是乙
每乙是甲
有丙是乙
有丙是甲
無丙是甲
有丙是乙
有乙非甲
無
有
虧

註二九一：

無乙甲
盈丙甲
無丙乙
無乙甲
盈丙乙
無丙甲
無乙甲
盈丙甲
無丙乙
盈丙甲
盈丙乙
有乙甲
無乙甲
盈丙甲
無丙乙
無乙甲
有丙乙
虧丙甲
無乙甲
盈丙甲
無丙乙
盈丙甲
有丙乙
有乙甲

註二九二：迴駁無效，論式有效，

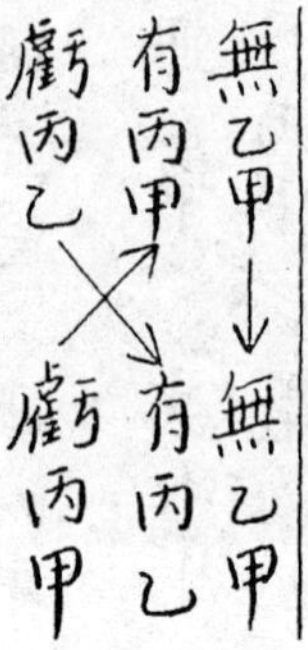

註二九三：論式無效，迴駁也無效

註二九四：

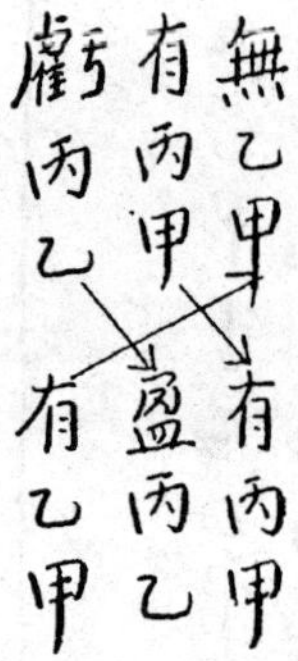

註二九五：

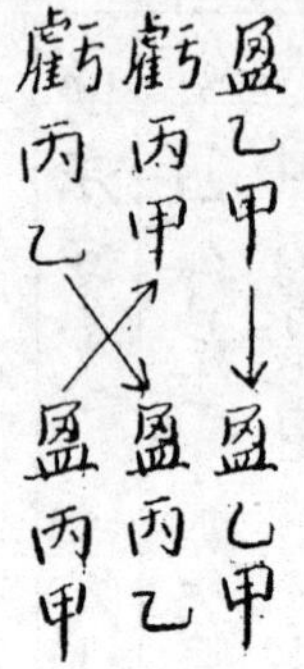

註二九六：

說明：

假定三號假、四號真，同時二號仍真如故。構成論式，六號結論必然，但與一號大前提相反：正相矛盾：依對立推演法，「盈真虧必假」，詳見見註一、號十七，又依「引隨律」，「結論不真，前提必有假」，不是小前提五號，故是大前提四號。詳見註一二一及註二二一。又依對立推演法「（四號）虧假，（二號）盈必真」：反倒證明了原論的真實。這是用人法「元虧盈虧」，反證了天法的「元連三盈」。參看註二二〇。

註二九七：

天法元式	天法無效		說明
盈盈盈：每丁是甲，每乙是丁，每乙是甲	虧盈虧：某乙非甲，每丁是乙，某丁非甲	無效	違犯公律第二，詳見註十五，九號；註十五，十二號
盈盈盈：每丙是甲，每乙是丙，每乙是甲	盈虧虧：每甲是丙，某乙非甲，某乙非丙	無效	違犯公律第七參看註十五，九號及十二號，同上.
盈盈盈：每丁是甲，每乙是丁，每乙是甲	無盈無：無乙是甲，每丁是乙，無丁是甲	有效無益	「無假盈能假」，不證「盈必真」，參看註一二九號.

註二九八：天法，貞無有虧，反證利盈有有。

說明：

六號相反一號，故錯；五號真，四號必錯，故三號必真。有效。

註二九九：天法「盈無」，無力反證「盈有」。

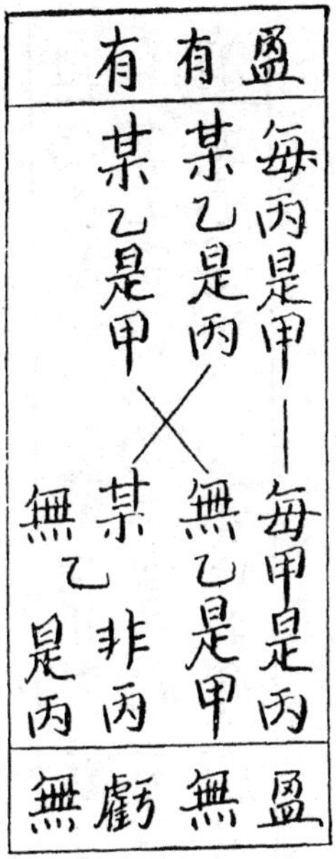

以上，天法「盈無虧」，或「盈無無」均無效。違犯分律第七、詳見註十五。

註三〇〇：天法「盈虧」和「虧有」都無力反證。

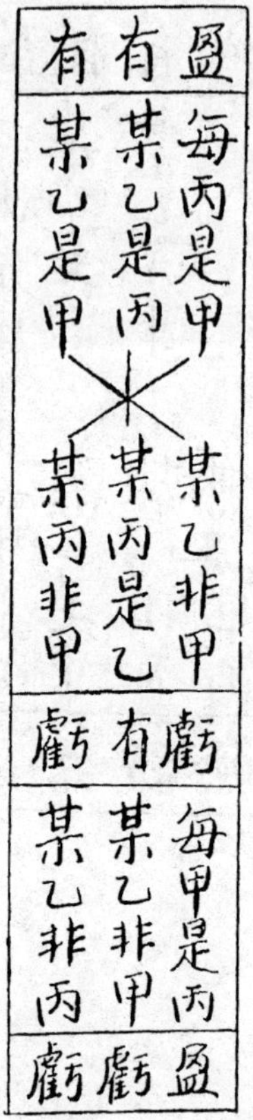

註三〇一：

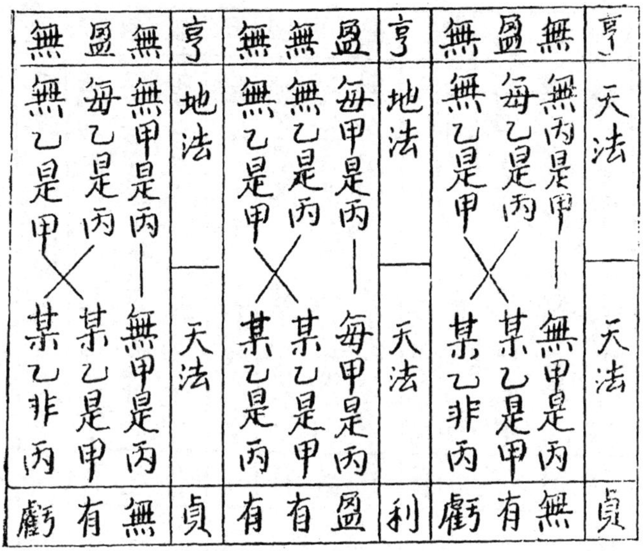
亨
天法
天法
貞
無
無丙是甲
無甲是丙
無
盈
每乙是丙
某乙是甲
有
無
無乙是甲
某乙非丙
虧
亨
地法
天法
利
盈
每甲是丙
每甲是丙
盈
無
無乙是丙
某乙是甲
有
無
無乙是甲
某乙是丙
有
亨
地法
天法
貞
無
無甲是丙
無甲是丙
無
盈
每乙是丙
某乙是甲
有
無
無乙是甲
某乙非丙
虧

註三〇二：

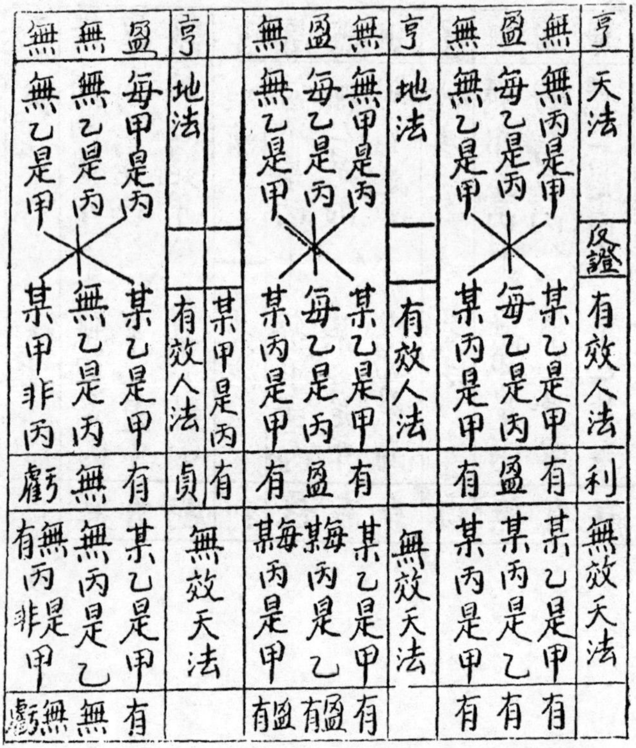
亨
天法
反證
有效人法
利
無效天法
無
無丙是甲
某乙是甲
有
某乙是甲
有
盈
每乙是丙
每乙是丙
盈
某丙是乙
有
無
無乙是甲
某丙是甲
有
某丙是甲
有
亨
地法
有效人法
無效天法
無
無甲是丙
某乙是甲
有
某乙是甲
有
盈
每乙是丙
每乙是丙
盈
某每丙是乙
有盈
無
無乙是甲
某丙是甲
有
某每丙是甲
有盈
亨
某甲是丙
有
地法
有效人法
貞
無效天法
盈
每甲是丙
某乙是甲
有
某乙是甲
有
無
無乙是丙
無乙是丙
無
無丙是乙
無
無
無乙是甲
某甲非丙
虧
無丙是甲
有丙非甲
虧無

註三〇三：

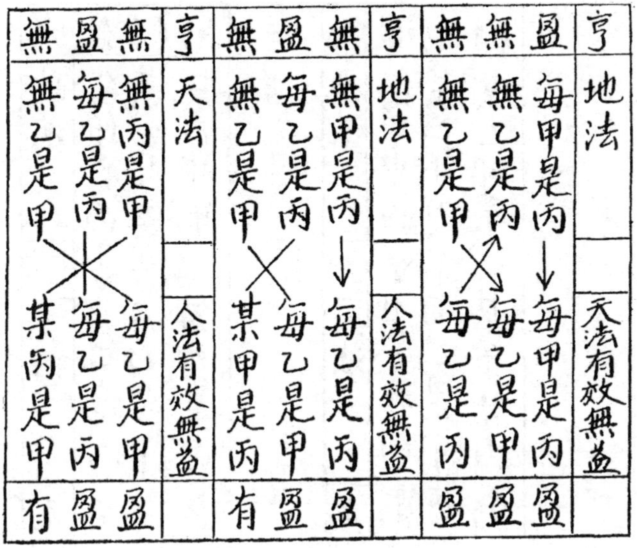
亨
地法
天法有效無益
盈
每甲是丙
每甲是丙
盈
無
無乙是丙
每乙是甲
盈
無
無乙是甲
每乙是丙
盈
亨
地法
人法有效無益
無
無甲是丙
每乙是丙
盈
盈
每乙是丙
每乙是甲
盈
無
無乙是甲
某甲是丙
有
亨
天法
人法有效無益
無
無丙是甲
每乙是甲
盈
盈
每乙是丙
每乙是丙
盈
無
無乙是甲
某丙是甲
有

註三〇四：

元
地法
天法
元
盈
每甲是丙
每甲是丙
盈
虧
某乙非丙
每乙是甲
盈
虧
某乙非甲
每乙是丙
盈

註三〇五：

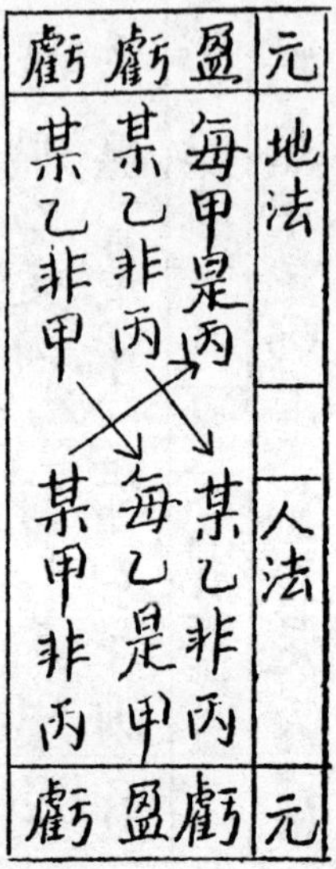
元
地法
人法
元
盈
每甲是丙
某乙非丙
虧
虧
某乙非丙
每乙是甲
盈
虧
某乙非甲
某甲非丙
虧

註三〇六：

貞
地法
天法
亨
無
無甲是丙
無甲是丙
無
有
有乙是丙
每乙是甲
盈
虧
某乙非甲
無乙是丙
無
亨
人法無效
天法無效
有
每丙是甲
每乙是甲
盈
無
無丙是乙
無丙是乙
無
虧
某乙非甲
無丙是甲
無

註三〇七：

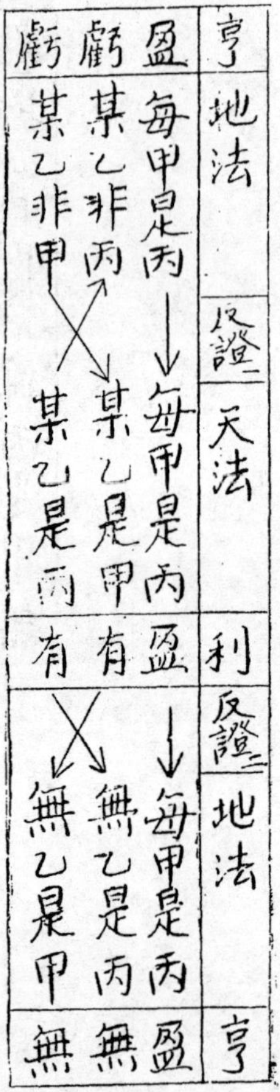

注意：反證一無效，假定「某乙是甲」，結論「某乙是丙」，和原有前提「某乙非丙」，可以同時都是真的，故無兩相矛盾的必然性，發生不出推翻「某乙是甲」的效力，不足以轉證「某乙非甲」的真實。反證二有效，但有些過火，反證的結果，不但是「某乙非甲」，而且是「每乙非甲」，即是「無乙是甲」。這是「言過其辭」：因為「某乙非甲」，不必有「無乙是甲」的涵意；在實際上「某乙非甲」和「某乙是甲」，能一時同真。「無乙是甲」和「某乙是甲」，卻是正相矛盾，如水火之不能相容：不能同時並真。如此「言過其辭」的反證，不但沒有證實原論，反而將原論，全盤改革了：將「亨盈虧虧」改成了「亨盈無無」。

在語法上，「某乙非甲」、「非每乙是甲」兩句話，措辭不同，指意相同。「甲不在某乙」、「甲不在每乙」、「甲不是每乙都在」三句話，也是話不同，意同。故其反證法，相同。都應只用「矛盾句」，不可用「偏差句」（即「小衝突句」），也不可用其他「對立句」。「某乙非甲」的矛盾句，是「每乙是甲」，參看註一，號十七。

註三〇八：天法元式、地法亨式，互相反證。

註三〇九：天利地亨、互相反證

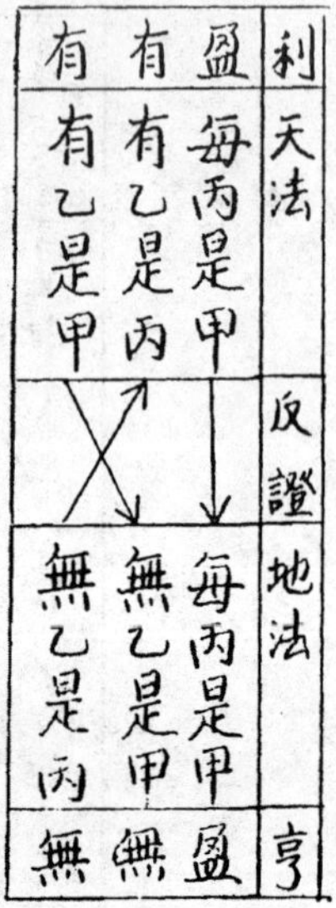

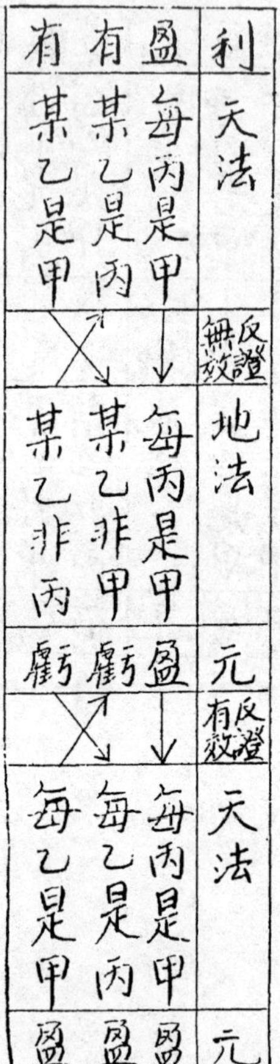

註三一〇：

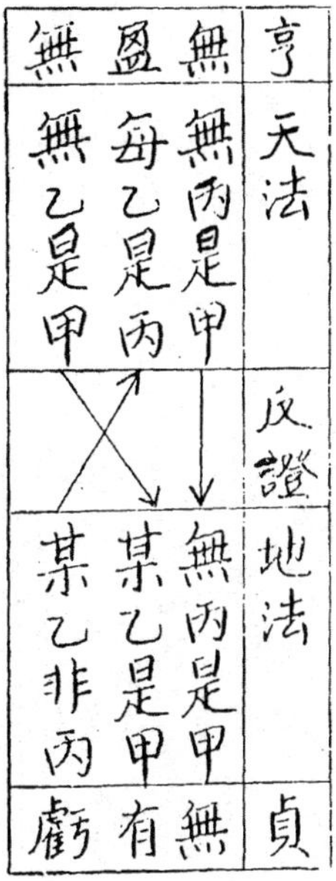

註三一一：

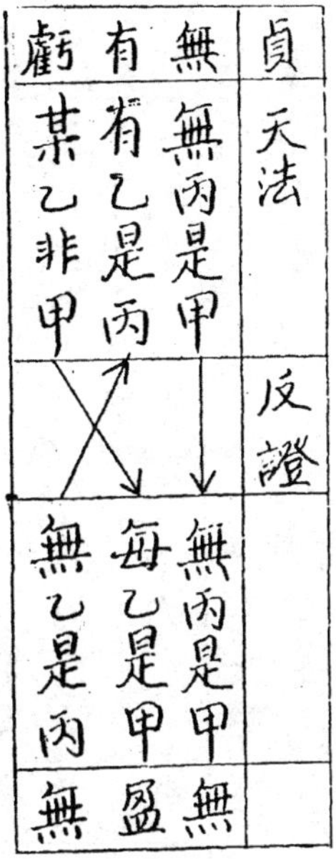

註三一二：以上註三〇八至三一一所舉式例，都是為說明地法可以證明天法各種結論。地法也可證明其餘眾法各種結論：都用反證法。

註三一三：

元
天法
反證
人法
元
盈
每丙是甲
某乙非甲
虧
盈
每乙是丙
每乙是丙
盈
盈
每乙是甲
某丙非甲
虧
元
無反效證
人法
貞
有反效證
天法
盈
每丙是甲
無乙是甲
無
每丙是甲
盈
盈
每乙是丙
每乙是丙
盈
每乙是丙
盈
盈
每乙是甲
有丙非甲
虧
某乙是甲
有

註三一四：

亨	無	盈	無
天法	無丙是甲	每乙是丙	無乙是甲
反證	╳	╳	╳
人法	有乙是甲	每乙是丙	某丙是甲
利	有	盈	有

亨	無	盈	無
天法	無丙是甲	每乙是丙	無乙是甲
反證無效	╳	╳	╳
人法	每乙是甲	每乙是丙	某丙是甲
利	盈	盈	有
反證有效	╳	╳	╳
天法	無丙是甲	每乙是丙	某乙非甲
貞亨	無	有盈	虧

註三一五：將前面所有一切反證論式，擇其有效者，列一總表如下：（只收集前面分析過的論式，不收集其他尚能有的許多論式，參看註二二〇）：

天法反證	地法
元連三盈 亨無盈無	元盈二虧 貞無有虧
利盈二有	亨盈二無 亨無盈無
貞盈有虧	亨無盈無

天法反證	天法
貞無有虧	利盈有有 亨無盈無

注意：所謂「反證」，都是相互反證。天法某式反證地法某式，也是地法某式反證天法某式。

人法反證	天法
利盈盈有	亨無盈虧 貞無有虧
利盈二有	
利有盈有 元虧盈虧	亨無盈無 元連三盈
貞無有虧	元盈盈有 利盈有有
貞有無虧	

人法反證	地法
利有盈有 元虧盈虧 貞有無虧	亨無盈無 元盈虧虧 亨無盈無

註三一六：

亨	盈	無	無	元	盈	虧	虧
地法	每甲是丙	無乙是丙	無乙是甲	地法	每甲是丙	某乙非丙	某乙非甲
反證							
天法	每甲是丙	某乙是甲	某乙是丙	天法	每甲是丙	每乙是甲	每乙是丙
利				元			

註三一七：同上

註三一八：

利	盈	盈	有	利	有	盈	有	利	盈	有	有
人法	每丙是甲	每丙是乙	某乙是甲	人法	某丙是甲	每丙是乙	某乙是甲	人法	每丙是甲	有丙是乙	某乙是甲
反證											
天法	無乙是甲	每丙是乙	無丙是甲	天法	無乙是甲	每丙是乙	無丙是甲	天法	無乙是甲	某丙是乙	某丙非甲
亨	無	盈	無	亨	無	盈	無	貞	無	有	虧

註三一九：

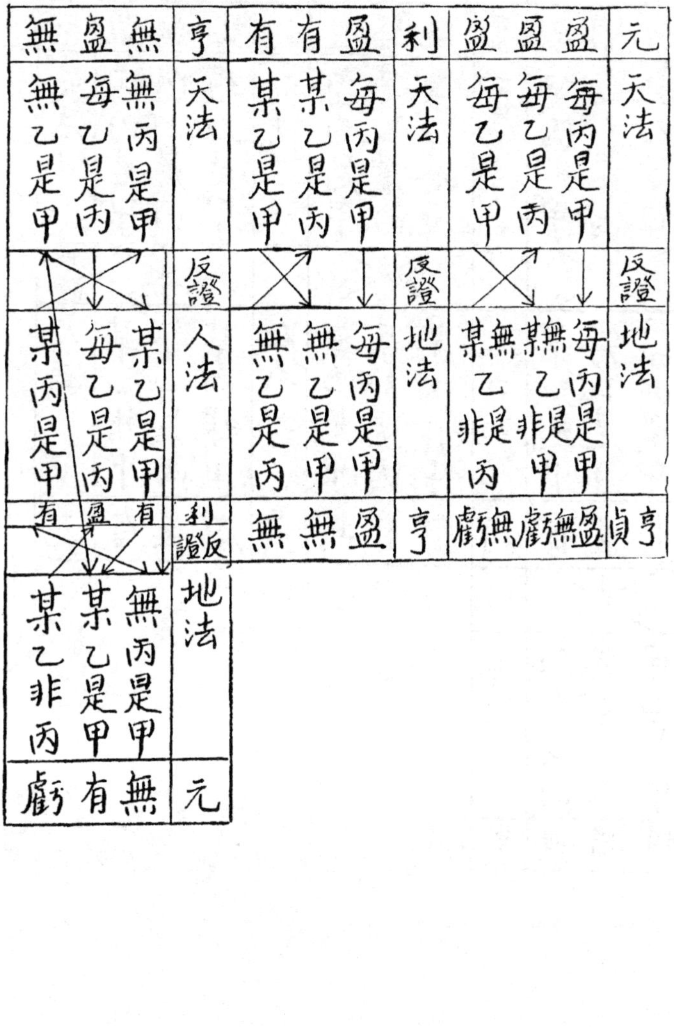
元
天法
反證
地法
貞
亨
盈
每丙是甲
盈
每乙是丙
盈
每乙是甲
每丙是甲
盈
無某乙非是甲
無
無某乙非是丙
虧
利
天法
反證
地法
亨
盈
每丙是甲
有
某乙是丙
有
某乙是甲
每丙是甲
盈
無乙是甲
無
無乙是丙
無
亨
天法
反證
人法
利
證反
地法
元
無
無丙是甲
盈
每乙是丙
無
無乙是甲
某乙是甲
有
每乙是丙
盈
某丙是甲
有
無丙是甲
無
某乙是甲
有
某乙非丙
虧

註三三〇：

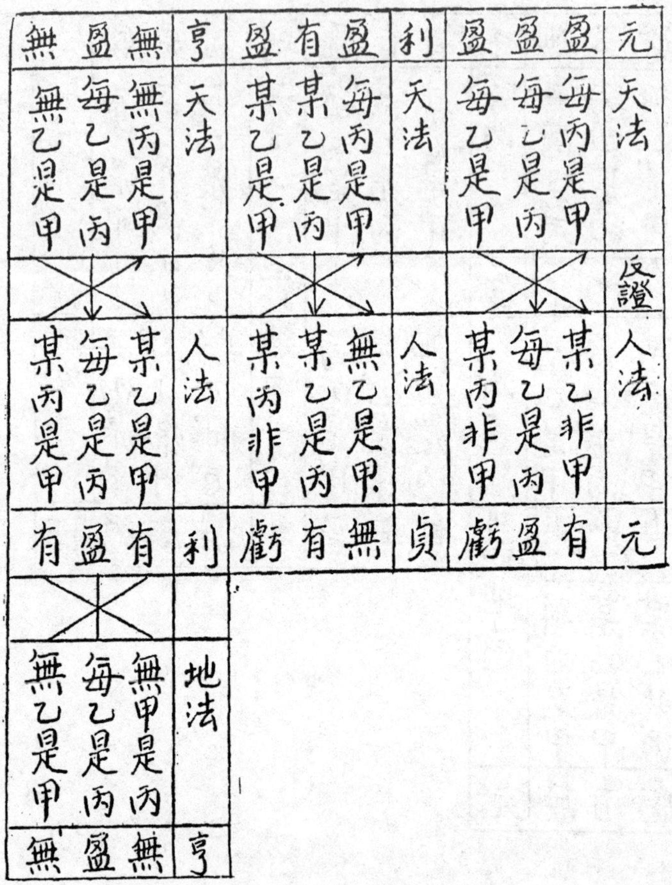
元
天法
反證
人法
元
盈
每丙是甲
某乙非甲
有
盈
每乙是丙
每乙是丙
盈
盈
每乙是甲
某丙非甲
虧
利
天法
人法
貞
盈
每丙是甲
無乙是甲
無
有
某乙是丙
某乙是丙
有
盈
某乙是甲
某丙非甲
虧
亨
天法
人法
利
地法
亨
無
無丙是甲
某乙是甲
有
無甲是丙
無
盈
每乙是丙
每乙是丙
盈
每乙是丙
盈
無
無乙是甲
某丙是甲
有
無乙是甲
無

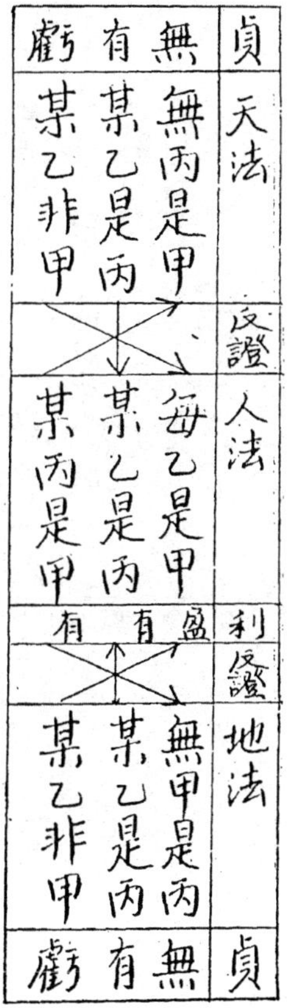

註三二一：詳見註一，內號十七，註二二一及附錄五，內四號乙欄。

註三二二：參看註三一至四七。

註三二三：舉例：

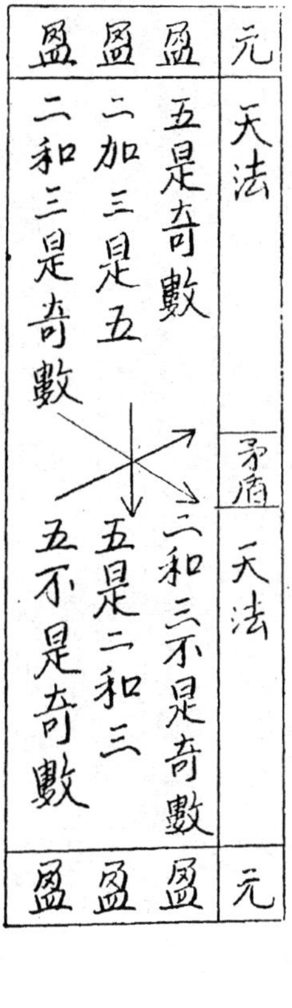

註三二四：荒謬論式的三種基本形式：

元	元	形式三	
形式一	形式二	元	亨
盈　甲—乙，非乙	盈　甲—乙	盈　甲—乙	無　甲—乙
盈　丙—甲	盈　丙—甲，非乙	盈　丙—甲	盈　丙—甲
盈　丙—乙	盈　丙—乙，非乙	盈　丙—乙	無　丙—乙
大前提荒謬	大前提荒謬	兩論式之連合荒謬	

註三二五：乞賴論式的典型：廣義的：

一、兩辭論式一	兩辭論式二
大、凡是人都是動物	凡是人都是動物
小、凡是人都是動物	有些動物是人
結：凡是人都是動物	有些動物是人

二、以難證易：

大：	圓週線越短，旋轉越快。	易
小：	旋轉迅速，子午星勝於北極星。	難
結：	軌道圓週線短小，子午星勝於北極星	易

三、同難作證：

大：	天生能笑者會笑。	易
小：	人天生能笑。	難
結：	人會笑。	難

四、援後證先：倒果為因：

大：兩直線，首以至尾，距離相等者，平行不交。

小：甲乙兩直線，引長不交。

結：甲乙兩直線，從首至尾，距離相等。

	大：	小：	結：
簡言之：乞賴式	平行者必不交	甲乙兩線不交	甲乙兩線平行
無效	↓盈甲丙零	↓盈乙丙零	↓盈乙甲
合理式	↓盈甲丙	盈乙甲	盈乙丙
有效	平行者不交	甲乙平行	甲乙不交

	又例：合理式		乞賴式	
大：	中毒者死	因	中毒者必死	因
小：	張三中毒	因	張三已死	果
結：	張三必死	果	張三必已中毒	因

註三二六：狹義的乞賴論式：

前提：	等邊角內有兩角相等	不自明	甲
結論：	等邊角內有兩角相等	不自明	甲

二：滑輪病：輪病：「甲證乙，乙證丙，丙證甲：等於甲證甲」：例一：

甲：	凡是兩線垂直，距離相等者，則引長不交，
乙：	凡是引長不交的線，都是平行線，
丙：	凡是平行線都是垂直線，距離相等，
甲：	凡是兩線垂直，距離相等者，都是引長不交。

甲因，乙果；乙因，丙果；丙因，丁果；丁因甲果。故甲因甲果：等於甲果甲因：因果顛倒：輪病。

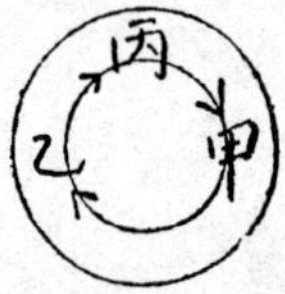

甲因，乙果；乙因，丙果；丙因，丁果；丁因甲果。故甲因甲果：等於甲果甲因：因果顛倒：輪病。

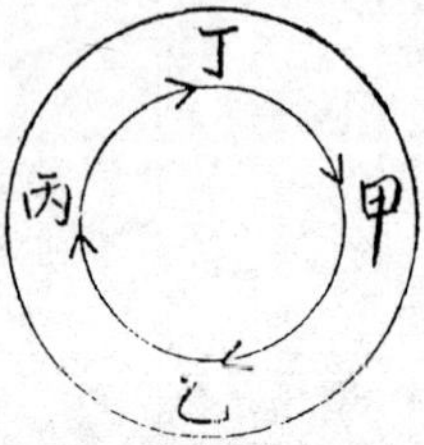

例二：

甲：內錯角相等的線，是距離相等的垂直線，

乙：距離相等的垂直線，引長無限，永不相交，

丙：引長無限，永不相交的線，是平行線，

丁平行線，是內錯角相等的線，

甲：內錯角相等的線，是距離相等的垂直線。

例三：

甲：凡是人都是理性動物，

乙：凡是理性動物，都是有靈智和肉軀的動物，

丙：凡是人，都是有靈智和肉軀的動物，

丁：凡是有靈智和肉軀的動物，都是理性動物，

戊：凡是理性動物都是人，

甲：凡是人都是理性動物。

例四：小前提賓主換位，輪證：

元.天法輪證	辭例
盈甲乙 ↔ 盈丙乙 盈丙甲 ↕ 盈甲丙 盈丙乙 ↔ 盈甲乙	有靈性—會笑 ↔ 人—會笑 人—有靈性 ↕ 有靈性—人 人—會笑 ↔ 有靈性—會笑
例五：大前提賓主換位，輪證．	
盈甲乙 ↕ 盈乙甲 盈丙甲 ↔ 盈丙乙 盈丙乙 ↔ 盈丙甲	理性動物—會笑 ↕ 會笑—理性動物 人—理性動物 ↔ 人—會笑 人—會笑 ↔ 人—理性動物

註三二七：同上，例五。

註三二八：各論法的滑輪病：

一：天法諸式，同於註三二六。

二：地法亨式舉例：甲代表服具，乙代表衣物，丙代表白物。

大　凡是衣物都是服具
凡是服具都是衣物
小：無一白物是服具
無一白物是衣物
結：無一白物是衣物
無一白物是服具

三、人法利式舉例：丙：衣物。甲：白物。乙：服具。

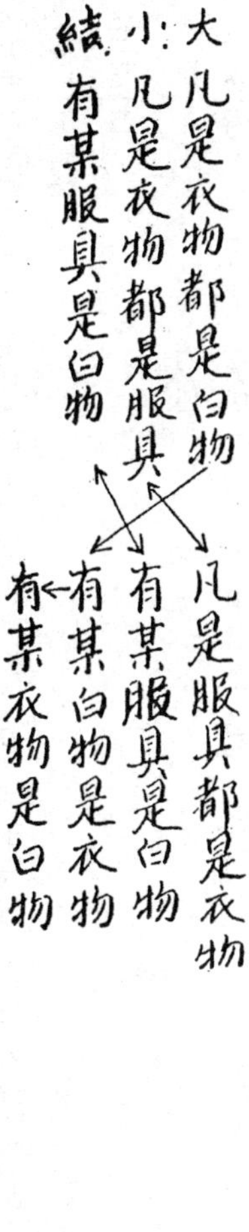
大　凡是衣物都是白物
凡是服具都是衣物
小：凡是衣物都是服具
有某服具是白物
結：有某服具是白物
有某白物是衣物
有某衣物是白物

註三二九：參看亞里著，《辯證法》，卷八、章十三、明證論式，能犯滑輪病；辯證論式，也能犯滑輪病。明證和辯證的分別，見上卷首章。參看《形上學》卷四，第二章，註十。

註三三〇：實見於詭辯，章五。

註三三一：采諾聯證論式及其反駁：

一、對角線和邊線同分（兩線長度可用同數除盡）。

二、同分者可分至無限。

三、分至無限者，物體所能跨越。

四、物體不能跨越：故物體不能移動。反證：以上兩線不同分。

五、今、物體能移動，故四號錯誤。

六、結論錯，則前提必有一錯。

七、錯不在二號三號，因為是當然的假定。

八、故錯在一號。為此，十號必真：

十、對角線和邊線不同分。

排拒：四號結論和一號前提原來就無關係。故十號結論和五號前提也無關係，五號至十號的反證法無效：因為四號錯誤的原因不在一號。任何兩線的同分，或不同分，都無力證明物體不能移動。明證時無效；反證是也無效。

註三三二：

一、甲在乙，
二、在丙，

三、丙在丁，
四、乙在丁。

五、乙不在丁
六、甲不在乙。

排拒：四號結論不生自一號：故六號不得生自五號。辭例如下：

一、凡是動物都有知覺，
二、凡是白物都是動物
三、凡是雪都是白物，
四、凡是雪都是動物。

五、無一片雪是動物
六、無一動物是知覺。

排拒：六號結論不能生自五號，為四號結論原來就和一號沒有關係。從五號到六號的反證論式無效。

註三三三：

一、甲不在乙：	訪是植物都無知覺：	無乙甲
二、戊在甲：	凡是生物都是植物	盈甲戊
三、己在戊：	凡是動物都是生物	盈戊己
四、己在甲：	凡是生物都無知覺	盈甲己
五、己不在某甲：	有些生物不是沒有知覺：	虧甲己
六、己不在某戊：	有些動物不是生物：	虧戊己

排拒：四號結論錯誤的原因不在三號，故六號不能證自五號。五至六的反證無效。

註三三四：符號舉例：

一、甲在每乙，	五、甲不在某丁，
二、乙在每丙，	六、乙在每丙，
三、丙在每丁，	七、丙在每丁，
四、甲在每丁。	八、乙在每丁，
	九、甲不在某乙。

說明：四號錯誤的原因只是在於一號。四號錯，則一號必錯。九號必真。五至九，反證有效。

註三三五：上溯的聯證法，即是倒裝的聯證法。詳見註一九九。反駁或反證時，辨法如何，何時有效，何時無效，無效時如何排拒，有效時如何分析說明，均見以前本章諸條註解中。

註三三六：詳見本卷章二、三、四。並和「引隨律」互相比較：參考註一二一及註二二一。

註三三七：詳見上卷，章四二，參考同卷章廿六及三三。分析天地人物四論法的構造，自然就可看到那是應守護的中辭。

註三三八：乙和丙同在丁。人知甲在乙，不知甲在丙。

	天法元式一	二、		亨式
盈	甲在每乙	甲在每丙	無	甲不在任何丙
盈	乙在每丁	丙在每丁	盈	丙在每丁
盈	甲在每丁	甲在每丁	無	甲不在任何丁
	真	真		錯

註三三九：人稱認其他，而否認甲在任何丙：

	聯證論式		天法亨式
盈	甲在每乙	無	甲不在任何丙
盈	乙在每丙	盈	丙在每丁
盈	丙在每丁	無	甲不在任何丁
盈	甲在每丁		
	真		錯

形式二：

肯定論式		否定論式	
一、盈乙甲	每乙是甲	四、無丙甲	無丙是甲
二、盈丁乙	每丁是乙	五、盈丁乙	無丁是丙
三、盈丁甲	每丁是甲	六、無丁甲	無丁是甲

在以上情況中，一個人，尤其在未知結論，或未知兩方小前提以前，同時，承認「每乙是甲」，又承認「無丙是甲」，是可能的；同時，既承認「每乙是甲，每丁是乙」，又承認「無丙是甲」，也是可能的：都能因此陷於錯誤，或受欺；當他發覺，「每丁是丙」時，同時發覺結論互相衝突，一是「每丁是甲」，一是「無丁是甲」：這就是說：他發覺了自己在承認前提時，犯了錯誤。這樣的犯錯誤，是可能的。

形式三：

肯定論式		否定論式	
盈乙甲	每乙是甲	無戊甲	無戊是甲
盈丙乙	每丙是乙	盈丙戊	每丙是戊
盈丙甲	每丙是甲	無丙甲	無丙是甲

甲：代表「內諸角等於兩直角」

乙：代表「三角」

丙：代表「黑板上畫的三角」

戊：代表「形體界的三角形物體」。（形體界的三角，都不是尺寸精確，絲毫無爽的三角，故不是內諸角等於兩直角）。

註三四〇：

天法元式	一	二	三	四
盈	甲在乙	丙在乙	乙在丙	丙在甲
盈	乙在丙	乙在甲	丙在甲	甲在乙
盈	甲在丙	丙在甲	乙在甲	丙在乙

說明：二、三、四諸式都是來自式一，因為甲乙丙三辭賓辭範圍廣狹相等（外延相等），可以互相換位，每次所構成的新句仍是全稱。參看本卷，章五、六、七：循環互證法：簡稱廻證法。惟需注意「循環互證」，不是「輪廻自證」：前後兩者，大不相同：前者基於三辭的外延相同；故此是邏輯的必然：後者是「前提結論」相混，輾轉自證，等於「無理乞賴」，極不邏輯：史稱「滑輪病」，詳見本卷章十六。為開發新知識，廻證法在客觀方面，效力甚小，但在人的主觀方面，具有教育作用：由人之所已知，給人證出未知的新結論。假設用甲代表人，丙代表「能辯論」，或代表「會笑」，乙代表「有理智」，或「理性動物」。

所謂「甲在丙所在的每主體」有兩種意思：一是「甲在每丙」；二是「丙在每乙，甲在每乙，因為甲在每丙」。根據第一個意思，它是「全稱論句」的分析。根據第二個意思，它是「天法元式」和「全稱定律」的定義，及簡寫。參看註一，內十五號。

註三四一：

天法亨式	地法亨式一、	二、	(人)「天」法	地法亨式三
無乙是甲 每丙是乙 無丙是甲	每丙是乙 無甲是乙 無甲是丙	每乙是丙 無甲是丙 無甲是乙	每乙是丙 無(乙)「甲」是(甲)「乙」 無甲是丙	無甲是丙 每乙是丙 無乙是甲 無甲是乙
原式	甲乙換位	丙乙換位一有效	丙乙換位二無效	丙乙換位三

注意：原文「假設丙和乙換位，則丙也和甲換位」，下面應添「（所得結論是乙甲換位）」，如圖表內「丙乙換位一」所有的論式；否則，用「丙和甲換位」作結論，又用「丙乙換位」作前提，必無法形成有效論式。

註三四二：丙甲換位，論式有效。同於前註「丙乙換位三」所得的論式。

註三四三：「換位從結論出發」，是說將原式結論「甲不在丙」，換位而成「丙不在甲」；「乙在丙」換作「丙在乙」，證出的結論是「乙不在甲」：正是原式「甲不在乙」的換位。論式屬於地法亨式。天法亨式只是在此情形下，可以如此換位。否則無效。有效時，和天法元式換位法相同。詳見前註，並參考註三四〇及註三四一。

註三四四：甲與丙、乙與丁關係相同：都是兩不相等。

論式	說明
一、甲↔乙	假設一
二、丙↔丁	假設二
三、物↔或甲或丙	假設三：（甲丙矛盾）。
四、物↔或甲或丁	結論一、證自三與二
五、物↔或乙或丁	結論二、證自四與一
六、物↔或乙或丙	結論三、證自五與二
七、丙↔丁	結論四、證自四與三
八、甲↔乙	結論五、證自六與五
九、甲非丙、（亦非丁）	結論六、證自三、二、
十、乙非丁、（亦非丙）	結論七、證自九、一、二

符號說明

一、↔：簡單換位。

例：甲是乙、乙是甲，等於說：甲乙相同。

二、物：萬物之總體及每一個。

三、或：排異或字。物是甲或是丙，不可得兼。

四、甲：無始。

五、乙：無終。

六、丙：有始。

七、丁：有終。

八、非：不相等。

註三四五：

論式	說明
一、無始↔無終	假設一：兩者相同
二、非無始↔非無終	結論一證自一
三、有始↔有終	結論二證自二

贅言：非無始⟷有始。非無⟷有。兩者相同，可以兩相換位，互相代替。

註三四六：兩個論式，有六號兩個結論：解釋一：

論式一	論式二	說明
一、甲↔乙		假設一
二、丙↔丁		假設二
三、物↔甲或丙	←物是乙或丁	假設三
四、物非甲	物是乙	結論一證自三
五、物是丙	物非丁	結論二證自三
六、丙非甲	乙非丁	結論三證自三與五

解釋二：「兩個論式，兩個結論」，如下：

第一：

大、凡是一物、或甲或丙，不同時是乙和丁

小、凡是一物，只是或甲或丙

結、無一物同時是乙又是丁

第二：

大、凡是一物，或甲或丙，必是或乙或丁

小、凡是一物，只是或甲或内

結、無一物不是或乙或丁

解釋三：論式一：

大、凡是甲或丙，無一是乙和丁

小、凡是一物，個個是或甲或丙

結、凡是一物，無一是乙又是丁

論式二：

凡是甲或丙都非乙或丁

凡是一物，個個是或甲或丙

凡是一物，無一是乙又是丁

解釋四：相同者兩對互相矛盾的關係圖：

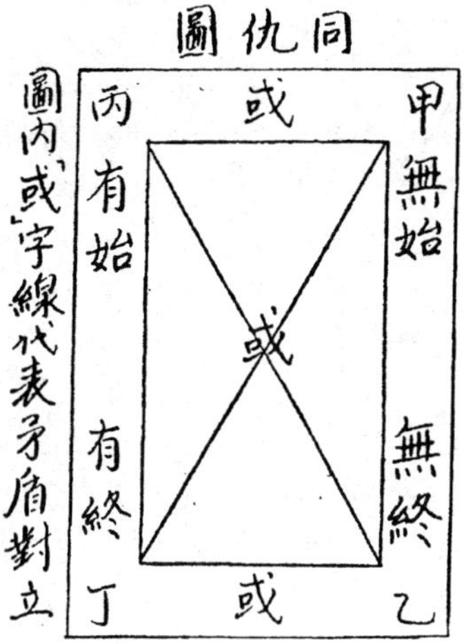

論式一：

前提	結論	理由
一、甲乙相同	四、乙丁矛盾	二、一、三、
二、丙丁相同	五、甲丁矛盾	三、二、
三、甲丙矛盾	六、乙丙矛盾	三、一、

	論式二	論式三
前提	一、甲丙矛盾 二、甲丁矛盾	乙丙矛盾 乙丁矛盾
結論	三、丙丁相同	丙丁相同

論式四

前提	結論	理論
一、乙丙矛盾	四、甲乙相同	一，二。
二、甲丙矛盾	五、丙丁相同	二、三。
三、丁甲矛盾	六、乙丁矛盾	一，五。（三，四。二，四，五。）

說明	論式五	論式六
前提	一、兩丁相同	一、丙丁相同
	二、甲丁矛盾	二、甲丙矛盾
結論	三、甲丙矛盾	三、甲丁矛盾

總說明：註三四，六列舉的四條解釋，形式互異、內容相同。和註三四四、三四六，往復參照，意義自趨明顯。「同仇圖」、說明邏輯的基本關係。本處一切論式，都是根據關係的必然，推演出種種結論。以上三註內所列舉的種種論式，有些是原文明明指出的，有些是原文邏輯必定能有的推演和引申：為明瞭原文的含意，極有幫助；並且各論式的性質和三段論法全不相同。其邏輯的基礎不是賓主間外延的關係，而是「相合者」的同盟，對於共同的敵對方面發生的關係。尤需理會到，此類論式的前提和結論，不但都能模仿三段論法的形式，而且有循環互證的可能。基本的邏輯原則是：和同物相矛盾的兩物，彼此相同。

參看「解釋四」，論式二、和三：「同仇者，相友」。

註三四七：同仇論式的反證法圖解

一、同仇關係圖：

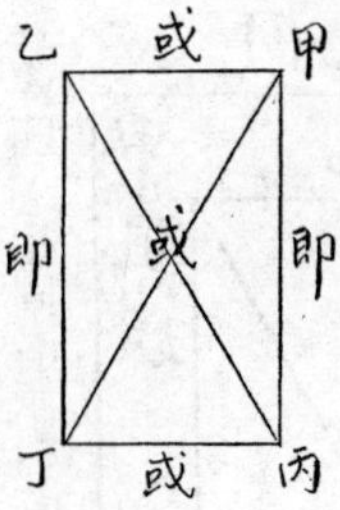

符號說明：

甲或乙：甲乙矛盾。

甲即丙：甲丙相同。

甲乙不可換位。

甲丙可以換位。

二、論式：反證法證實同仇論式：

議程	說明	理由
一、甲乙矛盾	假設一	圖表所示
二、丙丁矛盾	假設二	
三、甲丙相同	假設三	
四、乙丁相同	結論	圖表
五、乙丁矛盾	假設	反證法的前提
六、丁甲相同	結論一、五一	
七、丁丙相同	結論二、六、三	

注意：用反證法證實四號結論乙丁相同；先假設乙丁矛盾、又知甲乙矛盾、甲丁同矛盾與乙，故知甲丁必相同。又因甲丙相同，故七號丁丙相同乃是必然的結論：但它是一錯誤結論，因為它與「二號假設」適相反對。七號既錯，前提必有一錯，因為結論的錯誤生自前提。它錯誤的原因在那一個前提呢？不在一、二、三號，因為那都是原有的假設。不在六號，因為六號的錯誤是來自五號和一號，一號既是不錯，則只剩五號。但是五號錯，四號必真。因為五、四兩號適相矛盾：一方錯，一方必真。如此，從「四號錯誤」的假設，反倒推出了四號必真的結論：達到了反證法的目的；證實了四號必真，反證法的邏輯基本規律是：「甲的否定，肯定甲時，甲必真」，換言之：「否認甲真，甲仍真時，甲必真」：甲的真理是「真金不怕火煉」的：愈煉愈明！甲在此處，代表任何真理的結論：即是代表四號。參看本註內同仇關係圖，

即可瞭如指掌。此「同仇關係圖」和前註內「同仇圖」，在「仇友」的邏輯關係上是相同的，所差的只是符號的用法不相同。一是甲乙矛盾，一是甲乙相同。

註三四八：乙甲全稱，存量換位的條件及效果：

情形一：解釋一：

前提假設五項	
一、甲在全乙	每乙是甲
二、甲在全丙	每丙是甲
三、乙在全丙	每丙是乙
四、甲只在乙或丙	只有乙或丙是甲
五「乙或乙」等於乙。	

必有的結論五條	理由
六、每甲是乙	一、二、三、四、
七、某乙是丙	三、
八、某甲是乙	一、
九、只有乙或乙是甲	四、三、
十、只有乙是甲	九、五、

解釋二：方圖：

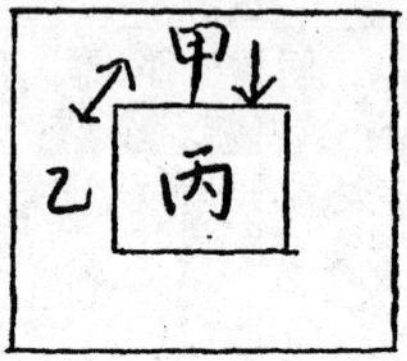

乙的類界，大於丙。乙丙等於甲。故乙甲相等。

情形二：解釋一：

前提假設三項		結論三條	理由
一、甲在全丙	每丙是甲	四、每乙是甲	三、一、
二、乙在全丙	每丙是乙	五、某乙是甲	二、一、四、
三、丙乙相同	丙乙互是	六、某甲是乙	五、一、三、

解釋二：人法元式「盈盈盈」、何時有效？

前提假設三項	結論：兩個論式有效	
一、每丙是甲	每丙是甲	每丙是甲
二、每丙是乙	每丙是乙	每乙是丙
三、每乙是丙	某乙是甲	每乙是甲
	人法元盈盈有	天法元盈盈盈

解釋三：類界方圖：

大前提：每丙是甲
小前提：丙乙相同
結　論：每乙是甲

同異律及其學說——「同異邏輯」，辨別同異，研究自同律、互同律、互異律，及有關的思維法則，是古今邏輯的一個重要課題。「同則同之，異則異之」是邏輯史內的名言，說出了邏輯真理之所在。今將本章，本段，和亞里，《辯證法》卷七，章一，卷一，章七，《駁謬》，章二四等處，綜合比較，可以歸納出以下幾個要點：

甲、同異的分類

一、名異數同——一個主體有兩個不同的名字。

二、數異種同——數目不同的許多主體，屬於相同的種界。例如張李二人同屬於人種，共有相同的人性。

三、種異類同——人是一種，馬是另一種，種性互不相同，但類性相同；同屬於「動物」一類：都是動物。

乙、「同異律」數則

一、互同律：兩物和第三物相同者，彼此相同。格式如下：

前提	甲乙相同
	丙乙相同
結論	甲丙相同

二、同賓律：兩個主辭相同；則其賓辭相同：符號格式如下：

前提	甲乙相同
	甲是丙
結論	乙是丙

567　註三四八

三、同主律：兩個賓辭相同，則共有同一主辭。符號格式如下：

前提	甲乙相同
	丙是甲
結論	丙是乙

四、互異律：有效格式：「甲乙相同，而丙甲互異，則丙乙互異」：

前提	甲乙相同
	丙甲相異
結論	丙乙相異

注意：無效格式：「甲乙相異，丙甲相異；則丙乙相異」。

前提	甲乙相異
	丙甲相異
結論	丙乙相異

五、異賓律：兩個主辭，賓辭不相同，則彼此不同：格式：

前提	乙都是丙
	乙都非丙
結論	甲乙互異

六、異主律：兩個賓辭，主辭不相同，則彼此不相同；格式：

前提　每丙是甲
　　　無丙是乙
結論　甲乙互異

七、無別律二則：第一則：「無別者，故相同」：意思是說：兩物屬性盡同，無法分別，故兩物的本體必定也是相同：外表的特徵盡同，故內中的本性，也是沒有分別。兩物都有人的特徵，故此同是屬於人類。

格式：（丙一、丙二代表所有一切附性）

前提　甲有附性丙一、丙二、
　　　乙也有附性丙一、丙二。
結論　甲乙性體無別

八、無別律第二則：「相同者，故無別」。兩物如果性體相同，則屬性相同：無法別格式

前提　甲乙相同（甲乙無別）
　　　甲有附性丙一，丙二
結論　乙有附性丙一，丙二，

九、互同的貫通律——格式：

前提	甲同於乙	
	乙同於丙	
結論	甲同於丙	

此貫通律，和前第一號互同律，及註一內十五號全稱定律，註一九九聯證法等處所見的貫通律，大同小異，但此處極簡單的格律形式，非亞里所曾明文提及。（參看《形上學》卷四，第七章，註二九）

註三四九：審量論式：審察善惡優劣，分辨得失利病，較量高下程度，由審量論式。茲列圖表如下：

第一：優劣對立圖

圖中「或」字代表「矛盾」：論式一：反證法

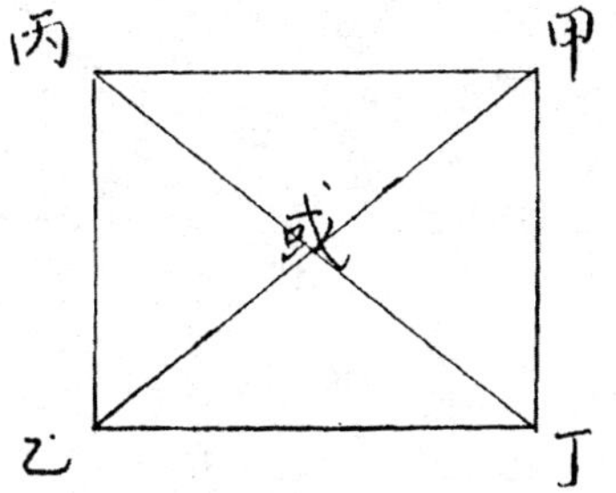

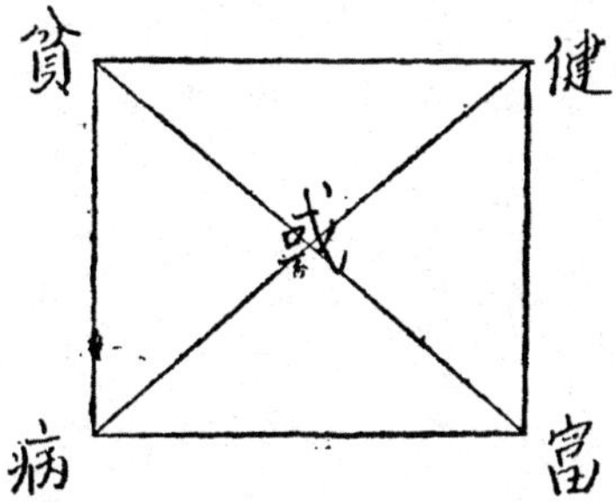

前提假設	結論	反證以上結論	
一、甲優乙劣、矛盾， 二、丁優丙劣、矛盾， 三、甲丙優於乙丁。	四、甲優於丁	五、甲丁同優	六、乙丙同劣 七、甲丙和乙丁同優
		假設	結論

論式一，說明如下：

符號說明：

一、「或」字代表優劣間的矛盾對立。

二、甲：健康。三、乙：疾病、四、丁：富足，丙：貧窮。

論式詳解

一、大原則：甲乙優劣、矛盾對立、優者可取，劣者宜避。甲可取可愛之程度，和乙可恨宜避之程度相等。甲如可愛十分，乙則可恨十分。情誼雖不同，深度相同。

二、論式內，有了前三項假設作前提，必有第四項「甲優於丁」作結論。否則，甲丁同優，丙乙同劣，則甲丙不復優於乙丁。甲丁，各自都是可取十分，丙乙，各自也必是宜避十分。甲丙之合，必將定於乙丁。違反原有的假設。此既不可，故需仍存原論：甲優於丁。甲丁同優不可，乙丙同劣也不可：因為七號錯誤：違反前提的假設，七號的錯誤，來自六號。六號的錯誤來自五號，五號是錯誤的最後根源。五號錯，四號必真。五號由否認四號真，反倒證實了四號必真：故四號必真。論式有效。

論式二至五，見於下註：

註三五〇：回看前註優劣對立圖

	論式二	反證	說明	理論
前提假設	一、甲優於乙 二、丁優於丙 三、甲丙優於乙丁	五、丁優於甲：（可愛十分） 六、丙劣於乙：（可惡十分） 七、甲丙劣於乙丁	假設 結論一 結論二	五、一、二、 六、五、
結論	四、甲優於丁	（七號違犯三號，故是錯誤，來自五號）	四號必真	五號錯

	論式三	論式四	說明
大、	甲乙矛盾	甲乙矛盾	善惡
小、	甲可愛若干分	甲可惡若干分	例如十分
結、	乙則可惡若干分	乙則可愛若干分	同上

參看《辯證法》、卷三、章六。

論式五

前提假設	結論	說明理由
一、甲乙矛盾 一、丙丁矛盾 三、甲是大善 四、丁是小善	五、乙是大惡 六、丙是小惡 七、甲丙優於乙丁	三，一，論式三 四，二，論式三 三，六。五，四。

寧願大善有小惡，不願大惡有小善。

寧受貧而健，不受富而病。寧貧勿病。

論式六至七，見於下註。

註三五一：圖表舉例一：骨然間的「愛憎離合」、優劣比較：

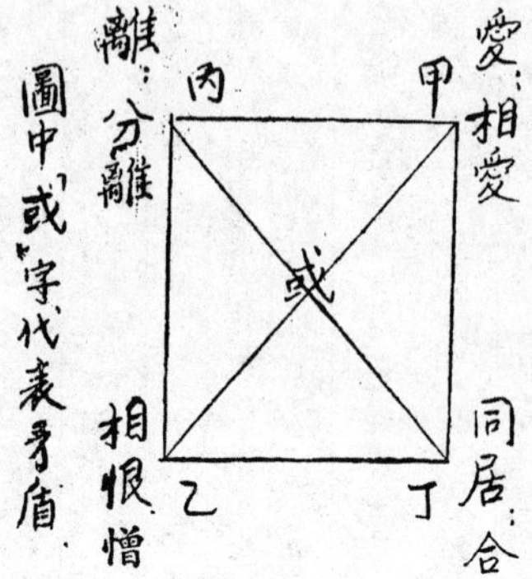

論式六

一、	甲乙矛盾	前提假設
二、	丙丁矛盾	
三、	甲是大善	
四、	丙是小惡	
五、	乙是大惡	
六、	丁是小善	結論
七、	甲丁優於丙乙	
八、	甲丙優於丁乙	
九、	丙乙劣於丁乙？	
十、	乙丙劣於乙丁？	
十一、	甲丁優於甲丙	

圖表舉例二：「行與願」的審量法：

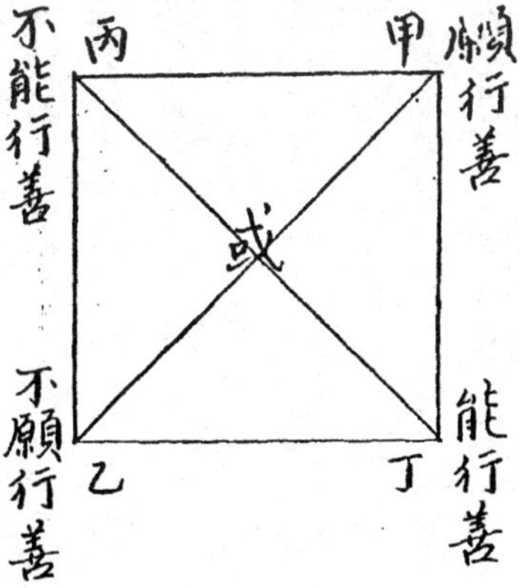

例三：夫婦間的關係：（見於本章原文）

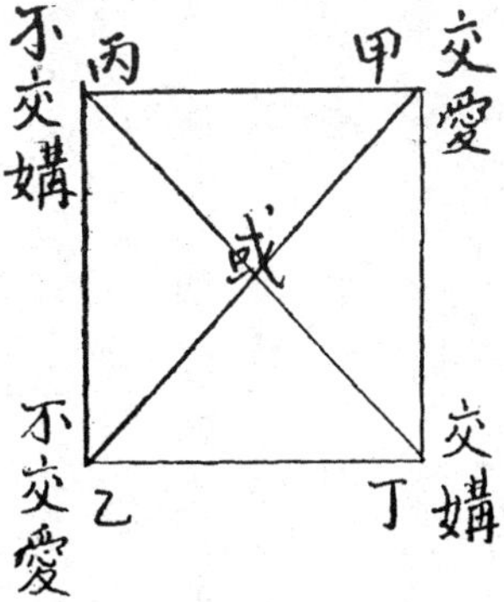

論式七

一、	甲乙矛盾	前提假設
二、	丙丁矛盾	
三、	丙大惡：大不可取	
四、	丙小惡：小不可取	
五、	甲大善	結論
六、	丁小善	
七、	甲丁優於丙乙	
八、	甲丙優於丁乙	
九、	丁乙劣於丙乙？	
十、	乙丙劣於乙丁？	
十一、	甲丁優於甲丙	

從註三四九至註三五一，都是討論優劣的審量法；包括七個論式，依原文議論的次序，排列起來。依邏輯的重要性而論，應有的次序如下：

一：論式三、四：說明基本原理，極為重要。

二、論式一、論式二次之：從基本原理推證出來。

三、論式五、論式六、論式七，尤次之。

註三五一所討論的「愛、憎」等等問題，歷史的材料，取自柏拉圖、喜筵（婚筵）。哲學的意義是分析人類婚媾的精神方面，價值神聖，高於物質方面。在此點上，人理智的自覺，是人類精神生活的一個新進展：明示人類高於禽獸。

論式六、七以內，九號、十號，存為懸案，不是因為邏輯的推證，找不到答案，而是因為明確的答案，不見於原文。根據各論式，共有的假設可以推證：丙乙或乙丙，劣於丁乙、或乙丁：因為甲可取十分，乙則宜避十分。丁既劣於甲，則丁如可取五分，丙則宜避五分。用正負數計算起來：負數十加負數五，得負數十五，正數五加負數十，得負數五。負數十五尤劣於負數五：有三倍之多。畫圖明示如下：

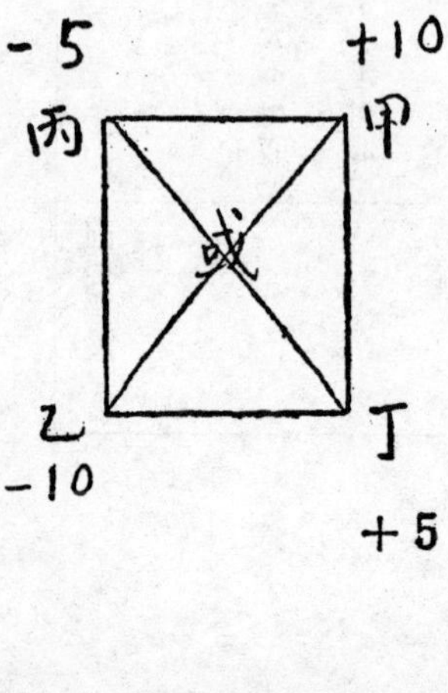

上圖用數理的測算，適足以證實各論式的各項結論。

依此估計，已結婚的夫婦，實行離婚是不合邏輯的。家庭骨肉的斷情分居、也是劣於斷情同居。真願相恨，與其分離相恨，不如同居相恨。不真願相恨，更是與其分離，不如同居。或願相恨，或不願相恨，都應同居、參考註二三三內第九號。

註三五二：歸納法的定義

先假設有甲乙丙三辭，再假設甲是首辭、大辭，乙是中辭，丙是尾辭、小辭。然後，不用乙證甲在丙，卻另加一個假設：即是假設乙在丙，丙在乙，丙乙可以換位，因此，用小辭丙作中辭證明首辭甲是中辭乙的全稱賓辭：這樣的推證法叫作「歸納法」。它和演繹法的程序，正相反：演繹法是用中辭乙證明大辭甲是小辭丙的全稱賓辭。簡圖展示如下：

論證法	小前提	大前提	結論	背後的假設
演繹法：	丙是乙	乙是甲	丙是甲	丙乙甲 小中大
歸納法：	乙是丙一、二、 丙一、二、是乙	丙一、二、是甲	乙是甲	中小大 乙丙甲

註三五三：用符號畫表，詳細分析，歸納法的基本形式：背後都假設「每乙是丙一或丙二」：

一、模仿天法元式：

	句法一：用「不是……便是」	句法二：用「或」
大、	丙一和丙二都是甲，	丙一和丙二個個是甲，
小、	每乙不是丙一便是丙二	每乙都是丙一或丙二，
結、	每乙是甲。	每乙是甲。

二、模仿註五四八人法元式：

大、丙一和丙二都是甲
小、丙一和丙二都是乙
（每乙是丙一或丙二）
結、每乙是甲。

三、模仿地法：

每甲是丙一或丙二，
每乙是丙一或丙二，
每乙是甲。

參看註二二三，註三五四—五。

註三五四：名辭舉例

大：人、馬、驢三類，每類及每個都壽數長遠。
小：（假設）每個無膽動物不是人，便是馬，或驢；人、馬、驢三類，每類及每個都是無膽動物。
結：每個無膽動物都是長壽的。

換言之：

大：每個人、每匹馬、每隻驢都是長壽的，
小：每個無膽動物只會是人，或馬，或驢，每人、每馬、每驢都是無膽動物
結：每個無膽動物都是長壽的。

請參看註二二二。

註三五五：亞里邏輯中歸納法的特點：

一、柏拉圖的歸納法是從有形的事物歸納出無形的純理：見有形的圓，例如圓月、圓窗、圓球、圓輪，是眼目所見的形象。形象的圓不是純正的真圓。但是人不但有眼目，而且有理智觀察許多不真圓的形

象，人的理智自然會發現「真圓本體」；它是「圓的定義」：「環周線各點距離中心點，長度相等」。這個定義是「真圓的純理」，又是它「至善的本體」。它純全至善的程度，非有形世界任何圓形所可比擬：眼見其缺而不全的形象，心悟其全善全美的純理，反心回省，內悟己心神明，超越有形世界：從有形世界的繁亂、虛幻，粗陋，上達無形世界，純理的整齊統一，真實精美。這樣從形界萬殊反歸純理至一的超悟過程：叫作歸納。這樣的歸納法，偏重心理：屬於心理學，（認識論和教育心理）。亞里的歸納法，不否認心理的方面，但不屬於心理學：純粹屬於《邏輯學》，詳加數語如左：

二、亞里和蘇格拉底——《邏輯學》所談的歸納法，專注意議論的程序和規格：就概念和名辭的邏輯特性，說明甲乙丙三辭所有的賓主關係；並說明它們排列起來構成大小前提和結論，必有什麼假設和格式，始能成為有效的論式。它的效用是從許多個例中，歸納出全類共同的特性、本質和原理。首先助人，發現事物類名種名間的賓主關係：因以構成全稱的論句，或說明事物的本體定義，或說明萬類至公、或一類大公的原理，不但指明一類之自同，而且同時指明有關諸類之互異：藉以分辨是非同異，釐定善惡優劣。有些歷史家認為亞里的邏輯歸納法，和蘇格拉底的歸納法相同，和柏拉圖的歸納法相異。亞里本人，在《形上學》，卷十二，章四，曾稱讚蘇克說：「有兩大事，人人歸功於蘇克：一是歸納法的論證，一是公名的定義。這兩件事關係科學性知識的基本和發端」。緊接著又說：「但蘇克並沒有主張公名所指的純理、或定義是離開形體，獨立生存的實體，故不可將蘇公和許多有這樣主張的人，等量齊觀」！從此可見亞里的歸納法是追述學統的高祖蘇克；和柏拉圖門下諸生、所嚚嚷的歸納法，是名同實異的。柏拉圖的歸納法目的不同，工夫也不同：富有神祕性的修養，彷彿是心靈的醒悟和超渡，體驗塵界的虛美，而使所謂天涯淪落的靈智、回憶未淪落以前，與生俱有的，先天的神界純理。所以柏拉圖的歸納法，就是這個心靈的「醒悟」和「純理的回憶」：和亞里的歸納法論式，止於論式的形式分析，全不相同。

三、明證性的歸納法、和辯證性的歸納法——演繹法，分明證與辯證兩種，歸納法，亦然。明證是從明確的前提，用有效的論式證出明確的結論。辯證，是「從是非矛盾」的兩端，反覆論辯，各執一端，從較優的前提，推證較優的結論。所謂「較優」，是比較更接近真理：不是明確無疑的。歸納法的首要前提，是「個例的遍察枚舉」。完全周遍，一無遺漏者，是完全明確的歸納法。不完全而適足周遍者，雖有遺漏，無傷大體：仍是明確的歸納法。不適足的觀察，遺漏低過水準，依其降低的程度，而減少其明確性：遂產生辯證性的歸納論式：所得結論的確實程度，介於「明確無疑」和「遑惑不定」之間：僅可結論說：如此更好；或說：大概如此。歸納法，觀察個例。例證法，也觀察個例。但兩不相同。詳見下章。

（在原文內，及各註）。

註三五六：例證法的本質

甲、零整間的關係與論式：賓辭和主辭的關係，是零整關係。賓辭的廣闊——（外延）——彷彿是整體。主辭的狹窄，是賓辭範圍內的一部分，彷彿是零星。一切定言的論法，都是建立在這個零整關係上。用這個關係去分析演繹、歸納，和例證的構造，可以看到三者的本質：簡單說去：

一、演繹法——是從整到零的議程：從整體到部分、從普遍到特殊。

二、歸納法——是從零到整的議程：從部分到整體，從特殊到普遍。

三、例證法——是從零到零的議程：從部分到部分；從特殊的事例到另一特殊的事例。例如，原文內：從侵富之不利，證明侵戴之不利。本處原文符號：甲代表「不利」，乙代表「侵鄰」，丙代表「侵戴」，丁代表「侵富」。參看註三七一。

乙、例證法與因明的「喻法」相似——因明論式或三支，「宗，因，喻」；或五支，「宗因、喻、合結」；都在第三支提出「喻」。實例如下：

五支式：

一、宗：彼山有火，

二、因：為有煙故，

三、喻：猶如竈等：於竈見其有煙與有火。

四、合：彼山如是，亦是有煙；

五、結：故彼山有火。

用同樣符號：甲代表有火，乙代表有煙，丙代表彼山，丁代表竈等。參考註三七一。

三支式：

一、宗：彼山有火，

二、因：為有煙故。

三、喻：若是有煙，見彼有火：猶如竈等。

從以上的典型實例，可以看到本論式的邏輯本質是因果關係，不是零整關係。火是因，煙是果。「有果必有因」。故此，知某處有果，必能推知某處有因。為旁證這個普遍的原理，針對討論的事例，提出同類的另一事例，旁證結論的正確。因明的邏輯本質雖然和亞里的定言論法，全不相同，但例證法的運用卻甚相似：都是用「特例旁證特例」。

註三五七：例證法分明證和辯證兩種，和演繹、歸納等法相同。參看註三六五及註五三。明證性的例證法，簡稱例證法。辯證性的例證法叫作「半解例證法」，簡稱「半解論式」。都是因為小前提有欠明顯，所能找到的例證並無充足的證明力；但有些人為了某種稀有的、「似而不像」的事例，或迂遠縹緲的學說或假設；認為小前提不是全無可能。在這種情形下，結論有成立的幾分理由：不是明確無疑的，而是辯證性的：有一點兒可能是，但又大概不是。比「全然可疑，或可非」略進步了一些。實例見正文。參看註五三。

註三五八：用例證法駁倒對方的某前提，叫作抗議，也叫作設難。有全稱抗議和特稱抗議兩種，只能用天人二法（間或用物法。地法複雜，不可用）。論式舉例：

對方原論：

大、凡是對立事物都屬於同一學科，

小、凡是衝突事物都是對立事物，

結、凡是衝突事物都屬同一學科。例如醫學研究疾病和健康。

己方抗議：式一：人法利式

大、知某甲與不知某甲不屬於同一學科；

小、「知某甲與不知某甲」是衝突事物；

結、有些衝突事物不屬於同一學科，例如中辭所舉抗議式二：天法亨式大、彼此不相容的事物、都不能屬於同一學科，

小、衝突的事物都是彼此不相容的事物，

結、衝突的事物都不能屬於同一學科。（例如炭火和冰雪。研究炭火屬於礦學研究冰雪不屬於礦學）。

參看亞里著《演說學》，卷二、章廿五。

註三五九：簡便與簡略：

簡便論式，也叫簡體論式，或略體論式，這是後代邏輯通用的名辭，並且合乎希臘字源。但在本章，亞里所談的簡便論式，只是簡便，而不常是簡略。用估量或診驗的論式，內容簡易，思路便捷，故謂之簡便論式。在文辭的議程上，有時簡略，有時不簡略。簡略論式是狹義的簡便論式。

註三六〇：此處說，第二論法診驗論式有效。前章卻說「診驗論式」不得用第二論法。不是兩處互相矛盾：因為欲證的結論不同。

註三六一：同上。

註三六二：診驗、考驗、符號、證據等等名辭所有邏輯區別，都屬於歸納法，各有意義和重要性。回閱章二三及註三六六。

註三六三：性情是因，面貌是果。觀果知因，用歸納法。有許多事例足資證驗：人工的：例如音樂的修養，改變人的心情和容貌；天然的：人和其他動物相貌體態，往往表現同類共有的特性和神情。

註三六四：一性一徵，逐類相推，是歸納法的第一法則。相同者可以類推，故可觸類旁通。異類的物

體，能有某某特性，彼此相同。「同則同之」，是歸納法的積極工作之一。

註三六五：「異則異之」，是說：彼此相異的性情，有彼此相異的外表。兩個性情，某種動物兼有兩者，某種動物只有其一。足見兩個性情不同。察其動物的外貌，可見到代表那兩個性情的特徵，也是彼此不同：論式如下：

問：丙丁異否？		答：丙丁相異
1.甲乙相同 2.甲有丙　丁 3.乙有丙　丁	4.戊已相同 5.戊有丙而無丁 6.已有丁而無丙	7.性情：丙丁不同。 8.外表：丙丁不同。比較甲乙戊已，可知

以上是歸納法所用的別異法。是歸納法的第二法則：目的是「求異」。前註第一法則是「求同」。先知同，然後求知異。同中不必有異。異中卻必先有兩端的自同而後互異。先同後異，次第必然，無法顛倒。知同類之自同，又知異類之互異，則已知物類固有的定義和界說：歸納法的首要目的即已達到。

註三六六：論式實例：參看註三五三。

	天法元式一	天法元式二	地法；和天法（利式）
大：	每甲是乙 每乙是甲	乙一和乙二都是甲	每甲是乙 有乙是甲
小：	每丙是乙	每丙是乙一或乙二	每丙是乙
結：	每丙是甲	每丙是甲	有乙是丙　無效 有丙是甲　無效
	有效	有效	常無效

以上論式有效的原因，是大前提的賓主，不減原量，可以簡單換位。其餘論式無效的原因，或天法，或地法，都是因為大前提不能賓主簡單換位。人法，大前提不換位，只有小前提換位時，也證不出全稱的肯定論句：即是證不出每丙是甲來。必須大前提由每甲是乙，換成每乙是甲方可。

「賓主換位」，在此處是不變量的（簡單）換位。它是「遍察枚舉」的效果，不是「遍察枚舉」自身。所謂「遍察枚舉」，只是全稱論句的賓稱作用，不是實際上逐一點驗某類全數的主體：那是不可能的：例如「人是理性動物」，是「遍察枚舉」歸納得來的效果，即是證出的結論：同時，它有「遍稱枚舉」的賓稱作用：但無人在實際上，真曾逐一察驗過古往今來的每一個人。又如「每個圓形，是周線各點，距離中心點，長度相同」；無人真曾察驗過古往今來所有的圓形。這是不可能的，也是不必要的。只察驗少數形體，足以建立其普遍定義或原理而後止。普遍的定義，或原理：賓主常能簡單換位，保持全稱論句的原量，不稍變更或增減。這是普遍定義的特性，也是歸納法結論美滿的保證。「賓主換位，不減量」，是歸納法有效的要訣。足證亞里所談的歸納法，仍是「賓主關係」之邏輯的一部分；和現代科學不以賓主關係為砥柱的歸納法，目的不同，方法也不同。但在議程的動向上，都是遍察枚舉，從特殊事物的實例，究察普遍的定義和公理。換言之：都是「隨事體察，即物窮理。」

最後注意以下數點：

一、歸納法：甲、半解論式和抗議法附屬於例證法。半解論式，實例稀少，或絕無僅有，而且是不明確的例證法。抗議法是反駁對方某前提時所用的例證法。

乙、診驗法和例證法附屬於歸納法。都是不完善的歸納法。診驗法根據因果關係，及與因果關係相聯繫的「符驗作用」，援引某些事例，作符號和憑據，因以推證其足以徵驗的結論：推知古往今來：某事的有無或如何。

例證法是用平列的兩個事例，由已知的一個，旁證另一個。從此可見診驗法和例證法是歸納法總類中的兩個分類。

丙：歸納法和演繹法—分析演繹法的定言論式，發現「甲因丙而在乙」，三辭賓主換位，句量不變，仍是全稱時，小辭乙就可以作中辭，證明：「甲因乙而在丙。」用小辭乙指示丙類中，每一個分類和個體：證明甲是丙的全稱賓辭。如此換位而得的新論式：是歸納法的典型論式，回看本卷章廿三，註三五三。如此說來，歸納法的論式，是定言論式，並且是演繹法的倒裝：演繹法是「大甲因中丙而在小乙。」歸納法是「大甲因小乙而在中丙。」乙丙二辭相較：乙枚舉主體，丙指明公有的物性：乙特殊，丙普遍。由特殊驗知普遍，是歸納。由普遍推知特殊是演繹。論證的議程，有乙丙兩端：一個議程，有兩個動向：一往一返，或從乙到丙，謂之歸納。或從丙到乙，謂之演繹。「往返」，是賓主換位，句量不變。所謂句量不變，就是論句的「全稱」，常存不變。（句有二性，一肯定，一否定。句有二量，一全稱，一特稱）。看清了「議程」是名辭間賓主廣狹的比較關係，便可理會到歸納和演繹的議論，是建築在這同樣的關係上：在外延上，名辭間的關係：也就是類名和種名之間的關係。現代科學所用的歸納法，不以已知名辭間的賓主關係為觀察的中心點，和亞里本書中的用意完全不同。亞里在《形上學》及其他書中，討論普遍的知識如何產生，並分析覺性知識、「回憶」、「比較」、「實驗」、「抽象」等等工作和「理性知識」的關係：從覺性到理性的知識過程，包括許多成分，和現代科學的歸納法相同。必欲將現代科學的歸納法，和亞里的「求知方法」相比較，不可只和本書的歸納法相比；尚需和亞里的「認識論」和「求知方法」詳細比較。現代科學的歸納法，屬於「認識論」和「方法論」；不屬於「三段論法」。亞里的歸納法屬於「三段論法」，不屬於「認識論」和「方法論」；純是屬於「形式邏輯」。

二、演繹法——總結本編上下兩卷，全書所論，足見演繹法是亞里研究的主要材料。所謂「演繹」就是「推演尋繹」，其工作和目的是淮南追述古哲所說：「見本而知末，觀指而睹歸」。從前提所指的大本大原，推證結論必至的最深真理：格物窮理，窮究深追，歸到最後止底而後止。「知止而後有定」。演繹法的論式，分兩種：一是定言論式，一是假言論式。詳見註二二一。在亞里所著邏輯，現存諸書中，假言論法所佔的位置，至為輕微。主要篇幅全是討論定言論式。故此，演繹性的定言論式是亞里邏輯史料的大宗。

亞里的歷史貢獻，是給各種定言論式，作了系統化和形式化的分析：找出了論式，有效和無效的，定格：詳明準確，並可畫成圖表。詳見各章註解。人間議論，千奇萬妙，公式數目有限；用符號畫成圖表；按圖考驗，乃可知論式有效無效。亞里是形式邏輯和符號邏輯的啟發者。

附　錄

附錄一：定言的常態論式中西對照表：

表一：

天法	元盈盈盈		亨無盈無		利盈有有		貞無有虧	
	1.Barbara		2.Celarent		3.Darii		4.Ferio	
天法換位論式	元盈盈有	增量換有	亨無盈無	結論換無	利盈有有	結論換有	貞盈無虧	移盈換無
	5.Baralipton		6.Celantes		7.Dabitis		8.Fapesmo	
							貞有繁虧	有無換移
							9.Frisesomorum	
地法	元盈虧虧	反證歸天	亨無盈無	前提換無				
			10.Cesare					
			亨盈亨	兩無換移			貞無有虧	換無得無
			11.Camestres				12.Festino	
	13.Baroco							

法人	元虧盈虧	反證歸天			利盈盈有	小盈換減	貞無盈虧	減量換盈
					14.Darapti		17.Felapton	
					利有盈有	兩有換移	貞無有虧	換有歸天
					15.Disamis		19.Ferison	
					利盈有有	結論換有		
					16.Datisi			
	18.Bocardo							
法物	元盈盈有	移盈換有	亨盈無無	移無換無	利有盈有	移盈換有	貞無盈虧	換無歸天
	20.Bramantip		21.Camenes		22.Dimaris		23.Fesapo	
							貞無有虧	有無兩換
							24.Fresison	

表二：	中文	西文	參考	法論
一	元盈盈盈。（元盈盈有）	Barbara（Barbari）	註十五	式論善完法天
二	亨無盈無。（亨無盈虧）	Celarent（Celaront）		
三	利盈有有。	Darii		
四	貞無有虧。	Ferio		
五	元盈盈有，增量換有。	Baralipton	註十五、內十二，圖解	法天
六	亨無盈無，結論換無。	Celantes	Celantop　亨無盈虧	

換位論式	七	利盈有有，結論換有。	Dabitis	
	八	貞盈無虧，移盈換無。	Fapesmo	
	九	貞有無虧，有無換移。	Friseom	
地法論式	十	亨無盈無，前提換無。	亨無盈虧 Cesare（Cesaro）	註三二，圖解。
	十一	亨盈無無，兩無換移。	Camestres	Camestrop 亨盈無虧
	十二	貞無有虧，換無得無。	Festino	
	十三	元盈虧虧，反證歸天。	Baroco	
人法	十四	利盈盈有，小盈換減。	Darapti	註五二、圖解；註七四
	十五	利有盈有，兩有換移。	Disamis	註五七
	十六	利盈有有，結論換有。	Datisi	註五八
	十七	貞無盈虧，減量換盈。	Felapton	註五四
	十八	元虧盈虧，反證歸天。	Bocardo	註五九
	十九	貞無有虧，歸天換有。	Ferison	註六四
物法	二〇	元盈盈有，移盈增有。	Bramantip	註一九〇
	二一	亨盈無無，移無換無。	Camenes	亨盈無虧 Calemes. Calemop（Camenop）
	二二	利有盈有，移有換有。	Dimaris	
	二三	貞無盈虧，換無歸天。	Fesapo	
	二四	貞無有虧，有無兩換。	Fresison	

上表符號說明：一、「換」：賓主換位，例：「換有甲是乙，成有乙是甲」。二、「減」：減量換位：例：「盈甲乙」，換成「有乙甲」。三、「小」：小前提。四、「歸天」：改歸天法。五、「移」：大小前提移換位置。六、「增」：增量換位：例：換「有甲丙」成「盈丙甲」

表三：天法完善論式

中文	西文	中文、西文
既盈乙甲 又盈丙乙 故盈丙甲	A M P A S M A S P	一、既盈乙甲，又盈丙乙，故盈丙甲。 1.CKAbaAcbAca　A ba / A cb / A ca
既無乙甲 但盈丙乙 故無丙甲	E M P A S M E S P	一、既無乙甲，但盈丙乙，故無丙　E ba / A cb / E ca 1.CKEbaAcbEca
既盈乙甲 又有丙乙 故有丙甲	A M P I S M I S P	一、既盈乙甲，又有丙乙，故有丙甲。 1.CKAbaIcbIca　A ba / I cb / I ca
既無乙甲 但有丙乙 故虧丙甲	E M P I S M O S P	一、既無乙甲，但有丙乙，故虧丙甲。 1.CKEbaIcbOca　E ba / I cb / O ca

地、人、物、諸法論式、仿此、不另。

天法元亨利貞符號的另兩形式

表四：「是」字的語法			表五：「在」字的語法		
乙　盈　甲	每乙是甲	MAP	甲　盈　乙	甲在每乙	PaM
丙　盈　乙	每丙是乙	SAM	乙　盈　丙	乙在每丙	MaS
丙　盈　甲	每丙是甲	SAP	甲　盈　丙	甲在每丙	PaS
乙　無　甲	無乙是甲	MEP	甲　無　乙	甲不在任何乙	PeM
丙　盈　乙	每丙是乙	SAM	乙　盈　丙	乙卻在每丙	MaS
丙　無　甲	無丙是甲	SEP	甲　無　丙	甲不在任何丙	PeS
乙　盈　甲	每乙是甲	MAP	甲　盈　乙	甲在每乙	PaM
丙　有　乙	有丙是乙	SIM	乙　有　丙	乙在某丙	MiS
丙　有　甲	有丙是甲	SIP	甲　有　丙	甲在某丙	Pis
乙　無　甲	無乙是甲	MEP	甲　無　乙	甲不在任何乙	PeM
丙　有　乙	有丙是乙	SIM	乙　有　丙	乙在某丙	MiS
丙　虧　甲	有丙非甲	SOP	甲　虧　丙	甲不在某丙	PoS

注意：地、人、物諸法仿此。不另。表五優越：最合邏輯需要。

表五的另幾種形式：依漢文直線豎寫：

一、

	在字語法的符號次序	在字語法
元	甲盈乙，乙盈丙：甲盈丙。	甲在每乙，乙在每丙：甲在每丙
亨	甲無乙，乙盈丙：甲無丙。	無甲在乙，乙在每丙：無甲在丙
利	甲盈乙，乙有丙：甲有丙。	甲在每乙，乙在某丙：甲在某丙
貞	甲無乙，乙有丙：甲虧丙。	無甲在乙，乙在某丙：甲不在某丙

二、

	是字語法的符號次序	是字語法
元	丙盈乙，乙盈甲：丙盈甲。	每丙是乙，每乙是甲：每丙是甲
亨	丙盈乙，乙無甲：丙無甲。	每丙是乙，無乙是甲：無丙是甲
利	丙有乙，乙盈甲：丙有甲。	有丙是乙，每乙是甲：有丙是甲
貞	丙有乙，乙無甲：丙虧甲。	有丙是乙，無乙是甲：有丙非甲

三、線圖：

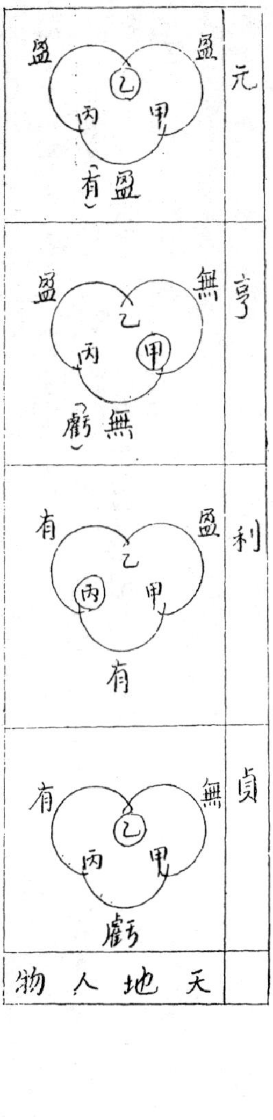

以上線圖用法：

一、天法用乙作中辭，甲作首辭，丙作尾辭。

二、地法用甲作中辭，乙作首辭，丙作尾辭。

三、人法用丙作中辭，甲作首辭，乙作尾辭。

四、物法用乙作中辭，丙作首辭，甲作尾辭。

五、每法大小前提的位置前後可隨意顛倒。

附錄二：定言的有態論式中西對照表

常態論句是不標明態辭的通常論句，也叫作無態論句。

表格用法：

結論格內標明論句及態辭符號者是有效論式；餘者無效，却是同樣重要的知識。

有問號「？」的論式，原式無效，變式有時有效；或反之：原式有效，含義必生的變式，卻有時無效。

符號說明

天　法：代表第一論法
地　法：代表第二論法
人　法：代表第三論法
物　法：代表第四論法
甲乙丙：代表首中尾三辭
A：盈：代表全稱肯定論句
E：盈：代表全稱否定論句
I：有：代表特稱肯定論句
O：虧：代表特稱否定論句
L：必：代表必然論句
M：能：代表或然論句
Z：常：代表常態論句

天法，原位論式

乙	甲	A	L	L	Z	M	M	Z	M	L	A	L	L	Z	M	M	Z	M	L
丙	乙	A	L	Z	L	M	Z	M	L	M	A	L	Z	L	M	Z	M	L	M
丙	甲	A	L	L	Z	M	M	M	M	M	I	L	L	Z	M	M	M	M	M
		—	—	—	—	—	—	—	—	—	—	—	—	—	—	—	—	—	—
		A	L	L	Z	M	M	Z	M	L	A	L	L	Z	M	M	Z	M	L
(同上)		E	L	Z	L	M	Z	M	L	M	E	L	Z	L	M	Z	M	L	M
		E	—	—	—	M?	—	M?	—	M?	O	—	—	—	M?	—	M?	—	M?
		—	—	—	—	—	—	—	—	—		—	—	—	—	—	—	—	—
		A	L	L	Z	M	M	Z	M	L									
(同上)		I	L	Z	L	M	Z	M	L	M									
		I	L	L	Z	M	M	M	M	M									
		—	—	—	—	—	—	—	—	—									
		A	L	L	Z	M	M	Z	M	L									
(同上)		O	L	Z	L	M	Z	M	L	M									
		O	—	—	—	M?	—	M?	—	M?									
		—	—	—	—	—	—	—	—	—									

	E	L	L	Z	M	M	Z	M	L
(同上)	A	L	Z	L	M	Z	M	L	M
	E	L	L	Z	M	M	M	M	Z
									M
	—	—	—	—	—	—	—	—	—

	E	L	L	Z	M	M	Z	M	L
(同上)	E	L	Z	L	M	Z	M	L	M
	E	—	—	—	M	—	M	—	Z
									M
	—	—	—	—	—	—	—	—	—

	E	L	L	Z	M	M	Z	M	L
(同上)	I	L	Z	L	M	Z	M	L	M
	O	L	L	Z	M	M	M	M	Z
									M
	—	—	—	—	—	—	—	—	—

	E	L	L	Z	M	M	Z	M	L
(同上)	O	L	Z	L	M	Z	M	L	M
	O?	—	—	—	M	—	M	—	Z
									M
	—	—	—	—	—	—	—	—	—

E	L	L	Z	M	M	Z	M	L
A	L	Z	L	M	Z	M	L	M
O	L	L	Z	M	M	M	M	Z
								M
—	—	—	—	—	—	—	—	—

E	L	L	Z	M	M	Z	M	L
E	L	Z	L	M	Z	M	L	M
O?	—	—	—	M	—	M	—	Z
								M
	—	—	—	—	—	—	—	—

I	L	L	Z	M	M	Z	M	L	O	L	L	Z	M	M	Z	M	L
A	L	Z	L	M	Z	M	L	M	A	L	Z	L	M	Z	M	L	M
—	—	—	—	—	—	—	—	—		—	—	—	—	—	—	—	—
—	—	—	—	—	—	—	—	—		—	—	—	—	—	—	—	—
I	L	L	Z	M	M	Z	M	L	O	L	L	Z	M	M	Z	M	L
E	L	Z	L	M	Z	M	L	M	E	L	Z	L	M	Z	M	L	M
—	—	—	—	—	—	—	—	—		—	—	—	—	—	—	—	—
—	—	—	—	—	—	—	—	—		—	—	—	—	—	—	—	—
I	L	L	Z	M	M	Z	M	L	O	L	L	Z	M	M	Z	M	L
I	L	Z	L	M	Z	M	L	M	I	L	Z	L	M	Z	M	L	M
—	—	—	—	—	—	—	—	—		—	—	—	—	—	—	—	—
—	—	—	—	—	—	—	—	—		—	—	—	—	—	—	—	—
I	L	L	Z	M	M	Z	M	L	O	L	L	Z	M	M	Z	M	L
O	L	Z	L	M	Z	M	L	M	O	L	Z	L	M	Z	M	L	M
—	—	—	—	—	—	—	—	—		—	—	—	—	—	—	—	—

天法，換位論式

乙	甲	A	L	L	Z	M	M	Z	M	L	O	L	L	Z	M	M	Z	M	L
丙	乙	A	L	Z	L	M	Z	M	L	M	A	L	Z	L	M	Z	M	L	M
甲	丙	I	L	L	Z	M	M	M	M	M	—	—	—	—	—	—	—	—	—
		—	—	—	—	—	—	—	—	—	—	—	—	—	—	—	—	—	—
		A	L	L	Z	M	M	Z	M	L	O	L	L	Z	M	M	Z	M	L
(同上)		E	L	Z	L	M	Z	M	L	M	E	L	Z	L	M	Z	M	L	M
		O	L	L	Z	M?	M	M	M	Z M	—	—	—	—	—	—	—	—	—
		—	—	—	—	—	—	—	—	—	—	—	—	—	—	—	—	—	—
		A	L	L	Z	M	M	Z	M	L	O	L	L	Z	M	M	Z	M	L
(同上)		I	L	Z	L	M	Z	M	L	M	I	L	Z	L	M	Z	M	L	M
		I	L	L	Z	M	M	M	M	M		—	—	—	—	—	—	—	—
		—	—	—	—	—	—	—	—	—		—	—	—	—	—	—	—	—
		A	L	L	Z	M	M	Z	M	L	O	L	L	Z	M	M	Z	M	L
(同上)		O	L	Z	L	M	Z	M	L	M	O	L	Z	L	M	Z	M	L	M
		—	—	—	—	—	—	—	—	—		—	—	—	—	—	—	—	—
		—	—	—	—	—	—	—	—	—		—	—	—	—	—	—	—	—

	E	L	L	Z	M	M	Z	M	L
(同上)	A	L	Z	L	M	Z	M	L	M
	E	L	L	Z	M	M	M	M	Z
									M
	—	—	—	—	—	—	—	—	—

E	L	L	Z	M	M	Z	M	L
A	L	Z	L	M	Z	M	L	M
O	L	L	Z	M	M	M	M	Z
								M
	—	—	—	—	—	—	—	—

	E	L	L	Z	M	M	Z	M	L
(同上)	E	L	Z	L	M	Z	M	L	M
	E?	—	—	—	—	—	M	—	Z
									M
	—	—	—	—	—	—	—	—	—

E	L	L	Z	M	M	Z	M	L
E	L	Z	L	M	Z	M	L	M
O?	—	—	—	M	M	M	M	Z
								M
	—	—	—	—	—	—	—	—

	E	L	L	Z	M	M	Z	M	L
(同上)	I	L	Z	L	M	Z	M	L	M
	—	—	—	—	—	—	—	—	—
	—	—	—	—	—	—	—	—	—

	E	L	L	Z	M	M	Z	M	L
(同上)	O	L	Z	L	M	Z	M	L	M
	O	—	—	—	—	—	—	—	—
	—	—	—	—	—	—	—	—	—

I L L Z M M Z M L
A L Z L M Z M L M
— — — — — — — — —
— — — — — — — — —
I L L Z M M Z M L
(同上) E L Z L M Z M L M
O L Z L M M M Z M
— — — — — — — M —
I L L Z M M Z M L
I L Z L M Z M L M
— — — — — — — — —
— — — — — — — — —
I L L Z M M Z M L
O L Z L M Z M L M
— — — — — — — — —

地	法									
乙	甲	A	L	L	Z	M	M	Z	M	L
丙	甲	A	L	Z	L	M	Z	M	L	M
丙	乙	—	—	—	—	—	—	—	—	—
		—	—	—	—	—	—	—	—	—

	A	L	L	Z	M	M	Z	M	L	A	L	L	Z	M	M	Z	M	L
(同上)	E	L	Z	L	M	Z	M	L	M	E	L	Z	L	M	Z	M	L	M
	E	L	Z	L	M?	M	M?	Z M	M?	O	L	Z	L	M?	M	M?	Z M	M?
	—	—	—	—	—	—	—	—	—		—	—	—	—	—	—	—	—

	A	L	L	Z	M	M	Z	M	L
	I	L	Z	L	M	Z	M	L	M
	—	—	—	—	—	—	—	—	—
	—	—	—	—	—	—	—	—	—

	A	L	L	Z	M	M	Z	M	L
(同上)	O	L	Z	L	M	Z	M	L	M
	O	—	Z	Z	—	—	—	—	—
	—	—	—	—	—	—	—	—	—

	E	L	L	Z	M	M	Z	M	L
(同上)	A	L	Z	L	M	Z	M	L	M
	E	L	L	Z	M?	M?	M	M?	Z
									M
	—	—	—	—	—	—	—	—	—

	E	L	L	Z	M	M	Z	M	L
(同上)	E	L	Z	L	M	Z	M	L	M
	E?	—	—	—	—	M	M	Z	Z
								M	M
	—	—	—	—	—	—	—	—	—

	E	L	L	Z	M	M	Z	M	L
(同上)	I	L	Z	L	M	Z	M	L	M
	O	L	L	Z	—	M	M	M?	Z
									M
	—	—	—	—	—	—	—	—	—

	E	L	L	Z	M	M	Z	M	L
——	O	L	Z	L	M	Z	M	L	M
	—	—	—	—	—	—	—	—	—
	—	—	—	—	—	—	—	—	—

E	L	L	Z	M	M	Z	M	L
A	L	Z	L	M	Z	M	L	M
O	L	L	Z	M?	M?	M	M?	Z
								M
	—	—	—	—	—	—	—	—

E	L	L	Z	M	M	Z	M	L
E	L	Z	L	M	Z	M	L	M
O?	—	—	—	—	M	M	Z	Z
							M	M
	—	—	—	—	—	—	—	—

	I	L	L	Z	M	M	Z	M	L	O	L	L	Z	M	M	Z	M	L
—	A	L	Z	L	M	Z	M	L	M	A	L	Z	L	M	Z	M	L	M
	—	—	—	—	—	—	—	—	—		—	—	—	—	—	—	—	—
	—	—	—	—	—	—	—	—	—		—	—	—	—	—	—	—	—
	I	L	L	Z	M	M	Z	M	L	O	L	L	Z	M	M	Z	M	L
(同上)	E	L	Z	L	M	Z	M	L	M	E	L	Z	L	M	Z	M	L	M
	O																	
	—	—	—	—	—	—	—	—	—		—	—	—	—	—	—	—	—
	—	—	—	—	—	—	—	—	—		—	—	—	—	—	—	—	—
	I	L	L	Z	M	M	Z	M	L	O	L	L	Z	M	M	Z	M	L
—	I	L	Z	L	M	Z	M	L	M	I	L	Z	L	M	Z	M	L	M
	—	—	—	—	—	—	—	—	—		—	—	—	—	—	—	—	—
	—	—	—	—	—	—	—	—	—		—	—	—	—	—	—	—	—
	I	L	L	Z	M	M	Z	M	L	O	L	L	Z	M	M	Z	M	L
—	O	L	Z	L	M	Z	M	L	M	O	L	Z	L	M	Z	M	L	M
	—	—	—	—	—	—	—	—	—		—	—	—	—	—	—	—	—

人	法																		
丙	甲	A	L	L	Z	M	M	Z	M	L	O	L	L	Z	M	M	Z	M	L
丙	乙	A	L	Z	L	M	Z	M	L	M	A	L	Z	L	M	Z	M	L	M
乙	甲	I	L	L	L	M	Z	Z	M	M	O	L	Z	Z	M	M	M	M	Z
		—	—	—	Z	—	—	—	—	—	—	—	—	—	—	—	—	—	M
		A	L	L	Z	M	M	Z	M	L	O	L	L	Z	M	M	Z	M	L
(同上)		E	L	Z	L	M	Z	M	L	M	E	L	Z	L	M	Z	M	L	M
		O	—	—	—	M?	—	M	—	M	O?	—	—	—	—	M	M	—	Z
		—	—	—	—	—	—	—	—	—		—	—	—	—	—	—	—	M
		A	L	L	Z	M	M	Z	M	L	O	L	L	Z	M	M	Z	M	L
(同上)		I	L	Z	L	M	Z	M	L	M	I	L	Z	L	M	Z	M	L	M
		I	L	L	Z	M	M	M	M	M		—	—	—	—	—	—	—	—
		—	—	—	—	—	—	—	—	—		—	—	—	—	—	—	—	—
		A	L	L	Z	M	M	Z	M	L	O	L	L	Z	M	M	Z	M	L
——		O	L	Z	L	M	Z	M	L	M	O	L	Z	L	M	Z	M	L	M
		—	—	—	—	—	—	—	—	—		—	—	—	—	—	—	—	—
		—	—	—	—	—	—	—	—	—		—	—	—	—	—	—	—	—

	E	L	L	Z	M	M	Z	M	L
(同上)	A	L	Z	L	M	Z	M	L	M
	O	—	—	—	M	—	M	—	M
	—	—	—	—	—	—	—	—	—
	E	L	L	Z	M	M	Z	M	L
(同上)	E	L	Z	L	M	Z	M	L	M
	O?	—	—	—	M	—	M	—	Z
	—	—	—	—	—	—	—	—	M
	E	L	L	Z	M	M	Z	M	L
(同上)	I	L	Z	L	M	Z	M	L	M
	O	L	L	Z	M	M	M	M	Z
	—	—	—	—	—	—	—	—	M
	E	L	L	Z	M	M	Z	M	L
(同上)	O	L	Z	L	M	Z	M	L	M
	O?	—	—	—	M	—	M	—	Z
	—	—	—	—	—	—	—	—	M

I L L Z M　M Z M L
(同上) A L Z L M　Z M L M
I L Z L M　M M M M
— — — — —　— — — —

I L L Z M　M Z M L
(同上) E L Z L M　Z M L M
O — — — —　— M — M
— — — — —　— — — —

I L L Z M　M Z M L
I L Z L M　Z M L M
— — — — —　— — — —
— — — — —　— — — —

I L L Z M　M Z M L
O L Z L M　Z M L M
— — — — —　— — — —

物	法										
甲	乙	A	L	L	Z	M	M	Z	M	L
乙	丙	A	L	Z	L	M	Z	M	L	M
丙	甲	I	L	Z	L	M	M	M	M	M
		—	—	—	—	—	—	—	—	—
		A	L	L	Z	M	M	Z	M	L
(同上)		E	L	Z	L	M	Z	M	L	M
		E	L	Z	L	M	M	M	Z / M	M
		—	—	—	—	—	—	—	—	—
		A	L	L	Z	M	M	Z	M	L
		I	L	Z	L	M	Z	M	L	M
		—	—	—	—	—	—	—	—	—
		—	—	—	—	—	—	—	—	—
		A	L	L	Z	M	M	Z	M	L
		O	L	Z	L	M	Z	M	L	M
		—	—	—	—	—	—	—	—	—
		—	—	—	—	—	—	—	—	—

A	L	L	Z	M	M	Z	M	L
E	L	Z	L	M	Z	M	L	M
O	L	Z	L	M	M	M	Z / M	M
	—	—	—	—	—	—	—	—

	E	L	L	Z	M	M	Z	M	L
(同上)	A	L	Z	L	M	Z	M	L	M
	O	L	L	Z	M	M	M	M	Z
									M
	—	—	—	—	—	—	—	—	

	E	L	L	Z	M	M	Z	M	L
(同上)	E	L	Z	L	M	Z	M	L	M
	E?	—	—	—	—	M	—	Z	—
								M	
	—	—	—	—	—	—	—		—

E	L	L	Z	M	M	Z	M	L
E	L	Z	L	M	Z	M	L	M
O?	—	—	—	M	M	M	Z	Z
							M	M
	—	—	—	—	—	—		

	E	L	L	Z	M	M	Z	M	L
(同上)	I	L	Z	L	M	Z	M	L	M
	O	L	L	Z	—	M	M	M	Z
									M
	—	—	—	—	—	—	—	—	

	E	L	L	Z	M	M	Z	M	L
(同上)	O	L	Z	L	M	Z	M	L	M
	O?	—	—	—	—	—	M	—	Z
									M
	—	—	—	—	—	—	—	—	

	I	L	L	Z	M	M	Z	M	L	O	L	L	Z	M	M	Z	M	L
(同上)	A	L	Z	L	M	Z	M	L	M	A	L	Z	L	M	Z	M	L	M
	I	L	Z	L	M	M	M	M	M	O	—	—	—	M?	M?	—	M?	—
	—	—	—	—	—	—	—	—	—		—	—	—	—	—	—	—	—
	I	L	L	Z	M	M	Z	M	L	O	L	L	Z	M	M	Z	M	L
(同上)	E	L	Z	L	M	Z	M	L	M	E	L	Z	L	M	Z	M	L	M
	O	—	—	—	—	—	M	—	M	O?	—	—	—	M	—	—	—	—
	—	—	—	—	—	—	—	—	—		—	—	—	—	—	—	—	—
	I	L	L	Z	M	M	Z	M	L	O	L	L	Z	M	M	Z	M	L
——	I	L	Z	L	M	Z	M	L	M	I	L	Z	L	M	Z	M	L	M
	—	—	—	—	—	—	—	—	—		—	—	—	—	—	—	—	—
	—	—	—	—	—	—	—	—	—		—	—	—	—	—	—	—	—
	I	L	L	Z	M	M	Z	M	L	O	L	L	Z	M	M	Z	M	L
——	O	L	Z	L	M	Z	M	L	M	O	L	Z	L	M	Z	M	L	M
	—	—	—	—	—	—	—	—	—		—	—	—	—	—	—	—	|

上圖用法舉例：

	西文符號	漢文符號橫讀			符號豎寫	物法元式	天法元式註七九
大	L Z ↓ Z	必	常	常	必盈甲乙	每甲必是乙	每乙（常）是丙
小	A A ↓ I	盈	盈	有	常盈乙丙	每乙（常）是丙	每甲必是乙
結1	乙——丙 ↓ 甲	乙——	丙——	甲——	常有丙甲	某丙（常）是甲	每甲（常）是兩
結2	甲——乙 ↓ 丙	甲	乙	丙			某丙（常）是甲

注意：「常」字是「常態」的符號，指示其論句是一常態論句，也就是無態的平常論句，不指「時間的永常」：符號公式內，不可缺；語法論式內，應省略：故圈於圓括弧中。將物法改歸天法的效用，是用天法證實物法正確。其他一切論式仿此，回閱有關的註解。

附錄三：亞維羅論式圖表舉例：天法：

元

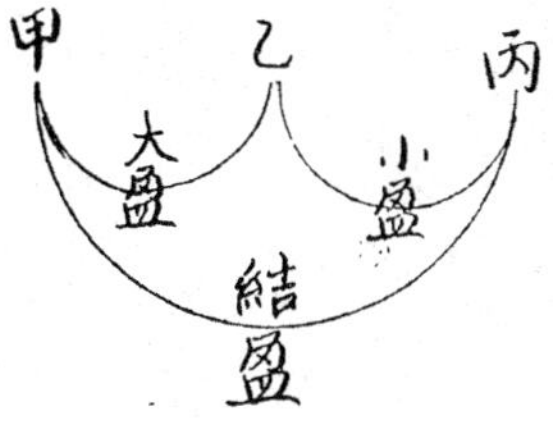

利

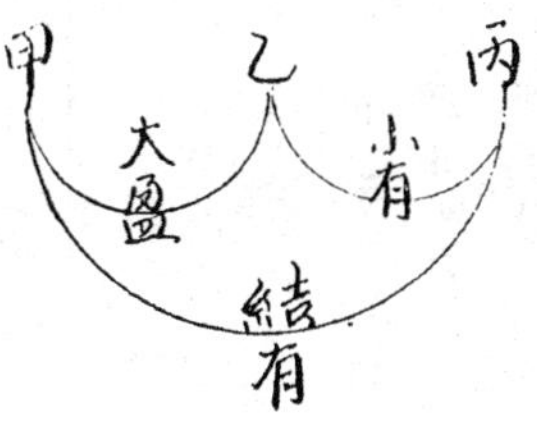

元

既每丙是乙
又每乙是甲
故每丙是甲

利

既有丙是乙
又每乙是甲
故有丙是甲

亨

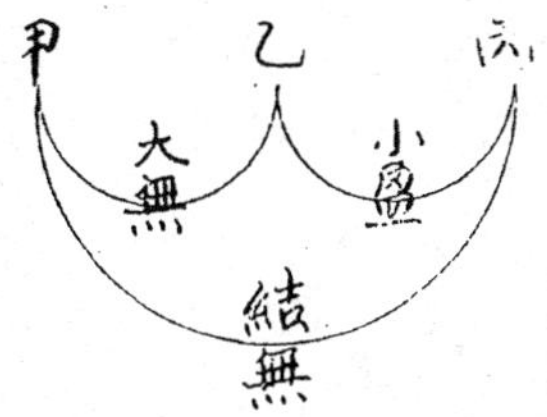

貞

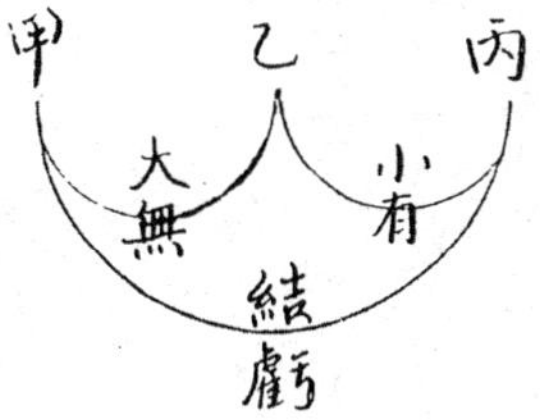

亨

既每丙是乙
但無乙是甲
故無丙是甲

貞

既有丙是乙
但無乙是甲
故有丙非甲

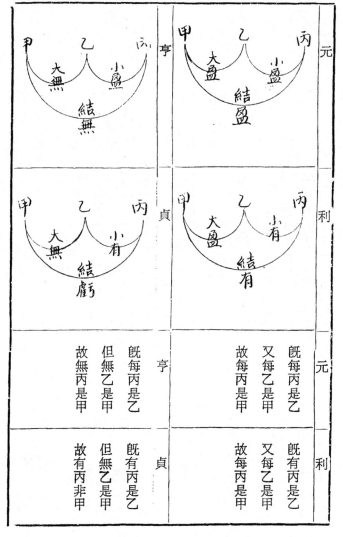

符號說明：「大」：大前提。「小」：小前提。「結」：結論。

地法：

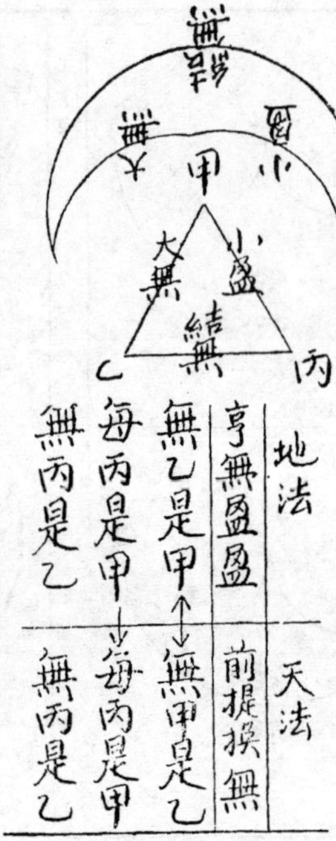

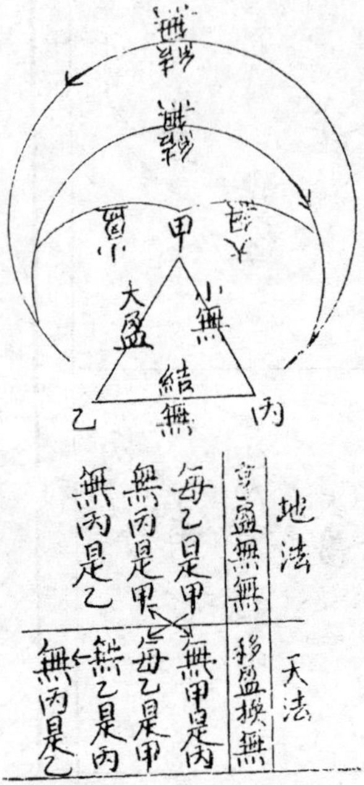

人法：利盈有有

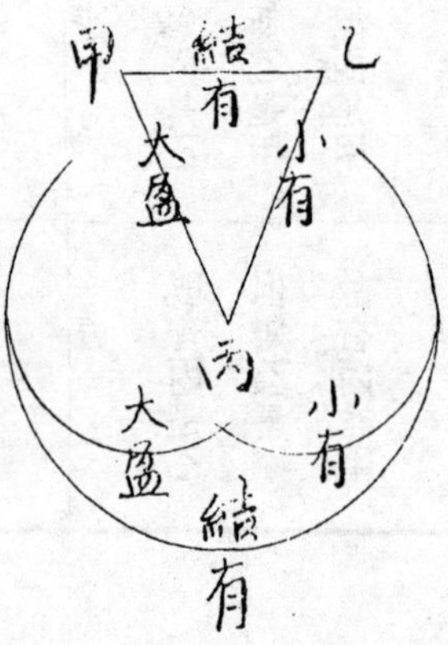

人法	天法
每丙是甲	每丙是甲
有丙是乙	有乙是丙
有乙是甲	有乙是甲

其餘諸法諸式仿此，有些卻甚為複雜：特例一二如下：

甲乙丙三辭，相互全稱、存量換位，循環互證圖：

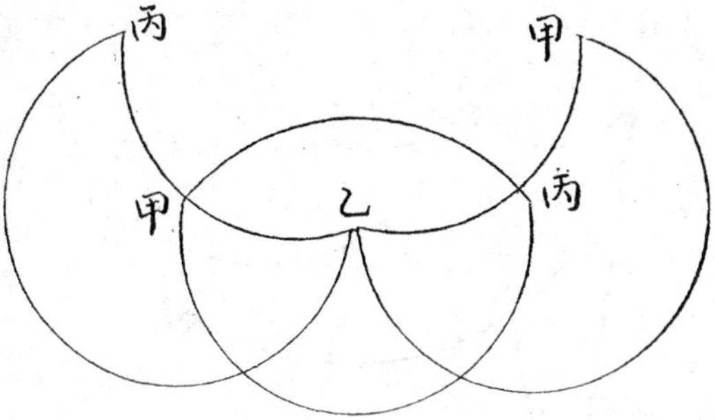

參考註二六七

歸納法、全稱論式圖：

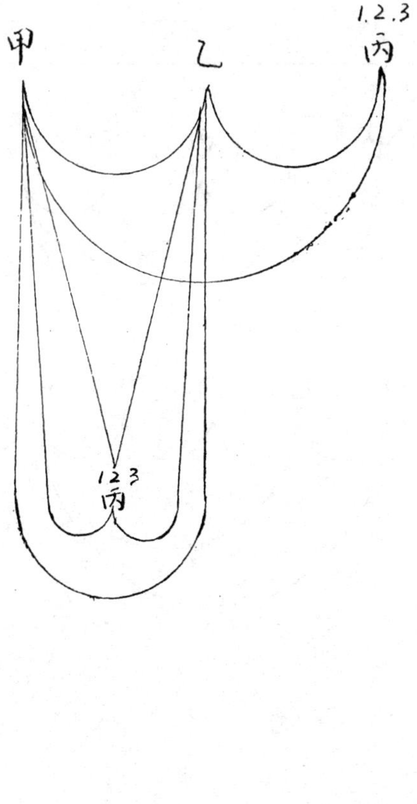

參考註三五二—三五四

喻法（例證法），圖：

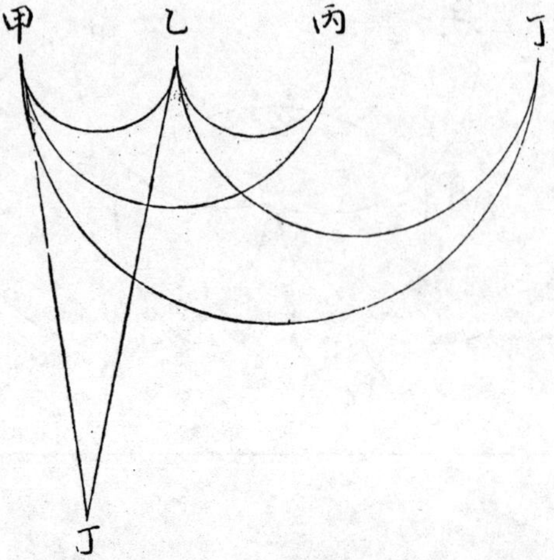

參考註三五六

聯證圖：

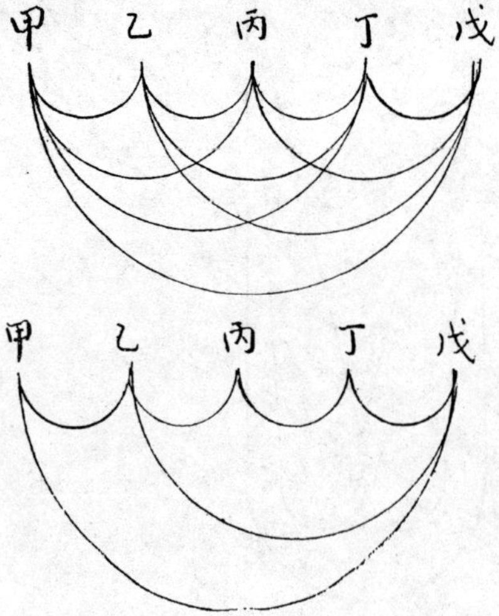

參考註一一九：甲是最高賓辭，戊是最低主辭

（兩圖相同）

附錄四：歐樂圖表：

表一：甲乙相盈：互相全稱，存量換位：互相合一：

每甲是乙：盈甲乙，故有甲乙。

每乙是甲：盈乙甲，故有乙甲。

表二：甲含乙，乙有某甲：甲全稱每乙減量換位：

每乙是甲：盈乙甲：故有乙甲。

有甲是乙：有甲乙：有某甲是乙。（不必有某甲非乙）。

表三：乙含甲，甲有某乙；乙全稱每甲：減量換位：

每甲是乙：盈甲乙：故有甲乙。

有乙是甲：有乙甲：有某乙是甲。（不必有某乙非甲）

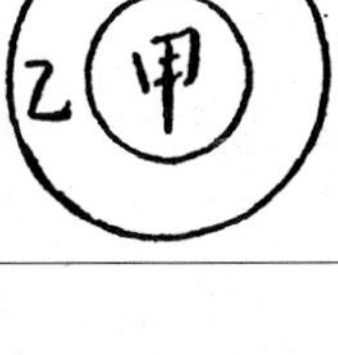

表四：甲乙相交：相有（相虧）：互相特稱，存量換位：

有甲是乙：有甲乙。（有甲非乙：虧甲乙）

有乙是甲：有乙甲。（有乙非甲：虧乙甲）

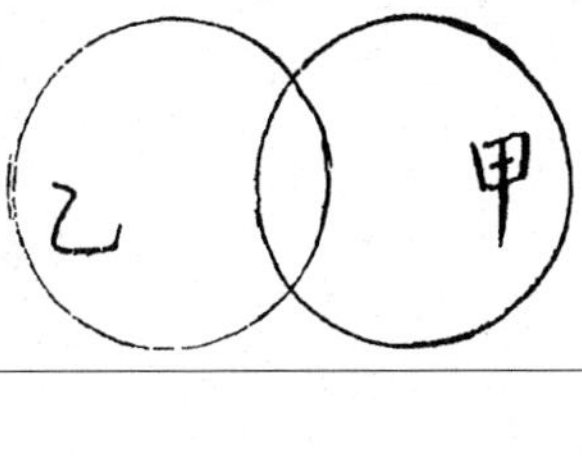

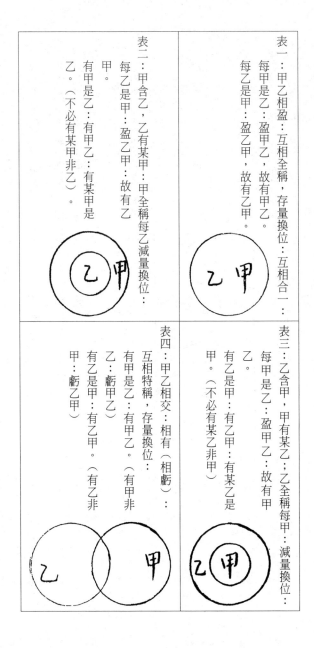

表五：甲乙相無，相虧。存量換位：互相分離：

無甲是乙：	無乙是甲：
無甲乙：	無乙甲：
故虧甲乙：	故虧乙甲：
有甲非乙。	有乙非甲。

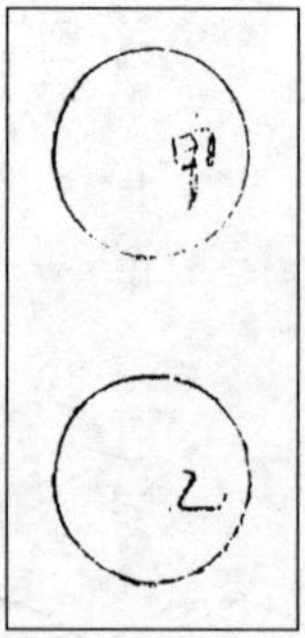

表六：天法元式：全稱定律

每乙是甲	每丙是乙	每丙是甲
盈乙甲，	盈丙乙，	盈丙甲。

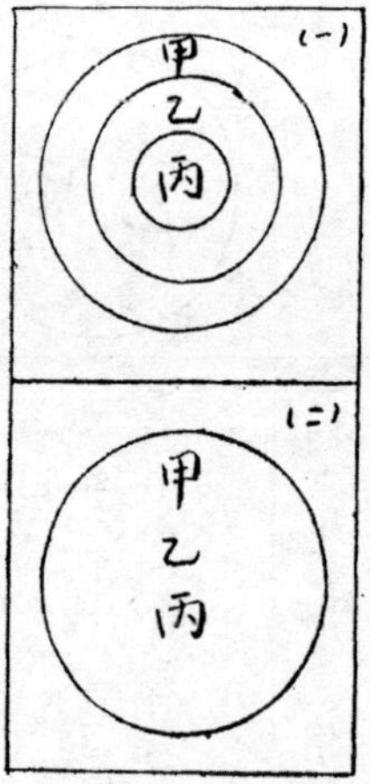

表七：天法亨式：無稱定律

每丙是乙	無乙是甲	無丙是甲
盈丙乙，	無乙甲，	無丙甲。

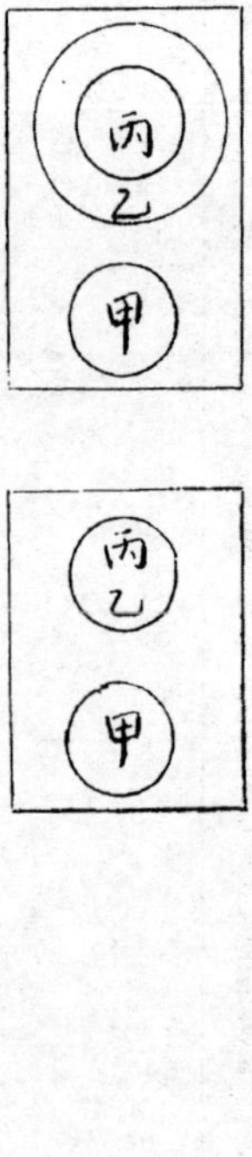

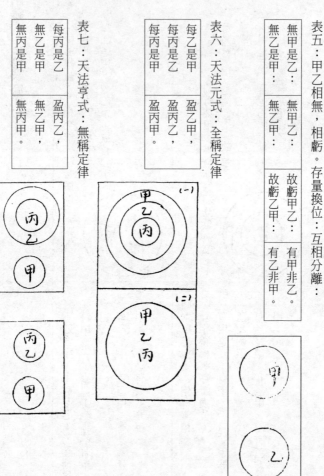

表八：天法利式：

每乙是甲	盈乙甲，
有丙是乙	有丙乙，
有乙是甲	有丙甲。

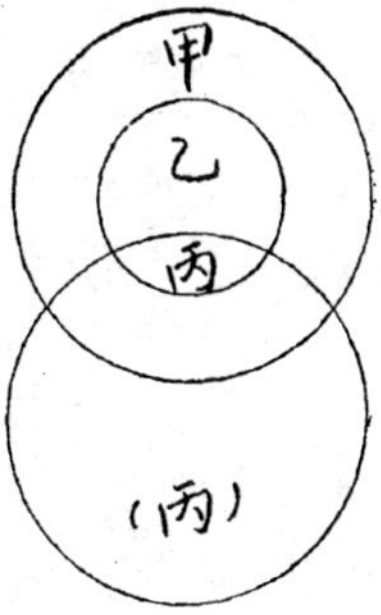

表九：天法貞式：

無乙甲	無乙是甲，
有丙乙	有丙是乙，
虧丙甲	有丙非甲。

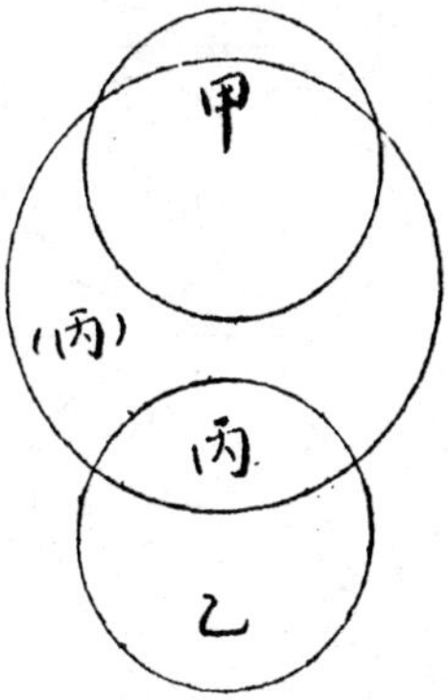

歐樂圖表的基本觀念及形式，均已見於一七六八年萊布尼茲書信中。

其餘各種論法的論式，都可仿照以上四式畫圖表出之。請和下面各圖表相對照。

附錄五：范恩圖表（附有舒露德符號以作解釋）

舒露德			范恩		
1. $a-b=0$ 2. $a=b$ 3. $(a-b=o)\equiv(a=b)$ 4. $a<b$	一、是甲而非乙者，無有也 二、凡甲皆乙。	$a\bar{b}=0$	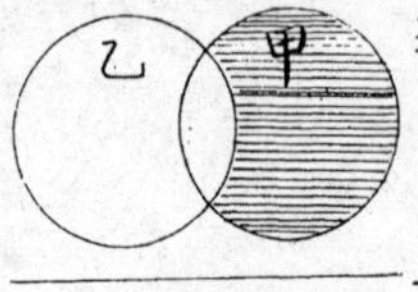	盈	盈甲乙 有乙甲
1. $a\times b=0$ 2. $(a=0).v.(b=0)$	一、是甲又是乙者，無有也 二、無甲是乙。	$ab=0$	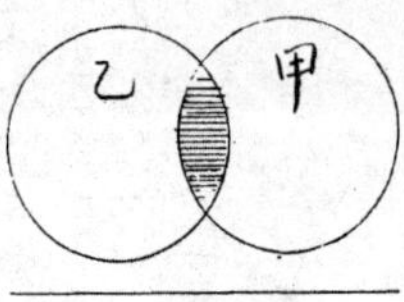	無	無甲乙 無乙甲
1. $a\times b\neq 0$ 2. $a\neq 0$ 3. $b\neq 0$	一、是甲又是乙者，非無有也 二、有甲是乙。	$ab\neq 0$	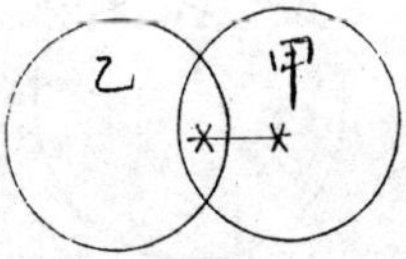	有	有甲乙 有乙甲
1. $a-b\neq 0$ 2. $a\neq 0$ 3. $b-b=0$	一、是甲而非乙者，非無有也 二、有甲非乙。	$a\bar{b}\neq 0$	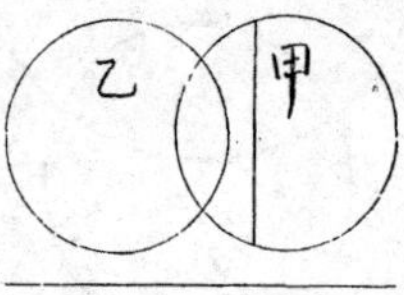	虧	虧甲乙 虧非乙非甲
1. $b\bar{a}=0$ 2. $b-a=0$ 3. $b=a$ 4. $c\bar{b}=0$ 5. $c-b=0$ 6. $c=b$ 7. $c=a$ —— $b<a$ $c<b$ —— $c<a$	前提 是乙而非甲者，無有也， 是丙而非乙者，無有也； 結論 是丙而非甲者，無有也。	$b\bar{a}=0$ $c\bar{b}=0$ —— $c\bar{a}=0$ $b=a$ $c=b$ —— $c=a$ $b\supset a$ $c\supset b$ —— $c\supset a$	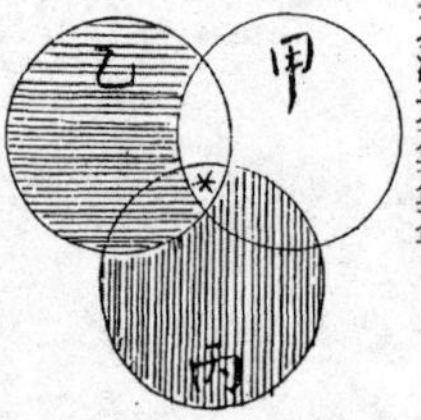	天法元盈盈盈。	盈乙甲 盈丙乙 盈丙甲 既乙皆甲， 又丙皆乙， 故丙皆甲。

范恩		舒露德		
一、無乙甲 二、盈丙乙 三、無丙甲 無乙是甲 每丙是乙 無丙是甲 亨無盈無	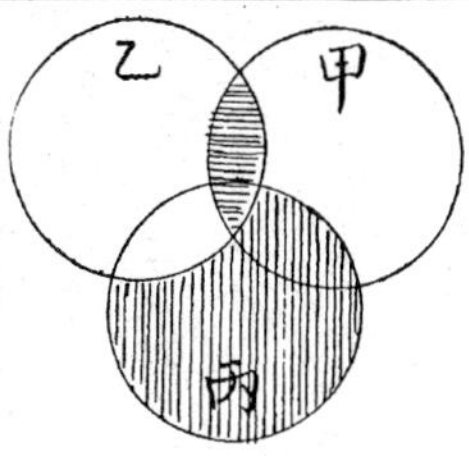	1. $b\,a = 0$ 2. $c\,\bar{b} = 0$ 3. $c\,a = 0$ 1. $b\,a = 0$ 2. $b = c$ 3. $c\,a = 0$	一、是乙而又是甲者，無有也 二、丙而非乙者，無有也 三、丙而是甲者，無有也	一、丙減乙等於零，故丙乙相等。無丙非乙。 二、乙乘甲等於零， 三、故丙乘甲等於零。
有丙乙 盈乙甲 有丙甲 有丙是乙 每乙是甲 有丙是甲 利盈有有	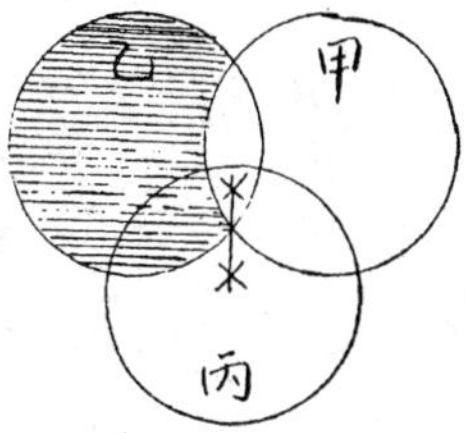	1. $c\,b \neq 0$ 2. $b = a$ 3. $c\,a \neq 0$ 1. $b\,\bar{a} = 0$ 2. $c\,b \neq 0$ 3. $c\,a \neq 0$	一、乙而非甲者，無有也 二、丙而是乙者，非無有也 三、丙而是甲者，非無有也	一、乙減甲等於零，故乙甲相等。 二、丙乘乙不等於零。故丙和乙都不等於零。 三、丙乘甲不等於零
無乙甲 有丙乙 虧丙甲 無乙是甲 有丙是乙 有丙非甲 貞無有虧	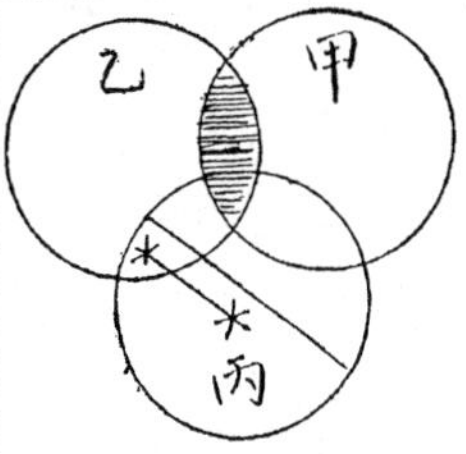	1. $b\,a = 0$ 2. $c\,b \neq 0$ 3. $c\,\bar{a} \neq 0$ 1. $c \neq 0$ 2. $b \neq 0$ $a = 0$ 3. $c\,\bar{a} \neq 0$	一、乙而是甲者，無有也 二、丙而是乙者，非無有也 三、丙而非甲者，非無有也	一、乙乘甲等於零， 二、丙乘乙不等於零，故乙不等於零，丙不等於零，甲等於零， 三、丙減甲，不等於零。

注意：第一點：甲乙丙三辭，價值或都是零，或都不是零時，元亨兩式常有效；但為使利貞兩式生效，丙和乙的價值不能是零。至於甲，在貞式，它的價值是零；在利式，不能是零。故利式各辭，都有「否定零」的含意：都有「實際存在」的含意。「零」在這裡，指示「虛無」，不指示「零星，部分」。

注意第二點：上表，天法元式，舒露德代數減法算式，換言表達出來，如下：

既	乙減甲等於零	$b-a=0$
又	丙減乙等於零	$c-b=0$
故	丙減甲等於零	$c-a=0$

理由如下：

一、乙減甲等於零，有兩種意義：

1. 乙等於甲：故乙減甲等於零。

2. 乙小於甲：故乙減甲將小於零：故仍屬於零下。

二、丙減乙等於零，也是說：丙等於乙，或小於乙。

三、那麼：丙必等於甲，或小於甲。丙減甲是等於零，或是小於零：不拘如何，仍是不多於零：故仍是等於零：零以下的數，都是零數。

如此說來，舒露德的代數減法，依上表，天法元式內裡包含下面這兩個論式：

第一：

既　乙等於甲
　　丙等於乙
故　丙等於甲

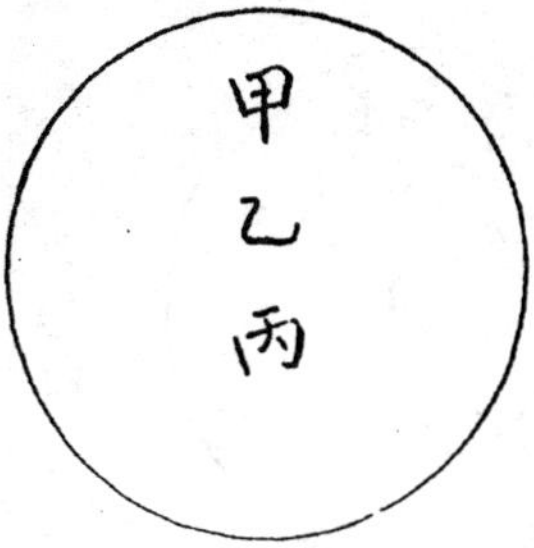

b = a
c = b
c = a

第二：

既　乙小於甲
　　丙小於乙
故　丙小於甲

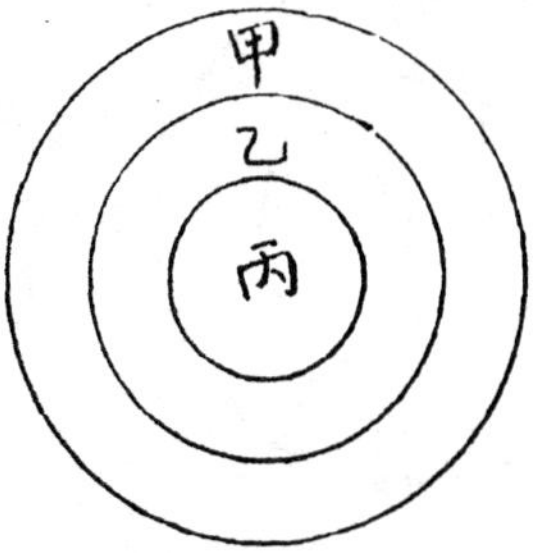

b < a
c < b
c < a

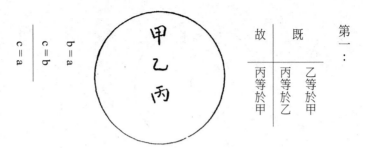

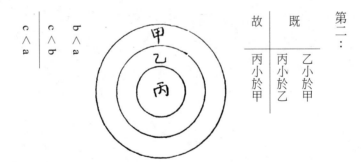

將以上兩式混合起來仍得結論：例如

第三：

既　乙等於甲
　　丙小於乙
故　丙小於甲

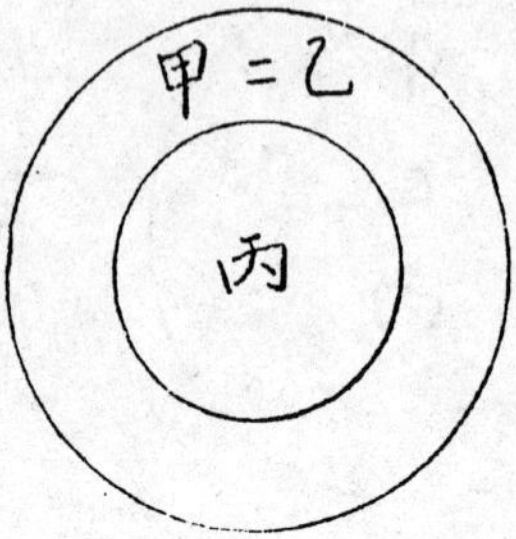

$$\frac{b = a \quad c < b}{c < a}$$

第四：

既　乙小於甲
　　丙等於乙
故　丙小於甲

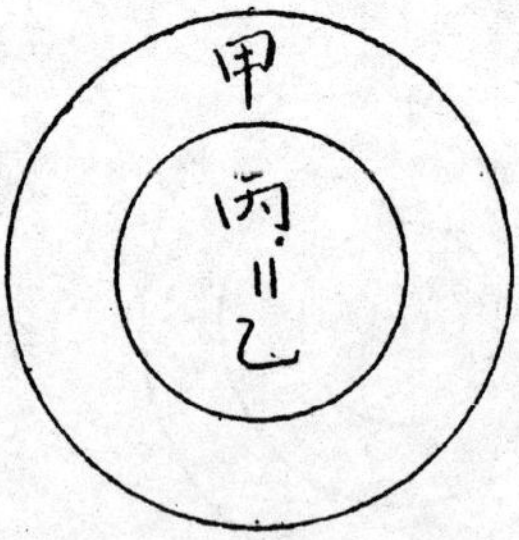

$$\frac{b < a \quad c = b}{c < a}$$

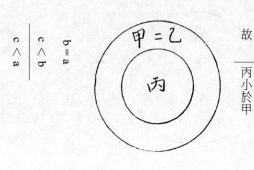

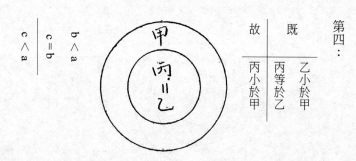

惟依普通想法，第一式內，甲乙丙能都是零。第二式內，只有丙能是零，乙大於零，甲大於乙。第三式內亦然：只有丙能是零，第四式內，只有甲不能是零。換句話說：只有第一式，不需要任何名辭或符號，有「存在含意」；其餘諸式，都需要某個符號有「存在含意」。請記得，亞里的「分類邏輯」中，上中下，三辭都有「存在含意」：都是代表實有的事物，不超越實有界的限制。從此可見：代數的抽象範圍，比較寬廣。回看註二〇〇，及註一內十二。又請注意，邏輯代數不是用符號代表數目，而是除代表數目以外，也能代表物類，或歐樂圖表中的圖形：實在是能代表任何意義、概念，或價值。足見「邏輯代數」四字，至少在漢文，是一個不恰當的名辭。符號邏輯的符號，既然不限於代表數目，為什麼要叫作「代數」呢；還是叫作「符號邏輯」更好。

附錄六：舒露德、布雷、與亞里

舒露德的「邏輯代數」是由「布雷代數」發展而來。「布雷代數」意義含渾，能受許多解釋和運用。近代《邏輯學》界用它來說明類群間的關係，用代數學的符號和方法，重新整理「類譜邏輯」的體系：從少數的原則，推演出許多定律，組成嚴整的系統；結果適能說明亞里三段論法邏輯的思路。因為亞里三段論法的邏輯，是以「類譜邏輯」為根基。回看註二〇〇類譜，及註一內十二。茲將布雷原則和定律分列如下，以供比較。預先將符號的意義講明在此：

符號說明：

一、a，b，c，代表私名，或公名。在此處代表類名，猶如甲、乙、丙。

二、∪：在數學，代表加號。在邏輯代表分接詞，「或」字之類。

三、∩：代表乘號，代表連接詞「也」，「和」、「並且」、「兼是」之類。

四、|：代表物類總體，或「物」大公名的肯定。

五、O：代表「物」大公名的否定，或類群的否定。

六、a：代表a的否定：猶如甲的否定：「非甲」，或「無甲」。其餘b，c等符號的否定仿此。

七、⊃：代表「則」字之類的隨接詞及引隨關係。

八、·：括弧中間的小圓點代表「既……又」的「又」字：及連接詞的意義。

九、—：括弧前面的短橫線，是括弧所包含的「複句」的否定。相當減號。1和0的否定，仿此。

十、＝：等號，≠：不等號。

布雷原則九條

一、$a \cup \bar{a} = 1$

二、$a \cap \bar{a} = 0$

三、$a \cap 1 = a$

四、$a \cup 0 = a$

$a \times 1 = a$
$a + 0 = a$
$a + \bar{a} = 1$
$a \times \bar{a} = 0$

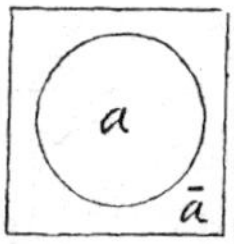

一、二分法：一類分成矛盾的兩種。

二、矛盾律：無物能作兩矛盾名辭的主辭。

三、種名a加類公名，仍指a的同一主體例如「人之爲人」和「人之爲物」是人。

四、例：人是人，或什麼都不是。

五、$a \neq b$

六、$a \cup b = b \cup a$

七、$a \cap b = b \cap a$

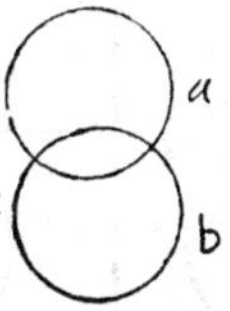

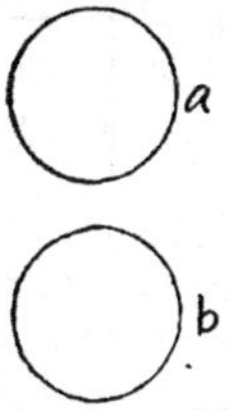

五、同類的異種，互不相同不能互爲賓主。

六、換位律

七、換位律

八、$a \cup (b \cap c) = (a \cup b) \cap (a \cup c)$

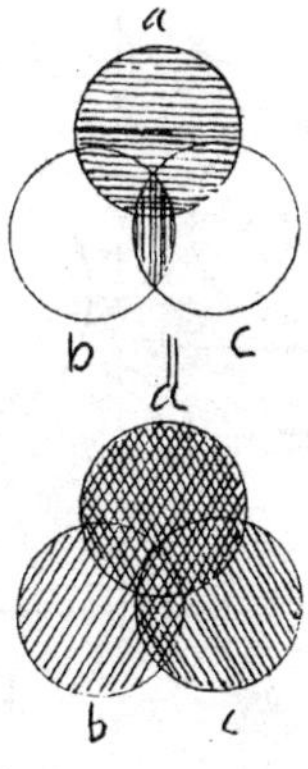

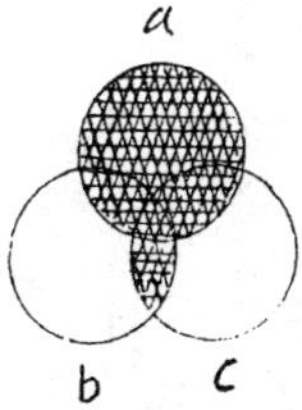

九、$a \cap (b \cup c) = (a \cap b) \cup (a \cap c)$

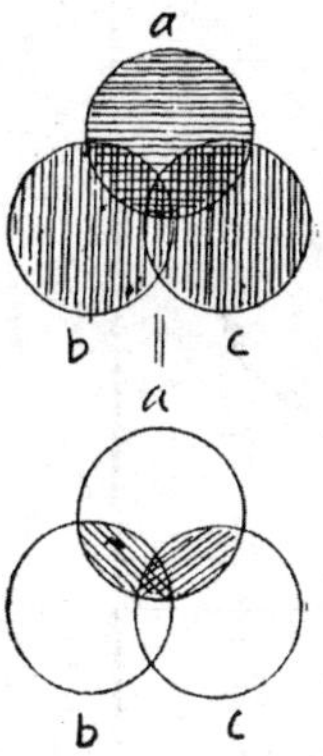

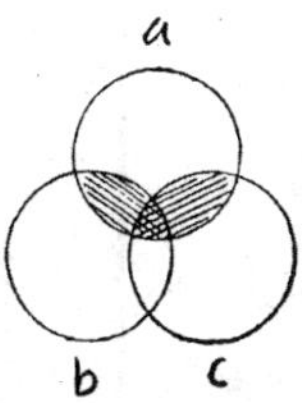

布雷定律十六

一、 二、	$a \cap a = a$ $a \cap a = a$	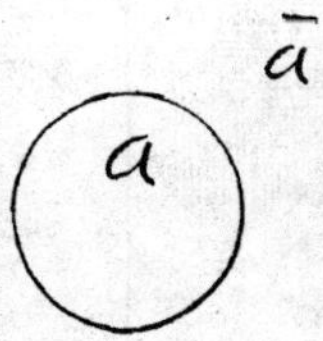	自同律 （同指律）
三、	$0 \neq 1$	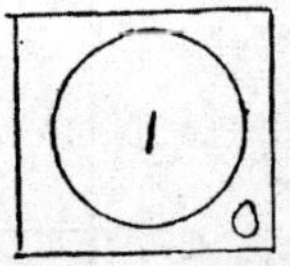 $(0 = -1)$	辨有無：無不是有。 （有無律）有不是無。
四、	$(a = \bar{b}) \cup (b = \bar{a})$	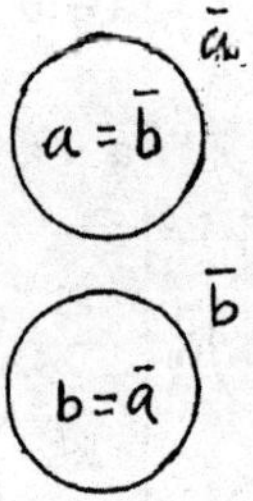	甲乙矛盾律：是甲非乙，故是乙則非甲。
五、	$a = \bar{\bar{a}}$	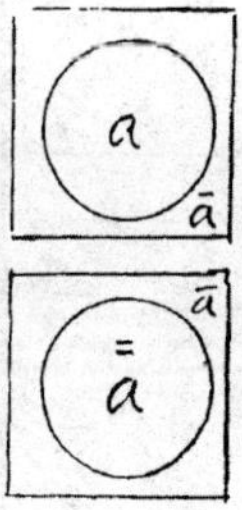	否定律：否定之否定等於肯定：非不是 馬，故是馬。

六、	$(a\cap b\neq 0)\supset(a\neq 0)$	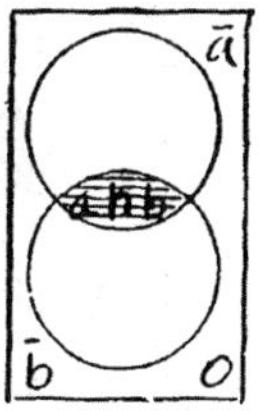	積數不是零，故乘數不是零，紅馬非無，故馬非無，（紅非無）有紅馬，則有紅，（並有馬）。
七、	$a=(a\cap b)\cup(a\cap\bar{b})$	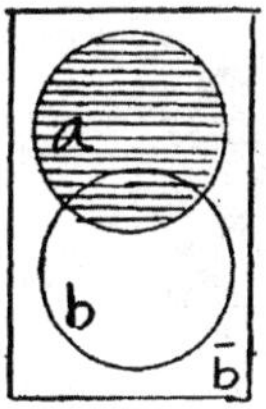	二分法：例：動物分有靈，無靈。故，有靈動物，或無靈動物，都是動物：合成動物之類的全體。
八、	$a\cup(b\cup c)=(a\cup b)\cup c$	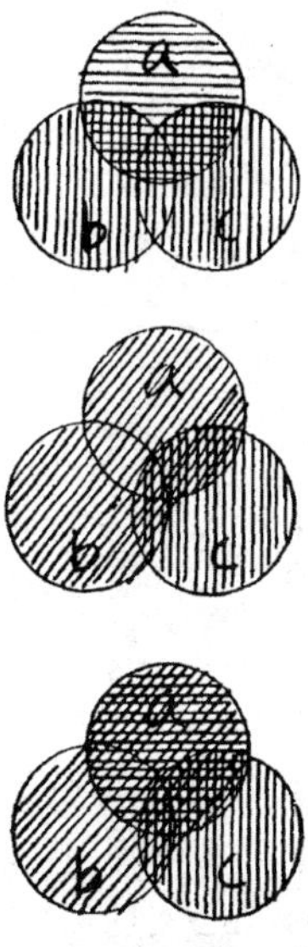	「張有錯或王或李有錯」等於說：「張或王有錯，或李有錯」
九、	$a\cap(b\cap c)=(a\cap b)\cap c$	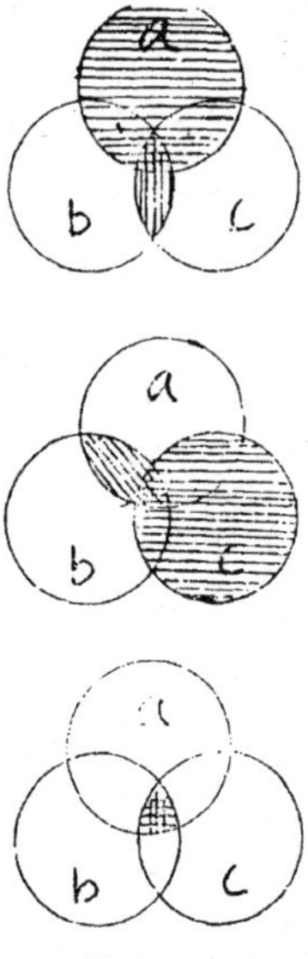	說：「張有理、王和李也有理」等於說：「張和王有理，李也有理」

十、	$0=-1$	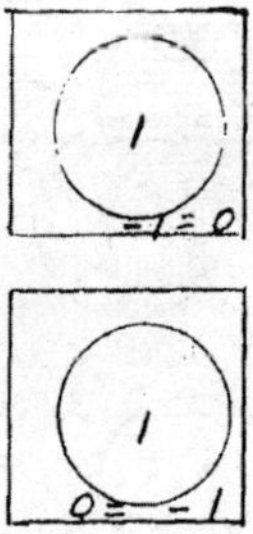	有無律：「無」是「有」的否定。「否」是「是」的否定。
十一、	$a\cup(a\cap b)=a$		說：「張有病，或是張有病又高大」等於說：「張有病」。說：「張或張大個子有病」，等於說：「張有病」。
十二、	$a\cap(a\cup b)=a$		說：「張有病，或是張有病又高大」，等於說：「張有病」。說：「張或張大個子有病」等於說：「張有病」。

十三、	$-(a\cup b)=(-a\cap -b)$	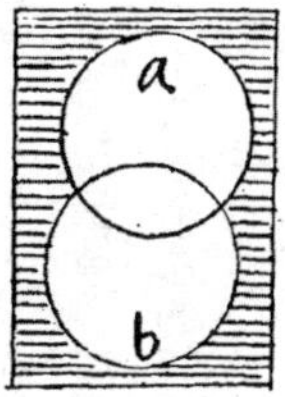	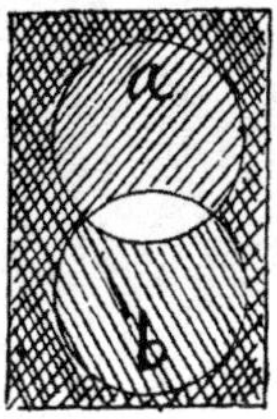	「不分是，故連非」。非甲或乙，故不是甲也不是乙，回看註二二一內十五、連分圖等等。
十四、	$-(a\cap b)=(-a\cup -b)$	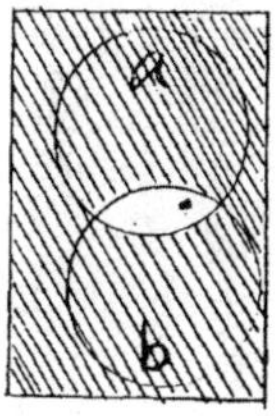		「不連是，故分非」。非甲和乙，故或非甲，或非乙，回看註同上。
十五、	$\dfrac{(a\cap\overline{b}=0)\cdot(b\cap\overline{c}=0)\supset}{a\cap\overline{c}=0}$	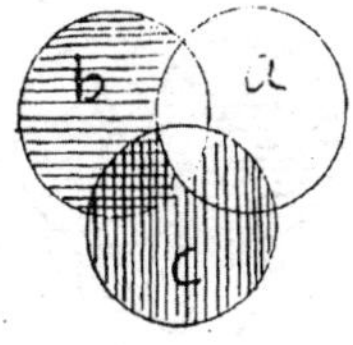	$\dfrac{a\overline{b}=0 \quad b\overline{c}=0}{a\overline{c}=0}$	天法元式，回看註三七四。

十六、	$(a\cap b\neq 0)\cdot(b\cap c=0)\cup a\cap c\neq 0$	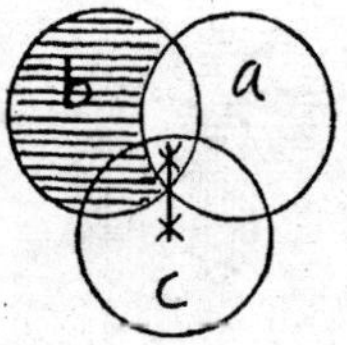	$b\bar{c}=0$ $ab\neq 0$ $ac\neq 0$	天法利式，回看註同上。

附錄七：假言論法略說——（補充註二三二）

一、性質——關於假言論法，亞里遺書中沒有系統化的討論，但是對於它們公有的性質、主要的分類，各類論法論式的構造和規則，曾有簡明的暗示。參看，本卷，章三二，章四四；《駁謬》、章五、章二八、《辯證法》，卷二，章六，本卷章四六；本編，卷下，章四。

就性質而論，凡是「假言論法」，都是「抉擇論法」；大前提預設數論句間，必有的邏輯關係和條件；小前提，從這些關係和條件中，有所抉擇，或擇取，或擇捨；以此註定結論必須有何取捨，始能有效。小前提的「抉擇」是中心的關鍵；假言論法的特性和本質，是「抉擇」，因此，也叫作「抉擇論法」。

參看阿拉伯大哲學家亞維新及亞維羅。

二、分類標準——「抉擇論法」內，大前提是用「接詞」，接合兩句或數句而成的複句。所用的「接

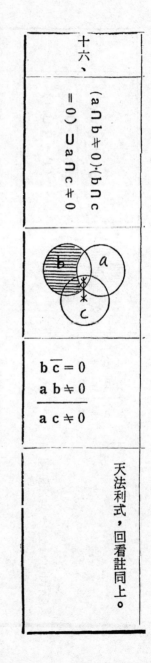

詞」有許多種，各有各固有的邏輯意義和條件。小前提著手抉擇，一有取捨如何，則結論依照「接詞」固有的意義和條件，應有取捨如何；得當者，有效；失當者，無效。如此說來，「接詞」不同，條件不同，小前提和結論兩相呼應，而呈現的取捨方式不同；因之，論法、論式等等，也隨著分成許多種。「接詞」和「取捨」是假言論法分類的標準。兩個標準不能相離，共成一個標準：惟在「基本的」「邏輯接詞」及其指義作用。

三、基本的邏輯虛字——「邏輯接詞」也叫作「邏輯虛字」；基本地，依傳統邏輯的看法，只有五個或六個：一是「則」字，及同義字，或同義的說法。二是「兼容性」的「或」字：「或甲或乙，或兼有甲乙」。三是「矛盾性」的「或」字：「或甲或乙，不可兼有甲乙」。四是衝突性的「反接語法」：「不同是甲、又是乙」。五是遍稱枚舉性的陳述接詞，「也」字，或「又」字，及其他同義字，或語法。除這五個以外，亞里似乎認為「品評性」的「介詞」，例如「比……更」、「勝於」、「何況」等類的比較語法，也屬於「抉擇論法」；也算作假言論法的一種；那麼，「比」字，就是「基本邏輯虛字」的第六個。詳論難盡，僅具要點於下：

四、假言論法六種——用上述的六個基本接詞，作分類的標準，假言論法即是抉擇論法，最多只分六種：

第一種是「隨接論法」，它的大前提是「隨接複句」，用隨接詞「則」字，或同義字，或作用相同的語法；例如：「若是如何如何，則必如何如何」。「假設有甲，則必有乙」；「有甲，必有乙」；甲引於前，乙隨於後。甲是引句，在「則」字以前；乙是隨句，在「則」字以後。前後有引隨關係；在議論時，遵守「引隨律」。「隨接論法」就是「引隨論法」：「則字論法」。

第二種是「分接論法」，大前提是「分接複句」，用「分接詞」，例如「或」字；及其他類似語法。如果用兼容性的「或」字論法，則是本欄第二種；用矛盾「或」字的論法，便是第三種。都是「或字論法」。

第四種是「反接論法」，大前提是「反接複句」，用反接詞，或反接語法，將彼此相反、不能相容的兩個論句連結起來，構成複句，議論時，遵守衝突律，典型的反接語法是：「不並是甲乙」；或「甲乙不並真」。

第五種是「連接論法」，大前提是「連接複句」，用「也」字，或「又」字之類的連接詞，或語法，將兩個論句連結起來，議論時，遵守自同律。

第六種是「品定論法」，用比較語法構成複句，品評優劣高下前提一有抉擇或假設，結論必有品評性的決定。

以上六種論法，各有各固有的定律；並有許多論式；和定律相合者有效，相反者無效；亞里未曾明述，歷代註解家自亞里高足弟子德孚樂以來，都詳加添補；大略如下：

五：隨接論法的論式和規則——隨接論法。分兩大類：一是「完全隨接論法」，也叫作「純隨接論法」，或「三段隨接論法」：大小前提結論三句，每句是一個「純假言」，或「完全假言論法」。論式的構成，遵守「引隨律」和「引隨貫通律」。舉例如下：

大前提：如果甲是乙，則丙是丁；

小前提：如果丙是丁，則戊是己；
結論：故，如果甲是乙，則戊是己。

換符號舉例如下：

大前提：有甲乙，則有丙丁
小前提：有丙丁，則有戊己
結論：故有甲乙，則有戊己

用具體名辭舉例如下：

大前提：如果大雪深積，則必冬日嚴寒；
小前提：如果冬日嚴寒，則必楊柳枯槁；
結論：故如果大雪深積，則必楊柳枯槁。

註：大雪是甲。深積是乙。冬日是丙。嚴寒是丁。楊柳是戊。枯槁是己。

更簡化一些，用百家姓作符號代替論句，例如用「張」代表「大雪深積」，或「甲是乙」；用「王」代表「冬日嚴寒」，或「丙是丁」，再用「李」代表「楊柳枯槁」，或「戊是己」，舉例如下：

符號	卷一、章三二、頁四七左二二至四〇、辭例
大前提：有張則有王，	假設有人在，必有某動物在，
小前提：有王則有李，	假設有某動物在，必有某實體在，
結論：故、有張則有李。	假設有人在，必有某實體在。

上例的改寫式三個：

改寫式一：用「張三」和「是」：

大：假設張三是人，則張三是動物，

小：假設張三是動物，則他是實體，

結：故此：假設張三是人，則張三是實體。

改寫式二：改成全稱和特稱論式，仍有「假言」的形式：

大：假設凡是人都是動物；	假設凡是人都是實體，
小：又假設凡是動物都是實體；	又假設張三是人，
結：故此結論是：凡是人都是實體。	則張三必是實體。

改寫式三：改成定言論式：

大：凡是人都是動物，	凡是人都是實體，
小：凡是動物都是實體，	張三是人，
結：凡是人都是實體。	張三是實體。

完全假言論法有效和無效論式表：

天法	結論：故	小前提 一、有乙則有丙	小前提 二、無乙則有丙	小前提 三、有乙則無丙	小前提 四、無乙則無丙
大前提一	有甲則有乙	一、有甲則有丙 二、無丙則無甲	無效	一、有甲則無丙 二、有丙則無甲	無效
二	有甲則無乙	無效	一、有甲則有丙 二、無丙則無甲	無效	一、有甲則無丙 二、有丙則無甲
三	無甲則有乙	無甲則有丙 無丙則有甲	無效	無甲則無丙 有丙則有甲	無效
四	無甲則無乙	無效	無甲則有丙 無丙則有甲	無效	無甲則無丙 有丙則有甲

上表讀法：先讀大前提一，小前提一，結論一；再讀大前提一，結論二：然後依次讀其餘，讀法同上。

上表有效論式讀法

有甲則有乙，有乙則有丙，故有甲則有丙

有甲則有乙，有乙則有丙，故無丙則無甲

有甲則有乙，有乙則無丙，故有甲則無丙

有甲則有乙，有乙則無丙，故有丙則無甲

有甲則無乙，無乙則有丙，故有甲則有丙

有甲則無乙，無乙則有丙，故無丙則無甲

有甲則無乙，無乙則無丙，故有甲則無丙

有甲則無乙，無乙則無丙，故有丙則無甲

無甲則有乙，有乙則有丙，故無甲則有丙

無甲則有乙，有乙則有丙，故無丙則有甲

無甲則有乙，有乙則無丙，故無甲則無丙

無甲則有乙，有乙則無丙，故有丙則有甲

無甲則無乙，無乙則有丙，故無甲則有丙

無甲則無乙，無乙則有丙，故無丙則有甲

無甲則無乙，無乙則無丙，故無甲則無丙

無甲則無乙，無乙則無丙，故有丙則有甲

地法 結論：故	大前提一 有甲則有丙	二 有甲則無丙	三 無甲則有丙	四 無甲則無丙
小前提 一、有乙則有丙	（無效）	一、有甲則無乙 二、有甲則無甲	（無效）	無甲則無乙 有乙則有甲
小前提 二、有甲則無丙	一、有甲則無乙 二、有乙則無甲	（無效）	無甲則無乙 有乙則有甲	（無效）
小前提 三、無乙則有丙	（無效）	一、有甲則有乙 二、無乙則無甲	（無效）	無甲則有乙 無乙則有甲
小前提 四、無乙則無丙	一、有甲則有乙 二、無乙則無甲	（無效）	無甲則有乙 無乙則有甲	（無效）

上表有效論式讀法：

有甲則有丙，有乙則無丙，故有甲則無乙
有甲則有丙，有乙則無丙，故有乙則無甲
有甲則有丙，無乙則無丙，故有甲則有乙
有甲則有丙，無乙則無丙，故無乙則無甲

有甲則無丙，有乙則有丙，故有甲則無乙
有甲則無丙，有乙則有丙，故有乙則無甲
有甲則無丙，無乙則有丙，故有甲則有乙
有甲則無丙，無乙則有丙，故無乙則無甲

無甲則有丙，有乙則無丙，故無甲則無乙
無甲則有丙，有乙則無丙，故有乙則有甲
無甲則有丙，無乙則有丙，故無甲則有乙
無甲則有丙，無乙則無丙，故無乙則有甲

無甲則無丙，有乙則有丙，故無甲則無乙

無甲則無丙，有乙則有丙，故有乙則有甲

無甲則無丙，無乙則有丙，故無甲則有乙

無甲則無丙，無乙則有丙，故無乙則有甲

人法 結論	小前提 一、有甲則有丙	小前提 二、有甲則無丙	小前提 三、無甲則有丙	小前提 四、無甲則無丙
大前提一 有甲則有乙	（無效）	（無效）	一、無丙則有乙 二、無乙則有丙	一、有丙則有乙 二、無乙則無丙
二 有甲則無乙	（無效）	（無效）	無丙則無乙 有乙則有丙	有丙則無乙 有乙則無丙
三 無甲則有乙	一、無丙則有乙 二、無乙則有丙	一、有丙則有乙 二、無乙則無丙	（無效）	（無效）
四 無甲則無乙	無丙則無乙 有乙則有丙	有丙則無乙 有乙則無丙	（無效）	（無效）

上表有效論式讀法：

有甲則有乙，無甲則有丙，故無丙則有乙

有甲則有乙，無甲則有丙，故無乙則有丙

有甲則有乙，無甲則無丙，故有丙則有乙

有甲則有乙，無甲則無丙，故無乙則無丙

有甲則無乙，無甲則有丙，故無丙則無乙

有甲則無乙，無甲則有丙，故有乙則有丙

有甲則無乙，無甲則無丙，故有丙則無乙

有甲則無乙，無甲則無丙，故有乙則無丙

無甲則有乙，有甲則有丙，故無丙則有乙

無甲則有乙，有甲則有丙，故無乙則有丙

無甲則有乙，有甲則無丙，故有丙則有乙

無甲則有乙，有甲則無丙，故無乙則無丙

無甲則無乙，有甲則有丙，故無丙則無乙

無甲則無乙，有甲則有丙，故有乙則有丙

無甲則無乙，有甲則無丙，故有丙則無乙

無甲則無乙，有甲則無丙，故有乙則無丙

物法 結論：故	小前提 一、有丙則有甲	小前提 二、無丙則有甲	小前提 三、有丙則無甲	小前提 四、無丙則無甲
大前提一 有甲則有乙	有丙則有乙 無乙則無丙	無丙則有乙 無乙則有丙	（無效）	（無效）
二 有甲則無乙	有丙則無乙 有乙則無丙	無丙則無乙 有乙則有丙	（無效）	（無效）
三 無甲則有乙	（無效）	（無效）	有丙則有乙 無乙則無丙	無丙則有乙 無乙則有丙
四 無甲則無乙	（無效）	（無效）	有丙則無乙 有乙則無丙	無丙則無乙 有乙則有丙

天法：有丙則有甲、有甲則有乙：故有丙則有乙。

物法：有甲則有乙、有丙則有甲：故有丙則有乙。

上表有效論式讀法：

有甲則有乙，有丙則有甲，故有丙則有乙

有甲則有乙，有丙則有甲，故無乙則無丙

有甲則有乙，無丙則有甲，故無丙則有乙

有甲則有乙，無丙則有甲，故無乙則有丙

有甲則無乙，有丙則有甲，故有丙則無乙

有甲則無乙，有丙則有甲，故有乙則無丙

有甲則無乙，無丙則有甲，故無丙則無乙

有甲則無乙，無丙則有甲，故有乙則有丙

無甲則有乙，有丙則無甲，故有丙則有乙

無甲則有乙，有丙則無甲，故無乙則無丙

無甲則有乙，無丙則無甲，故無丙則有乙

無甲則有乙，無丙則無甲，故無乙則有丙

無甲則無乙，有丙則無甲，故有丙則無乙

無甲則無乙，有丙則無甲，故有乙則無丙

無甲則無乙，無丙則無甲，故無丙則無乙

無甲則無乙，無丙則無甲，故有乙則有丙

統觀以上數表，足見「純假言論法」，在構造形式中，有以下兩個特點：

第一點，是「引隨貫通律」的「貫通性」，極其明顯：大小前提和結論三句，每句是隨接複句，各有各的引句和隨句：「則」字以前的單句是引句；以後的是隨句。同時，大前提的隨句，是小前提的引句。它是「中句」，任務和「中辭」相當：引介首句和尾句發生關係，構成另一隨接複句作結論。大前提的引句是首句，在結論作引句，小前提的隨句是尾句，在結論作隨句。以此構成的公律格式是：「引句，引中句，中句引隨句，故引句，引隨句」，或說：「首句引中句，中句引尾句，故首句引尾句」。首句的引領作用經過中句，貫通到尾句。「則」字「引隨作用」，滲透每句，貫通全個論式：從首至尾，一以貫之。

將以上公律的格式，換言表出之，豎說是：「隨句的隨句，是引句的隨句」；倒說則是：「引句的引句，是隨句的引句」。這兩個公式是歷史上，「引隨《邏輯學》說」的格言。它的主要意義，不但是說明「隨接詞」的引隨關係、固有的邏輯特性是貫通性；而且，在思維術上，促成人理智思想的「飛躍」：從首句，跨過中句不論中句有一個，或許多，或不論多少；跨過以後，直接飛躍到尾句：思想的高明靈敏，深遠迅速，都是因為它有飛躍貫通的能力：這是人類理智的特性：「見本而知末，觀指而睹歸」（淮南名言），大智大巧，是以此為要訣，一切理性的知識，都是從前提依據「引隨貫通的公律」，推引出深遠的結論。所謂理智的尋繹推證，便是引隨律的「飛躍貫通」。飛躍的距程，越深遠；理智的開化，也越高明。

第二點，是「純假言論法」的「抉擇性」薄弱至極——它根本沒有直言抉擇什麼：論式中的每一句，都是一個假設。它所決然擇取的，只是各句間的「引隨關係」，及其「貫通性」。就「假言」程度而論，「純假言論法」是「完全的假言論法」，但它是「抉擇性」，極薄弱的論法。除邏輯界、思想界的公律實被擇取以外，對於客觀實際的條件，沒有指明是擇取，或是擇捨。「假言性」極強，「抉擇性」卻極弱，為了這個理由，傳統的看法，認為「純假言論法」不大重要；並且「純假言論法」的「貫通律」，是「定言論法」和其他他任何論法共同遵守的公律。純假言論法，可以是「定言論法」的變形和改寫：不必分作「特殊一類」，因為它可以暗含在各類論法的思路中。如此說來，為組成「特殊的類別」，「假言性」和「抉擇性」兩者，都相當強勁始可。為此狹義的，足以自成一類的假言論法，不是「完全的假言論法」，而是「不完全的假言論法」；在此處，應是「不完全的隨接論法」。其構造，及論式和規則簡略如下：

第二類：「不完全的隨接論法」，在構造上，大前提是一隨接複句，用「則」字之類的隨接語法，在引句裡聲明條件，在隨句裡聲明效果，並接受引隨兩句間必有的「引隨關係」。它的小前提是一「定言論句」，實行抉擇，或擇取引句，接受條件，使結論接受效果；或擇捨隨句的效果，拒絕了效果，使結論捨棄引句的條件。如此，它的結論也是一個「定言論句」，不是「假言」。同時，它的論式只能有兩種：一是小前提擇取條件，結論「取納效果」，史稱「取取論式」；二是小前提擇捨效果，結論捨棄條件」，史稱「捨捨論式」。以上兩種論式，因肯定否定的不同配合，各自能有四個不同的論式。只有這兩種論式有效：因為只有這兩種論式，能保全大前提承認了的「引隨關係」。為建立並保存「引隨兩句間的引隨關係」，必須遵守「則」字的邏輯本質和條件：它的條件有四項：

一、引句真，隨句真時，有引隨關係。

二、引句假，隨句真時，有引隨關係。

三、引句真，隨句假時，無引隨關係。

四、引句假，隨句假時，有引隨關係。

以上條件只有四項，因為引隨兩句間，真假的配合只有四種可能，這裡「真」字，只是符號，代表「實有」、「可取」、「取納」等積極意義。「假」，代表「虛無」、「不可取」、「宜捨」等消極意義。茲用以下諸符號，畫表，簡示如下：

表一：

引	隨	則
1	1	1
0	1	1
1	0	0
0	0	1

表二：

引	隨	則
1	1	1
0	1	1
1	0	0
0	0	1

表四：

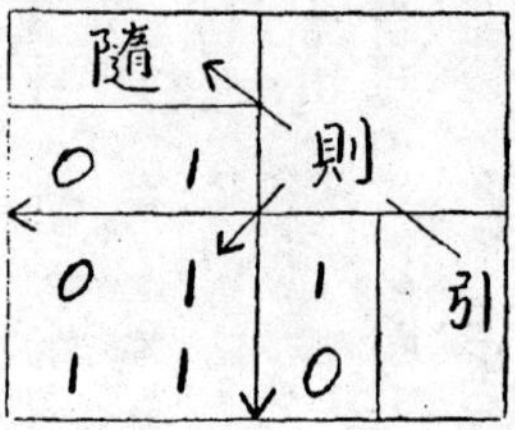

表五：

則	1	0
1	1	0
0	1	1

表三：

引	則	隨
1	1	1
0	1	1
1	0	0
0	1	0

符號說明：

引：引句

隨：隨句

則：引隨關係：隨接關係。

「1」：積極符號：真，肯定，有，是，取。

「0」：消極符號：假，否定，無，非，捨。

注意：五表內容相同，形式不同，繁簡互異。表五最簡。

上列圖表，叫作「則」字的「真假表」；是近代數理邏輯的新發明；但內容卻甚古老：首見於麥加辣學派，名師費龍；和亞里定言論法，前提結論間引隨關係的規則，在實質上，沒有分別。亞里比費龍早數十年。亞里的規則四條如下：（根據亞里，《分析學》，《前編》，卷下、章二、章四）：

一、前提真，結論真時，能是有效論式。

二、前提假，結論真時，能是有效論式。

三、前提真，結論假時，不能是有效論式。

四、前提假，結論假時，能是有效論式。

副則：一、有效論式內，結論真時，前提能假。

二、有效論式內，結論假時，前提必有一假；或能都假。

三、有效論式內，前提真時，結論必真。

四、有效論式內，前提假時，結論能真。

根據亞里上述規則，為定言論式，真假配合，何時有效，何時無效，畫一圖表，叫它作「效字表」：和「則字表」，互相對照，便知兩都相同：

效字表：

		前提	
	效	真	假
結論	真	有	有
	假	無	有

則字表：

則	1	0
1	1	0
0	1	1

亞里邏輯的「明證法」，和「反證法」，及普通任何論法，實有的效力，都是來自上表所列舉的引隨關係的規則：「引隨律」。（參看卷下，章二至四。註二二〇）

根據上述的「則」字本質和條件，可知隨接論法只有「取取」和「捨捨」兩種論式，有效茲將基本形式簡列如下；（材料來自亞里、《駁謬》、章五、頁一六七右一；《分析學前編》，卷二、章四；卷一、章四六；《辯證法》、卷二、章八；及章六）：

六、取取論式有效的四個：

詳式	簡式
式一：（肯定，肯定） 大提前：如果甲是乙，則丙是丁； 小前提：果然甲是乙； 結　論：故此，丙是丁。	有張則有李； 有張； 故有李。
式二：（否定、肯定） 大提前：如果甲非乙，則甲是丁； 小前提：果然甲非乙； 結　論：故此，甲是丁。	無張則有李； 無張； 故有李。
式三：（肯定、否定） 大提前：如果甲是乙，則丙非丁； 小前提：果然甲是乙； 結　論：故此，丙非丁。	有張則無李； 有張； 故無李。
式四：（否定、否定） 大提前：如果甲非乙，則丙非丁； 小前提：果然甲非乙； 結　論：故此，丙非丁。	無張則無李； 無張； 故無李。

附註：「取」是「擇取」、「取納」：實際上，乃是「重說引句」，或「重說隨句」：小前提重說引句，結論重說隨句。

取論式表：

全式：

引論	大前提	引	甲乙	1	0	1	0	引
		隨	丙丁	1	1	0	0	
	小前提	接受條件	甲乙	1	0	1	0	
結論	斷定	接受效果	丙丁	1	1	0	0	隨

「1」：代表肯定，例「甲是乙」。

「0」：代表否定，例「甲非乙」。

簡式一：

引	甲	1	0	1	0	
	丙	1	1	0	0	
	甲	1	0	1	0	
隨	丙	1	1	0	0	

簡式二：

大前提	小前提	結論
有甲則有丙	有甲	故有丙
無甲則有丙	無甲	故有丙
有甲則無丙	有甲	故無丙
無乙則無丙	無甲	故無丙
引		隨

七、「捨捨論式」有效的四個

詳　式	簡　式
式一：（肯定、肯定） 大提前：如果甲是乙，則丙是丁； 小前提：既然丙非丁； 結　論：故此，甲非乙。	有張則有李； 無李； 故無張。
式二：（否定、肯定） 大提前：如果甲非乙，則丙是丁； 小前提：既然丙非丁； 結　論：故此甲是乙。	無張則有李； 無李； 故有張。
式三：（肯定、否定） 大提前：如果甲是乙，則丙非丁； 小前提：既然丙是丁；	有張則無李； 有李； 故無張。
式四：（否定、否定） 大提前：如果甲非乙，則丙非丁； 小前提：既然丙是丁； 結　論：故此甲是乙。	無張則無李； 有李； 故有張。

用符號配合畫表簡列如下：

捨捨論式表：全表：

全式：

引論			結論
大前提		小前提	斷定
引	隨	拒絕效果	拒絕條件
甲乙	丙丁	丙丁	甲乙
1	1	0	0
0	1	0	1
1	0	1	0
0	0	1	1

簡式式一：

引			隨
甲	丙	丙	甲
1	1	0	0
0	1	0	1
1	0	1	0
0	0	1	1

簡式二：

引		隨
大前提	小前提	結論
有甲則有丙	無丙	故無甲
無甲則有丙	無丙	故有甲
有甲則無丙	有丙	故無甲
無甲則無丙	有丙	故有甲

甲：代表「甲乙」。丙：代表「丙丁」（參考，《辯證法》、卷二、章八）。

八、「完全假言論法」和「不完全假言論法」，綜合起來，構成的「複合假言論法」舉例：

詳式	簡式
一、大：如果甲是乙，則丙是丁	有張則有王；
二、小：如果丙是丁，則戊是己	有王則有李；
三、結：如果甲是乙，則戊是己	故有張則有李。
四、決擇：果然甲是乙	果然有張，
五、斷定：故此，戊是己	故此，有李。

以上複合假言論法，首中尾三句，肯定否定的配合，只能有八種，各有不同的結論，公式定格，分「取取」和「捨捨」兩類論式：分列圖表如下：

九、取取式的配合：

全式：

引	大前提	0	1	0	1	0	1	0	1	甲是乙	引論
	小前提	0	0	1	1	0	0	1	1	丙是丁	
	結論	0	0	0	0	1	1	1	1	戊是己	
	決擇	0	1	0	1	0	1	0	1	甲是乙	結論
隨	斷定	0	0	0	0	1	1	1	1	戊是己	

簡式一：

0	1	0	1	0	1	0	1	張	引論
0	0	1	1	0	0	1	1	王	
0	0	0	0	1	1	1	1	李	
0	1	0	1	0	1	0	1	張	結論
0	0	0	0	1	1	1	1	李	

簡式二：

大前提	小前提	結論（決擇）	結論（斷定）
有甲則有丙	有丙則有戊	有甲	故有戊
無甲則有丙	有丙則有戊	無甲	故有戊
有甲則無丙	無丙則有戊	有甲	故有戊
無甲則無丙	無丙則有戊	無甲	故有戊
有甲則有丙	有丙則無戊	有甲	故無戊
無甲則有丙	有丙則無戊	無甲	故無戊
有甲則無丙	無丙則無戊	有甲	故無戊
無甲則無丙	無丙則無戊	無甲	故無戊

十、捨捨式的配合法：全式：

引論	引	甲乙	1	0	1	0	1	0	1	0	
引論	中	丙丁	1	1	0	0	1	1	0	0	
引論	隨	戊己	1	1	1	1	0	0	0	0	
結論一	引	戊己	0	0	0	0	1	1	1	1	
結論一	中	丙丁	0	0	1	1	0	0	1	1	
結論一	隨	甲乙	0	1	0	1	0	1	0	1	
結論二	引	戊己	0	0	0	0	1	1	1	1	決擇
結論二	隨	甲乙	0	1	0	1	0	1	0	1	斷定

簡式一：

引論	甲	1	0	1	0	1	0	1	0
	丙	1	1	0	0	1	1	0	0
	戊	1	1	1	1	0	0	0	0
結論一	戊	0	0	0	0	1	1	1	1
	丙	0	0	1	1	0	0	1	1
	甲	0	1	0	1	0	1	0	1
結論二	戊	0	0	0	0	1	1	1	1
	甲	0	1	0	1	0	1	0	1

簡式二：（省去結論一）

引論	張	1	0	1	0	1	0	1	0	
	王	1	1	0	0	1	1	0	0	
	李	1	1	1	1	0	0	0	0	
結論二	李	0	0	0	0	1	1	1	1	決擇
	張	0	1	0	1	0	1	0	1	斷定

符號說明

「甲」：代表「甲乙」
「丙」：代表「丙丁」
「戊」：代表「戊己」

「1」：代表肯定：例：「1甲」代表「甲是乙」，即是「有甲乙」。
「0」：代表否定。「0戊」；「戊非己」，餘可類推。

簡式三：（省略結論一）

大前提	小前提	結論二：決擇	結論二：斷定
有甲則有丙	有丙則有戊	無戊	故無甲
無甲則有丙	有丙則有戊	無戊	故有甲
有甲則無丙	無丙則有戊	無戊	故無甲
無甲則無丙	無丙則有戊	無戊	故有甲
有甲則有丙	有丙則無戊	有戊	故無甲
無甲則有丙	有丙則無戊	有戊	故有甲
有甲則無丙	無丙則無戊	有戊	故無甲
無甲則無丙	無丙則無戊	有戊	故有甲

1. 有：代表肯定
2. 無：代表否定
3. 有甲：代表「有甲乙」，即是：「甲是乙」
4. 無甲：代表「無甲乙」，即是：「甲非乙」
5. 餘可類推。

回看本註內前面五號天、地、人、物、四表。

語法舉例，例一：

一、甲是乙則丙是丁，
二、丙是丁則戊是己；
三、戊非己則丙非丁，
四、丙非丁則甲非乙，
五、戊非己故甲非乙；
六、戊非己，
七、甲非乙。

例二：

一、甲非乙則丙非丁，
二、丙非丁則戊是己；
三、戊非己則丙是丁，
四、丙是丁則甲是乙；
五、戊非己故甲是乙；
六、戊非己，
七、甲是乙。

例三：

一、雪深積則水凍結，
二、冰凍結則冬嚴寒；
三、冬不寒則冰不結，
四、冰不結則雪不積；
五、冬不寒，則雪不積；
六、冬不寒，（抉擇）
七、雪不積。（斷定）

十一：分接論法——大前提用分接詞，「或」字，分列兩個，或數個可能性。小前提任選其中一個，或數個。結論則推斷出必然的後果。小前提選擇時，有時能擇取，有時只能擇捨。因為大前提用的「或」字，有兩種：一是「矛盾或字」，一是「兼容或字」。「矛盾或字」是二分法用的或字。遵守矛盾律。分接論法中，用「矛盾或字」時，小前提可以擇取，也可以擇捨。都能得結論：因為小前提取其一，結論必捨其餘。小前提捨其一，結論必取其餘。「兼容或字」，遵守「偏差律」，或然兩端，能同真，不能同假。捨一，必取其餘。但取其一，不知能否必捨其餘，也不知能否並取其餘。因為，「或」字的性質，和條件如此。用兼容或字的論法：只能擇捨，不能擇取。以上各種「分接論法」，都是假言論法，又是「抉擇論法」；惟有「或」字，是「分接詞」，有「任選」的含意，故此，「分接論法」，也叫作「任選論法」，或「選言論法」。茲將「矛盾或字」，和「兼容或字」的性質、條件，及各種論式，分別簡列如下：

「排異或字的分接論法」——「矛盾或字」也叫作「排異或字」。「矛盾或字的論法」，就是「排異或字的論法」：簡稱「排異論法」。「排異或字」的性質及條件，用符號畫表，簡示如下：

表一：

0	1	或
1	0	1
0	1	0

表二：

0	1	0	1	張
0	0	1	1	李
0	1	1	0	或

表三：

李	或	張
1	0	1
1	1	0
0	1	1
0	0	0

表四：

或	張		
	矛盾	取	捨
李	取	0	1
	捨	1	0

符號解釋

一、張或李：或張或李，不可兼有。
二、張代表一論句，李代表另一論句。
三、「矛盾或字」，禁止張李都是「1」，也禁止它們都是「0」：不可兩者並取，也不可兩者並捨。
四、必須捨一，取一，始能保全「分接論句」的真義。
五、以上四表，意義相同：故可互相解釋。

根據上表，指明的條件，可知「矛盾或字」的論法有兩種：一是「取捨論式」：小前提任選其一，結論盡捨其餘。二是「捨取論式」：小前提，捨棄其一，結論取納其餘。茲將基本形式分列如下：（根據，亞里、《辯證法》、卷二、章六，頁一一二左二四──三〇）：

排異或字的論式全表：

式一：	式二：
大前提：或甲或乙，	或有甲或無乙，
小前提：是甲，	非有甲，
結　論：故非乙。	故無乙。

式三：
大前提：或甲或乙，
小前提：非甲，
結論：故乙。

式四：
或有甲或無乙，
是有甲，
故非無乙。

式五：
大、或甲或乙，
小、是乙，
結：非甲。

式六：
或甲或乙，
非乙，
故甲。

式七：
或有甲或無乙，
是無乙，
故無甲。

式八：
或有甲或無乙，
非無乙，
故有甲。

式九：
或無甲或有乙，
是無甲，
非有乙。

式十：
是無甲，或有乙。
非無甲，
故有乙。

全表一：

大前提	小前提一	結論一	小前提二	結論二
或有甲或有乙	有甲	故無乙	無甲	故有乙
或無甲或有乙	無甲	故無乙	有甲	故有乙

或有甲或無乙	有甲	故有乙	無甲	故無乙
或無甲或無乙	無甲	故有乙	有甲	故無乙
或有乙或有甲	有乙	故無甲	無乙	故有甲
或無乙或有甲	無乙	故無甲	有乙	故有甲
或有乙或無甲	有乙	故有甲	無乙	故無甲
或無乙或無甲	無乙	故有甲	有乙	故無甲

上表左右兩欄的分別只是甲乙符號對換。換符法的規則是「全式一律，每式如此」。

「兼容性的或字論法」——簡稱「兼容論法」。這樣的論法是選言論法的第二種。它所用的「或」字，分別兩個或數個可能性，這些可能性，不是互相矛盾或衝突，但可同處共存。例如說：「或道德高上，或學問優越，或德學兼優」。即是說：「或有甲，或有乙，或甲乙兼有」。以這樣的「或」字論句，作大前提的選言論法，叫作「兼容論法」。它的基本形式和公律，不是「排異論法」所根據的「矛盾律」，不是「條件論法」所根據的「引隨律」，也不是下面要談「衝突論法」所根據的衝突律，（大衝突）；而是「小衝突對立」所根據的「偏差律」：依此定律，對立的兩方不能同假，但能同真，也能一真、一假。畫簡表，標明這個對立的情形，並說明「兼容性或字」的邏輯如下：「1」代表真，肯定，有取，等積極意義：

或（兼）	1	0
1	1	1
0	1	0

上圖意思是說：「或」字複句內分別的甲乙兩句，能同真，或一真一假，但不能同假。兩者同假時，「或」字意義不能保全，故以「0」代表之。「0」代表假、錯、虛無等等消極意義。

兼容論式的構造：基本形式，舉例：

例一：
大：或甲或乙，
小：非甲，
結：故乙。

例二：
或甲或乙，
非乙，
故甲。

小前提只能是捨棄甲乙兩者之一，結論則取納其餘。小前提只捨不取。取則無效，不能推出確定專一的結論。例如，以下兩式，不能有結論：

例一：
大：或甲或乙，
小：是甲，
結：（故非乙、又能是乙）。

例二：
或甲或乙，
是乙，
（故非甲又能是甲）。

如此說來，足見「兼容或字」，只有「捨取論式」一種：小前提捨其一，結論取其餘。基本簡式，已如上文所述。複合論式，用諸句間，肯定、否定兩個句性的配合，仍能構成許多形式：公式的表格如下：

全表一：

或甲或乙非甲故乙。
或非甲或是乙、是甲、故是乙
或是甲或非乙、非甲、故非乙
或非甲或非乙、是甲、故非乙

注意：表內甲乙可以互換。或每句互換，或只在大前提互換。或只在小前提和結論內，互換。

全表二：

大前提	小前提一	結論一	小前提二	結論二
或有甲或有乙	無甲	故有乙	無乙	故有甲
或無甲或有乙	有甲	故有乙	無乙	故無甲
或有甲或無乙	無甲	故無乙	有乙	故有甲
或無甲或無乙	有甲	故無乙	有乙	故無甲

全表三：

大前提	小前提一	結論一	小前提二	結論二
或有乙或有甲	無乙	故有甲	無甲	故有乙

或無乙或有甲	有乙	故有甲	無甲	故無乙
或有乙或無甲	無乙	故無甲	有甲	故有乙
或無乙或無甲	有乙	故無甲	有甲	故無乙

十二、「反接論法」——它的大前提是一個反接複句，用反接詞將互相衝突的事物或論句接合起來，聲明它們不能同時都是真的。小前提只可擇取兩端之一，結論因以捨棄其餘。這樣的論法只會有「取捨論式」；因為它遵守「衝突律」；衝突的兩端能同假不能同真。取其一，則必捨其餘，捨其一卻無法斷定是否應並捨其餘。典型的「反接詞」是：「某丙不能是甲又是乙」；或說：「某丙不能同時是甲又是乙」。即是說：「某丙是甲，和某丙是乙，兩個論句不能同時是真的」；「是兩不相容的」；「是互相衝突的」；或用主觀說法：「是不可被論者採取的」。

反接詞，邏輯的本質和條件，可用符號畫表明示如下：用「反」字作符號，代表反接詞：

表一：

反	1	0
1	0	1
0	1	1

表二：

甲	反	乙
1	0	1
0	1	1
1	1	0
0	1	0

表三：

甲	1	0	1	0
乙	1	1	0	0
反	0	1	1	1

表四：

<table><tr><td colspan="2" rowspan="2">反</td><td colspan="2">乙</td></tr><tr><td>真</td><td>假</td></tr><tr><td rowspan="2">甲</td><td>真</td><td>0</td><td>1</td></tr><tr><td>假</td><td>1</td><td>1</td></tr></table>

以上四表相同，形式不同，可以互相解釋。表一最為簡明。意思是說，何時「反」字指示的「衝突對立」，始能產生；何時不能產生：

一、甲真乙真，不是衝突對立

二、甲假乙真，必是衝突對立

三、甲真乙假，必是衝突對立

四、甲假乙假，能是衝突對立

反接論法的論式，根據上面的「反字真假表」，只能有「取捨論式」。小前提取其一，結論捨其餘。茲將其基本形式用符號畫圖，簡示如下：

全表一：

反接論法	第一		第二	
大前提承認	小前提	結論	小前提	結論
不能同時	取甲	捨乙	取乙	捨甲
有甲有乙	有甲	無乙	有乙	無甲
無甲有乙	無甲	無乙	有乙	有甲
有甲無乙	有甲	有乙	無乙	無甲
無甲無乙	無甲	有乙	無乙	有甲

符號說明：

一、「有甲」、「有乙」代表甲乙兩任何論句，是肯定論句。
二、「無甲」、「無乙」代表甲乙兩任何論句，是否定論句。
三、「取」代表「重說」
四、「捨」代表「否定」（參考亞里，《句解》，章十）

全表二：

反		取	捨	取	捨
甲	乙	甲	乙	乙	甲
有	有	有	無	有	無
無	有	無	無	有	有
有	無	有	有	無	無
無	無	無	有	無	有

全表三：

反		取	捨	取	捨
甲	乙	甲	乙	乙	甲
1	1	1	0	1	0
0	1	0	0	1	1
1	0	1	1	0	0
0	0	0	1	0	1

以上三表相同。「有、無」可以改作「是、否」，符號作用相同。用具體名辭，就上三表，舉例如下：

大前提：	不能同時既不是銅，又不是鐵	不能同時無甲又無乙
小前提：	不是銅	無甲
結論	故是鐵	故有乙

十三、連接論法——大前提是一連接複句，連接至少兩句。小前提擇取其一，結論則取納所餘。它的

論式，根據連接詞的邏輯性質和條件，只能是「取取論式」：遵守「自同律」，「取」是「重說」大前提已經承認了的每個單句。連接詞有許多；最典型的是「也」字和「又」字；他如「同」、「並」、「和」、「連……也」………「偕」、「與」、「跟」、「及」等等；都有「連接詞」的作用。現用「連」字作符號，代表「連接詞」，畫「真假表」，將連接詞的邏輯本質和條件，確定如下：

表一：

連	1	0
1	1	0
0	0	0

表二：

甲	連	乙
1	1	1
0	0	1
1	0	0
0	0	0

表三：

甲	乙	連
1	1	1
0	1	0
1	0	0
0	0	0

表四：用「並」字作「連接詞」，構成的有效論式：

連接論法	第一		第二	
大前提	小前提	結論	小前提	結論
有甲並有乙	有甲	故有乙	有乙	故有甲
無甲並有乙	無甲	故有乙	有乙	故無甲
有甲並無乙	有甲	故無乙	無乙	故有甲
無甲並無乙	無甲	故無乙	無乙	故無甲

十四、轉接論法——用轉接詞「然而」之類，在文法和修辭學裡，和連接詞及論法有分別；在邏輯意義上，和「連接詞的論法」沒有分別。「但」、「到底」、「卻」、「可是」、「不料想」……等等語法，都有「轉接」的文法作用。在邏輯性質上，和「也」字等連接詞完全相同。例如說：「張某是健康的人，不料想，竟在一瞬間，死去了。」等於說：「張某是健康人」；「張某猝死」是兩個同時並真的論句。又例如說：「張某聰明，可惜，多病」；在邏輯意義上，等於說：「張某是聰明人」，「張某也是多病的人」。

連接論法的特點——「連接論法」是「反接論法」的反面：一是遵守自同律，只有「取取」論式；一是適守衝突律，只有「取捨論式」。「連接詞的真假表」也正是「反接詞真假表」的反面；兩者彼此相否定。否定連接詞，便得「反接詞」。反之，亦然。否定「不能同時都真」，是肯定「能同時都真」。否定和肯定不改變「接詞」的內在本性。「反接詞」的邏輯本性，是「假言性」的，不是「定言性」的；從此可見，「連接詞」的邏輯本性，也是「假言性」的。它構成的論法，屬於「假言論法」之類；大前提和小前提的任務，是抉擇。為此，不可將「連接論法」，簡單看作是「定言論句複合而成的定言論法」。從定言論法的觀點去看，「連接論法」，在小前提和結論，只是重說大前提已經預定認可了的單句，此外，沒有其他理由來證明什麼新知識：彷彿是極無意味的。但從「抉擇論法」，即是「假言論法」的觀點去看，從大小前提的抉擇，產生某固定的結論，是「自同律」的必然；並且是「矛盾律」，和「言語前後符合律」的實際運用。違犯了這些公律，人間的語言和理論將陷於混亂不堪。現代《邏輯學》界有人，只用「連接詞」和「否定詞」，建立推演系統；範圍廣闊，包括盡了「一切假言論法」的「推演系統」，這更足以證明「連接複句」的「假言性」和「抉擇性」。總說起來：「連接複句」也是「假言論句」；不只是「定言論句」平列起來的連合。

附誌：承接詞——承上接下的接詞，叫作承接詞，例如，「因此；故此；於是；藉以」等等。「則」，「故」，等字，也算是承接詞。廣義說，凡是接詞，都是承上接下，或引上啟下的：都可以叫作承接詞。狹義的承接詞，普通都是「原因詞」，指示為什麼原因，為什麼理由，或藉什麼機會，用什麼方法。那麼，承接複句通常都是「原因複句」。問題是：它屬於於那一類呢？是定言，或是假言呢？比較確實的答案是，「原因複句」屬於定言論句之類，並且是「省略論式」：是三段論式的簡式。例如說：「張某有功，故應受賞」，是說：「凡是人有功，都應受賞。張某有功。故張某應受賞」：這是一個三段論法。

特誌：複句內邏輯接辭及真假配合總數，可用陰陽二分配偶的《易經》卦理，策算決定，不能多也不能少。茲用「0」代表陰，「1」代表陽，畫表如下：（橫讀）：

複句邏輯接辭陰陽配偶總數計算表

張	李	真或因狂則乘同與	反異亂逆病妙離假
1	1	1 1 1 1 1 1 1 1	0 0 0 0 0 0 0 0
1	0	1 1 1 1 0 0 0 0	1 1 1 1 0 0 0 0
0	1	1 1 0 0 1 1 0 0	1 1 0 0 1 1 0 0
0	0	1 0 1 0 1 0 1 0	1 0 1 0 1 0 1 0
p	q	V A B I C H E K	D J G L F M X O

複句邏輯接辭配合法計算總數表

張	李	真	或	因	則	反	同	病	亂	乘	狂	異	與	逆	妙	離	假
1	1	1	1	1	1	0	1	0	0	1	1	0	1	0	0	0	0
1	0	1	1	1	0	1	0	0	1	0	1	1	0	1	0	0	0
0	1	1	1	0	1	1	0	1	0	1	0	1	0	0	1	0	0
0	0	1	0	1	1	1	1	1	1	0	0	0	0	0	0	1	0
p	q	V	A	B	C	D	E	F	G	H	I	J	K	L	M	X	O

釋例：張李兩個符號，代表兩個論句：

1. Vpq＝張李常真：接受
2. Apq＝或張或李：偏差
3. Bpq＝因有張而有李（因果關係）
4. Cpq：若有張則有李：引隨。
5. Dpq：張李不同有：衝突。
6. Epq：張李真假相同：同等。
7. Fpq：病張李
8. Gpq：亂張李
9. Hpq：乖張李
10. Ipq：狂張李
11. Jpq：張李真假相異：矛盾：NEpq
12. Kpq：張與李同真：連是：NDpq
13. Lpq：張李相逆不相隨：NCpq
14. Mpq：李不因張而妙有：NBpq
15. Xpq：張李離真而同假：連非：NApq
16. Opq：張李常假：拒絕：NVpq

表內邏輯接辭共有十六個，其中常真、常假（Vpq、Opq）屬於單句原有的邏輯虛字之類（VpOp）。所以，其餘的複句接辭只剩十四個：七陰七陽。病、亂、乖、狂四個符號，代表兩個論句單方受肯定或受否定的現象，不是真正雙方對答的配合。除去以上六個，所餘的十個仍分兩組：陰五陽五。或、因、則、同、與，五個屬陽。反、異、逆、離、妙，五個屬陰。陰是陽的否定。所以，否定辭加上陽組五個接辭，是表內最重要的成分。因字所指的因果關係和則字所指的引隨關係，是一個關係的凸凹兩面。妙、逆兩字也是代表一個關係的凸凹兩面。「妙」是「因」的否定。「逆」是「則」的否定。去否定，去凸而取凹，則只剩或，則，同與，四個接辭。特值注意。「同」字所指的關係，乃是兩個論句交互的引隨關係：（EEpq KCpqCqp）；分析起來，應約歸於「則」字所指的引隨關係。那麼，最基本的複句接辭，只剩三個，就是：或，則，與。（Apq，Cqp，Kpq）。「與」字有「及」，「和」等等字樣的意義，指示兩句或數句連合並列起來，都是真的：連是不分非。（EKpq NANpNq）。

十五、假言論句與定言論句——定言論句、「盈無有虧」四種都能改成假言論句，並且都包含引隨關係。逐一簡論如下：

一、「盈句」：「每甲是乙」等於說：「甲一是乙，甲二也是乙」。（甲一、甲二代表個個甲）。故此，盈句便是「連是句」：有「連接複句」的含義，彷彿是「連接複句」的簡寫。

二、「無句」：「無甲是乙」等於「甲一非乙，甲二也非乙」……故此它是「連非句」：兩個或數個否定句的連接複句。

三、「有句」：「有某甲是乙」等於說：「或甲一是乙，或甲二是乙」。「有句」乃是「分是句」。

四、「虧句」：「有某甲非乙」等於說：「或甲一非乙；或甲二非乙」。「虧句」乃是「分非句」。

簡言之：

一、「盈」則連是，此也是、彼也是。
二、「無」則連非，此也非、彼也非。
三、「有」乃分是，或此是，或彼是。
四、「虧」乃分非，或此非，或彼非。
用對立方圖比較如下，則更為明顯：
畫圖比較對照一下：連分圖一。

盈虧圖

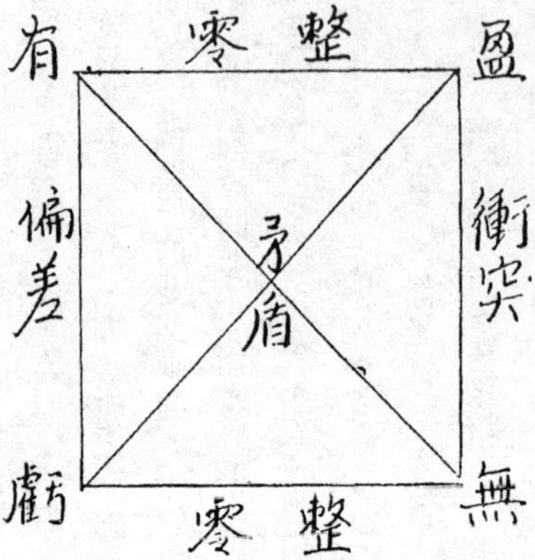

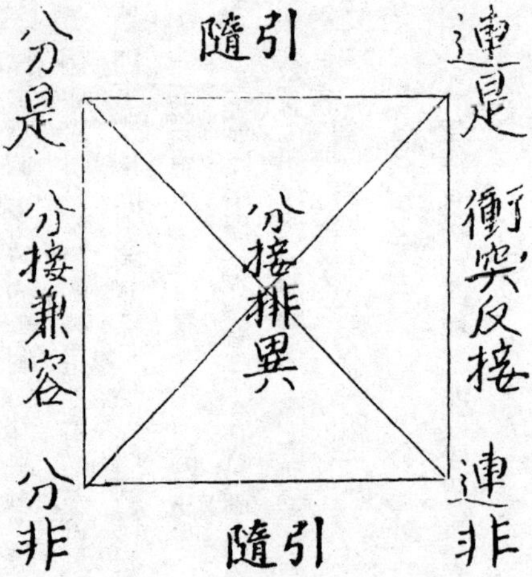

參看註一、內十二號。

連分圖二：

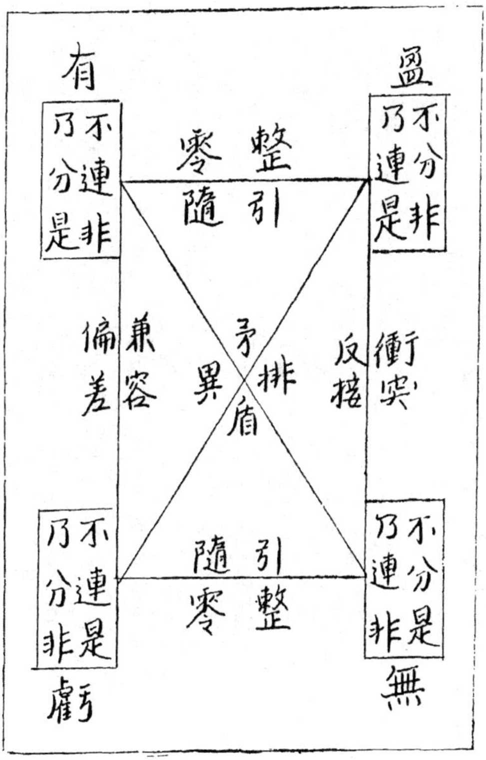

以上三圖，富有邏輯價值：是全部邏輯的撮要。它們的內容，都包括在亞里邏輯中。待至中古世代，始有眾多《邏輯學》家，將這些內容特別提出來，作了有系統的研究，轉至現代，便受到了數理邏輯家特別的重視。關於此點，中世較著稱的學者，有德國撒克遜省人，亞爾伯，《邏輯學》，卷三，章二，章五；卷二，章五；奧康（或名奧克哈木），《邏輯學大全》，卷二、章卅三章四；近代學者中，狄默根，

（或名狄毛爾根），《形式邏輯學》，一八四七年版，頁一一〇至一一一。汪來特，《邏輯形式與內容》，一九四九年版，頁一六至廿一；蒲萊爾，《形式邏輯學》，一九五三年版，頁一四二等等。

十六、品定論法——品質同異或優劣的評訂論法，簡稱品定論法。試先舉出一些基本的典型實例：（參看，亞里、《辯證法》、卷二、章十；及註三四九）；

例一：優劣相較、否定

大：健康優於財富	甲優於乙	甲優於乙
小：健康既不是至善	甲既非至善	甲既劣於丙
結：財富故不是至善	乙故非至善	乙故劣於丙

例二：優劣相較，肯定、

大：健康劣於道德	甲劣於乙	甲劣於乙
小：健康既是可貴	甲既貴似丙	甲仍可貴
結：道德也更是可貴	乙故貴似於丙	乙也更可貴

例三：同類相較肯定

大：健強與美麗同類	甲乙同類，	甲乙同類
小：健強可貴	甲既有兩	甲既是丙，
結：美麗可貴	乙故有丙。	乙故是丙。

例四：同類相較否定

大：健強與美麗同類	甲乙同類，	甲乙同類，
小：健強不是道德	甲既非丙，	乙既非丙，
結：美麗不是道德	乙故非丙。	甲故非丙。

例五：有無相較，是非相較

大：真福之境無痛苦	甲無丙	甲非丙，
小：健康之時有痛苦	乙既有丙	乙既是丙，
結：健康之時非真福之境	甲故非乙	甲故非乙。

例六：大善小善相較

大：如果小善可貴，則大善必可貴：（公理）
大：健康之善小於道德之善；（大前提）
小：健康可貴，（小前提）
結：故道德可貴。（結論）

例七：定義相反者之比較：異性相較。

大：善惡彼此如有無之相反，（定義不相同）。	甲乙相反，
小：善之為善，在乎單獨自立、完整統一，	甲既有丙，
結：惡之為惡，必是既不自立又不完整統一。	乙故無丙。

例八：敵友相較；同異相較。

大：相友者必同敵	甲乙如相同，必同異於丙，
小：不同敵	如不同異於丙，
結：不相友	必是兩不相同。

例九：同處相較

大：相同者可同處共存，	甲乙相同、能同在丙，
小：如不同處並存，	甲乙不同在丙，故
結：不相同。	甲乙不相同。

同例換言之：

大：相同者則有同一主體，	甲乙如相同、同有主體內，
小：既無同一主體，	甲乙的主體不同是丙，
結：故不是相同。	故甲乙不相同。

例十：離合相較。

大：相合者，合於一，	甲乙合一、則合於丙，
小：不合於一，	甲乙不合於丙，（一合一離），
結：故相離。	故甲乙不合一：（故相離）。

例十一：

大：持久的安樂優於暫促的安樂。

小：五十年是長久，五十天比較暫促。

結：五十年安樂優於五十天安樂。

例十二：參看《辯證法》，卷四，章四。

大：目的之價值高於工具（或方法）。

小：仁是目的，義是方法。

結：仁的價值高於義。

例十三：參看《範疇集》，章十二

大：先者可以無後，後者不可以無先。

小：類譜內，高類先於低類，例如動物先於人類。

結：高類的概念，可以無低類的概念。低類的概念，不可無高類的概念：（例如人的定義中，不可不包含動物的概念）。

例十四：

大：先者可以無後，後者不可無先。

小：原因先於效果。

結：可以有原因而無效果，不可有效果而無原因。

例如燃火是原因，「燒木」是效果。可以有火而無木故不燒木；但既已燒木，則不能有木之焦燒，而無燒木的燃火。

例十五：

大：先者可以無後，後者不可以無先。

小：單純的因素先於組合的物體。

結：可以有單純的因素作原因，而無組合的物體作效果：但既有組合的物體，則不能沒有其必備的單純因素作它的原因。（故此，凡是組合體，都是效果，必有原因）

品定論法的邏輯性質——依亞里此書本章的意見，品定論法屬於假言論法之類，不屬於定言論法之類。理由主要有二：第一、消極方面說：品定論法的目的，和直接效能，不是用定言論法，明證某主體確是如何。既不是定言的論法，故是假言。第二、積極方面說：論品質優劣同異等等，比較性的言論，已經假定某主體實有某品質。先知其有某品質，然後才去比較那品質的同異優劣等等比較性的知識，是在定言的知識既有以後，始有形成的可能。先認識品質，然後，才能比較：比較是相對的，認識品質之存在及性質是絕對的：比較後於認識：猶如「相對」後於「絕對」。再積極一點說：分析品定論法的本質，也可以看到它是「假設性」的論法：因為大前提聲明許多「待人抉擇」的可能性，這些可能性彼此間，有各種假言複句所指示的邏輯關係：或「隨接」，或「分接」，或「反接」，或「連接」，或兼有數種。並且都假定論者，已有定言性的知識。如此，比較性的複句，不是定言論句。它的真假是非，不在於定言單句是否絕對符合事實，而在於「優劣」或「同異」、「分合」等等的「比較關係」：都有「預定條件」、「設定範圍」的作用：和假言論句有許多相同之點。然後再看小前提：它在品定論法中，所有的中心任務是「抉擇」，或「擇取」，或「擇捨」：從優劣同異等等對立的兩方抉擇一方，或「取」，或「捨」。然後，結論因之，斷定怎樣處理所餘的另一方面；或取納，或捨棄。如此說來，品定論法，步步和假言論法有類同之處。

同時，品定論法有品定論法自有的獨特性。和其他各種假言論法不相同：主要的區別在「比較」：它是比較性的。它的中心動作是比較、評量、品定。它所遵守的邏輯規律，是「優劣」、「同異」、「分合」等「關係詞」所指示的特別一套規律。現代邏輯內，包括「關係詞的邏輯」這一部分；在亞里的著作內可以找到一些原始的資料，但找不到有系統的研究。就歷史去看，柏拉圖派的哲學家大都喜用品定論法。斯多亞派（即是長廊派）特好假言論法。盤環走談派，即是亞里派（或簡稱「環走派」），特好定言論法。柏拉圖派兼用「分接論法」，用之有失過當，曾惹起亞里的評責。詳見本書，卷一，章三一。亞里原書內，據史家推測，沒有正式討論「假言論法」，筆下現有的資料，有人主張是亞里的高足弟子德孚樂或更晚代的其他人所添補。回看本註內最前第一號之引據。

十七、假言論法的重要——一方面觀察歷史，一方面比較假言論法和定言論法的關係，可看到假言論法的重要。古代的長廊派、麥加辣學派，羅馬古代從西賽勞到鮑也西，五百多年，許多人注意到假言論法。西賽勞《辯證論叢》，章五七、鮑也西《假言論法》，等篇，都是討論假言論法的專著。同時的亞歷山、裴勞朋。紀西樸（或名紀立西樸斯），馬留（詳名馬留、維克道立諾斯），著名的文法家賈蕭德（詳名賈蕭德祿斯）《辯證法》，都曾有假言論法的講述。中古世代，亞拉伯和歐洲的學界，能人輩出，討論過假言論法的人，數目眾多：其中，亞維新、亞維羅最為著名，歐洲，十三世紀以後，有亞伯拉爾（詳名伯多祿、亞拉伯爾都斯）著，《辯證法》，布立單著「《引隨關係專論》」，撒克遜人亞爾伯《邏輯學》；前面提過的奧康《邏輯大全》卷三；司徒德（詳名司徒勞德斯），「《引隨關係之邏輯》」，都曾特別討論假言論法。

近代邏輯「論句的分析」，佔重要的部分和位置。其內容是以假言論法為主，和中世「引隨關係之邏輯」，內容大致相同。足見從古到今兩千來年，形成了一個連續不斷的河流。日積月累，內容之富，用途之廣，似遠勝於定言論法。

比較假言和定言論法——只說兩點。第一是兩相補益。不相衝突。活動的範圍不同，目的和效用也不同。凡是定言論法，都能改寫成假言論法，但是許多假言論法，不能改寫成定言論法。假言論法的用途，比較寬廣；但是內容不會有定言論法的明證力；並且為成立自已的議論，需要有一些定言論法證實的知識，作先決條件；故此，必須在相當限度下，借助於定言論法。同時定言論法，骨子裡，大小前提和結論間，甚至賓主兩辭間的關係都遵守「隨接論法」的「引隨律」，和「引隨貫通律」。足見「假言」、「定言」兩種論法是相助相需的不是互相敵對的。歷史上，曾有很長的一個時期，亞里派和長廊派認為兩種論法互不相容。兩派互相攻擊，阻礙了兩種論法研究的進步。

第二點：在形式的構造上，「定言」、「假言」兩種論法不相同，但互相對稱：兩方面，都有大小前提和結論三段。茲畫簡表，對照如下：

定言論法		假言論法	
大前提	單句	豫定的假設：	複句
小前提	單句	決擇：取，捨：	單句
結論	單句	斷定：取，捨：	單句

兩種論法的分別：

一、定言論法、大小前提和結論三句，可以都是單句、假言論法、三句中，至少大前提是複句。

二、定言論法的邏輯虛字是：「每、無任何，有某、是，不是」。定言論法的邏輯，研究這些虛字，指出的名辭間，賓主的關係，和引隨關係。這樣的邏輯是「賓辭的邏輯」。假言論法的虛字，是複句所用的接詞：「則；或；不並是……又是……也」……等等。假言論法的邏輯，是「複句的邏輯」，是「接詞的邏輯」，有時也叫作「論句的邏輯」；在數理邏輯，就叫作「論句的策算」（許多論句間，真假配合而有的策算）。

十八、附誌：非常論式——許多有效論式，不能納入普通定言或假言論式的規格。一切不合常態的有效論式，統列入「非常論式」的總類；其下有許多分類，除註三四四——三五二，及卷一、章四一等所舉論式以外，還有以下種種。維錄於此，都是非常論式：但都是有效，並有用途的論式；亞里及亞歷山等，均曾提到這些論式：

	式一：	辭例：
大、	甲全稱主體乙所有的每個全稱賓辭，	實體全稱人的每個全稱賓辭，
小、	丙是主體乙的全稱賓辭，	動物是人的全稱賓辭，
結、	甲全稱丙。	實體全稱動物。
	式二：	
大、	乙的賓辭賓稱丙，	乙的賓辭是丙的賓辭，
小、	乙的賓辭甲的主辭，	甲是乙的賓辭，
結、	甲是丙的賓群。	甲是丙的賓群。

式三：

大、賓辭乙的主辭，是賓辭甲的主辭；

小、賓辭乙的主辭，是丙，

結，賓辭甲的主辭，也是內。

式四：此式奇特，否定的形式，有肯定的內容：

大、	無乙非甲，	乙莫非甲，	是乙而非甲者無有也，	凡乙皆甲，
小、	無丙非乙，	丙莫非乙，	是丙而非乙者無有也，	凡丙皆乙，
結、	無丙非甲。	丙莫非甲。	是丙而非甲者無有也。	凡丙皆甲。

參考，舒露德《邏輯代數》。附錄四。

以上四式，固然都是定言論式，「甲乙丙」可以代表「實體、動物、人」；其餘都是邏輯的虛字或語法，排列的形式，不合通常論式的規格；如不去掉並更改它們的某些虛字，便無法改成通常論式：為此叫作「非常論式」。參考亞歷山、亞里《分析學前編》卷一註解。

式五：從「又」，說到「或」：是一複雜的假言論式：「又」引「或」：

大：	「是甲又是乙，故、是甲或乙」，	「又」、則「或」，	「又」引，則「或」隨，
小：	每丙是甲又是乙，	「又」，	「又」引，
結：	每丙是甲或是乙。	故「或」。	故「或」隨。

參考，本編、卷一、章三六。

注意：以上諸論式，都是「相關名辭」間的論式，在亞里全部邏輯中，佔著奇特的位置；沒有受到系統化的研究：故是非常論式；但移置到「相關名辭」，或「關係邏輯」系統中去，便是此系統中的普通論式。

式六：「參看註三四六，解釋二、三、及本編上卷章卌一）

大、	每丙是「乙或甲」	每位教授是博士或碩士，
小、	每丁是丙	每位社員都是教授；
結、	每丁是「乙或甲」	每位社員都是「博士或碩士」。

式七：從「是」說到「有」

大、	每丙是「乙或甲」	每塊鐵都是「刀或槍」，
小、	每丁有丙	每個工人都有鐵；
結、	每丁有「乙或甲」	每個工人都有「刀或槍」。

（參考《辯證法》，卷二，章四）。

式八：

大：一倍是某數的數倍之一，

小：三倍是某數的數倍；

結：三倍之一，是某數的數倍之一。

式九：折扣的數理邏輯

	式九：折扣的數理邏輯	辭例
大、	一折是百分之十，	一折是百分之十，
小、	數折是某數的百分之數十，	若千元的數折是若千元的百分之
結、	六折是某數的百分之六十。	六十元的六折是六十元的百分之

關於式八、式九，參考《辯證法》，卷二、章八。這兩式也是「相關名辭」的論式。

亞里遺著中，尚有其他非常論式，此間恕不備述。

附錄八：人名書名中西對照擇要簡錄

按人名前兩字王雲五《大辭典》四角號碼次序排列檢查

○○二一—一○一七，盧雪池 Lukasiewicz, Jan.

1 《由現代形式邏輯觀點解釋亞里論法之邏輯》，牛津，一九五一年初版。參閱一九五二年《魯汶哲學期刊》竇浦書評 Aristotle's syllogistic from the Standpoint of Modern Formal Logic, Oxford.

○○二二—一○六二 高可藍 Goclen, R. (Goclenius)

2 《亞里工具入門》，法蘭克府，一五九八年出版。Introd.: Francoforti.

3 《邏輯問題辯論》、馬堡，一五九四年出版。Marpurgi.

4 《邏輯通論》，三卷，馬堡，一六○五—一六○八年出版。

○○二二—五七九八 方賴特 G. H.van Wright.

5 《句態邏輯芻議》，阿姆斯坦，一九五一年出版。An Essay in Modal Logic, Amsterdam

○○二三—二四二三 康德 Im. Kant. 一七二四—一八○四年

6 《四論法（天、地、人、物）尖巧欺罔之證實》，一七六二年初版。

7 《純理智的評判》（評定理性智力的界限），一七八一年版。

8 《邏輯講義手冊》，君尼斯堡，一八○○年，葉石出版。Ed.Jäsche Gönisberg

9 《康德全集》，萊波棲城，一八三八—一八三九年，硬石出版十卷。Ed.Hartenstein, Leipzig.梅冠出版十二卷，一八三八—四二年。E. Rosenkranz, Leipzig. 精校本，柏林、普魯士學院，一九〇二年出版。Preuss. Akademie, (Dilthey), Berlin, 1902

〇〇二五—一二二　庫麗、費忠（合著）H. B. Curry and R. Feys

10 《配組邏輯》，阿姆斯坦，一九五八年版。Combinatory L ogic, Amsterdam.

〇〇四〇—二四二三　文德邦 Wm. Windelband

11 《均同與相同論》，海德堡，一九一〇年版。Heideberg

〇〇四〇—八〇六〇　辛普利 Simplicius（五、六世紀奇利其亞人）

12 《亞里範疇解》，柏林，一九〇七年，喀孛弗拉士新版。Kalbfleisch

〇一八〇—八〇六〇　共普施 V. Ph. Gumposch，一八一七—一八五三年

13 《亞里邏輯及其遺著檢討》，萊波棲（Leipzig）

〇八二一—一〇六〇　施百恩 O'Spann,（一八七八年生）

14 《範疇論》，一九二四年初版（與亞里邏輯無直接關係）。

一〇一〇—〇四六三　亞莫紐（二世紀末葉）Ammonius

15 亞里《句解》之詮解，柏林，一八九七年，布賽新版。(Ed. Busse.)

16 亞里《分析學前編》卷一詮解，柏林，渥利斯一八九九年版。(Ed.Wallies)

一〇一〇—一〇二三　亞而撓，見袍羅雅八三七二一條。一〇一〇—一六一一　亞里斯多德（簡稱亞

里）Aristoteles,Stasirita,38-32, B.C.

17 《範疇集》，《句解》，牛津，一九四九年，米尼約新版。

18 《希臘拉丁對照全集》，柏林，一八三一年，柏克爾校勘版。

19 工具，（希臘原文）一八四四—四六年，萊波棲、魏慈版。

20 《分析學前後編》（英希對照及註解），牛津一九四九年羅思版。

21 《形上學》，十四卷（另計十三卷），見前柏克爾校勘版內。

22 《辯證法》，八卷。（同上）

23 《駁謬》，《駁詭辯》，一卷，（同上）

24 《詩學》，（同上）

25 《演說學》（修辭學、雄辯術、演講術）（同上）

26 工具《六書》，希英對照．哈佛、劍橋，一九三八年版。

一〇一〇—二〇九一—〇二九二 亞維新 Avicenna (Ibn Sina)（一〇三七年卒）

27 智法（A1-Shifa《全編》內的）《明證法專論》、德黑藍，一三七一年老版。
知識之書（邏輯綱領），兩卷，一九五八年巴黎法譯出版。

一〇一〇—二〇九一—六〇九一 亞維羅 Averroes (Ibn Ruschd)

28 《亞維羅全集》，威尼斯，一五五〇—一五五二年版，十一卷。實乃亞里《全集通釋》。亞維羅以「大註解家」聞名。

29 一〇一〇—二六一〇—一〇二二 亞伯拉爾 Abaelard (Petrus Abaelardus)
《辯證法》，亞森，一九五五年，狄立克版。拉丁文
墨寶新集，羅馬，一九五八年，米尼約編輯出版。

30 一〇一〇—二六三〇—一〇四〇 亞伯爾 Albert (de Saxonia)
《邏輯寶鑑》，威尼斯，一五二二年老版，拉丁文

31 一〇一〇—四五一〇亞坤，見聖多瑪斯亞坤一六一〇。
一〇一〇—七二一 亞歷山 Alexander (Aphrodisiensis, ca. 200a. D.)

32 亞里《分析學前編》卷一詮解，柏林，一八八三年新版希臘文

33 亞里《形上學》註解，柏林，一八九一年黑杜柯版。希臘文

34 亞里《辯證法》（理庫）八卷註解，柏林一八九一年渥利斯版。

35 亞里《駁謬》註解，柏林，一八九八年（米額爾著），渥利斯出版。希臘文。
一〇一六—〇八二一 露施義 Luschd, E. C.

36 《萊思紐思基的邏輯體系數種》，紐約，一九六五年出版：Logical Systems of Lesniewski.
一〇一七—三〇八〇 雪寶金 Sobocinski, (Boleslaw)

37 （主編）《形式邏輯季刊》，蓮池大學出版，一九六二—一九六五年五篇文章短論「態辭符號邏輯」問題。Notre Dame Journal of Formal Logic, University of Notre Dame du Lac, Notre Dame, Ind.
一〇四〇—二一六二〇 于伯偉 F. Ueberweg（一八七一年卒）

38 《邏輯理論史及邏輯體系》，波昂，一八五七年初版。

一〇六〇—三〇八〇 西塞勞 M. T. Cicero（公元前四三年卒）

39 《辯證法》，一八九三年，萊波棲，全集，卷一。

40 《演講家》，（同上）。一〇七一—三五三〇瓦迭 P. Vattier

41 《亞維新之邏輯》，巴黎，一六五八年，法文譯本出版。

一〇八〇—二二九〇 賈利施 D. Kalish

42 《哲學邏輯中論句之任務》，柏而克立，一九四九年版。

一〇八〇—二四九二 賈納波 R. Carnap

43 《邏輯之舊與新》，《知識期刊》，一九三〇年發表；巴黎，一九三三年，法譯出版，有序論。一〇八〇—二六二九 賈保乃 I. G. Capone

44 《邏輯之古與新》，巴道瓦，一九四八年出版。

一〇八〇—三〇一七 賈培思 Kappes, M.

45 《亞里辭典》，拔德邦，一八九四年出版。Aristoteles-Lexikon, Paderborn.

一〇八〇—四四一〇 賈藍 Galen, C., (Claudius Galenus).

46 《邏輯講論集》，萊波棲，一八九六年新版。Institutiones Logicae, Leipzig.

一〇八〇—六〇九一 賈羅哲 Calogero, G.

47 《亞里邏輯原理》，飛蘭彩，一九二七年出版。I Fondamenti..., Firenze.

48 一〇八〇—一六二八〇　賈則利　Casaari .E.
《數理邏輯綱領》，米蘭，一九六〇年出版。I Lineamenti... , Milan.

49 一〇八〇—一六七一六　賈路橋　Carruccio. E.
《數理與邏輯之在歷史和現代》，都靈，一九五一年出版。Torino.

50 一〇八〇—一六七一一　賈野棠 Cajetan, (Thomas del Vio Cajetanus)（一五三四年卒）
波非里著亞里《範疇指南之詮解》，羅馬，一九三四年新版。

51 亞里《範疇集》註解，羅馬，一九三九年，新版。

52 《名辭的比類通指》，羅馬，一九三四年，新版。

53 《物大公名的意義》，同上。
一二一一—二六二〇　班伯徒（教宗若望第二十一）Peter of Spain, (Petrus Hispanus) John（XXI）。
（一二七七年卒）。

54 **邏輯小全**，Summula Logicalis 一四八〇年初版；一九四七年，鮑恒吉新版；一五一六年，若汗、艾克《詮解》；一五〇三，若汗、額勞高《詮解》；一五〇五年，若汗、馬若利，思格圖《詮解》；一五〇〇年，若汗、棣岷德《詮解》；一五〇三年，若汗、魏掃爾《詮解》；一四八七年，郎伯圖《詮解》；一四八八年，瑪西料、英根《詮解》；一五一一年，巴黎，米額爾《詮解》；一四八六年，尼閣克、亭朵詮解。（所謂《詮解》，乃相當於教授自著的講義，流行當代的全歐洲，垂二百餘年，足見其書影響之廣遠）。

一三三一—一〇六〇 瑟雷舞 Shyreswood (Wm. of Shyreswood)（一二四〇年卒）

55 《範疇助辭之邏輯》，都郎多，一九四一年，奧多乃新版。Ed. O Donnell.

56 一一四〇—一九九四二 斐勞鵬（六世紀人） Philopon, (Philoponus Christianus) 亞里《分析學前編》註解，柏林，一九〇五年，渥利斯版。

57 亞里《分析學後編》註解，柏林，一九一九年，渥利斯版。一六一〇—二一七二〇 聖多瑪斯（聖多瑪斯亞坤）S. Thomas Aquinas（一二七二年卒）。

58 亞里《句解》之詮釋，都靈，一九五五年，瑪利野蒂版。

59 亞里《分析學後編》之詮釋，同上

60 亞里《形上學》註解，同上，

61 （偽託聖名）邏輯整體之大全：巴黎，一九二七年新版內有：詭辯，明證，對立，類名，附性名，態辭，論法及論式，中辭尋找法，等等邏輯之部分；是後人託名之偽作，內中理論亟求附合聖多瑪斯的傳授，仍甚值參考。

62 《神學大全》，上中下三編，往往提到種種邏輯問題。

63 《駁異大全》，（公教真理大全），四卷，同上；卷一有拙譯。香港真理學會，一九六五年出版。

64 《問題辯論集》，瑪利野蒂版，五冊，一八七四頁。

65 《狄耀尼著天主諸名論之詮釋》，一九五〇年，瑪利野蒂新版。

66 《鮑也西聖三論之詮釋》，一九五三年，瑪利野蒂新版。

一六一〇一二七二〇　聖多瑪斯若望，見若望多瑪斯四四六〇。

一七六二一二四三三一　司徒德，Strodus, (Randulph)（十四世紀後期）

67 《引隨關係之邏輯》，威尼斯，一四九三年老版。(Consequentiae Strodi)

一七六二一六〇二一　司罷惋 Spaventa, (Bertrando)

68 《邏輯與形上學》，一九一一年。

二一二三四五四　何特曼 E.von Hartmann

69 《範疇論》，柏林，一八九六年版。（屬於認識論及《形上學》）

二一二二一三〇一二　何沛 J. Hoppe

70 《邏輯集成》（評論古今），八〇四頁，一八六八年版。

二一三四一〇六〇　傅雷格 G. Frege

71 《數學原理》，（邏輯之研究），孛來斯勞 Breslau, 一八八四年初版。

72 《數學原則》，兩卷，葉納，一八九三至一九〇三年出版。Jena.

二一三四一二二九〇　傅利慈 K. v. Fritz

73 《亞里範疇探源》，哲史文存期刊卷四〇，一九三一年發表。

二一三四一三七七二　傅郎克 Fraanck, (Adolph)

74 《邏輯史草案》，巴黎，一八三八年出版（亞里《工具詳究》）。

二一三四一四五九三　傅棣南 Ferdinand (Enzinas)

75 （《邏輯》）《小全匯通第一牘》，巴黎，一五二八年出版。

一三二四八六一一　傅郎錫　Francis (Fraanciscus Toletus)

76 《亞里邏輯全書通釋》，巴黎，一五六六年出版。

二四二三—二〇四〇　德孚樂　Theophrastus Erasius（Theophraste，公元前二八八年卒）

77 《遺書全集》，三冊，萊波棲，一八七二年，魏莫爾新版；威尼斯，

一四九五—一四九九年老版。二四六〇—一〇二二　告而克　Gohlke, (Paul)

78 《亞里的生平及作品》，拔德邦，一九五二年二版。(Paderborn)

79 《亞里遺著（德文）譯註全集》，一九五一—一九五三年出版。

80 《亞里邏輯探源》，柏林，一九三六年版。

二六四一—一〇一〇　魏亞諾　C. A. Viaano

81 《亞里邏輯》，都靈，一九五五年版。Torino (Turin) 二六四一—一〇二二　魏而遜　Wilson, (Curtis)

82 威廉、黑悌斯孛立、《中世紀邏輯及數理的科學方法》，瑪迪巽（Madisen）一九五〇年出版。(William Heytesbury)

二六四一—三二一四　魏潭　Witten, (Rudolph)

83 《亞里範疇論》，萊波棲，一九〇三年，出版。

二六四一—三五三〇　魏迪雅　Vidyabhusana

84 《印度邏輯通史》印度邏輯通史，加用各答，一九二一年出版。

85 印度邏輯中古史，同上，一九〇九年出版。

二六九二—四二九四　穆柢 Moody, E. A.

86 《世邏輯內引隨關係和真理》中，阿姆斯坦，一九五三年出版。二六九二—四四五二　穆勒　J. S. Mill

87 《名學》，（《邏輯體系》），倫頓，一八四三年英文版；上海，商務，一九二一年，嚴復漢譯出版。

二七一三—二六〇〇 黎白龍 Le Blond, J. M.

88 《亞里的邏輯和（科學）方法》，巴黎，一九三九出版。

二七二一—一〇二二 倪爾 Wm. & M. Kneale

89 《邏輯發展史通》，牛津，一九六二年初版。The Development of Logic.

二七三一—四四七一 鮑也西 Boethius, (Boéce. Anitius Manilius Severinus Boethius)（四八〇年生）

90 《全集》，巴肋，一五七〇出版，巴黎，一八六〇版。內有：

《波非俚名理指南解》，（亦名《範疇指南解》）。

《亞里範疇解》（經常和《指南解》合訂於一冊）。

《亞里句解通釋》

《拉丁譯述亞里分析學前後編》

《定言論法指南一卷》

《定言論法兩卷》

《假言論法兩卷》，參閱下面杜耳四四九一條。

《拉譯亞里辯證法八卷》

《拉譯亞里駁謬兩卷》

《西塞勞辯證法通釋六卷》（其他從略）

二七三一一—七七二一 鮑尼慈 Bonitz, H., Index Aristotelicus, Berlin.

91 《亞里引得》，柏克爾版《亞里全集》，柏林，一八七〇年希臘版。

二七三一—九一〇一 鮑恒吉 I. M. Bochenski（一九〇二年生）

92 《希臘邏輯綱要》，羅馬，一九一三七年出版。拉丁文。

93 《德孚樂之邏輯》，佛里堡，一九四七年版。(Freiburg) 法文。

94 《古代形式邏輯》，阿姆斯坦，一九五一年出版。(Amsterdam) 英文。

95 《形式邏輯通史》，慕尼黑，一九五六年出版，德文（六四〇頁）。

96 《亞里非分析的公律與定則》，《方法期刊》(Methodos)，卷三，一九五一年。

97 《邏輯與哲學之研究》，佛里堡，一九五九年出版。

98 《數理邏輯提綱》，布松，一九四九年出版。(Bossum) 原版法文。

99 《現代知識方法》，慕尼黑，一九六五年三版。München (Munich) 德文。

100 《現代歐洲思想》（哲學），一九五一年二版，百倫。(Bern) 德文。

二七四三—〇〇二三 奧康 William of Ockhaam（一三四九年卒）

101 《邏輯》，巴黎，一四八八年出版。拉丁文。

102 《邏輯整部大全》，巴黎一四八八年；包洛捏，一四九八年，威尼斯，一五〇八年，又一五九一年；牛津，一六七五年；聖文都（紐約州）；魯汶，一九五一年；拔德邦，一九五四年；及他處屢出新版。（另題：《邏輯專論》）。拉丁文。

103 《邏輯金鑑》（註釋波非俚《名理指南》，《亞里範疇集》，《句解》，及《駁謬》之原義），包洛捏，一四九六年版。（內中談及亞伯耳及其他邏輯高深問題）。拉丁文。

二七四三—四二八二　奧斯定（聖奧古斯定）　Austin, (Saint Aurelius Augustinus)

104 三德便覽（致勞楞佐書）一卷（辯證法》衝突論）　Enchiridion

105 《駁柯來斯公、文法家四卷》，（論辯證法及邏輯）。(Contra Cresconium)

106 神國論八卷（柏拉圖哲學、分自然、倫理，理論（邏輯和辯證）三部）。(De Civitate Dei)

107 《駁書院學士》三卷，（論及辯證法與柏拉圖，亞里，長廊派（斯多亞派），及當代流行的邏輯）。(Contra Academicos)

108 《秩序論》兩卷，稱讚辯證法及邏輯，是眾藝之長。(De Ordine)

109 《基督教學方法論》兩卷，指出辯學和數學的性質及重要。（詳見米臬版《拉丁教父文庫》，卷二二—四三；《奧斯定全集卷》一—九。辯學或辯證法是邏輯的通稱。參考瑪德里《公教作家文庫》；圖龍河（比國）《公教文獻集成》，一九六二年新版）。(De Doctrina Christiana, Corpus Christianorum, XII, Turnhout,Belgium)

二七六〇—一六一一　《名理探》　十卷

110 《五公》，五卷（討論「五公稱」，即是討論「公名賓辭五類的稱謂」，西史慣稱「《五名》」，或《五賓稱》；內容間接託祖於亞里，直接導源於鮑也西及波非俚，原文拉丁，明季(Francis Futardo)傅汎際述意，李之藻達辭；崇禎四年刻版；民國十五年，北平、輔仁社影印；民國二一年，上海、光啟社重印。(Quinque Voces.De Praedicabilibus)

111 十倫，五卷，（討論十範疇，稱之為「《十倫》」，猶如「十個倫類」，或「十總類」之謂）。崇禎十二—十四年間，刻版。合訂《五公》、《十倫》，共十卷，民國二八年，上海，商務《萬有文庫二》集新版。參看寇濤，三〇二一條。(De Decem Praedicamentis)

二六〇〇—三三一一　白沱　E. W. Beth

112 《符號邏輯與精確科學原理》，百倫，一九四八年出版。

二七六〇—六〇三三　魯易思　C. I. Lewis

113 《符號邏輯概論》，柏而克立，一九一八年版。Survey of Symbolic Logic, Berkeley, Calif.

二七六〇—七四二一　魯陸思 Lullus, Raimondus

114 《全集》，曼因慈，一七二一—一七四二新版。Meinz (Moguntiae)

115 《極絕大藝》，史特拉斯堡，一六一七年老版。(Ars Magna et Ultima)

116 《簡易藝術》（配組邏輯），巴黎，一九三〇新版。(Ars Compendiosa)

二七九一—二四五四　紀特　A.B.Keith

117 《印度邏輯及原子論》，（《因明學》，五支論法），牛津，一九二一年出版。(Indian Logic and

Atomism)

118 三〇二一—三四一四　寇濤 (Sebastian Couto)
（編訂）《亞里辯學全部通論》，高因孛來學社、馮賽加主編，威尼斯，一六〇六年初版；法蘭克府，一六〇四年剽竊版；其外，里昂、里斯本、科侖等地，屢有重印。其中、《五公》，《十倫》，合訂《名理探》十卷，漢文譯本，明崇禎年間，刊行我國：見前。參考馮賽加條（三一一二號）：《辯學》是當時《邏輯》的別名，全部包括鮑也西譯註波非俚《名理指南》，亞里《句解》，《分析學前後編》，《辯證法》（或名《理庫》），《駁謬》（或名駁詭辯），及《演說學》（《修辭》）。回閱《名理探》（二七六〇）條。

119 三〇八〇—四四一三　竇蒲 J. Dopp
《形式邏輯講義》，兩卷，三冊。魯汶，一九五〇年版。

120 三一一二—三〇八〇　馮賽加 Pedro da Fonsecaa, 1528～1599
《辯學教科書》，八卷，羅馬，一五六七年出版；科侖，一六二三年出版（葡國高因孛來大學教授，主編高因孛來學社《亞里名著全部通論》，委派寇濤修訂《辯學全部通論》）。

121 《亞里形上學通論》四部，羅馬，一五七七年出版。

122 《哲學指南》，里斯本，一五八一年版。

123 （主編）一、《亞里物理學八卷通論》，高因孛來，一五九一年版。

124 二、《亞里天體及宇宙學四卷通論》，一五九二年同處版。

125 三、《亞里氣象學通論》，同年同處出版。(Coimbra, Portugal)
126 四、《亞里小自然物理通論》，同上。
127 五、《亞里尼高瑪格版道德學（倫理學）通論》，一五九五年同處版。
128 六、《亞里變化論兩卷通論》，同年同處出版。
129 七、《亞里靈魂論（心理學）三卷通論》，同上。
130 八、**《亞里辯學》全部通論開前啟後第一書**，威尼斯，一六〇六年出版。漢譯《名理探》，即指此書；（但所根據乃係德國印本）；其本內容不過亞里原文全書四十份之一而已。

以上八種《通論》合構而成歐美著名的《高因孛來大學教科書》(Cursus Conimbricensis)，風行全歐，延及新大陸，並於明萬曆四十八年，隨金尼閣，攜帶教宗保祿第五贈書七千部，經澳門傳入杭州及北京故都。《辯學通論》原本，及《名理探》十卷抄本，北京西什庫，北堂圖書館保存。筆者幸親見之。

馮賽加歷史綽號：「葡萄牙的亞里斯多德」。所謂《通論》，乃是眾教授之講義及學生之筆記，彙聚成冊，由學社整理校改，修訂出版，公佈為標準的「教科書」：講解亞里諸書之全部，不載亞里原書的正文。其原書正文另有單行拉丁譯本。請看**《名理探》**，是《辯學通論》一小部分的翻譯，不是亞里原書正文的翻譯。

131 三二一三—一〇二二 沃而夫 Christian Wolff, 1679-1754
《人性智力之本體及正用》，哈勒，一七一二年初版；一七一三八年九版。

132 《邏輯》，即理智的哲學，一七二八年初版；一七四〇年三版

133 《中國的實踐哲學》，一七二一年版。(De Sinarum Philosophia Practica)

134 《普遍（大公）的實踐哲學》，兩冊，一七三八—一七三九年。

135 《數理及普遍哲理講授法》，一七三五年二版。

136 《數學出發點及原理》，四卷，一七一〇年出版。

三二九〇—三七三〇　業逢時　Wm.St.Jevons

137 《純邏輯》，紐約，一八六四年出版。Pure Logic

138 《科學原理》，紐約，一八七三年，初版；一八七七年二版，一九五八年新版。The Principles of Science

139 《邏輯基本講義》，倫頓，一八七〇年出版。*Elementary Lessons in Logic*

140 《邏輯初步》*Logic Primer*，倫頓，一八七八年初版；嚴復漢譯（耶方斯）《邏輯淺說》，商務版。

三三二三—三六二〇　浪伯　J.H.Lambert

141 《新工具》，四卷；萊波棲，一七六四年版。(Neues Organon)

三四一四—一一一一　波非俚　Porphyry (Porphyrius, Tyros, 232-304, ca)

142 《五名》（另題：《名理指南》；簡稱《指南》。十八頁，專論眾範疇的公名作賓辭，依其賓稱作用，共分五種：一類名，二種名，三種別名，四特性名，五附性名）。

143 《範疇解》（詳稱：《亞里範疇集詮解》）。

144 《指南與範疇解》，合訂本，柏林，一八八七年新版。（同書另名：《範疇指南》）。(*Isagoge in*

Praedicamenta Aristotelis)

145 《柏亞一心論》，七卷（力說柏拉圖和亞里斯多德，智見相合）。

146 《柏勞亭傳》，牛津，一八三五年新版。(*Vita Plotini,life of Plotinus*)

147 （編訂）《柏勞亭（講義）哲九》，六部，每部九卷，簡稱《哲九》。(*Enneades*)

三四一四—五〇〇一　波拉采　Platzeck, E.W.

148 《通指辭之邏輯希臘古代史》，巴而塞勞納，一九五四年版。

三七一一—六〇九一　泡羅亞　Port Royal (L' Abbeye du Port Royal)

149 《泡羅亞邏輯》，亞而撓、倪格理合著《邏輯，即是思維術》，巴黎，泡羅亞學人友誼會，一六六二年初版，其後各地屢有再版。史或稱之為「傳統邏輯之典型」。Amauld Antoine et Pierre Nicole, La-Logique, ou l，Art de Penser.

三七二二—三七一一　祁渥卑　Robert Kilwardby.d.1279 A.D.

150 《分析學前編詮解》，茉莉屯學院藏本，牛津。Merton College,Oxford.

三八一四—一〇二二　澈爾池　Alonzo Church

151 《符號邏輯圖書目錄》，《符號邏輯季刊》，第一卷，第一季，一九三六年出版。The Journal. Of Symbolic Logic, Providence, Rhode Island.

三八一五—〇〇二〇　海亭　A.Heyting (Intuitionismus, etc...)

152 《數學原理基本研究》，《直見論》，《明證說》.,柏林，一九三四年。

四〇三—七〇二　大雅博 Albertus Magnus, (Albert the Great)

153 《全集》，巴黎，魏外斯一八九〇年版。內有：

154 波非俚五名論詮解（即《名理指南》詮解）。

155 《亞里句解通釋》

156 《亞里範疇集通釋》

157 《亞里分析學前編上卷義譯》

158 《亞里駁謬一卷義譯》

159 《邏輯群書集成》，威尼斯，一五三二年老版。

四〇二二—〇〇一〇　布立丹 Johannes Buridanus (Buridan)

160 《邏輯全部精萃撮要》，威尼斯，一四八九年老版。Perutile Compendium totius Logicae.

161 《引隨關係之邏輯論集》，巴黎，一四九五年老版。(Consequentiae)

162 《詭辯集》，巴黎，一四九六年前後出版。(Sophismata) 斯格特 (T.K.Scott) 英譯一九六六年紐約版。

四〇二一—一〇六〇　布雷 G.Boole

163 《邏輯之數理分析》，劍橋，一八四七年出版。(*Mathemaatical Analysis of Logic*)

164 《思想律則之探討》，紐約，一九六〇年重印一八五四年版。四〇二二—二六二〇　希伯爾 D.Hilbert,
(and Ackermann, W.)

165 《理論邏輯綱領》，希伯爾與亞克曼合著，柏林，一九二八年版。

四〇四〇—二六九〇　李和祿　Lee, Harold N.

166 《符號邏輯》，紐約，蘭洞堂，一九六一年出版。(*Symbolic Logic*, Random House)（比較亞里傳統和羅素及懷德海數理邏輯）。

四〇六〇—一〇二二　吉而碑　Gilby. Thomas

167 《元盈盈盈—亨無盈無》，Barbara-Celarent, London,1949, (Logic in St. Thomas Aquinas)

四〇六〇—四六二二　古獨臘　Coutourat, L

168 《萊布尼茲的邏輯》，巴黎，一九〇一年出版。(*La Losique de Leibniz*)

四三〇四—一〇二二　博而立　Burleigh,Walter (Burlaeus)

169 《邏輯學術之精純》，紐約州聖文都，一九五一年苞諾爾出版。

170 《波非俚及亞里學術論解》，威尼斯，一四三五年出版。

171 邏輯整部大全，威尼斯，一五〇八年出版。(Summa Totius Logicae)

四三〇四—二六二九　博保祿　Paulus Pergolensis

172 《邏輯》，威尼斯，一四九八年出版。

173 《司徒德引隨關係的疑難》，威尼斯，一四八八年出版

四三〇四—三七七二　博郎瑟　L, Blanche

174 公理系證法，巴黎一九五五年出版。*L, Axiomatique*

175 現代邏輯指要，巴黎，一九五七年出版。*Introduction á la Logique contemporaine.*

176 四三〇四—四四二二 博蘭堂 Brentano, F. C.
《範疇論》，一八三三年出版。Die Kategorienlehre（屬於形上學）。

177 四三八五—九〇九〇 戴米思悌 Themistius, 317-387 ca.
《亞里分析學前編簡解》，柏林，一八八四年渥利斯出版。希臘文。

178 《亞里範疇集詮解》，柏林，一九〇七年，新版。希臘文。

179 四四一一—六〇三三 范恩 J. Venn
《符號邏輯》，倫頓，一八八一年出版。（范恩圖表）。英文。

180 四四一二—三七七二 蒲郎托 C.Prantl
《西方邏輯史》，四卷，萊波棲，一八五五—一八七〇出版。德文。

181 四四一三—四〇九〇 蒲來爾 A. N. Prior
《形式邏輯》，牛津，一九六一年出版。*Formal Logiic (Symbolic)*

182 四四二三—三七一一 高渥耳 Howard,Th.D.
《分析學的論法新解》，伊萬斯屯，一九四六年出版。(Evanston) 英文。

183 四四三九—〇〇一〇 蘇立文 Sullivan, J. B.
《亞里及聖多瑪斯最高公理之檢討》，一九三九年出版。英文。

184 四四三九—六三三三 蘇默深 Solmsen, F.
《亞里邏輯及演說法之演進》，柏林，一九二九年出版。德文。

四四四五—一〇九〇　韓不懈　Hamburch. Ernst

185 《亞里辯證法（理庫）內柏拉圖派的邏輯規則》，柏林，一九〇四年出版。德文。

四四六〇—〇七一〇　若望多瑪斯　Joao de Santo Thomaz, 1589-1644

186 《哲學大全講義》，內有《形式邏輯》和《質料邏輯》，一九四八年，都靈，瑪利野蒂新版。拉丁文。原題：Cursus Philosophicus Thomisticus, ed. B. Reiser, Marietti, Torino-

四四四五—四四九〇　韓萊　Henle, P.

187 《物法論式問題》（第四論法），《科學知識的哲學期刊》，一九四九年（卷十六），發表。英文。

四四七一—〇四六六　苞諾耳　Boehner, Philotheus

188 《中世邏輯》，曼拆斯托，一九五二年出版。(Manchester) 英文。

四四七二—〇五四九　葛辣曼　Grabmann. Martin

四四七二—一一二一　葛麗銀　Grene, Maarjorie

189 《亞里之如是我見》，倫頓，一九六三年出版。*A Portrait of Aristotle*, (Biology, Logic, Modern Science...)

190 《第十二三世紀的亞里邏輯註解考》，柏林，普魯士學院，一九三八年發表。德文。

四四七二—二二九〇　葛樂乃　Grenet, P.

191 《哲學的通指辭邏輯起源於柏拉圖對話集內》，巴黎，一九四八年出版。L'Origine de l'Anaalogie Philosophique dans les Diaalogues de Platon

四四九〇—三六〇〇　茶白蕾　Zabarella, J.

192 《邏輯文存》，威尼斯，一五八七年出版。拉丁文。

193 《亞里分析學後編詮解》，威尼斯，一五八七年出版。

四四九〇—四〇二七　萊布尼茲 Leibniz, G. W.

194 《論法形式的數學定義》，載於古獨臘《萊氏邏輯》中，見前。

195 《哲學全集》，柏林，葛哈爾出版：七冊。(C. I. Gerhardt)。內有：

196 《大公算法示範》(*Specimen Calculi Universalis*)

197 《抽象推證示範》(*Speciem Demonstrandi in abstractis*)

198 《大公的傳意符號》(*Characteristica Universalis*)（影射《易卦》）

199 《配組法》（符號配組之邏輯）。(*Ars Combinatoria*)

200 《小品與碎篇新版》，古獨臘編輯一九〇三年在巴黎印行。內有：

201 《概念與真理之分析法總檢討》。並有若干重要信件。

四四九〇—四七九三　藥根深 Jöergensen.Jorgen

202 《形式邏輯專論》，三冊，倫頓，一九三一年出版。英文。

四四九一—一〇四〇　杜耳 Dürr, K.

203 《鮑也西論句之邏輯》，阿姆斯坦，一九五一年出版。英文。

204 《歐樂及范恩邏輯圖表》，國際哲學第十屆全會記錄，阿姆斯坦，一九四九年發表。(*Logical Diagrams of Euler and Venn*)

205 《邏輯推算原理：萊布尼茲學說新解》，達摩斯塔，一九三〇年出版。(Grundzüge des Logik-kalküls...)

206 《萊布尼茲之論法邏輯研究》，柏林，一九四九年出版。德文。

四六九〇—四〇二一　柏克爾　Becker.Albrecht

207 《可能論法的亞里學說》，（態辭邏輯），柏林，一九三三年版。德文。

四六九〇—四四二一　柏尅義　Becker, Oscar

208 《態辭演算》（邏輯），一九五二年出版。德文。

209 《論法之邏輯引論》，一九五一年出版。德文。

210 《句態邏輯》，一九三〇年出版。德文。

211 《古代邏輯之研究》，威斯巴登，一九五七年出版。

四六九〇—五〇〇一　柏拉圖　Plato

212 《迪麥午對話集》（宇宙論）論到了邏輯的心理問題。Timaeus

213 《詭辯家對話集》（分類法，定義法）。Sophista

214 《戴義圖對話集》，（認識論）Thaeetetus

215 《共和國對話集》，（純理之辯證）Respublica

216 《梅諾對話集》，（數理的推證）Meno（梅農）。

a《柏拉圖全集》，牛津，孛而乃 J.Burnet　一八九九—一九〇六年希臘原文出版。

217 b《喜筵對話集》，（認識論。仇友、愛憎之邏輯）Symposium

四七四二—一〇二二 鶉而德 Bird, Otto

218 《論法邏輯及其擴充》，英士物得，波林蒂斯堂，一九六四年出版。*Syllogistic and its Extensions*, Prentice-Hall, Englewood Cliffs, N. J.

四八九五—八〇三二 梅慈 Mates, Benson, Stoic Logic.

219 《長廊派邏輯》，（斯多亞派），柏而克立，一九五三年出版。

四九二三—一〇二二 趙元任 Chao Yuen Ren

220 《語法與邏輯》，《中西哲學》，夏威夷，一九五五年出版。(East-West Philosophy,1955,*Grammar and Logic*)

221 《漢字的邏輯構造》，語言期刊，二二卷，一期，紐約，一九四六年發表。(*The LogicalStructures of Chinese Words*)。

222 《官話初步》（國語基礎），哈佛大學，一九五七年出版。Mandarin Primer, Harvard Univ. Press, Cambridge, Mass, 1967 書中第三章論到了賓辭和主辭的類型，賓主關係，邏輯性的接辭，語法範疇及其譯法。

四九二八—六三三三 狄默根 De Morgaan, A.

223 《形式邏輯》，倫頓，一八四七年出版。

五〇〇四—一〇四三 史天碑 F. van Steenberghen

224 《亞里之在西方》，魯汶，一九五五年出版。參閱葛辣曼。

五〇〇四—四六一一 史坦易 Stennis, Frick

225 《葦根斯坦邏輯哲學專論》，牛津，一九六〇年出版。Wittgenstein's Tractatus Logico-Philosophicus.

五〇〇四—七七四四　史丹采 Stenzel, J.

226 《柏拉圖辯證法發展之研究》，萊波棲，柏林，一九三一年。

五〇七一—二六二四　屯得卜 Trendelenburg, F. A

227 《亞里邏輯綱要》，柏林，一八四五年出版。

五七九一—四四一一　粑勤生 Parkinson, G. H. R.

228 《萊布尼茲形上學內的邏輯與實際》，牛津，一九六五年版。

六〇三三—一六一一　恩理格 Enriques, Federigo

229 《邏輯的歷史發展》，紐約，一九二七年出版。

六〇三一三—四七九六　思格圖 Johannes Duns Scotus, 1270-1308 ca.

230 （精微博士）《全集》，巴黎，一八九一—一八九五年威外斯版。里昂，一六三九年渥定版。內載：（拉文）。

231 《波非俚公名論極尖銳問題一卷》

232 《亞里範疇集問題》一卷

233 《亞里句解兩卷問題》，第一論，第二論。偽斯格圖著：

234 《亞里分析學前編兩卷問題》，

235 《亞里分析學後編兩卷問題》，

236 《亞里駁謬集問題》。

237 《數理原則》三冊，劍橋，一九一〇—一三年出版。A. N. Whitehead and B. A. W.Russell, Principia Mathematicaa,...英文。
六〇九一—五〇九〇　懷德海，羅素（合著）
七〇二一—四三〇四　雅博，（亞而伯） Albert (Sanctus Albertus) 回閱四〇〇三—七〇二一：大雅博。（AlbertusMagnus）
七一二一—三七二一　阿袍索 Apostle, H. G.
238 《亞里的數理哲學》，芝加哥，一九五二年出版。英文。
七一二二—四〇一六　阿培德 Apelt, O.
239 《亞里範疇論》，萊波棲，一八九〇年出版（形上觀點）
七一二三—四〇九〇　阿木蘭 Hamelin, O.
240 《亞里體系》，巴黎，一九二〇年出版。法文。
七一三二—二四二三二二　馬德固 Madkour, L.
241 《阿拉伯地區的亞里工具》，（《邏輯全集》），巴黎，一九三四年。
七一三二—一三二九〇　馬業 Maier, H.
242 《亞里論法之邏輯》，一三卷，杜丙根，一八九六—一九〇〇年。
七一七八—七七二二　頤同 Eaton, R. M.
243 《邏輯全論》，（比較亞里與現代）紐約，一九五九年新版（一九三一年初版）。

七二二一—四二八二　臘斯剋 Lask, Emil

244 《哲學的邏輯與範疇論》，（新康德派），杜丙根，一九一一年出版。德文。

七三二二—九〇九一　陀粒高 Tricot, J.

245 《波非俚名理指南》，（五名），譯註出版，巴黎，一九四七年，一冊（五〇頁）。法文。

246 《德乎樂形上學》（四四頁）一卷，巴黎一九四八年法文譯註出版。

247 《亞里工具六書全集》：六卷五冊，巴黎一九四七—一九五九年，譯註出版（一二六二頁）。法文。

248 《亞里形上學》，巴黎，一九五五年譯註出版。法文。《形式邏輯專論》（三一六頁），一九三〇年出版。法文。

七七二八—九八〇二　欣悌愷 Hintikka, K. Jaakko ,J.

249 《亞里句解第十二—十三章新解》，《芬蘭哲學文錄》，一九六二年，第十四冊（共七八頁）。赫爾新基。英文。

250 《賓辭邏輯策算分配的規律形式》、《芬蘭哲學文錄》，一九五三年，第六冊（共七一頁）。赫爾新基。Helsinki.

251 《模型配組之（邏輯）理論與方法》，同上《文錄》，一九五五年第八冊，共一一五頁：文章兩長篇。英文。

七七七一—七七一二　巴邱 Pacius, Julius

252 《斯達吉利、亞里工具六書全集》，法蘭克府，一五九二年拉文譯註再版：(in Morgiis)，一五八四年拉文譯註初版。(Morges)。

253《波非俚名理指南及亞里工具六書之分析講解》(Aureliae Allobrogum)，一六〇五年出版。拉文（Geneva）。

七七七八—七七二一　歐幾里德 Euclid (Alexandria, 300 B. C.)

254《幾何原本》，北京，一六〇七年，利瑪竇口授，徐光啟筆譯，明萬曆一三五年刻印。（註一九二）。

七七七八—二二九〇　歐樂 Euler, L.

255《歐樂浪伯通信集》，柏林，一九二四年出版。

256《致德國某公主信集》，兩卷，聖俾得堡，一七六八年法文原版；萊波棲，一七七三—一七八〇年德文翻譯出版。（邏輯圖表）。

八〇三三—四四三三　羔苾 Kauppi, Raili

257《萊布尼茲邏輯》，《芬蘭哲學文錄》，赫爾新基一九六〇年，第十二冊，二七八頁。德文。

八四二一—四七九六　鈉格理 Naagel, E. and others.

258 a《邏輯、方法論、科學知識的哲理》，鈉格理等合著，斯丹佛，一九六二年出版。*Logic, Methodology, and Philosophyof Science*, Stanford, Calif，參閱笆曦來，下面八八七一條。

八四一二—八〇六〇　鈉舍爾 Nasr, Hossein

b《穆斯蘭三哲》，（亞維新等），劍橋、哈佛，一九六四年出版。

八七六一—一〇一六　舒露德 Schröder, Ernest

259《邏輯的符號體系講義》，三冊，萊波棲，一八九〇—一九〇五年出版。（即是《符號邏輯》；彷彿代數用的符號及其公理推證之體系。有人譯之為《邏輯代數》。原題：「Vorlesungen über die Algebraa der Logik」。阿拉伯字「Algebra」的本義，比「代數」寬廣。舒氏取其「符號體系」之意而用之。重理不重數。

八八七一—六八〇五　笆曦來　Bar-Hillel,Y.

260 《邏輯、方法論、科學的哲理》：北荷蘭印書館，及紐約，一九六五年出版。

九〇九〇—七七二一　米尼約　Minio.Paluello, L.

261 《亞里駁謬亞歷山碎篇拉丁翻譯》，新士林哲學期刊，四六期一九五四年發表。

262 （編訂）《亞里分析學後編無名士拉丁譯本》；《拉丁亞里》，第四編，第二卷：巴黎，一九五三年出版

263 《亞里分析學後編翟辣爾拉丁譯本》，拉丁亞里，第四編，第三卷：巴黎一九五四年出版

264 《亞里範疇集》、《鮑也西拉丁純正譯本考證》，《中世及復興時期研究期刊》，第一期，一九四三年發表。

265 《亞里範疇集》，《辯證法》（理庫），及《駁謬》，拉丁譯本傳流考，古典季刊，第三九及第四九期，一九四五及一九五五年發表，英文。

266 《拉丁亞里》（古卷編目，介紹拉丁譯本之傳流及藏存現狀）第二編，劍橋，一九五五年出版。其第一編，《辣公博》（Lacombe, G）等編訂，羅馬，一九三九年出版。拉丁書名：「*AristotelesLatinus*」

九六〇一—六〇三三　恒思基　Tarski, A.

267 《邏輯、語意、數理上學文叢》，牛津，一九五六年出版 *Logic,Semantics, andMeta mathematics*. Collected Papers...

圖書目錄（Bibliographies for Aristotleand Logic）

世界各地邏輯研究，新書輩出，都有貢獻，多不勝收。幸賴現代圖書目錄之學，方法精進而簡易；圖書館，研究院、學校、書局、家塾、機關，多有圖書目錄之收集；讀者稍加採訪，尋獲不難；故為節省篇幅，除上列古今代表作，有益於歷史研究便覽者外，恕不另贅圖書目錄．可參考鮑恒吉，倪爾等邏輯歷史。附錄八終。

補遺：黎羅易，（史密慈），英譯亞里《範疇集》，一九五九年，出版。LE ROY F. SMITH, Aristotle's Categories, 1959, Fresno, Calif.

附錄九：重要名辭中希臘對照簡錄

按王雲五大辭典四角號碼次序

〇〇二三

齊—同，一齊，（一起），一同，偕同並是，一齊都是；邏輯抽象用法，指理性的偕同，不偏重形下時間的或空間的偕同。例如：互相矛盾者，不同真，也不同假。

Ἅμα. Ἐπεὶ δ᾽ ἀδύνατον τὴν ἀντίφασιν ἀληθεύεσθαι ἅμα κατὰ τοῦ αὐτοῦ, φανερὸν ὅτι οὐδὲ τἀναντία ἅμα ὑπάρχειν ἐνδέχεται τῷ αὐτῷ...... εἰ οὖν ἀδύνατον ἅμα καταφάναι καὶ ἀποφάναι ἀληθῶς, ἀδύνατον καὶ τἀναντία ὑπάρχειν ἅμα, ἀλλ᾽ ἢ πῇ ἄμφω, ἢ θάτερον μὲν πῇ θάτερον δὲ ἁπλῶς

〇〇二四

度生—自持，生存狀況的維持；「是」。

Ἔχειν

〇〇三三

意見—普通知識作前提，推斷出眾人認為可取的結論，叫作意見，沒有明證必然常真的普遍性。凡是意見，都是辯證性的，和明證性的真知是相對的。Δόξα (δόξα)

〇〇四四

辯證—論證分**普通論證**、**確然明證**、**或然辯證**三種。或然兩端相互爭辯。亞里著《辯證法》（Τοπικά）八卷，全書宛似辯證所需理由分類羅列的倉庫，史稱「理由處所之書」（Libri Locorum, Books af Topics），猶言《理庫》其中分類方法，和範疇及論法的分類，有密切關係。《理庫》書中的論法，是《辯證法》。（Διαλεκτικοὶ συλλογισμοί）

〇〇六〇

言—辭，說，謂；發言，言語；言之所謂，辭義，辭理。

Λέγεσθαι ἀπό τινος, κατά τινος. Λέξις, φάσις. Λεκτόν. Λόγος

〇〇六六

語言—言論，話語，論句，談話，辭句，詞句。

Λόγος, φάσις, λόγος ἀποφαντικός. Ἀπόφανσις, (κατάφασις, ἀπόφασις)

〇一六六

語意—辭意，詞意，就上下文，在辭句內辨認名辭和全句的指義，叫作語意的懂曉。**現實採取的句中指**

義，即是語意。語意學，近似訓詁學：研究辭句的指義作用。

Ὑπόληψις. περὶ τὰς ἰδέας ὑπόληψις, ΜΛ 1073α17. Μγ 1010α10, 66β18–19, 1078β13. ἐκ πολλῶν ἐννοημάτων μία καθόλου γίγνεται ὑπόληψις...,981α7

○二一二

端辭—主辭、賓辭位於論句首尾的兩端，標明論句起落的界限，表達辭義的界限，有指出條款的作用：故此叫作端辭。兩端辭之間的「**長距**」，就是**論句**。

在天法「元盈盈盈」典型論式內，首辭是大辭，範圍廣大，在結論作賓辭；尾辭是小辭，在結論作主辭，範圍狹小；中辭在前提，介乎兩辭之中間。這裡的「辭」，不但是端辭，而且是端辭之所謂：著重在論式決定的名理：能是一字，也能是許多字句的連合。

Ὅροι. ἄκρα, τὸ πρῶτον, τὸ μεῖζον; τὸ μέσον; τὸ ἔσχατον, τὸ ἔλαττον

○二六一

證據—事物跡象明徵物性者，是診驗法，歸納法，推證物性時前提引用的根據。Τεκμήριον參閱「診驗」條。

○二六六

話—論句。分肯定和否定。彼此是非相反者，謂之矛盾：

Φάσις, κατάφασις, ἀπόφασις, ἀντίφασις. Λόγος, κατηγορικός, στερητικός, ἀποφαντικός.

○七六○

部分—和整體相對。指示某類範圍內一部分的名辭，稱指某某零星部分：是指零的主辭或賓辭。指示某類範圍整體的名辭，是指整的主辭或賓辭。指整者，周稱，遍稱枚舉，周全無遺。指零者，擇指某某部分，不是周稱的。

Μέρος, ὡς μέρος πρὸς ὅλον, τὰ ἐν μέρει, τὰ κατὰ μέρος)(τὰ καθόλου, ἐν ὅλῳ εἶναι, τὸ κατὰ παντὸς κατηγορεῖσθαι.

○八六一

說明—聲明。發表意見或斷案的論句。

○八六二

論證—連結首尾中三辭而成前提，再由而推斷出結論：思索推演的歷程，叫作論證。基本的論證常有三辭。

Συλλογισμός, συλλογίζεσθαι, πᾶς συλλογισμὸς ἔσται διὰ τριῶν ὅρων μόνον, 42a31

○八六○—二七六二

論句—論說者，聲明斷案，而發出的論說句，叫作論句。基本構造有「構辭」、「是」字，連結主辭和賓辭。有肯定或否定的句性，有真假的句價，間或有必然與否的句態；又有普通論證，確然明證，及或然辯證的分別；並且分別「有無中辭」；全稱，特稱等等。

Φάσις ἀποφαντικός, ἀπόφανσις. Λόγος ἀποφαντικός, πρότασις, καταφατική, τοῦ ὑπάρχειν; ἀποφατική, τοῦ μή τινι ὑπάρχειν; ὅσαι μὲν οὖν ἀντίφασις τῶν καθόλου εἰσὶ καθόλου, ἀνάγκη τὴν ἑτέραν ἀληθῆ εἶναι ἢ ψευδῆ; τοῦ ἐξ ἀνάγκης ὑπάρχειν; τοῦ ἐνδέχεσθαι ὑπάρχειν; ἐνδεχομένη; ἀποδεικτική, διαλεκτική, συλλογιστική; ἄμεσα καὶ ἀναπόδεικτα.....

○八六二—三四一三

論法—論式內，首尾中三辭，依賓主位次，排列的方法，叫作論法；以中辭的賓主位置，作論法分類的標準。乃得「天、地、人、物」四個論法。三辭排列的固定形式，就是論法；普通叫作「三段論法」。

Τὸ σχῆμα (συλλογιστικόν), τὸ πρῶτον, συλλογισμὸς τέλειος; τὸ δεύτερον, τὸ μέσον, τὸ ἔσχατον, τὸ τρίτον.

論法分有態無態；定言，假言；抉擇；品定；直證，反證；明證，辯證；事證，理證；演繹，歸納；廻證，例證，等等種類。

συλλογισμὸς τοῦ ὑπάρχειν. ἐξ ὑποθέσεως, κατὰ μετάληψιν ἢ κατὰ ποιότητα; δεικτικός; τοῦ διότι; εἰς τὸ ἀδύνατον, διὰ τοῦ ἀδυνάτου; διὰ τῆς ἀντιστροφῆς; ἀποδεικτικός, διαλεκτικός, ἐξ ἐπαγωγῆς; ἡ δι' ἀλλήλων δεῖξις; τὸ ἐξ ἀλλήλων δείκνυσθαι, κύκλῳ δείκνυσθαι. 57β

○八六二—四三一○

論式—論法以內，前提兩論句，句性、句量、句態、句價等等方面的配合，樣式眾多，叫作論式。例如天法「元盈盈盈」，是一肯定全稱論式；「亨無盈無」，是一全稱否定論式。論式眾多，有些有效，餘者無效。有效的論式分完善與不完善。天法論式，原位者，完善。換位者，和地、人、物三法的論式，都叫作不完善論式：均可改歸天法完善論式，乃受到天法的補充證明。

Συλλογιστικὸς τρόπος, πτῶσις, τάξις, συστοιχία, ἐν σχήματι διὰ τρόπων. οἱ ἀτελεῖς συλλογισμοί (οἱ ἐν τῷ δευτέρῳ καὶ οἱ ἐν τῷ τρίτῳ σχήματι) τελειοῦνται διὰ τοῦ πρώτου σχήματος. 29a23

○八六二—七八三八
診驗—符驗：徵驗：是歸納法中一種不完全的**例證法**：舉出若干實例呈現的象徵、符號、標誌，或跡象的證據，推證物之實體情況；猶如醫師診脈看病。**Σημεῖον; τεκμήριον. 70a3**

一〇一〇
亞里—亞里斯多德 **Ἀριστοτέλης (ἈΡΙΣΤΟΤΕΛΗΣ, Σταγιρίτης, Σταγιρίτις, 384/3-322)**

一〇一〇—一六七一
靈魂—形界實體是物質與性理之合。生物實體，依同比例乃是身體與靈魂之合。植物的靈魂，叫生魂。動物的靈魂，是覺魂。人、理智動物的靈魂，是本義的靈魂：兼備一三魂之優長。
Ψυχή, ἡ, (Ψύχω) 見亞里《靈魂論》。如此比較，可以斷言：靈魂者，有生形體之性理也。

一〇一〇—七七八〇。
工具—刀鋸是人用的工具。器官、是靈魂知覺所用的工具。四肢百骸，件件是身體生活的工具。**邏輯，是學術百科致知的工具**。亞里傳世的邏輯**六書**，專名《工具》。
Ὄργανον (ὌΡΓΑΝΟΝ)

一〇六二
可能—能：一、或然兩可的潛能；二、現實固有的動力。**句態**有四：必，不必，必不，不必不。最後這「不必不是」，便是「不可能」的否定：乃是「可能」。既非不可能，又非必然者，是或然**兩可的可能**。**Δύναμις, τὸ ἐνδεχόμενον**

一〇九〇

不可能—「必不然」，謂之「不可能」。邏輯的不可能，叫作荒謬。

ἀδύνατον, ψεῦδος, ἀσυλλογιστικῶς....

一〇九〇—一七九〇

不證論句—最高或最低的基本真理，表達在論句內，賓辭和主辭自然的或假定的直接相合或不相合，構成肯定或否定的明理，沒有中辭，也不需要有中辭介乎其間，是不證自明的論句；叫作不證論句。它所傳達的知識，是不待中辭言喻的顯明知識。例如公理。

Περὶ πάντων γὰρ ἀδύνατον ἀπόδειξιν εἶναι. 997α7

Ἀποδείξεως γὰρ ἀρχὴ οὐκ ἀπόδειξίς ἐστιν. 1011α13

Ἀναπόδεικτα ἀξιώματα, ἄμεσα, μάλιστα,....

一二一七

聯證—許多中辭，連結成一系列的許多前提，推證出最後的結論，斷定最低小的主辭和最高大的賓辭、互有的賓主關係，叫作聯證法；有傳統的，和高可藍兩種形式。高可藍聯證式是亞里書中原有的形式，相同於類系內以大含小，由高而低的貫通律。

Σωρείτης (Εὐβουλίδου Μιλήτου) 亞里不用以上這個希臘名辭：典故之原義是「麥堆辯」：去一麥，仍餘一堆，餘一麥，非餘一堆。

一六一一—二七三三

現象—觀察或經驗所得的印象，是現象：猶言顯現在面前的景象：和實體真相是相對的。現象是主觀的。真相是客觀的。人的知識，是通過主觀的現象，測知客觀的真相。邏輯的必然結論，有客觀真相必然常真的特性。Τὸ φαινόμενον; τὰ φαινόμενα) (Τὸ ὄν, τὰ ὄντα.

一六一一—三〇八〇

現實—和潛能相對，和「盈極」字源互異，哲理的字義，講解上，稍有分別，運用起來，名異實同，全無分別。希臘字源，「現實」來於「動作」；「盈極」來於「終極」。動作的實效，是動作能力的現實和盈極。鷄卵是潛能，孵出的鶵鷄是其現實。參閱「盈極」條。潛能、猶言物質和局勢中隱藏著的可能性。可能性，都有範圍伸縮的或然性：是沖漠無朕的：有泛然，渾然、漠然、等等含義：正是現實境況的對面。在邏輯，知識由公理推證定理。公理有潛能虧虛的廣大。定理有現實真全的明確。

Ἐνέργεια, πρότερον δυνάμεως ἐνέργεια λόγῳ, χρόνῳ, οὐσία, καὶ κυριώτερον. Μετ. Θ, 1047a–1048a–β.

Τοὔνομα ἐνέργεια λέγεται κατὰ τὸ ἔργον, καὶ συντείνει πρὸς τὴν ἐντελέχειαν. Μετ. Θ, 1047a30, 1050a23.

一六一一—八六六〇

理智—分類辨別，推證同異的智力及知識，叫作理智。要在比較觀摩，明辨而審思：由前提推演出結論。

和神智的直視洞見，是相對的。Διάνοια)(Νοῦς

一六四〇

迴證—首尾中三辭廣狹範圍相等，形成的論句、大小前提和結論，可以循環互證，也有一定的論法，叫作「迴證法」：和「輪病論式」，不可相混。參看三六四〇號。

Ἡ δι᾽ ἀλλήλων δεῖξις. Τὸ ἐξ ἀλλήλων δείκνυσθαι, 57β–59α

一七一〇

盈極—盈滿至極，簡稱盈極；直指形下，轉指形上：常有「現實」的含義：指潛能的實現，願望的滿足，虧虛的充盈，又指能力的實效，及工作的完成；泛指美善的現實無缺；和潛能虧虛是相對的。在實體內，附性對主體，生存對性體；在形類性體內，性理對物質，靈魂對肉身；在語言內，字義對字聲或字跡；在任何物體內，動作對能力；諸如此類，都有盈極對虧虛，和現實對潛能的關係和比例。

在類譜的邏輯內，種別名合類名而成種名定義，是現實盈極之性理與潛能虧虛之物哲質，同比例的連合。類以潛能虧虛的廣泛，渾指萬種。種卻以現實盈極的限定，確指類性真全，種性完備，生存飽滿的實體；是人，或馬，或其他。現實生存的個體，有種性及生存的盈極；此外，類名泛指的「動物」，不飄然獨立而有個體生存。是以，既有人或馬，則必有動物；但反說：既有動物，卻不必有人或馬：足見，類含種，是以潛能虧虛，涵蓋可能有的萬種。種含類，卻是以現實盈極，蘊藏類性的真全：限於某一固定的範疇和類界。參閱：「現實」條。

'Εντελέχεια. τὴν ἐντελέχειαν ὁ Ἀριστοτέλης ἐπὶ τῆς τελειότητος ἀκούει, Ch. A. Brandis, Scholia in Aristot., Aristot. Opera, Graece, Vol. IV, Berlin, ed. Bekker, 1836, 358a19

'Εντελεχείᾳ εἶναι, κατ' ἐντελέχειαν εἶναι)(δυνάμει εἶναι, κατὰ δύναμιν εἶναι. --- ἐνέργεια. 200β26; 412α-415β, 1017α-1019α; 1044-1045, 202α11, 734α30.

一七二二一七二二六

矛盾—單純的是非之間的對立，叫作「矛盾」。全稱肯定和特稱否定論句間之對立，也是「矛盾」：既不同真，又不同假，必須一真一假。

Ἀντίφασις, ἀντιφατικῶς λέγεσθαι, 1005β19-20.

Τὸ γὰρ αὐτὸ ἅμα ὑπάρχειν τε καὶ μὴ ὑπάρχειν ἀδύνατον τῷ αὐτῷ καὶ κατὰ τὸ αὐτό.

17β16-20: ἀντικεῖσθαι μὲν οὖν κατάφασιν ἀποφάσει λέγω ἀντιφατικῶς τὴν τὸ καθόλου σημαίνουσαν τῷ αὐτῷ ὅτι οὐ καθόλου....

二〇四〇

受動—物質因素，互相變化，有施動和受動的分別。

Πάθος, πάσχειν

二〇九〇

系統—賓辭主辭關係組織起來的聯索，是結論之所由生。

Συστοιχία, συλλογιστικὸς τρόπος

二一一〇

上辭—依照類譜的次第，高廣的名辭是大辭，上辭，作賓辭；低狹的名辭，是小辭，作主辭，居下位。上辭、大辭，是賓辭的別名。Τὸ ἄνω, ἐπὶ τὸ ἄνω)(Τὸ κάτω, ἐπὶ τὸ κάτω上下各級排成類系，有類譜，史稱「波非俚樹」。參考註二〇〇。

二一一一

此某—這某一個：首指實體之單位，次指附性之個例。Τόδε τι

二一一二

肯定—肯定論句說「是」：指示某主辭有某賓辭，屬於賓辭類群以內；賓辭之所指，屬於其主辭所指的主體。否定論句說「非」：聲明肯定句的反面。

Κατάφασις, ἀπόφασις, καταφατικῶς, κατηγορικῶς, στερητικῶς; κατασκευαστικῶς, ἀνασκευαστικῶς.

Τὸ παντὶ ἢ τινι ὑπάρχειν)(τὸ τινι μὴ ἢ μὴ παντὶ ὑπάρχειν.

二一九一

經驗—器官接觸形界而攝取的基本知識，叫作經驗：猶言事實的身經目睹而有的體察：例如天象的觀察。

Ἐμπειρία (ἀστρολογική).

二一三三

無間—賓主關係，直接無間，沒有中辭居間聯繫；這樣的論句，傳達不證自明的事實、定義，或原理。無間的賓主關係，是沒有中辭的論句所指出的關係。Ἄμεσον, ἄμεσα

二一三三

無限—無邊際、無窮盡、無止境。賓主關係，逐級排列而成的系統，上升下降，都有止境，不是無限的。上溯下追，沒有止境，是不可能的。無邊際的言論，是荒謬的。遞減下縮的數目系統，減到零，乃止。遞加上伸者，現實的最大數，常是有限的。潛能無限的遞加，**是潛能而不是現實**。無限數，等於無數。

Ἄπειρος. εἰς ἄπειρον ἰέναι (τὰ μεταξύ) οὐκ ἐνδέχεται. 80α22

Ἔστι δ' ᾗ μὲν ἄπειρα, οὐκ ἐπιστητά, ᾗ δὲ πεπέρανται, ἐπιστητά.

86α5-7

二二二四

變動—事物發生，由潛能虧虛，轉移到現實盈極之歷程，叫作變動。它乃是潛能虧虛的主體在潛能虧虛的境況中生存發展的現實。分方位移動，變更品質、體量增減、實體生滅等數種。依此定義和分類，可知變動者，不自動，都是被動而動。變動是事物生成的歷程：始於潛能虧虛，終於現實盈極。被動者，受動：實現潛能，充滿虧虛的容量。主動者，施動：發揮動力，完成變動的目的。形體界，地上萬物的變化，以天象運行，為其始動的原因。亞里推證天象運行是被動於無形無象的更高原因。

Γένεσις, φθοραί; αὔξησις, μείωσις; ἀλλοίωσις, ἡ κατὰ τόπον
μεταβολή, φορά, κίνησις, μεταβολή. 15α15

二二二四

變質—品質的變更，改變物的樣子，不改變物實體之本性，也不常引起其他範疇的變化。

Ἔστιν γὰρ ἡ ἀλλοίωσις μεταβολὴ κατὰ τὸ ποιόν. 15β12-14

二二九五

稱指辭—就某物現有的品質，製定形容其品質的名辭，而聲明其物是那個名辭之所謂；那個名辭作賓辭，便是稱指辭：稱道物之品質，而指其主體；許多是品質名辭的變音，或語尾的變形。例如「文法家」來自「文法」：

Παρώνυμα δὲ λέγεται ὅσα ἀπό τινος διαφέροντα τῇ πτώσει τὴν κατὰ
τοὔνομα προσηγορίαν ἔχει, οἷον ἀπὸ τῆς γραμματικῆς ὁ γραμματικός...

1α12-15

二三三〇

外延—類名和種名，類界和種界的範圍，向外展開，延及現有和能有的一切主體：其群體的全部，叫作外延。亞里書中，無此名辭，但有意義相同的數個動辭，例如：

1. οὐδὲν γὰρ κωλύει τὸ Β ὑπερτείνειν τοῦ Α.... 33α38–39

2. τῶν δὴ ὑπαρχόντων ἀεὶ ἑκάστῳ ἔνια ἐπεκτείνει ἐπὶ πλέον, οὐ μέντοι ἔξω τοῦ γένους....96α24–25

二三九九

綜合—許多不同成分的聚結，叫作綜合，有物理和名理的種種組合形式和歷程：和分析是正反相對的。

Σύνθεσις, σύνδετα)(Ἀνάλυσις, ἁπλᾶ; διαίρεσις διὰ τῶν γένων

二四一二

動—變動。見前。有施動、受動、內成、外成等等分別。動的歷程有時間段落先後的繼續。傳達「動」的語言單位，叫作動辭。Κινεῖν, κίνησις. Ῥῆμα. 16β6

二四五四

特性—特徵，特點。**隨物體性理而必有的附性，叫作特性**：是種性固有的特點。「特性名、附性名、種別名、種名，和類名」，是邏輯歷史著稱的「五名」，也叫作「五賓稱」，或「五公稱」，又有時簡稱「五公」。

ἴδιον. ἰδιότης. τὰ ἴδια)(κοινόν. κοινότης. 43β2. 73a7

二四九六

結論—主辭和賓辭範圍，由中辭範圍起碼比較，而較量出來的大小和同異，表答於論句，叫作結論。更廣泛的說，凡是由某些一前提，推演而來的論句，都算是結論。類譜邏輯的結論，是劃出賓主二辭的範圍。

Συμπέρασμα, συμπεραίνειν, συμβαίνειν, συλλογισμός, συλλογίζεσθαι.: 歸結於共同範圍。

二五一〇

生—生成、出生、發生、產生：物質實體之新生：生於物質的變化。生字寬廣，不限於生物的繁殖，遍稱萬物變化生生。生成的歷程之結局，是新物的現實生存。

Γένεσις, γίγνεσθαι, τὸ γιγνόμενον, τὰ γιγνόμενα

二五一〇

生存—實體因物質變化而新生，其歷程的終點，是新實體的生存。生存的現實盈極，建立物之實體的完善。生存的意義，廣於生活，深於存在。凡是實體，都有生存，其中有生活的物體，以實體生活為生存。生存是絕對的，屬於實體自身。存在是相對的，指示實體向時間空間或向其他境界發生關係。在何時何地或何境界的在字，是一個關係辭。物之實體，因有生存，而是其所是：屬於某類某種或某境界。「是」字是賓主關係的構辭，也是一個相關字。「生存，存在，是」，三個不同的概念，希臘文用一個多義的助動詞傳達出來，呼之曰「也乃」：

Τὸ εἶναι τὴν παράτασιν τῆς ὑπάρξεως καὶ οἷον τὴν ἐνέργειαν τοῦ ὄντος δηλοῖ, Simplicius, Ad Phys. f. 174a

Τὸ μὲν εἶναί ἐστι τὸ συγκεῖσθαι καὶ ἓν εἶναι, τὸ δὲ μὴ εἶναι τὸ μὴ συγκεῖσθαι ἀλλὰ πλείω εἶναι, 1051β12

Τὸ ὂν δυνάμει ἢ ἐνεργείᾳ. 1026a32, 1051a34

Τὸ εἶναι ἐπεὶ πλεοναχῶς λέγεται, τὸ κυρίως ἡ ἐντελέχειά ἐστιν.

Τὸ εἶναι προσσημαίνει σύνθεσίν τινα, 16β24

Τὸ ζῆν τοῖς ζῶσι τὸ εἶναί ἐστιν, 415β12

ἡ οὐσία ἑτέρα καὶ τὸ εἶναι, 263β9

二六二〇

個體—範圍限於一個單位的實體。一個單立體。個例事物的專稱賓辭之所指，和公名全稱賓辭之所指，一特殊，一普遍，一私一公，故是相對的。《墨經》：「名達類私」。達名是超類的大公名，例如物大公名。類名是範疇以內某類公名，例如實體範疇以內，馬是馬類公名。《荀子》呼之為大別名。私名是某類某種以內個例單位的專名。私名之所指，即是個體，例如某某人，名臧。個體，猶言單位獨數的某一物體或事體。

形體界，獨立的個體，都是許多因素綜合而成的：有完整統一的特點，並是自我肯定的行動單位。往往叫作：

Τὸ ἀριθμῷ ἒν ἢ τὸ καθ᾽ ἕκαστον διαφέρει οὐθέν, 999β33

Τὸ καθ᾽ ἕκαστον, τοῦτο γὰρ ἡ οὐσία, 767β33

Ἡ οὐσία τῶν ὄντων ἐν τῷ καθ᾽ ἕκαστον, 1269β12, 1141β16

ἡ οὐσία τὸ ὑποκείμενον ἔσχατον, 1042a26; 1017β23

Πᾶσα οὐσία δόκει τόδε τι σημαίνειν, τὸ τόδε τι ταῖς οὐσίαις ὑπάρχει μόνον, τὸ τόδε τι καὶ ἡ οὐσία, 3β10, 1003a9, 1029a28, 1037β27–1039a32. Τὰ καθ᾽ ἕκαστον ἡ οὐσία. 767β34, 1028a27.

τῶν μὲν ἄλλων κατηγορημάτων οὐθὲν χωριστόν, αὕτη δὲ μόνη, 1028a34

Τὸ χωριστὸν καὶ τὸ τόδε τι ὑπάρχειν δόκει μάλιστα τῇ οὐσίᾳ,

Οὐθὲν τῶν ἄλλων χωριστόν ἐστι παρὰ τὴν οὐσίαν, 185a31

τόδε τι σημαίνειν καὶ εἶναι χωριστὰ καὶ οὐσίας. 1039a32

二七一二

歸納法—將許多個體，依其公性，歸納於同類，其方法，叫作**歸納法**。用連接的邏輯虛字，連合相當眾多的特殊名辭在大前提作主辭，再用分接辭，．連合那些同樣的名辭在小前提作賓辭；由一而推證出一條全稱論句作結論，聲明尾辭之所指都有某首辭所指的公性。這樣，用特殊名辭所指事例之連合作中辭而推證出全稱結論的方法，亞里叫它作「歸納法」；和「分門別類」的歸納法，有類譜相同的聯繫．但在推證程序上，是互不相同的：一屬於格物致知的**分類法**；一屬於由特殊到普遍的言論**推證法**：是辯證性的，有時也能達到明證無疑的確實程度。它和**演繹法**是相對的。

Ἐπαγωγὴ ἡ ἀπὸ τῶν καθ᾽ ἕκαστα ἐπὶ τὰ καθόλου ἔφοδος, 105a13, 1139β28, 1393a27, 81β1, 68β15, 1356β14, 108β10, 68β36, 13β37

二七二〇

多—大多數次實現的公例，能有少數偶然的例外；恒性少於「都」字之所指。

Πολύ, ὡς ἐπὶ τὸ πολύ, 15β14

二七二四

假—事物是如何，則說它是如何，事物不是如何，則說它不是如何：**言中實況**，**謂之真**。事物是如何，卻說它不是如何；事物不是如何，偏說它是如何；**言不符實**，**謂之假**。知其是而言其非，或知其非而言其是，**言與心違**，謂之謊。某類物之本體，具有其類之本性，謂之真物，例如真金、真銀。物有其外表，而內無其本性，謂之假冒。主觀現象不合客觀的本體，合於自然常情者，是正覺或正見；不合於自然常情者，謂之**錯覺**，或謬見；對於言語意義之懂錯，訓釋失真，謂之**誤解**。假與真相對，並是真的否定。真分多少種，假也隨著分多少種。肯定先有於否定。故此能有真而無假，不能知有假而不先知其真。本體界，有絕對的純真，沒有絕對的純假。純真絕對的實體，是實有。純假者，絕對虛幻，是本體純無。實有者，有生存。純無者，無生存，故亦不存在。'Αλήθεια, ἀληθής)(ψεῦδος

二七二五

解—詮釋，訓詁，辭義的懂曉，分析，講說明白。就言辭的上下文，領悟名辭的各級層和各種類的意義，並綜合其意義，而識認論句及全篇言論的理路，和本旨欲傳達的實義。亞里著《句解》一卷，從句性、句量、句態等方面，分析論句內名辭間的賓主關係，比較論句間彼此互有的同異，對立，及直接含蓄，和直接推演的關係：指明這些關係自然固有的形式和規律。其體系的中心，在於類譜的邏輯，乃是「引隨邏輯」的一個特例。'Ερμηνεία, Περὶ 'Ερμηνείας

二七五二

物質—形界因變化而出生的實體，是物質與性理之合：既合成條件全備的性體，乃有單位自立的生存，成為本類和本種的一個「完全單位」：自立體。物質領受性理，得以實現生存的潛能，充實其容量的虧虛。物質有容受之量，故謂之**容體**，猶言**容器**。物質有負荷承載之基本崗位和任務，故謂之**基體**。物質不是性理，無性理，則無生存現實，而是潛能和虧虛之容所，故謂之**純潛能**，**純虧虛**。但能感受變化，供作者施工，加以製造，故謂之**質料**：猶如木匠用木料，製造桌椅。希臘原字，本是指示樹林中的木材：兼含「質樸」的漢文古意。有形的宇宙原質是物質、無名、無象，狀之曰「樸」，（《道德經》）。物質是承載性理的主體，也是萬象變化生生的主體。

Ὕλη, ὕλη. ἐν παντὶ τῷ γενομένῳ ὕλη ἔνεστιν. Met. Ζ,7, 1032α20

Ἡ ὕλη τὸ πρῶτον ὑποκείμενον ἑκάστῳ, τὸ ὑποκείμενον ἔσχατον,

τὸ ὑποκείμενον, 192α31, 1022α18, 1017β14, 412α19

Ἡ ὕλη ὡς τὸ ἐξ οὗ αἴτιόν ἐστι, 195α17, 1013β18

Ἡ ὕλη ἐστὶ δυνάμει, ὅτι ἔλθοι ἂν εἰς τὸ εἶδος, 1033β13, 1027α13

在論句內，賓辭指性理及情狀；主辭指其主體。言論談論某主體，舉出其名辭，為**主題**，以之為**題材**，用為談論之**資料**：都包含一些「**物質**」的似點。名辭是論句的物質資料。「是」字作構辭，建構起名辭間賓主關係的形式：條理具備，意義呈現，是論句的性理：猶如人物質身體之有靈性生活。總而言之，物質是物體變化時潛能虧虛的因素。參閱「原因」條。

二七五二

物—物大公名（大共名）所指的物，以其物之為物的純粹名理，是一超類的**通指辭**；泛指有形可見，和無形可以設想的任何事物：**兼指事體和物體**，物質和物理，形神兩界的萬類事物。其名理的核心是「本體自同而完善的生存單位」。「物是實有生存者」。惟須採取「生存」二字極廣而深的意義，不但指生物的生活，而且泛指「**性者**，**生也**」的生存。非性無物，非生無物。生者，物也。生生，就是萬物的變化生生。參閱《範疇集》、《句解》、《形上學》卷四，附註「生存」各條。

Τὸ ὂν ᾗ ὄν, ἁπλῶς, καθόλου, τὸ ὡς ἀληθὲς ὄν, Mγ 1003α21-1004-
1005α3-18, 1026α32.

τὸ εἶναι λέγεται πολλαχῶς, τὸ ὂν λέγεται πολλαχῶς, 1019α4; 992β-993β;
ἀλλὰ πρὸς ἓν καὶ μίαν τινὰ φύσιν, πρὸς μίαν ἀρχήν, καθ᾽ ἓν καὶ
κοινόν τι, οὐχ ὁμωνύμως. Mγ 1033α33, 1061α11, 1033α33

Τὸ ὂν λέγεται πολλαχῶς...., τὸ ὂν ᾗ ὄν, 1003α21, 1019α4

二七五二

物體—「事體、物體、本體、實體、體用、體質」等等類此語句中，所用的「體」字，和「物」字連用，起互訓的作用，和「物大公名」核心意義，所指的「本體自同而完善的生存單位」，有深廣相同的意思；但是加重了「單位分別白立」的含義，和「切實真確」的深度。物體，不但指示形界有物質的自立體，而且泛指可思可言，或僅可以假設的任何事體與物體：仍與「生存」相聯繫；和「物」大公名，範圍同廣。希臘解釋同於「物」字條。回閱「個體、物質、生存、實體」諸條。

Ὄνομα. ὄνομά τι λέγεται κυρίως τινί, ἐπί τινος,... κεῖται
ὄνομά τι τινι,... ὀνόματα κείμενα, 379β15, 380β14, 7α13, 10α33, 1040α11.

二七六〇

名辭—人發聲達意，不指時間，約定俗成，謂之名辭。物類眾多，知者為之分別，制名以指實，異實者，異名，同實者同名。單名足以喻，則單；單不足以喻，則兼：連數名而成辭，仍喻一意而指一實。名實判為兩，合為一；是非隨名實，而達之於論句。真假隨是非而存於判斷。名辭之所指，皆物類與事類。辭以類行。立辭而不明其類，則行必困矣（荀子《正名篇》）。論句明類分種；肯定者，說在於種類相同與相屬；否定者，辨之於相異或相分。名辭之所謂，物類之實也。物類之所以謂，名辭也。物類，分十範疇，名辭隨之也分十範疇。名辭就範圍廣狹而分公私。公名五種，皆是謂語：即物類實況之所以謂也。謂語稱謂主辭，與主辭相對，乃另名曰**賓辭**：賓主二辭在論句內所成立之關係、或取、或與，皆以類譜之邏輯為準。參閱「賓辭」及「範疇」兩條。訓詁「辭、詞」通用，又似「辭」廣於「詞」。

三〇一〇

空間—何處，處所；何方，方位。十範疇之一。人間語言的名辭、動辭，直接間接，都與處所有關：涉及空間的含意。鳥飛在天空。魚游在水淵。樹植在地上。星懸在天際。原素之輕重，火、氣、水、土，各有本性自然的處所，及歸宿。火炎上，水流下。

Ποῦ, ἔν τινι τόπῳ, 2a1, 11b11, τὰ ὄντα πάντες ὑπολαμβάνουσιν εἶναί που, 208a29

三〇二二

「寓普而建」—「域博而該」：用「乙」代表「匹馬」，「甲」代表「某隻動物」。說「每乙是甲」，「甲在每乙」，「甲寓普而建每乙」，「甲域博而該每乙」，意思相同，同於每乙是種，都屬於甲類。詳見於註一：「在」字是構辭（媾辭 copula）。參閱「是」字六〇八〇條。

Ὑπάρχειν, "λέγω δὲ καθόλου μὲν τὸ παντὶ ἢ μηδενὶ ὑπάρχειν, ἐν μέρει δὲ τὸ τινι ἢ μὴ τινι ἢ μὴ παντὶ ὑπάρχειν," 24a18–20

Ὑπάρχειν ἐν, ἐνυπάρχειν. "τὰ δὲ καθ' ὑποκειμένου τε λέγεται καὶ ἐν ὑποκειμένῳ ἐστίν." 1a29, 1β2

Ἀληθεύεσθαί τι κατά τινος, τι ἐπί τινος: ἀληθῶς κατηγορεῖταί τι κατά τενος, 49a6, 121a20, 134β–135a, 22a1, 22β2

三〇二三

永遠—無始無終，生存的盈極現實。

Ἀίδιος, "ἔστι δ' οὐθὲν δυνάμει ἀίδιον. λόγος δὲ ὅδε. πᾶσα δύναμις ἅμα τῆς ἀντιστροφῆς ἐστίν." 1050β7–9

οὐδεμία ἐστὶν ἀίδιος οὐσία ἐὰν μὴ ᾗ ἐνέργεια, 1088β

三〇六〇

容體—容所、容器承受者、負載者。δεκτικόν, ὑποκείμενον

三〇八〇

定論—定理，主張，立場。立場和反對立場有正反相對的局勢：可能是衝突，或矛盾。

θέσις)(ἀντίθεσις

三〇八〇

賓辭—類譜內，上辭，是範圍寬廣，品級高，性理簡單，潛能深，虧虛容量，宏大的名辭；對於下辭，有類對於種，並有隨辭對於引辭的關係，乃是下辭的賓辭。下辭是上辭的主辭。例如凡是人，都是動物。動物是賓辭。人是主辭。賓辭是一謂語．稱指主辭有什麼種類或範疇的性理。回閱「名辭」條。

τὰ κατηγορούμενα, τὰ ὑπάρχοντα, τὰ ἄνω, ἀνώτερα.

三〇八〇

實體—另名：「分別自立的實有物」，屬於某類某種。和「此某」之所指相同。分「第一實體」和「第二實體」。私名所指的單立體，是第一實體，是實體首要意義之所指。種公名所指的性體，是第二實體，猶言實體意義抽象之所指。例如：張某人，是人。張某人，是人的第一實體。「人」，是第二實體，屬於張某人。去掉了一切個體獨立的人，泛說的「人」，則無所存在於自然界。天下萬有，都是物大公名所指的物。物分自立與不自立。自立者是實體，不自立而依附他物者，謂之附屬物（附品，或附性）。實體，依其公名之所指總類，是一個範疇名：是十範疇中的第一個。

Οὐσία, τόδε τι, χωριστόν, "Οὐσία δέ ἐστιν ἡ κυριώτατά τε καὶ πρώτως καὶ μάλιστα λεγομένη, ἣ μήτε καθ' ὑποκειμένου τινός λέγεται μήτ' ἐν ὑποκειμένῳ τινί ἐστιν, οἷον ὁ τὶς ἄνθρωπος ἢ ὁ τὶς ἵππος. δεύτεραι δὲ οὐσίαι λέγονται ἐν οἷς εἴδεσιν αἱ πρώτως οὐσίαι λεγόμεναι ὑπάρχουσι,...." 1β11-15

三〇八〇

定義—．在類譜內，種名之所指，是最近類名和種別名所指之合：這乃是種名的定義：給種名劃定出界限明確的類名範圍中特殊種別的一個區分。所以，定義也叫界說：說明某某名辭意義的範圍，及所指性體內包含的各級性理。例如說：凡是人，都是理性動物。

Ὁρισμός, λόγος ὁριστικός, ὅρος, 43β2

三一三〇

遷移—方位的變動，是形界最顯著，並且最基本而普遍的一個現象。主觀的現象，呈露出物類本體實有一些二運動的事實；及其許多互相衝突的要素。遷移的典型，是天象的運行，及原素本性自然的升降。

Φορά, ἡ κατὰ τόπον μεταβολή, κίνησις.

三三〇〇

必—必然，「必是」。是四句態之一。回閱一〇六二號：「可能」。

ἀνάγκη

必然肯定論句—例如說：「每乙必是甲」，「某羽必是甲」；前者是全稱必然肯定論句；後者是特稱：都是態句。Πρότασις τοῦ ἐξ ἀνάγκης ὑπάρχειν....

必然肯定論式—結論是必然肯定或否定論句者，是必然肯定或否定論式。

Συλλογισμὸς τοῦ ἐξ ἀνάγκης ὑπάρχειν.

三三二二

補證—給已有的論式，附加的其他論式，或為證明它的前提，或為改證同一結論，以補充原有論式之效力，叫作「補證法」：或詳名之日：「補證論法」。

Προσυλλογισμός, προσυλλογίζεσθαι

三四〇二

「為什麼」—這樣的問題有兩個：一是「為什麼理由」；二是「為什麼事故」。

Διότι, ὅτι, 53β9

對立—與某主張相反的主張，是對立的主張。立場和相反的立場，互相否定的關係和局勢，叫作對立。

Ἀντίθεσις

三四一〇

對立的論句—有四對：一是「矛盾對立」，例如「盈對虧」，「無對有」。二是「衝突對立」，例如「盈對無」。三是「偏差對立」，例如：「虧對有」。四是「引隨對立」；例如「盈對有，無對虧」。詳見於「盈無有虧」論句對立圖。註一。

Ἀντικείμεναι προτάσεις τέτταρες.... 63β24

三五一三

抉擇論式：大前提有所假設，必賴小前提有所抉擇，結論乃應運而生。凡是這樣的論式，都是抉擇論式：屬於假言論法。Συλλογισμοὶ κατὰ μετάληψιν, 45β17

三七一〇

通指辭—凡是超類的大公名，都是通指辭：指示許多異類交通相連的關係，或指示異類間大同的似點；也叫作超類辭，或比類辭。通指辭的指義，是異類共有的從屬關係，或近似。因此，凡是通指辭，都是超類相似範圍以內的多義辭。

ἀνάλογον, ἀναλογία, πολλαπλάσια, 51β24, 76α39

三七四〇

姿勢—身體站立坐臥倚仰等類的態勢，及其名辭：是範疇之一。

四〇〇三

多大—大小、多少、數量、體量、積量、量，是十範疇內附性九疇中的第一個。既有數量，乃有相等與否的比較。由此而生的知識，是數學。Ποσόν, ποσότης

四〇一〇

直觸，直見，直接體會；神智洞見；神悟心會。智思。θιγεῖν, (Νοῦς)

四〇一〇

直證—舉出適當的中辭，證明結論，謂之直證。但先假設結論某某之錯誤，由而較量前提之不容否認，反而證出原論之必非錯誤，則是「反證」；與直證相對。直證，證結論真實。反證，證對方謬論之錯誤。

Δεῖξις, δεικτικὴ ἀπόδειξις, "ἢ γὰρ δεικτικῶς ἢ διὰ τοῦ ἀδυνάτου περαίνονται πάντες συλλογισμοί." 29a30–32

四〇五一

難題，疑惑難解的問題，同時有兩個衝突對立的答案，兩方面都有相當充足的理由：甚難駁倒一方。一方舉出的理由，加重對方的疑難：初步叫作「設難」；進步，叫作「發揮難題」：闡明反對者的理由強大；在最後，消釋疑團，謂之「解難」。參閱「問題」條。

Ἀπορία, πρόβλημα, ἐρώτημα συλλογιστικόν, χαλεπόν; διαπορήματα.

四〇八〇

真—與假相對。回閱假條。論式有效，前提都真，則結論必真。結論不真，則前提必假，或都假，或有某一個假。論句的真假，和論式的有效無效，是兩回事，互不相同，不是一個問題。

Ἀλήθεια)(ψεῦδος, ἀδύνατον

ἐξ ἀληθῶν οὐκ ἔστι ψεῦδος συλλογίσασθαι, ἐκ ψευδῶν ἐστὶν ἀληθές," 53β7

四四一〇

基體—是「物質，主體、和容體」，及「主題」，「基本定理」等等的另一個公名。原義是「臥伏在基層的實體，或因素」。參閱「物質」條，及下條。Tὸ ὑποκείμενον, τὸ κείμενον

四四一〇

基本論據—是學術體系的中心砥柱，有時是先備的已知真理，有時是預先成立的假設。反證法，以原論錯誤之假設，為前提的出發點。那個出發點，便是一個基本論據，猶言前提裡基本的理由，和主要範圍。

'Υπόθεσις, ὑποκείμενον, ὑποληπτόν, ἀρχαί, "ὅθεν γνωστὸν τὸ πρᾶγμα ποῶτον ἀρχὴ λέγεται τοῦ πράγματος, οἷον τῶν ἀποδείξεων αἱ ὑποθέσεις," 1013a16

四四二一

荒謬論式—前提荒謬的論式，是荒謬論式。矛盾者同認以為真的前提，是荒謬的前提。結論陷於自相矛盾。

λόγοι ἀσυλλόγιστοι ἁπλῶς, παραλογισμοί, ἐκ τῶν ἀντικειμένων οὐκ ἔστιν ἀληθὲς συλλογίσασθαι...ἐν τοῖς παραλογισμοῖς οὐθὲν κωλύει γίνεσθαι τῆς ὑποθέσεως ἀντίφασιν..., ἐκ τῶν ἀντικειμένων προτάσεων ἐναντίος ἢ ὁ συλλογισμός..., ἔσται τῆς ὑποθέσεως ἀντίφασις.

64β7

四六七一

觀察—學識理論的熟習和研究，是觀察：察見而觀賞之：和意志行動的實踐，是相對的。既有學識，現實思想觀摩，也叫觀察：和習而不察的習。是相對的。習性和技能，儲藏待用，在現實不用時，只有潛能，如處於睡眠狀態。**觀察是學思現實之運用**：靜思。純理論的知識。

θεωρία, θεωρεῖν; σκέψις, ἐπίσκεψις, διάνοια καὶ θεωρία, θεωρία καὶ μάθησις, ποιεῖσθαι τὴν θεωρίαν περί τινος; ἐπιστήμη θεωρετικὴ τῶν αἰτιῶν, τῶν ὑπαρχόντων, τῶν καθ' αὑτὰ παθημάτων, τῶν οὐσιῶν. 982α29, 653β14, 989β25, 1237α24, 1324α10, 1061α29.

五〇〇〇

中辭—類譜內，上下兩辭間的名辭，是中辭，是三辭論法的重要因素：因其居間接洽，比較，結論乃能斷定上下兩辭，有無什麼關係。「無中辭，則無以生結論」。回閱「端辭」條。

Μέσος ὅρος, τὸ μέσον, "ἄνευ μέσου συλλογισμὸς οὐ γίγνεται." 66a28

五〇〇一

抗議—抗論：否定某論式之某一前提，或若干前提，謂之抗議。對某論句，提出反對的另一論句，通稱「抗議」。

Ἔνστασις, πρότασις, προτάσει ἐναντία; ἐνστατικός, διαλεκτικός, προτατικός. 164B3

五〇二三

本體賓辭—稱指物體本性的名辭，作賓辭，是本體賓辭。形容物體偶有附性情況之名辭，作賓辭，是附性賓辭。

Τα καθ' αὑτὰ παθήματα, καθ' αὑτὰ ὑπάρχοντα, κατηγορίαι, κατηγορούμενα, κατηγορήματα, τὰ ἐν ὑποκειμένῳ καθ' αὑτά...

五〇九〇

末—端末，終極，最後一個。亞里論法系統內，沒有「天地人物」四法，僅有「天地人」三法。人法是第三論法，也叫末後一個論法。

῎Εσχατος. Σχῆμα συλλογισμοῦ ἔσχατον, τὸ τρίτον, τελευταῖον, 29β36, 47β5

五一○一

指解——指出現有的實例，解釋對方的疑難，引其接受結論。猶如「喻法」，或「舉例說明」。指解法，是例證法，和「舉例反駁」是相對的。

῎Εκθεσις, ἀποδεῖξαι ἐκθέσει. 28β14

五四○四

技術——藝術、學術。Τέχνη, 46a1

五五○六

撥開——撥開附性而見某某事物之本體，叫作**抽象**。例如：即物明理，是從物質實體中，離物懂理：撥開物質，曉辯其性理。「抽象」，就是撥開物象以見物理。

᾿Αφαίρεσις,)(πρόσθεσις, ἐπίθεσις. τὰ ἐξ ἀφαιρέσεως λεγόμενα; τὰ ἐξ ἀφαιρέσεως λέγεσθαι τὰ μαθηματικά, τὰ δὲ φυσικὰ ἐκ προσθέσεως. 299a16, 1061a29, 81β3.

五七〇三

換—調換。論句內名辭位置，賓主調換，叫作「換位」。或然的態句，由否定換成肯定，叫作「是非翻轉」，或「是非調換」。有些論式，前提否定則無效，改成肯定，則有效。普通只將否定改成肯定，有道理；將肯定改成否定，卻非亞里邏輯之所肯為。或然的否定，常暗含肯定的可能。或然的肯定，用「能」字，有時暗含否定的可能，有時卻能是「必然」的隨辭：「必然者，故可能」。將否定或然改成肯定，常合理。將肯定改成否定，卻不常合理，視其背後之含蓄如何而定。

Ἀντιστροφὴ ἐπὶ τῶν ἐνδεχομένων, ἐκ καταφάσεως εἰς ἀπόφασιν καὶ ἀνάπαλιν, 25a37

ἀντιστροφὴ τοῦ ἐνδέχεσθαι ὑπάρχειν, ἐνδέχεσθαι μὴ ὑπάρχειν, 35β1, 36a27, 38a3.

ἀντιστροφή, ἀντιστρέφειν, μεταλλαγὴ τῶν τῆς προτάσεως ὅρων, 25a40, 38β27, 25a37.

六〇一〇

增量—長大，增多。體量或數量，由少增多，由小變大，叫作增量，是物質界變化的一種。和「減量」相對。量的增減，不常引起，也不常伴隨品質、實體、或處所的變化等等。

αὔξησις ἡ κατὰ ποσὸν μεταβολή

六四〇四

時間—何時。久暫，往古今來，是十範疇之一。

Ποτέ; χρόνος ὡρισμένος πρὸς τὸ νῦν, 2α2, 11β10, 222α25.

六〇六六

品質—物之品質，形容物品是什麼樣子的：例如剛柔智愚等等：是十範疇之一。

Ποιόν, ποιότης, 1β19

品性—既得難失的性情，叫作品性：成於學習者，謂之習性，或技能：是品質範疇中的分類之一。和情態相對。ἡ ἕξις, εἶδός τι ποιότητος, 8β27

六〇八〇

是—論句用「是」指出賓主二辭的關係：構成論句之自身。一個關係，有凸凹兩面。「是」和「在」，是賓主關係的凸凹兩面。「每乙是甲」，和「甲在每乙」，正說、倒說，意義相同。是字內暗含著「真」的意思。「真」字是「是」字的常態，故此是一個「態辭」。回閱「真」字，及「寓普而建」兩條。「是」叫作「構辭」。

Τὸ εἶναι πολλαχῶς λέγεται; τὸ εἶναι προσσημαίνει σύνθεσίν τινα; εἶναί τινι, ὑπάρχειν τινί, 16β24, 25β12.

異指辭—同名異實的賓辭，叫作異指辭。

ὁμώνυμον, 32a20

六六六六

器官的知覺—官感，感覺，覺識。

αἴσθησις

六七〇二

明證法—由明確的前提推論出明確的結論，是明證法，和普通論證不同，和《辯證法》是相對的；並且有直證的意思，和反駁也是相對的。明證法的目的，是由明確的定義，直證己方的真理，不專事反駁對方主張的錯誤。

Ἀπόδειξις, συλλογισμὸς ἀποδεικτικός. Συλλ. ἀποδ. τῶν ἀορίστων οὐχ ἔστι. 32β16

七一四

反證法—將對方的主張駁倒，引對方看到自己主張的荒謬，由而反回來，證實己方原論的真實，或不容否認。對方的主張能生出和前提相矛盾的結論：自己的主張相反自己的前提，叫作立論荒謬。引對方順著邏輯的思路，逐步發現自己荒謬之所在，是反證法的本體，反回來，證實己方的原議，是明證法的效果和目的。反證法，始於假言論法，終於明證法以證實原有的結論。

Ἀπαγωγὴ εἰς τὸ ἀδύνατον, ἀπόδειξις διὰ τοῦ ἀδυνάτου; ἐκ τοῦ ἀδυνάτου δεικνύναι; τὸ διὰ τοῦ ἀδυνάτου μέρος τῶν ἐξ ὑποθέσεως.

28α7–23, 29α31–β14, 40β16–41α22, 40β16, 41α22.

七一二四

反駁—就對方提出的論式，承認其前提，而推論出相反的結論，叫作反駁。往往是說明對方論式的詭辯自欺。亞里著《駁謬》一卷，是為反駁各種詭辯論式之荒謬。

Ὁ ἔλεγχος ἀντιφάσεως συλλογισμός, 66β11

Οἱ σοφιστικοὶ ἔλεγχοι, 1032α7

七一二九

原理—原理是最高公理，是前提的最高出發點。原則是論證程序應遵守的基本規則。但原理、原則，往往通用。

Ἀρχή, ἀρχαί, ἀξιώματα, ἀρχαὶ αἱ πρῶται, αἱ μέσαι; ἀρχαὶ ἐξ ὧν δεικνύουσιν ἅπαντες, 1013α14, 40β32, 41β3–8, 43α21–β36, 64β18, 65β28, 72α14.

καθόλου μάλιστα καὶ πάντων ἀρχαὶ τὰ ἀξιώματά ἐστιν, Met B, 2, 997a13.

Ἀρχαὶ ἀποδείξεως προτάσεις ἄμεσαι, ἀναγκαῖαι, ὁρισμοὶ ἀναπόδεικτοι.

72a–74β, 84a–90β.

七一二九

原因—物質界，實體因變化而生成，有四個原因：一是**物質**，承受變化；二是**作者**，施展動力，發啟變化；三是**性理**：新實體的性情條理，由物質潛能，被變化的工效，引領到現實，充實物質虧虛的容量。物質變化到性理全備，新實體乃告生成。四是**目的**。實體以生存的美善，為其變化歷程的目的。實體因性理而賦有的能力，以完成各自固有的任務為目的。萬類實體，以完成全宇宙的公共美善為目的。變化，既是被動而動。目的則是為實現最高主動者的推動計畫。四個原因，不可缺一，缺則物體無以生成。變化生生的物類是效果。既知它們是效果，則知它們必有上下各級少之不得的原因。原因是效果出生缺之不可的先備條件。因果相較，有先後之別。先者可以無後。後者不能無先。如此說來：原因者，乃形體生存之因素也。**在內者，是物質與性理**。**在外者，是作者與目的**。在邏輯，**原理是結論的原因**。

Tὸ αἴτιον, τα αἴτια τέτταρα...., 1. ἡ ὕλη καὶ τὸ ὑποκείμενον, ἐξ οὗ γίγνεται; 2. τὸ εἶδος, τι ἐστί, τὸ τί ἦν εἶναι, ἡ οὐσία καὶ τὸ τί ἦν εἶναι; ὁ λόγος, εἶδος καὶ λόγος, σχῆμα, μόρφη; 3. τὸ κινοῦν, τὸ κινῆσαν, ὅθεν ἡ ἀρχὴ τῆς κινήσεως, τῆς μεταβολῆς. αἴτιαι τέτταρες καὶ ἀρχαί. 194β–195α.

原因分第一和第二。第一是主因，第二是次因。次因之與主因，有工具之與工匠的比例。上中下各級原因，聯成一系，產生最後目的之效果：最高原因的效能，深入效果的實體，甚於其他各級。中級無上級，則效果不生，既有效果，必有上級。上溯下追，必有止境，不能淪於無限。參閱「無限」條。原因如此，原理亦然。

七一三一

驢橋—中辭尋找法，畫成圖表，形狀似橋，中世綽號：「驢橋」，扶助蠢驢走橋過河，把理說通，達到證明結論的目的。說出理由，就是舉出中辭，用其名理作媒介，比較賓主二辭互有的關係。**類譜**內，中辭居中位，賓辭居上位，主辭居下位。驢橋的理論，首見於《分析學前編》，章二八；圖表之畫，不知始於何人；古書傳載者，首推斐勞鵬（第六世紀），《分析學前編註解》。第三世紀，亞歷山，同書《詮解》，已曾論及而現存版本無圖表之刊印。中世圖表盛行，遍見於教科書，史書，及與論說文有關的書。Pons Asinorum, Pontauxanws, (J.Buridan), Eswlsbrukw, Assws’bridgw…

七四二三

隨—「則」字關係，是引隨關係。在言論中，「則」字以前的論句，是引句；「則」字以後的論句，是隨句。有引句引於前，則有隨句，隨之於後。相引隨者，必相關。交互引隨者，真假互同。生存的相繼而生，既有效果，則必有原因。議論由果推因，前提是引句，結論是隨句。類譜內，下辭是主辭，上辭是賓辭；名理的含蘊，主辭包含賓辭；主辭是引辭，賓辭是隨辭。例如：「張某是人，則必是動物」。前句是引句，後句是隨句。「人是動物」。「人」是引辭，「動物」是隨辭。引隨關係，是最基本的一個邏輯關係。

Ἀκολούθησις, ἡ τῶν ἑπομένων ἀκολούθησις, 181α23; ἀκολουθεῖν τινί, συνακολουθεῖν τινί, ἕπεσθαί τινι, κατηγορεῖσθαί τινος, 26β6, 43β4, 32α24. Πρότερον λέγεται τὸ μὴ ἀντιστρέφον κατὰ τὴν τοῦ εἶναι ἀκολούθησιν, 14α30.

「引句」和「引辭」通稱「前項」；和「後項」相對。

七七二四

服具—裝備，所有物，隨身用品，等等ἔχειν：範疇之一。

七七四〇

學習—人有理智，由幼稚的潛能和虧虛，因受教學習，而達到知識的現實盈極。學習所得，是明通事物的性理，和數理。理中有數。數中有理。有理而後有數，有數而後成物。格物窮理，是窮通性質及數量之眾理。希臘原字：學習和數理，同出一源。

Μάθησις, μάθημα, μαθήματα, μαθηματικός, 46α4, 77β-79α10, 67α21, 71α13. Διδασκαλία, 1139β26.

七七六〇

同指辭—一個名辭，用在許多處，每處指示相同的意義：不逸於本範疇某類真義範圍之外，是同名同指的賓辭：叫作同指辭。**Συνώνυμον, συνώνυμα.**

七七六〇

問題—問題是學術的出發點。學術分多少種，問題也分多少種：問題的意義，決定於每個學術體系各自固有的**基本論點**，及由此論點擇定的最高**原理**和**原則**。在此範圍以內者，有意義，是其本系應研究解答的。每科學術以內的問題，有兩種，一是論點及論題等之**請教**；二是應研究的**問題**：亞里稱之為「論證法問題」：**它是矛盾對立之一端**；慣用「是否」之類的問辭：例如《幾何學》的論證法問題：「對角線和邊線，**是否**長度相等」？論證法問題，簡稱**論題**：它是論證法應證明的結論：關係學術的性命，又是學者**提出來，命人注意研究的**：故此也叫「**命題**」。**凡是命題，都是論句**，因為它是矛盾對立的兩個論句中的一個。已被證明的命題，能是一條定理，故能作其他論式的前提。**但許多論句，只是論句，而不是命題，既不是論證法問題，又不是已證的定理**。例如不證自明的原始概念之定義，及原理和原則，還有各範疇的肯定和否定，都是論句，而非本義的命題。

Ἡ διαλεκτικὴ πρότασις ἐρώτησις ἀντιφάσεώς ἐστιν, 24α25. Ἐρώτημα, ἐρωτᾶν, πρόβλημα, 42α39, τὸ προτεθέν, τὸ πρᾶγμα περὶ οὗ, πρόθεσις, τὸ πρόβλημα περαίνεται ἐν σχήματί τινι, δείκνυται διὰ σχήματός τινος, ἐν ἑκάστῳ σχήματι. 62α21-3), 42β29, 47β10, 26β31, 43α18.

以上這一條，極值注意。古書「命」和「名」，往往通用。「命」好似「名」的動辭。「命物之名」，是「給物體定立一個名稱」，和「稱物之名」，意義可以互相涵蓋。「名辭」如果不可叫作「命辭」，則「論句」，或「問題」，更不可一概叫作「命題」了。

七七七七

關係—對立者，必相關：雙方相關，或單方有關。實體相關者，相因而成。意義相關者，相因而明。類譜，家譜，都是描繪關係的種類和次第。子是父之子。父是子之父。種是類下之分類。類是種上之合同。一個公名，固守中位，對於上類，是類下之種名；對於低種，是種上之類名：猶如一身，對子，則稱父，對父，乃稱子矣。相關的名辭，依照類譜的秩序，都有相對的稱謂。關係是十範疇之一。凡是關係，都有相關的實體，作自己的主體。實體先有自立的生存，而後發生和外物相對的關係。絕對先於相對。

Πρός τι, οἷον διπλάσιον, ἥμισυ; λαμβάνειν τι πρός τι, τῶν ὅρων πρὸς τὸ μέσον, τὰ πρός τι. 28a17, 26a17, 27a26, 42a9.

八〇一〇

全稱否定—例如「甲不在任何乙」，等於說：「無乙是甲」，是全稱否定論句的符號形式。回閱「論句」條。全稱否定是特稱肯定句的否定。

全稱肯定—是特稱否定論句之否定。

μή τινι ὑπάρχειν, "λέγω δὲ καθόλου μὲν τὸ παντὶ ἢ μηδενὶ ὑπάρχειν, ἐν μέρει δὲ τό τινὶ ἢ μή τινι ἢ μὴ παντὶ ὑπάρχειν...." 24a18–21

Παντὶ ὑπάρχειν: κατὰ παντὸς κατηγορεῖσθαι, ἐν ὅλῳ εἶναι, ἀληθεύεσθαι κατὰ παντός, 26a2, 24β33, 49a6,25a14–25.

八〇二二

分析—連合簡單原素，組成本體統一的一個生存行動的單位，叫作「綜合」。反之，將綜合的本體，解散成簡單的原素，叫作**分析**。「分析、綜合」的一往一復，是人間學識之所由建立。各科學術的講論推證，各種技術的工作實習：都脫不開「分、合」往復的步驟和程序。科學的論證法，也是一個綜合的事物，將它分析起來，研究有效和無效的論證程序，亞里著書《前後編》，各兩卷：題名「《分析學》」：指示現代所謂的邏輯。他當時，不知有「邏輯」這個名辭，只知有「**邏輯的**」形容辭；但用它形容或然的《辯證法》：沒有現代「論證法則」的意思。為責斥人不懂邏輯，或不合邏輯，亞里常說人不知《分析學》，不合論證法則。「分析學」是「論法邏輯」的古代名稱，也許是亞里初次選擇的術語。

3, 1005β4. ἀναλυτικῶς)(λογικῶς, 82β35, 84α8

Ἀνάλυσις, 50α8, ἀναλύειν, 47α24; ἐν τοῖς ἀναλυτικοῖς, Μετ.Γ,3, 1005β4. ἀναλυτικῶς)(λογικῶς, 82β35

分類法：種別—類下分種，所根據的種別特徵，叫作種別。種名定義是類名與種別名之合。類名潛能寬廣：範圍廣大。種別名，現實確定，實現潛能之一域：類名指物質方面。種別名指性理方面。種名指物質與性理，妙合而構成的整個性體方面。例如：「人是理性動物」。「人」是種名。……參閱「定義」及「特性」兩條。

Διαφορά, ἐκ τοῦ γένους καὶ τῶν διαφορῶν τὰ εἴδη, Μετ. Ι,7, 1057β7

46β22, 83β1.

八〇七一

乞索—前提要求：是向人追問理由。

αἰτεῖσθαι, αἴτησις, ἀποκρίσεως, αἴτημα, 20β22, 41β9, 46α33, 64β–65α37

乞賴—以自己的結論，作自己前提要求的理由：叫作無理乞賴：強求人接受結論。乞賴論式，史稱「輪病論式」，或叫它作邏輯的「滑輪病」，或簡稱輪病。

Αἰτεῖσθαι τὸ ἐν ἀρχῇ, τὸ ἐξ ἀρχῆς λαμβάνειν, 41β8–20, 64–35,

八〇七三

公理—不證自明的原理，為一科或眾科共同之所依遵。

Ἀξιώματα, ἀρχαί, ἄμεσαι, ἀναπόδεικται.

八四一六

錯—錯誤的論式：欺罔不實。

Ἀπάτη, ἀπατητικὸς συλλογισμός, 66β18, 67β26, 80β15.

八五七三

缺乏—和「具備」、「完備」，相對：配成所謂的「完缺對立」。

Στέρησις, στερητικός)(κατηγορία, κατηγορικός, ἕξις, 11β18, 12α1–13α37, 73β21, 17β20, 39β22, 52α25.

八六四〇

知—普通言談所說的知 γιγνώσκειν

知識—專科學術所研討的知 ἐπιστήμη

八六六〇

智思—和理證相對：神智的智思，和理智的推證，是兩種不同的知識方法。

Νόησις, νόημα, νόητον, νοῦς, νοητικόν, νοεῖν.

八八五七

範疇—將萬物及萬名，分門別類，統歸十大類，叫作十範疇，亞里著小書一卷，題曰「《範疇集》」。考據者懷疑此書來歷；但大多數人不否認它是亞里的真筆。希臘原字，有法官判案，斷定犯人罪名，或聲明被告人是非的含意。彷彿我國古代，凡是名，都涉及刑名。

Κατηγορίαι, τὰ κατηγορούμενα, τὰ ὑπάρχοντα, τὰ λεγόμενα κατά τινος, τὰ κατηγορήματα, (ἀπολογίαι); "τὸ συμβεβηκὸς καθ' ὑποκειμένου σημαίνει τὴν κατηγορίαν," Μετ. Γ,4,1007a35, 41a4

ἡ καθόλου κατηγορία, ἡ κατὰ μέρος κατηγορία, 44a34

Κατηγορίαι τοῦ ὄντος, γένη τῶν κατηγοριῶν, 83β15.

八八九〇

策算—策算力，就是理智力，是人類的特性：猶言推算。

λογισμός, λογιστικός. Ζῷα λογιστικὰ ἔχουσι λογισμόν, νόησιν, διάνοιαν, τὰ ἕτερα οὐκ ἔχουσι. 415a8, 433a12.

Τὸ τῶν ἀνθρώπων γένος ζῇ καὶ τέχνῃ καὶ λογισμοῖς. 980β28

Τὸ λογιστικὸν μέρος τῆς ψυχῆς; τὸ διανοητικόν,... 1182a20)(ἄλογοι, ἀλόγιστοι.

九一四八

類—類名。範疇。類高下諸級排成類系，有類譜，史稱「波非俚樹」。

Κατηγορίαι, γένη τῶν ὄντων, 11a37, 96β19, 412a6.

九五〇一

性理—在類界以內劃定種名所指性體的疆理；和物質相對。兼含條理、紋理、形式、模型、力量的根源，行為規律的根據，生存現實盈極的內在成因或因素等等美善而積極的意義。

εἶδος, σχῆμα, λόγος, ἐντελέχεια, ἐνέργεια, μορφή, κοινόν τι κατὰ μίαν ἰδέαν, ἰδέα. 1096β25

理—義理、純理，標準至善的極則。

Τὸ εἶδος καὶ τὸ παράδειγμα, ὁ λόγος τοῦ τί ἦν εἶναι καὶ τὰ τούτων γένη, 1013a25–30, 194β26.

性體—物質與性理之合。種名抽象之所指。「某是何物之所謂」：「某物嘗是何物之所是」。依「嘗是」另有的希臘字義，猶言「某物、吾人曾嘗說它是何物之所是，與所謂」：乃是確稱物之種名所指實體之本然（本性，本質）。有形實體之性體是物質與性理之合。無形實體之性體，是沒有物質的性理。性體領受生存，合成生存自立的單位，乃成意義真全的實體。參閱註一內第八號，及註二〇〇。

Οὐσίαι δεύτεραι, ἡ φύσις καὶ ἡ οὐσία, κατὰ τὴν φύσιν καὶ τὴν οὐσίαν, 193a20, 1053β9.

Τὸ τί ἦν εἶναι ἐστιν ὅσων ὁ λόγος ἐστὶν ὁρισμός, 1030a, 2a16-17.

九五〇二

情態—狀況，是品質範疇中的一類，暫時偶然被動而表現的情態，不同於既成難改的定局、習性，或技能等等。彷彿河水的清濁冷熱，泛指物體逐時感受變化而呈現的狀況。

Διάθεσις, "διαθέσεις δὲ λέγονται ἅ ἐστιν εὐκίνητα καὶ ταχὺ μεταβάλλοντα,"... "διαφέρει δὲ ἕξις διαθέσεως τῷ πολὺ χρονιώτερον καὶ μονιμώτερον." Κατ. 8, 8β26-37.

分析學前編　論證法之分析 / 亞里斯多德原著；
呂穆迪譯述. --
三版. --臺北市：臺灣商務，2010.6
面；　公分.

ISBN 978-957-05-2498-7（平裝）

159　　　　　　　　　　　　　　　　99008067

分析學前編　論證法之分析

作者◆亞里斯多德
譯述◆呂穆迪
發行人◆王學哲
總編輯◆方鵬程

出版發行：臺灣商務印書館股份有限公司
台北市重慶南路一段三十七號
電話：（02）2371-3712
讀者服務專線：0800056196
郵撥：0000165-1
網路書店：www.cptw.com.tw
E-mail：ecptw@cptw.com.tw

局版北市業字第 993 號
初版一刷：1968 年 4 月
二版一刷：2009 年 2 月（POD）
三版一刷：2010 年 6 月
定價：新台幣 920 元

ISBN 978-957-05-2498-7

讀者回函卡

感謝您對本館的支持，為加強對您的服務，請填妥此卡，免付郵資寄回，可隨時收到本館最新出版訊息，及享受各種優惠。

姓名：＿＿＿＿＿＿＿＿＿＿　性別：□ 男　□ 女

出生日期：＿＿＿＿年＿＿＿＿月＿＿＿＿日

職業：□學生　□公務(含軍警)　□家管　□服務　□金融　□製造　□資訊　□大眾傳播　□自由業　□農漁牧　□退休　□其他

學歷：□高中以下（含高中）□大專　□研究所（含以上）

地址：＿＿＿＿＿＿＿＿＿＿＿＿＿＿＿＿＿＿＿＿

＿＿＿＿＿＿＿＿＿＿＿＿＿＿＿＿＿＿＿＿

電話：(H) ＿＿＿＿＿＿＿＿＿＿ (O) ＿＿＿＿＿＿＿＿

E-mail：＿＿＿＿＿＿＿＿＿＿＿＿＿＿＿＿＿＿

購買書名：＿＿＿＿＿＿＿＿＿＿＿＿＿＿＿＿＿＿

您從何處得知本書？

□網路　□DM廣告　□報紙廣告　□報紙專欄　□傳單

□書店　□親友介紹　□電視廣播　□雜誌廣告　□其他

您喜歡閱讀哪一類別的書籍？

□哲學．宗教　□藝術．心靈　□人文．科普　□商業．投資

□社會．文化　□親子．學習　□生活．休閒　□醫學．養生

□文學．小說　□歷史．傳記

您對本書的意見？（A/滿意　B/尚可　C/須改進）

內容＿＿＿＿＿＿編輯＿＿＿＿＿校對＿＿＿＿＿翻譯＿＿＿＿＿

封面設計＿＿＿＿＿價格＿＿＿＿＿其他＿＿＿＿＿＿＿＿＿

您的建議：＿＿＿＿＿＿＿＿＿＿＿＿＿＿＿＿＿＿

＿＿＿＿＿＿＿＿＿＿＿＿＿＿＿＿＿＿＿＿＿＿＿＿

※ 歡迎您隨時至本館網路書店發表書評及留下任何意見

臺灣商務印書館　The Commercial Press, Ltd.

台北市100重慶南路一段三十七號　電話：(02)23115538

讀者服務專線：0800056196　傳真：(02)23710274

郵撥：0000165-1號　E-mail：ecptw@cptw.com.tw

網路書店網址：www.cptw.com.tw　部落格：http://blog.yam.com/ecptw